中国农业科学院农业经济与发展研究所
中央级公益性科研院所基本科研业务费专项资金资助项目

建设中国现代农业的思路与实践

蒋和平　辛　岭　著

中国农业出版社

谨以此书献给为建设中国现代农业而辛勤耕耘的各位朋友

蒋和平

序

党中央、国务院从加快我国社会主义现代化建设全局出发，针对我国农业发展面临的新形式和新任务，在2007年中央一号文件以“积极发展现代农业，加快推进社会主义新农村建设”为主题，提出了以发展现代农业为重点，扎实推进社会主义新农村建设的战略决策。这是党的十六大报告首次正式提出建设现代农业之后，又一次从更高的高度进行战略部署，进一步明确提出发展现代农业是社会主义新农村建设的首要任务和重要着力点。

经过50多年的发展，特别是改革开放30年来，在党和政府的领导下，我国经济社会发生了深刻变化，农业取得了长足的发展，建设现代农业也取得较大的成就，农业生产能力和效率得到快速发展，农业经济增长的速度不断提高，科学技术不断用于农业建设中，农业经营理念不断创新，农业发展趋势强劲。但是，从建设现代农业的总体情况看，仍面临一些突出的问题：

第一，随着人口的增加和农产品加工业产能的扩大，对农产品需求会逐年增加，在相当长的一段时期，保证粮食安全供给仍然是我国农业最重要的任务，而城市化和工业化进程的加快，对土地的需求日益增加，使我国农业生产尤其是粮食生产正受到耕地日益减少的严重影响。第二，农业生产资源配置不太合理，农业技术推广缓慢，加上农业生产和管理手段还比较落后，使我国农业劳动生产率和资源利用率不高，与发达国家农业发展相比较，还有相当大的差距。第三，农业投入不足，农田水利设施老化失修，农业基础设施和装备条件较差，农业抗灾能力不强，每年以干旱、洪涝为主的自然灾害给我国农业生产造成的损失严重。第四，农民整体素质仍然偏低，农民吸纳新技术能力不强，严重制约了农业劳动生产率的提高和现代农业的发展。第五，农业科技创新能力仍然薄弱，农业科技储备严重不足，还不能为现代农业建设提供强大的科技支撑。

中国农科院农业经济与发展研究所区域经济与现代农业研究中心的科研人员，以建设中国现代农业思路和实践为研究专题，结合农业经济学科的发展和科研团队的建设，近几年承担了国家社会科学基金、农业部和中央公益型科研院所基本科研业务费专项课题。如蒋和平教授主持的2007年国家社会科学基金重点项目“中国特色农业现代化理论、道路与实践的研究”、2007年农业部软科学课题“现代农业发展政策体系研究”、农业部“十五”期间农业和农村经济发展重大问题前期研究课题“现代农业的内涵、评价指标体系和我国不同类型地区发展现代农业模式和对策研究”、2008年中央级公益性科研院所基本科研业务费专项资金项目“建设现代农业的理论、机制与政策体系的研究”；辛岭博士主持了2007年中央级公益性科研院所基本科研业务费专项资金项目“建设现代农业的思路与对策研究”等。这些课题针对我国建设现代农业的理论、指导思想、区域布局、发展模式、总体目标和战略重点，开展了比较系统和深入的研究，对全国各地建设现代农业的模式进行了实地调研，取得了一些重要的研究成果。本书就是多个课题研究成果的汇集。

本书对现代农业的内涵特点和类型进行系统深入的研究和界定。归纳了现代农业的六大理念：创新理念、产业化经营理念、集约化经营理念、外向型理念、适度规模经营理念和标准化理念，还提出现代农业是创新农业，现代农业的核心是创新，不断创新和不断引进新的、有效的生产要素与经营管理方式是现代农业发展的实质，以及提出现代农业是科学化、集约化、市场化、社会化、标准化和生态化的农业。

作者通过对国外发达国家和发展中国家建设现代农业的模式研究，分析这些国家在建设现代农业中的主要做法和存在的问题，以及取得的成效。归纳和总结这些国家在建设现代农业方面取得的经验和教训，为中国建设现代农业提供许多有益的借鉴和启示。

通过对我国建设现代农业现状的研究，分析了我国建设现代农业的探索历程，对改革开放以来我国建设现代农业取得的成效进行归纳和总结。同时，对我国农业与世界发达国家农业发展水平进行比较，找出了差距。另外，还详细分析了影响发展我国现代农业的主要制约因素，找出了这些主要因素的症结所在。

通过对建设我国现代农业的基本思路和发展方向的研究，提出建设我国现代农业的指导思想、基本原则、基本思路、战略目标和建设重点，以及建设我国现代农业的战略步骤。作者立足我国现代农业所处起步阶段的现实，借鉴韩国、日本等国家建设现代农业的发展历程和经验，结合国家中长期发展战略，将我国现代农业建设进程进行了三个阶段的划分：奠定基础阶段（2008—2015 年）、全面推进阶段（2016—2025 年）和拓展提升阶段（2026—2050 年）。

通过对我国现代农业建设的区域布局的研究，按照东部、中部、西部和东北地区、大中城市郊区分类，提出了不同区域建设现代农业，发展现代农业产业体系的布局重点。通过建设现代农业，使不同区域优势农产品的生产、加工、流通诸环节相协调，逐步形成相应优势农产品的区域地带集中分布的发展格局，推动我国现代农业的发展。

作者还研究了现代农业产业体系建设，分别从粮食作物、经济作物、健康养殖、农产品加工、生态和生物质、农业服务产业以及农业高新技术等产业，提出产业发展的主攻方向和建设重点，为建设我国现代农业产业体系提供科学依据和参考方案。

作者对全国在建设现代农业过程中具有代表性的地区进行了实地调研，对建设现代农业的主要发展模式进行了系统总结和分析，提出了龙头企业带动型、创汇农业带动型、“猪—沼—果”生态农业型、科技园区带动型、农业高新技术走廊型、都市现代农业型、农户公司带动型、“公司＋协会＋农户”带动型、“国有大型农业企业集团”带动型和校地合作带动型等十种运行模式。

作者通过对我国建设现代农业的战略体系的研究，提出建设我国现代农业，其基本目标应是实现我国农业和农村的三大战略转型：农业产业的战略转型、农村社会的战略转型、农民身份的战略转型。提出实行以农业对外开放促进现代农业建设的战略，用工业的理念发展现代农业的战略，逐步实现城乡统筹，实行农村工业化、城市化与农业现代化同步推进的战略，实现农业产业化与农民合作组织同步推进的战略，实行绿色农业与农业标准化建设同步推进战略，实行从生产到消费的产业链发展战略，推行品牌农业的发展战略，推行以农业工程化建设方式来推进现代农业产业体系建设的战略。另外，还提出建立十大体系，来推动我国现代农业建设的思路。

本书还构建了现代农业发展水平评价指标体系，运用国家统计局提供的数据，对我国现代农业发展水平（1990—2005年）进行了测算。测算结果表明，我国现代农业的发展水平不高，从整体上还处于上升趋势，处于现代农业起步阶段。

本书对我国建设现代农业理论和实践做了系统、全面的研究，内容丰富，具有理论性和实践性，对当前我国现代农业的建设，无论在建设思路上还是建设模式上，都有重要的实践意义，同时具有重要的学术价值。

中国农业技术经济研究会理事长 朱希刚

2008年11月20日

目　录

序

第一章　关于建设农业现代化和现代农业的理论研究 …… 1

第一节　国外农业现代化理论的研究 …… 1

第二节　国内农业现代化理论的研究 …… 8

第二章　现代农业的内涵、特征和类型 …… 17

第一节　建设现代农业的背景和重要意义 …… 17

第二节　现代农业的兴起 …… 20

第三节　现代农业的内涵与特征 …… 22

第四节　现代农业的类型 …… 31

第三章　国外建设现代农业模式的比较和借鉴 …… 37

第一节　美国建设现代农业的模式 …… 37

第二节　荷兰建设现代农业的模式 …… 50

第三节　巴西建设现代农业的模式 …… 62

第四节　日本建设现代农业的模式 …… 72

第五节　韩国建设现代农业的模式 …… 84

第六节　国外建设现代农业的经验与启示 …… 97

第四章　我国建设现代农业的现状 …… 104

第一节　我国建设现代农业的探索历程 …… 104

第二节　改革开放以来我国建设现代农业取得的成效 …………………… 108
第三节　我国农业与世界发达国家农业发展水平之间的差距 ………… 119
第四节　我国建设现代农业的制约因素 …………………………………… 122

第五章　建设我国现代农业的基本思路和发展方向 ………………… 127

第一节　建设中国现代农业的指导思想和基本原则 ……………………… 127
第二节　建设我国现代农业的基本要求 …………………………………… 130
第三节　建设我国现代农业基本思路 ……………………………………… 132
第四节　我国建设现代农业的目标 ………………………………………… 141
第五节　我国建设现代农业的重点 ………………………………………… 147
第六节　我国建设现代农业的战略步骤 …………………………………… 149

第六章　我国建设现代农业的区域布局 ……………………………… 153

第一节　东北地区建设现代农业的区域布局 ……………………………… 153
第二节　东部地区建设现代农业的区域布局 ……………………………… 155
第三节　中部地区建设现代农业的区域布局 ……………………………… 158
第四节　西部地区建设现代农业的区域布局 ……………………………… 161
第五节　大中城市郊区建设现代农业的区域布局 ………………………… 164

第七章　我国现代农业产业体系的建设 ……………………………… 166

第一节　现代农业产业体系概述 …………………………………………… 166
第二节　粮食产业 …………………………………………………………… 169
第三节　经济作物产业 ……………………………………………………… 174
第四节　健康养殖产业 ……………………………………………………… 181
第五节　农产品加工业 ……………………………………………………… 186
第六节　农业生物质能产业 ………………………………………………… 188
第七节　农业服务产业 ……………………………………………………… 190

第八节　农业高新技术产业 …… 192
第九节　建设现代农业重点项目 …… 193

第八章　我国建设现代农业的战略和体系 …… 198

第一节　我国建设现代农业的战略 …… 198
第二节　建立十大体系，推动我国现代农业的建设 …… 206

第九章　我国建设现代农业的主要模式及案例分析 …… 215

第一节　龙头企业带动型 …… 216
第二节　创汇农业带动型 …… 222
第三节　"猪—沼—果"生态农业型 …… 228
第四节　科技园区带动型 …… 233
第五节　农业高新技术走廊带动型 …… 239
第六节　都市现代农业带动型 …… 245
第七节　农户公司带动型 …… 252
第八节　"公司＋协会＋农户"带动型 …… 258
第九节　"国有大型龙头企业集团"带动型 …… 264
第十节　校地合作带动型 …… 271

第十章　推进建设我国现代农业的保障措施 …… 279

第一节　加强领导，做好规划，搞好现代农业示范 …… 279
第二节　推进农村经营管理体制和机制创新 …… 282
第三节　扶持农业产业化的龙头企业 …… 288
第四节　加强农业科技创新能力建设 …… 290
第五节　以农户为基础，构建完善的现代农业经营生产体系 …… 292
第六节　增加公共产品供给，改善农村公共服务 …… 295
第七节　城乡统筹，工农互动 …… 298

第八节　健全农业法律法规体系，确立农业和农村经济发展的制度规范 …… 300
第九节　培育新一代农民 …… 302

参考文献 …… 306
附件　我国现代农业发展水平评价指标体系的构建和测算研究报告 …… 311
一、现代农业发展水平评价指标体系编制的方法 …… 312
二、现代农业发展水平的评价方法及评价模型 …… 316
三、现代农业发展水平的衡量标准及阶段划分 …… 318
四、对我国现阶段现代农业发展水平的评价和分析 …… 320
五、基于对我国现代农业发展水平测算和评价的对策和建议 …… 327
后记 …… 331

第一章　关于建设农业现代化和现代农业的理论研究

什么是现代农业？最笼统的说法是，西方发达国家的发达农业就是现代农业。这种说法表面上看起来很有道理，但实际上由于缺乏发展和动态的观念，容易引起对现代农业内涵的误解。因为发达国家的现代农业也不是一成不变的，随着不同的历史阶段，不同社会生产力发展水平，对建设现代农业的理论认识也是不断地深化的，这就使得对现代农业的理论认识成为了一个永无止境、不可捉摸的东西。其结果必将是在思想上陷入不可知论，在实践上停滞不前。正因为如此，尽管持这种观点的学者属于少数，且经常受到其他学者的批评和反驳。目前国内外学术界较为一致的看法是，现代农业不是一个抽象的东西，而是一个具体的阶段所对应的具有较高生产力水平的农业产业，它是农业发展史上的一个重要阶段。关于对于建设农业现代化和现代农业的理论认识，国内外很多著名农业经济学家都进行过深入研究和阐述，下面简要介绍国内外学者对农业现代化和建设现代农业理论研究的一些情况。

第一节　国外农业现代化理论的研究

从 20 世纪 50 年代至今，基于“任何社会相对于过去的社会而言是现代社会”的认识，导致了人们对现代化从不同角度进行了大量研究。总体上，国外对现代化理论的研究分为三个阶段，20 世纪 50～60 年代以《社会系统》（帕森斯，1951）、《传统社会的消逝：中东现代化》（勒纳，1958）、以色列学者的《现代化：抗拒与变迁》（艾森斯塔特，1966）等为代表的经典现代化研究，以社会现代化理论、经济现代化理论、政治现代化理论、人的现代化理论、文化现代化理论和比较现代化理论六个分支，结构功能学派、过程学派、行为学派、实证学派、综合学派（历史学派）和未来学派六大学派为代表。20 世纪

60年代，美国学者丹尼尔·贝尔教授的《后工业社会的来临》开启后工业社会的研究，法国学者利奥塔教授的《后现代状态》引发后现代主义思潮。20世纪80～90年代，德国学者胡伯教授（1985）提出生态现代化理论、德国学者贝克教授（1986）（2000）提出再现代化理论，我国学者何传启（2003）提出二次现代化理论。

经典现代化认为现代化为传统向现代的历史转变过程及其变化；强调现代化既发生在先进国家的社会变迁里，也存在于后进国家追赶先进水平的过程中。后现代化理论认为，从传统社会向现代社会（农业社会向工业社会）的转变是现代化，从现代社会向后现代社会（工业社会向后工业社会）的转变是后现代化。从现代化向后现代化的转变还包括政治、经济、社会和家庭、宗教观念等的深刻变化。现代化的核心目标是经济增长，后现代化的核心目标是使个人幸福最大化。在专业化、世俗化和个性化方面，后现代化是现代化的继续。

再现代化理论认为世界现代化包括两个阶段，即普通现代化（正统现代化）和再现代化。普通现代化是建立现代工业社会，再现代化是消解现代工业社会。工业社会是普通现代化的结果，风险社会是再现代化的结果。在新时期，一种现代化消除另一种现代化，这就是再现代化。再现代化是现代化的现代化。从一个社会时代向另一个社会时代的转变，能够通过没有预先设计的、非政治的和各种论坛的促进来实现。工业社会的现代性是普通现代性，风险社会的现代性是反射现代性。普通现代性是第一现代性，反射现代性是第二现代性。

在研究性质上，这些研究有五大方向：一是以亨廷顿为代表的政治学方向；二是以罗斯托为代表的经济学方向；三是以帕森斯为代表的社会学方向；四是以英克尔斯为代表的人文学方向；五是以布莱克为代表（体制比较研究）的制度学方向（黄抗生，2001）。这几个学派基本上从两个角度去定义现代化：一是把现代化作为一个过程来定义。塞缪尔·亨廷顿教授认为，“现代化是在现代社会中正在进行着的重要变化”（李秀林等，1990）；二是吉尔伯特·罗兹星等人把现代化作为结果或目标来定义，杨豫教授指出，现代化可以看作是经济领域的工业化，政治领域的民主化，社会领域的城市化，以及人们价值观念中的理性化的互动过程，它广泛涉及到国际环境、政治结构、经济发展、社会整合和技术进步等方面。

以现代化理论为基础，结合农业的特点，对农业现代化的研究以过程和结果为特征。美国学者西奥多·W·舒尔茨（Theodore·W·Schultz）（1964）认为，发展中国家的经济成长，有赖于农业的迅速稳定增长，而传统农业不具备迅速稳定增长的能力，出路在于把传统农业改造为现代农业，即实现农业现代化。20世纪60年代，农业发展问题的经济学家如莫里斯·帕金斯和劳佗斯·威特、布鲁斯·约翰斯顿和约翰·梅尔、福雷斯特·希尔和阿瑟·莫舍提出农业发展三阶段论，其中尤以美国康乃尔大学农业经济系教授约翰·梅尔对农业发展三个阶段的划分最有特色。

一、舒尔茨关于改造传统农业的理论

传统农业如何转向现代农业，进而实现农业现代化是现代经济发展理论的一个重要主题。很多著名经济学家都对农业转型问题进行过研究和阐述。现代经济发展理论对农业转型问题的研究，最全面、最权威的成果，应该是美国芝加哥大学经济学家西奥多·舒尔茨教授，他于20世纪60年代完成的《改造传统农业》一书。在书中，如何把传统农业改造成为一个高生产率的经济部门是这本书研究的中心问题。为此，他从三个方面进行了具体分析：①传统农业的基本特征是什么；②传统农业为什么不能成为经济增长的源泉；③如何改造传统农业。

舒尔茨分析了传统农业的三个基本特征：①技术状况长时期的保持不变。也就是说，传统农业中生产要素的供给不变，农民所使用的生产要素和技术条件不发生变化。②获得收入和持有收入的来源和动机长期内不发生变化。也就是说传统农业中生产要素的需求不变，农民没有增加使用传统的生产要素的动力。③传统生产要素的供求由于储蓄为零而达到均衡。因此，从这些特征来看，传统农业是一种特殊类型的经济均衡状态，本质上是一种生产方式长期没有发生变动和基本维持简单再生产的长期停滞的小农经济。

舒尔茨提出改造传统农业的关键是要引进新的现代农业生产要素，为了使现代生产要素能被引入传统农业中，就以下三个方面进行了论述：

1. 建立一套适合传统农业改造的制度和技术保证。舒尔茨提出改造传统农业一方面要有制度保证，另一方面也是更重要的是需要“技术变化”。就制度来说，存在两种主要的方式：计划方式和市场方式。前者依靠国家权力来组织农业生产、分配、交换和消费；后者依靠市场上的经济刺激调节新的农业要素投资。后者的效率要远远高于前者。就技术而言，它是改造传统农业的关键因素。不仅需要寻找特殊的新的生产要素，而且需要寻找传统农民能够接受的新的生产方式。也就是需要从供给和需求两方面探求新的现代农业生产要素。

2. 从供给和需求两方面为引进现代生产要素创造条件。舒尔茨对新生产要素供给者的作用和行为做了分析。他认为，供给者是发现、发展和生产新要素，并使农民能够得到并使用这些要素的那些人和机构（包括营利企业和政府等非营利机构）。他们在改造传统农业中起着至关重要的作用。一方面他们要提供新的生产要素，另一方面还要让传统农民接受并使用这些要素。营利企业和非营利机构的作用可以互相补充。一般来说，通过有效的非营利方法，不发达国家可以引进外国资本和外国技术，然后鼓励公益性的农业技术推广组织，例如农业推广站去有效地推广和分配新要素。舒尔茨对新生产要素需求者的作用和行为做了分析，他认为，在供给者提供了新的生产要素以后，传统农民接受的条件是看其是否有利。如果某种维持生活的农作物在使用了新要素后产量有所增加，这种新技术就是有利的。新要素是否有利，既取决于它的“价格和产量”，同时还取决于“地主和农民之间如何分摊成本和收益的租佃制度”。

3. 对农民进行人力资本投资。舒尔茨认为，引进新的生产要素，不仅要引进杂交种子、机械这些物的要素，还要引进掌握现代科学知识、能运用生产要素的人。各种历史资料都表明，农民的技能和知识水平与其耕作的生产率之间存在着有力的正相关关系，因此对农民的人力资本投资是非常重要。人力资本投资的形式各种各样，包括：教育、在职培训以及提高健康水平等。其中，教育是长期有效的形式，也是更加重要的形式。

在舒尔茨看来，引进新的生产要素实际就是许多经济学家反复强调的，促进经济增长的关键因素——技术变化。“一种技术总是体现在某些特定的生产要素之中，因此，为了引进一种新技术，就必须采用一套与过去使用的生产要素所不同的生产要素”，“技术变化，这一概念在实质上至少是一种生产要素增加、减少或改变的结果”①。因此，实现农业现代化的关键在于技术进步。

二、约翰·梅尔农业发展的理论

20 世纪 60 年代，一批研究农业发展问题的经济学家如莫里斯·帕金斯和劳伦斯·威特、布鲁斯·约翰斯顿和约翰·梅尔、福雷斯特·希尔和阿瑟·莫

① 舒尔茨：《改造传统农业》，商务印书馆，1999 年版。

舍提出农业发展三阶段论，美国康乃尔大学农业经济系教授约翰·梅尔按照农业技术的性质，把传统农业向现代农业的转变过程划分为传统农业、低资本技术农业和高资本技术农业三个阶段。

第一阶段是传统农业阶段。在这个阶段中，农业技术基本上是停滞的，农业生产的增长取决于传统要素供给的增加。传统农业阶段的农业生产尽管会有所增长，但由于技术的停滞，农业生产的增长必然伴随着人均收入和土地生产率的下降。这就意味着传统农业阶段生产的增长是通过降低单位投入的生产来实现的。当然，在这个阶段中，某些具有动态的技术和体制变化有时也可能发生。但是，当这些变化孤立地被引入传统农业体系时，它们对生产率的影响通常是微小的。例如，只有以刺激为目的的土地改革而没有其他变化，或者只有化肥的使用而没有改良的高产品种，几乎不可能导致生产率的持续变化。

第二个阶段是低资本技术农业发展阶段。这实际上就是劳动密集型技术进步阶段。梅尔认为，正是在这个阶段，农业对经济的全面发展起关键的作用。这个阶段具有五个特征：一是农业在整个经济中占很大比例；二是由于人口效应和收入效应两方面的作用，农产品的需求急剧地上升；三是工业发展资本稀缺，投资报酬率随之提高；四是经济转型速度的限制和人口增长的压力阻碍了农场规模的扩大；五是劳动力—土地的比例关系极为不利，极大地限制了劳动节约型农业机械的普遍使用。因此，这个阶段的农业发展主要依赖劳动密集型或资本节约型的技术创新和使用，且以提高土地生产率为重点。

第三个阶段是高资本技术农业发展阶段。亦即资本密集型技术进步阶段。在这个阶段中，农业部门的相对重要性大大下降，资本积累已经足以支持非农产业部门的迅速发展；资本变得越来越充裕，资本在农业部门的运用也日益集约化；作为非农业部门扩张的结果，人地比例逐渐下降，农场平均规模扩大；劳动成本变得越来越高昂，用机器代替劳动可以节约农业生产成本。因此，第三个阶段农业发展的基本特征是资本以大型机械的形式替代劳动力。劳动节约型的大型机械和其他资本密集型技术不断创造和发明出来，且被运用到农业生产中，劳动生产率持续增长。在这个阶段，生物科学技术研究也促进单位土地面积和单位牲畜产量的提高，同时导致劳动生产率的提高。在这个阶段，农业部门对资本需求很大，农民需要资本购买土地以扩大农场规模，筹措资金购买农业生产所需的机械、化肥、农药等农业生产资料，从而促进了工业的发展。

梅尔认为各个阶段的顺序是按照特征，而不是按照历史确定的，这个顺序对于大多数发展中国家而言是比较合理的。有些国家的农业过去就很发达，但却没有遵循上述结果；特别是，许多国家直接从传统农业阶段跳入第三阶段，这一现象已经越来越普遍。例如：美国的农业发展就从第一个阶段直接地进入第三个阶段，只是在代替劳动的机械技术进步进行了很长时间之后美国才开始发展促进土地生产率提高的生物和化学技术。其原因：一是当美国经济还十分落后、资本稀缺和农业人口比例很大时，进入第二个阶段在技术上是不可能出现的。高产良种、廉价无机肥料、化学杀虫剂和除草剂的迅速发展只有在孟德尔遗传学和分子结构学以及其他基础科学出现之后才成为可能，而在美国发展的早期阶段，这些科学还没有产生。而关于机械创新的基础知识却很早就可以利用了，所以，农业在美国经济发展的初期就可以直接地应用节约劳动的机械技术。二是在美国发展的早期阶段，劳动—土地比例和资本—劳动比例也有利于采用劳动节约型的技术。大量的未开发而又肥沃的土地的存在、外国资本的大量流入和迅速增长的城市经济，这一切都比当前低收入国家更有利于农业机械化。

农业发展的第二个阶段对于还未实现农业现代化的国家更重要。在大多数低收入国家的资源状况是劳动力充裕和资本稀缺，农业发展应该尽量避免使用与工业发展相竞争的、具有替代劳动性质的资本投入，而多使用与劳动力相互补充的投入。只要在积累足够的资本从而绝对地减少农业劳动力方面存在较大的困难，农业发展的重点就应放在增加生产所必需的、与劳动相互补充的投入上，而不是劳动的替代投入物上。因此，只要上述条件依然存在，积极的政策就应该努力促进向第二阶段过渡。当然，防止过早地进入第三个阶段并不意味着完全禁止使用节约劳动的机械技术。在两种情况下，一是节约的劳动能够被投入到农业生产过程中，以便进一步增加生产；二是所用的工具和机械的资本成本比它节约的劳动力的价值以及生产过程中增产的价值低，那么节约劳动的农业机械化也是第二个阶段农业技术进步的一个合理部分。

三、农业发展的诱致技术变革理论

农业发展的诱致技术变革理论是由日本著名的农业经济学家速水佑次郎（Yujiro Hayami）和美国农业经济学家弗农·拉坦（Vernon W·Ruttan）于1971年首创的，通过把技术变革视为内生变量（主要由相对资源禀赋和需求增长的变化引起），成功地解释了在自然资源给定的条件下技术生成与变化的方向问题，并通过把制度作为资源禀赋变化和技术变迁的一种经济反应，获得了有关制度创新和扩散的新观点。其后，他们又在 1985 年进一步提出了包括自然资源禀赋、文化状况、技术和制度等四个因素共同作用而促进农业发展的完整理论，该理论这四种因素呈一般均衡关系，其中技术创新是核心因素。

在农业发展的诱致技术变革理论中，最重要的两个因素是技术和制度，而诱致性技术变革则是该模型中的中心概念。诱致技术变革理论把技术上的变化过程解释为经济体系内的一种内生变量，是对资源禀赋变化和需求变化的一种反应。该理论假定，一种要素相对价格的提高，会诱致能节约该要素的技术类型的创新。该理论的实质是：假定没有市场扭曲，生产要素相对价格将反映生产要素相对稀缺性的水平与变化，农民会被诱致去使用能节约日益稀缺要素的技术。同时，技术变革本身也能够改变要素禀赋的性质。例如，技术的发展可以促进经济中相对丰富的（因而是价格便宜的）要素对相对稀缺（因而是价格昂贵的）要素的替代。不仅如此，技术还能够提高对稀缺要素（如土地）的深度开发而在一定程度上改变其稀缺性。速水佑次郎和拉坦通过对不同的国家，特别是对美国和日本的技术进步方式的内在过程，进行了详细的研究和分析，发现了这样的规律：尽管不同的国家各自具有不同的资源禀赋，但是通过不同的技术选择，都可以达到同样高的农业生产率水平。技术选择方式的关键因素是由相对稀缺资源要素与产品的价格决定的。例如，美国人少地多、劳动力供给缺乏弹性、劳动力价格很高，美国农业发展通过机械技术的进步提高了其农业生产率；日本则人多地少，土地供给缺乏弹性，而土地价格很高，日本农业则采取生物技术的进步来提高其农业生产率。美日两国农业发展的事实验证了他们的诱致性技术变革理论。

在此基础上，速水佑次郎和拉坦进一步阐明了技术变迁与制度变迁之间的辩证关系。他们把制度结构的变化分为由资源禀赋的变化引起的和由技术进步引起的两种类型。速水佑次郎和拉坦认为，在许多国家中，制度变迁是由于要素价格变化反映出的资源禀赋状况决定的。例如，人口密度的增加，使农村土地的所有制关系和使用土地的制度发生了变化。此外，与技术进步有关的新的生产方法、新产品、新的机会等，更是常常引起制度变迁，对于这一点，大量的各国截面数据和历史数据都给出了明确的证明。

诱致技术变革理论受到西方经济学家的高度评价。很多学者认为，这种理论对理解农业与经济发展有很大的创新，它是一种比较全面的、系统的、具有较高理论价值和实用价值的农业增长理论。它为不同资源禀赋和制度结构的国家制定能够促进农业增长的政策与计划提供了一个发展思路。但也有很多学者批评诱致技术变革理论，如一些学者认为该模型实际上是利用市场机制，即价格机制会自动引导农业增长的途径，但该模型对农业增长过程中收入分配问题不够重视，因而无法解释对农业增长过程中的收益分配。不管国外学者如何评价农业发展的诱致技术变革理论，我们认为该理论对研究中国如何建设现代农业还是有一定的理论借鉴和参考价值。

第二节　国内农业现代化理论的研究

早在建国初期（20 世纪 50 年代），我国就提出了实现农业现代化的发展目标，自那时起，迄今已有 50 多年。从 20 世纪 80 年代以来，国内许多学者对农业现代化的内涵，实现农业现代化的标准，实现农业现代化的道路，农业现代化综合评价指标体系和农业现代化的模式开展深入系统的研究，取得了很多研究成果。为了使有关农业现代化问题研究向更深领域发展，下面简要介绍国内学者对农业现代化理论研究的一些情况。

一、关于农业现代化内涵的研究

我国自 20 世纪 50 年代中期以来，关于农业现代化内涵，学术界曾提出了各种表述和设想，较为典型的有：

1. 20 世纪 50 年代和 60 年代，农业现代化被概括为机械化、电气化、水利化和化学化；

2. 农业现代化是一个客观的经济范畴，它的特定涵义就是从古代、近代农业转化为机械化、科学化、社会化的现代化农业的历史过程（李周等，1990）；

3. 所谓农业现代化，就是要把农业建立在现代科学的基础上，用现代科学技术和现代工业来装备农业，用经济管理科学来管理农业，把传统农业变为具有当代世界水平的现代农业，即生产技术科学化、生产工具机械化、生产组织社会化、管理上的多功能系列化（《中国农业经济学》编写组，1984）；

4. 从系统论的角度把农业生产看成是由农业经济系统、农业生态系统和农业技术系统组合成的综合系统，正是这三个系统之间的能量转换和物质循环，农业经济再生产和自然再生产才得以实现，我国农业现代化的实质就是这三个系统的最优化（李果仁，1992）；

5. 农业现代化从粗放低效封闭的自给性传统农业转变为用现代工业、现代科学技术与现代经营管理武装的集约高效持续发展的开放式商品农业的过程（刘巽浩，1991）；

6. 农业现代化首先是一个经济、技术过程，最终是一种社会文化现象，是一个传统农业社会向产业化、现代化演变的过程（范晋明，1997）；

7. 现代化农业的经济形式，必须是高度商品化和社会化，贯穿农业再生产过程的，应当是计划经济与市场调节相结合的运行机制，使农业成为生产力高度发达的现代化产业，其核心是农业科技现代化、农业装备设施现代化、农业经营管理现代化和农民素质现代化（田魁祥等，1998）；

8. 从农业生产的社会环境考察农业现代化，农业生产应该最终由人进行，而每一个人都处于一定的社会文化氛围中，因此，农业现代化应处理好三者之间的关系，即人与自然的关系、人与人的关系和人与其自身的关系（简小鹰，1996）；

9. 农业现代化是用工业技术装备的、受实验科学指导的、产加销一体化的商品性农业产业，其一般特征是，普遍使用现代化的工具，有很高的劳动生产率；广泛运用现代科学技术，有很高的土地生产率和适应市场需求的产品结构和品质结构；普遍实现了农业的企业化管理，相当多的产品和行业实行了产供销一体化、种养加一条龙，有很高的商品率、总体效率和经济效益（牛若峰，1999）；

10. 农业现代化是用现代工业装备农业，用现代科学技术支撑农业，用现代管理方法管理农业，用现代社会化服务体系服务农业，用现代科学文化知识提高农民素质的过程，是建立市场化的农业运行机制和高产优质高效农业生产体系，把农业建成具有显著经济效益、社会效益和生态效益的可持续发展的现代产业的过程，也是大幅度提高农业综合生产能力、不断增加农产品有效供给和农民收入的过程（顾益康，2001）。

上述观点表明，由于社会生产力和科学技术发展水平的差异，对农业现代化内涵的理解明显不同，截至目前，学术界对这一概念仍缺乏一个规范、统一的认识，不同时期有着不同的表述。

20世纪50—60年代，以“四化”即机械化、电气化、水利化和化肥化来概括农业现代化的内涵，从农业技术和生产方式变革的角度理解农业现代化，实际上是农业生产现代化或农业生产过程现代化。这种把农业现代化概括为几个“化”的定义，只看表面现象，根本没有把握住农业现代化的本质。

20世纪70年代末至80年代中期，即改革开放的初期和中期，思想解放，对农业现代化基本内涵的认识有了发展，延伸至经营管理现代化，有些专家认为，农业现代化的本质是科学化，即应把农业的生产和管理逐步建立在生态科学、系统科学、生物科学、经济科学和社会科学的基础上。

20世纪80年代中期至90年代初期，在全面推行改革开放、建立市场经济新体制、农业和农村经济持续高速增长的背景下，我国学者广泛吸收国内外的发展经验，理论界对农业现代化的内涵有了更为深入的理解，主要集中在以下在三个方面：第一，以科学化、集约化、社会化和商品化来概括农业现代化的内涵和特征；第二，用现代科技（尤其是生物技术）、现代装备、现代管理、现代农民来概括农业现代化的内涵；第三，认为生态农业或可持续发展农业才是真正意义上的农业现代化，以区别于以往农业现代化等同于“石油农业”的倾向。

20世纪90年代初至中期，随着社会主义市场经济体制的建立和不断完善，沿海发达地区的劳动力成本提高，农业劳动力由农村向城镇和由第一产业向第二、第三产业转移，农业现代化的内涵被理解为商品化、技术化、产业化、社会化、生态化等多方面变革的集合体。这是从农业发展的基本要素、经营方式和组织制度变革的角度理解现代农业和农业现代化，比前两个阶段的理解更进了一步，但实际上是讲农业经济现代化，把农业当作一个部门或一个产业，孤立地从农业自身的发展出发对农业现代化进行分析和说明。

20世纪90年代后期以来，随着农业在国民经济中所占比重的下降，加入WTO后国内、国际农产品市场竞争压力的增强，许多学者认为，研究农业现代化要以“农民大国”为背景（靳相木），重视对农村文化的研究（孙金荣），跳出农业、立足整体国民经济研究农业现代化（钱津），适应经济全球化的要求，从世界经济的角度研究我国的农业现代化问题（吕天军等，2000）①。

---

① 周洁江等：《农业现代化评论综述——内涵、标准与特性》，农业经济，2002（1）。

进入21世纪，随着我国农业进入一个新的发展阶段，国内学者对农业现代化的内涵有了新的认识，不少学者从发展现代农业的角度来研究农业现代化的内涵和特征。彭珂珊（2002）认为，中国农业现代化建设要合理利用自然资源，保护生态环境，同时还要利用具有中国特色的传统技术和国外的高新技术，建设符合中国国情的非传统农业现代化，并实施可持续发展战略。卢良恕（2004）认为，现代农业的核心是科学化，特征是商品化，方向是集约化，目标是产业化。从国内外实践看，现代农业是持续地、广泛地应用现代科学技术、现代管理和现代工业装备的专业化、社会化、集约化产业，是把生产、加工和销售相结合，把产前、产后和产中相结合，把生产、生活和生态相结合的一体化的高效率与高效益的综合性产业。柯炳生（2007）认为，发展现代农业是实现农业现代化的重要途径，他提出了建设现代农业的四大目标，并提出现代农业的衡量指标是资源产出率、劳动生产率、产品质量与安全性和资源利用率；认为发展现代农业对于保障国家粮食安全、保护消费者健康、促进农民增收、提高农业国际竞争力、保护生态环境都有重要意义。蒋和平（2007）认为，所谓现代农业，实质上是指在国民经济中具有较高水平的农业生产能力和较强竞争能力的现代产业，它是不断地引进新的生产要素和先进经营管理方式，用现代科技、现代工业产品、现代组织制度和管理方法来经营的科学化、集约化、市场化、生态化的农业，是保护生态平衡和可持续发展的农业。

这些观点的共同之处在于，它们从广义上理解现代农业及农业现代化的内涵和外延，吸收了发达国家农业现代化的经验和教训，体现了可持续发展的思想，同时还认识到，农业现代化是一个复杂的社会系统工程，在一定的内部条件和外部条件下应将农业以及与之相关的主要社会经济问题纳入农村这一大系统之内综合分析，从农村和农业与其他相关社会经济方面的相互关系中研究农业发展问题，而不是简单地讨论农业自身的现代化。

二、关于农业现代化标准的研究

关于实现农业现代化的标准，国内外学者对此都有一些深入的研究。对农业现代化标准的研究，起源于对现代化标准的研究，比较有代表性的现代化标准是美国社会学家阿力克斯·英格尔斯提出的，主要内容包括：①人均国民生产总值（GNP）3 000美元以上；②农业产值占国民生产总值的比重12%～15%以下；③服务业产值占国民生产总值的比重45%以上；④非农劳动力占总劳动力的比重70％以上；⑤识字人口的比重80％以上；⑥适龄青年中大学生的比重10％～15％以上；⑦每名医生服务的人数1 000人以下；⑧平均预期寿命70岁以上；⑨婴儿自然死亡率3‰以下；⑩城市人口占总人口的比重50％以上；⑪人口自然增长率1％以下。

我国学者对农业现代化标准的研究主要集中在以下几个方面：

1. 农业经济结构现代化。主张尊重自然规律和市场规律，建立充分发挥各地资源、区位、经济、人文等综合优势的农业区域结构，形成具有市场竞争力和经济规模的农业支柱产业、品牌产品和特色农业产业带。

2. 农业基础设施现代化。主张全面整治和加强农业基础设施，建立适合当地实际、设施配套、功能齐全的机电排灌设施和农田水利工程体系，营造有效保持水土的绿化屏障，大大增强抗御旱、涝、风、冻等自然灾害的能力，形成稳产高产的农田和自然环境保障体系。

3. 农业生产手段现代化。主张把人力、畜力为主要动力的生产手段改变为现代化的手段（张仲威，1994），使农业生产主要环节普遍实现机械化，以提高劳动生产率，建立起发达的农用工业保障体系，使化肥、农药、农膜朝着高效、低毒、低污染的方向发展，并能满足农业生产的要求（顾益康，2001）。

4. 农业科学技术现代化。主张科技进步成为农业生产发展的主要推动力，并具有不断吸纳应用先进科学技术的新机制，使科学技术在农业生产领域得到广泛应用，农业科研、教育、推广网络齐全，形成多层次、覆盖整个农村的农科教网络体系（梅方权，1999）。

5. 农业经营产业化。主张农产品生产、加工、流通诸环节实现有机结合，形成较为完整的产业链，以企业化经营为特征的专业大户、集体农场、联合体和贸工农一体化组织，成为农业生产的主体，在农产品加工、流通领域发挥主导作用，农业支柱产业和骨干农产品基本形成种养加、产供销、贸工农一体化的经营格局，农业生产者成为相对独立的商品生产者，并形成一定的经营规模。

6. 农业服务社会化。主张农业生产经营形成较为发达的社会分工协作关系，各个环节都有社会化服务组织提供专门的服务，多种所有制、多种形式的农业服务组织构成高效的农业社会服务网络。

7. 农业现代化归根到底是人的现代化。从个体的角度来看，农业现代化是农民素质的现代化，包括思想观念现代化和科学技术知识现代化，现代农业要求劳动者具有一定的专业知识，具有接受和应用现代农业技术的素质和技能，有较强的现代市场意识和管理才能，能熟练地使用农业先进机械和设备，提高劳动生产率，不仅如此，现代农民还要具备现代化的法律知识、道德修养等（张仲威，1994）。

8. 农业资源环境现代化。主张资源环境现代化是农业现代化建设的重要内容，也是农业可持续发展的必然要求，在农业现代化进程中，必须用现代化的手段保护农业资源环境，要始终把环境保护摆在第一位，使农村及其社区环境变得整齐、洁净、美化、富裕和丰富多彩。

三、关于中国农业现代化道路的研究

有关中国农业现代化的道路，国内很多的农业经济学者进行了研究，如中国农业科学院农业经济研究所牛若峰（1999，2001）指出，中国各地区自然条件有差异，经济社会发展不平衡，农业现代化只能是一个很长的非均衡发展过程。由于各地区经济发展不平衡和农业改造程度不同，农业现代化不可能同步，只能分地区、分阶段实施，差别前进，多种模式，分类指导。

由于中国农民多、收入低，农户规模小、积累率低，针对这种情况，牛若峰（2001）指出，中国农业现代化必须实行高就业、低成本的技术路线，生物技术与机械技术相结合，土地替代和劳动替代相结合。近期要以土地替代为主，提高土地生产率和劳动生产率并举、以提高土地生产率为主，在此基础上增强农产品的市场竞争力，提高农业的比较效益。中国农业现代化走排斥劳动力或者高成本之路是行不通的，无前途的。

农业部课题组（2005）认为，建设现代农业、实现农业现代化的基本途径：①培育生产经营主体，提高农业产业化水平。②加快农业结构调整，构建现代农业产业体系。③建立健全技术支持和服务体系，加快农业科技创新与成果转化应用。④建立健全农产品质量安全保障体系，提高农产品质量安全水平。⑤健全现代农业保障体系，切实加强对农业的支持和保护。⑥提高农业劳动者素质，增强农民自我发展能力。⑦加强基础设施建设，提高农业综合生产能力和防灾能力。

孙浩然（2006）认为，要从国情出发探索建设农业现代化的道路，要制订和实施切实有效的农业支持和保护政策，要切实加强农业科学技术的研究和推广，要加大人力资本投入、提高农业劳动者素质，要提高农业的组织化程度、建立社会化的农业服务体系，要搞好生态环境保护工作、促进现代农业的可持续发展，要处理好农业现代化与国家粮食（食品）安全的关系。

张晓山（2007）认为，发展现代农业，应走内涵式规模经营道路。通过增加物质和技术的投入，降低劳动投入的比重，生产高附加值的农产品，导致产出有较大幅度增长，同样提高了劳动生产率，增加了收入，这就是内涵式与集约化经营相结合的规模经营，这种规模经营在中国的农业发展中可能更有应用价值，我国许多农产品生产专业户的发展实际上走的就是这种内涵式规模经营的道路。

刘志澄（2007）认为，发达国家的农业现代化基本上是在低价能源时期实现的，称为“石油农业”，虽然农业发展了，但也带来一些负面影响。“石油农业”的道路不符合我国的国情。我国是社会主义国家，建设现代农业必须坚持社会主义方向；我国又是属于农业自然资源短缺的发展中国家，资源匮乏与经济发展的矛盾比较突出，建设现代农业必须从这一实际出发，走自己的道路。

四、农业现代化综合评价指标体系的研究

如何评价农业现代化发展水平，国内学者对此做了大量研究。到 2007 年 12 月为止，国内学术界提出的农业现代化综合评价体系已有 20 多种，比较典型的有：如梅方权（2000）提出的两个层次 7 类 22 项主体指标体系；郭强、李荣喜等人提出的 4 项主体指标、8 项分类指标、24 项群体指标体系。柯炳生（2000）提出了一级系统和 10 个指标体系。郑有贵（2001）提出了三大类 8 个农业现代化评价指标体系。中国农业大学农村发展研究所提出了 10 项指标体系。杨万江（2001）提出了五个一级子系统和 12 个分项指标与 20 个个体指标评价体系。国家统计局统计科学研究所提出了三级系统 22 项指标体系。程智强、程序（2002）提出了 10 项指标的农业现代化指标体系。广东省“珠江三角洲农业现代化”课题组（2003）提出了 11 个一级指标和 19 个二级指标的“五高六化”农业现代化指标体系。蒋和平（2006）提出了 4 个一级指标和 15 个二级指标的农业现代化综合评价指标体系。

虽然国内学者在农业现代化综合评价指标体系研究取得了不少的成果，但也存在不少的问题。主要表现在：①有些评估指标体系的设计大多停留在定性描述阶段，概念性的指标体系居多，量化程度较低，理论阐述居多，实证研究

较少。②研究人员过于追求指标体系的系统性，而没有考虑指标数据的可得性，因而在实际中无法操作。③一些研究人员片面追求指标体系的全面性，企图使指标体系包含所有因素，结果导致重点不突出，造成评估结果失真。④有些指标体系是针对某个特定地区设计的，缺乏通用的评估标准，很难应用于不同地区之间的对比研究，适用性不强。

五、国内外农业现代化运行模式的研究

对国外农业现代化运行模式，国内学者进行了较多的研究。宣杏云（2005）认为，一个国家实现农业现代化，究竟采用哪种起步方式，一般说，主要是由当时的土地、劳动力和工业化水平决定的。人少地多的国家，首先从生产工具上进行改革，发展机械化，以节约劳动力；人多地少的国家，则从多投入劳动力，充分利用土地以提高单产入手。就目前来看，在世界范围内，农业现代化的起步方式存在三种模式，即美国模式、日本模式和西欧模式（宣杏云，2005）。

孙浩然（2006）认为，国外建设现代农业的模式主要包括以美国为代表的规模型、机械化、高技术模式，以欧洲为代表的生产集约化加机械技术的复合型模式，以日本为代表的资源节约和资本、技术密集型模式。

王万山（2005）认为，发达国家农业实现现代化的模式可归纳为三种：一是以美国、加拿大、澳大利亚为代表的“节约劳动型”模式；二是以日本、荷兰、韩国为代表的“节约土地型”模式；三是以英国、法国、德国为代表的“中间类型”模式。

厉为民（2003）对荷兰农业进行了研究，对人多地少的荷兰建设高效设施农业、发展农产品加工业、扩大农产品出口、获取较高经济效益的做法，进行了归纳和总结，称为荷兰模式。刘振邦（2000）对法国农业进行研究，认为法国政府实施农业保护政策、鼓励农民发展专业合作社、扩大农业经营规模、带动农民调整生产结构和增加农民收入，使法国农业现代化水平有了较大提高。他称之为法国模式。

对国内农业现代化模式的研究较多，比较有代表性的有：中国农科院卢良恕院士（1995）对农业现代化建设模式进行归纳和总结，提出农村工业反哺农业；农产品加工业带动农业发展；多种经营带动县域经济发展；以农为主、农牧结合；立足当地实际，发展经济作物；山区农林牧结合，贫困地区发展种养

业；以牧为主、农牧结合；以捕捞为主的海洋渔业发展；大力营林、发展森林工业；机械化、规模化国营农场等 12 种模式，山东农科院郑兴和研究员（2000），总结和归纳了 5 种山东省农业现代化建设模式，北京农林科学院文化研究员（2003）总结和归纳了 7 种北京农业现代化模式。中国农科院蒋和平教授（2005）归纳现代农业主要有以下几种模式：外向型创汇农业模式、龙头企业带动型的现代农业开发模式、农业科技园的运行模式、山地园艺型农业模式。

第二章 现代农业的内涵、特征和类型

改革开放20多年来，我国农业发展取得了举世瞩目的成就，强有力地支撑了国民经济的迅猛发展；农产品供给由长期短缺转向总量基本平衡、丰年有余，13亿人民不仅解决了温饱，而且总体上达到小康并向更高水平迈进。目前，我国农业正处在传统农业向现代农业变迁的转型时期，现代农业是农业发展史上的新阶段。探讨现代农业的内涵及其相关特征和类型，把握现代农业发展的着力点，对于顺应农业发展历史趋势，提升我国农业整体竞争力，统筹城乡经济发展，全面建设小康社会，都具有重大的理论价值和实践意义。

第一节 建设现代农业的背景和重要意义

《中共中央关于制定国民经济和社会发展第十一个五年规划的建议》中提出要"推进现代农业建设"。对我国发展现代农业战略的提出，有一个大的背景，即我国的人均GDP已达到和超过了1000美元，中国经济已进入了工业反哺农业、城市支持农村的新阶段。农产品供求关系由长期的短缺变为总量基本平衡，丰年有余；农业生产矛盾的主要方面已经从保障供给逐步转向适应需求，农副产品的商品率已达70%以上；农业的功能也从传统的保障粮食安全进入到提供食品安全的阶段。根据国际农业发展经验，这一阶段也是传统农业向现代农业转变的关键阶段。

2007年中央"一号文件"指出，发展现代农业是社会主义新农村建设的首要任务，是以科学发展观统领农村工作的必然要求。推进现代农业建设，是促进农民增加收入的基本途径，是提高农业综合生产能力的重要举措，是建设社会主义新农村的产业基础。2007年中央"一号文件"将现代农业建设作为农业和农村工作的主题，其意义重大：

1. 发展现代农业反映了我国农业发展的客观需求，符合世界农业发展的一般规律。改革开放以来，农业和农村经济社会取得了较快的发展，农业发展到今天无论从功能上，还是在发展的水平上都有了很大的变化。功能变化表现在六个方面，概括为三个强化，三个体现。即农业作为食物保障功能、原材料供给功能、就业增收的功能得到强化；在生态保护功能、观光休闲功能、文化传承功能上得到体现。正是农业功能的变化，使我们对发展什么样的农业，怎样发展农业又有了新的认识，也就是在农业发展理念上发生了变化，并提出了发展现代农业的要求。我们纵观世界农业发展历程，农业文明和工业文明也在不断地演进，它的发展大体经历了三个阶段，即传统农业、现代农业、后现代农业。发达国家实现了这种转变，才实现了农业现代化。我国也将遵循世界农业发展规律，正面临从传统农业到现代农业转变的契机。

2. 现代农业是整个社会发展的物质基础。马克思曾说过，超出劳动者个人需要的农业劳动生产率是一切社会的基础，农业劳动是其他劳动得以独立存在的基础和前提。"民以食为天"，主导国民经济发展第二部类产业首先要以第一部类产业的积累和扩大为前提。农业是整个国民经济的基础，如果农业不能健康地发展，则会制约其他产业的进一步发展。我国是一个农业大国，在今后相当长的一段时期内，农业始终要承担保障社会经济发展的基本生活资料供给的重任。虽然近几年来在中央农业政策的推动下，充分调动了广大农民的生产积极性，使全国粮食连续几年稳定增产，2005 年粮食总量突破 9 600 亿千克，但与工业化城镇化加速发展、人口继续膨胀、食物需求不断增加、耕地不断减少的趋势不相适应。2006 年我国人均粮食产量和肉类产量与发达国家还相差 50～100 倍，使得我国农业发展的任务依然艰巨，我国主要农产品和粮食生产形势依然严峻。目前，我国已进入了工业反哺农业、城市带动农村发展的新阶段，农业正处于由传统农业向现代农业转变的关键时期。理论与实践都表明，如果现代农业建设的不好，不但制约农业和农村经济的健康发展，而且势必延缓我国城乡一体化的发展。因而，只有加快现代农业的建设，才能确保新农村建设的物质基础。

3. 现代农业是构建新农村和谐社会的经济基础。从总体上看，我国已进入了工业化中期和城镇化加速推进期和各类社会矛盾凸显的挑战期，农业和农村工作的局面更加复杂，解决好"三农"问题，保持农村社会的和谐稳定更加迫切。到 2005 年 12 月底为止，我国有农业户籍人口有 9.4 亿，占总人口的

72%，是欧盟25国总人口的2倍多；乡村劳动力4.9亿，是美国、加拿大就业人口总和的2.5倍。第一产业就业比重较高，乡村人口和农业劳动力过多，是中国的特殊国情。只有解决农村劳动力就业的出路，农村才能稳定，而农村稳定了整个社会才能稳定，农村和谐了整个社会才能和谐。要实现这一目标就必须加快现代农业的建设，使农业增产，农民增收，稳定农村社会发展的经济基础，改善村容村貌，提高农民素质，带动农村民主法制建设，形成充满活力、安定有序、人与自然和谐相处的良好局面。

4. 现代农业是扩大内需的市场基础。我国近9.4亿的人口在农村，农村市场潜力巨大。因而保障农民生活水平不断提高，从根本上解决好“三农”问题，这是加强执政基础、保持社会稳定的需要，也是扩大内需、促进经济发展的需要。但我国农村消费能力还很低，与城市差距较大。据2005年的统计数据显示，全年社会消费品零售总额67 177亿元，城市消费品零售总额增长13.6%；县及县以下消费品零售总额增长11.5%。如果只算农村的消费品零售总额，所占比重还要小得多，农民收入增长缓慢依然是最突出的矛盾。

工业与农业是互为市场的，农业为工业发展提供基本生产资料和原辅材料的同时，也创造了工业产品的市场需求。拓展农村市场，首先，要以发展农村经济为重点，扎实推进社会主义新农村建设，切实巩固和加强农业基础，全面发展农村经济，努力增加农民收入，提高农民消费能力，拉动消费生活资料的市场需求。其次，还要提高农业效益，让农民愿意投资农业，拉动农业生产资料市场需求。通过发展现代农业，提高农业效益，增加农民收入，促进农村市场发育，前向后向拉动相关产业的产品需求，可以为国民经济发展奠定良好的市场基础。

5. 现代农业是建立新型工农城乡关系的产业基础。我国经济社会发展走的是工业化、城市化之路，农业发展缓慢，农村基础设施薄弱，经济社会整体结构不平衡，工农之间、城乡之间的差距较大。这在一定程度上影响和制约了我国经济的可持续发展。据2005年的统计数据显示，第一产业增加值增长5.2%，第二、三产业增加值的增长幅度均在10%左右；城镇固定资产投资占全社会固定资产投资的85%；农村固定资产投资占全社会固定资产投资的15%；全年城镇居民人均可支配收入10 493元，农民人均纯收入3 255元，城乡居民收入比例为3.2∶1，工农差别、城乡差距越拉越大。造成这一局面的根本原因，除了体制性约束外，还与农业产业链条短、生产要素吸纳能力不强直接相关。在当前市场经济体制正在逐步完善、制约城乡生产要素自由流动的体制性障碍正在逐步消除、财政覆盖农村的力度正在逐步加大的良好环境下，推进社会主义新农村建设，关键还要依靠大力发展现代农业，增强农业和农村生产力系统的要素吸纳能力，构建以现代农业为产业基础的新型工农城乡关系，使农业能够参与社会平均利润分配，使农民能够获得满足自我发展需要的报酬收益，确保城市与乡村同步发展。

6. 现代农业是实施可持续发展的生态基础。保护生态环境是现代农业建设的重要内容。资源环境的优劣程度在一定程度上制约着一个国家的生存与发展。我国是一个农业资源相对贫乏的国家，到2005年12月底为止，我国人均耕地面积只有1.41亩，不到世界平均水平的1/2，已退化、沙化、碱化的草原面积达1.35亿公顷；人均水资源仅为世界平均水平的28%，水资源缺口已达到500亿立方米。与此同时，资源综合利用水平低下，灌溉水的利用率仅为国际先进水平的60%，每年仅因水土流失问题造成的耕层土壤流失量高达50亿吨，每年产生畜禽粪便约27亿吨，造成了严重的资源浪费和环境污染。现代农业是一种可持续发展的绿色产业，它以广泛采用现代科学技术为标志，彻底改造传统农业的生产方式，节约了资源，改善了生态环境，使农业的增长方式由原来的以破坏环境为代价获取经济利益的外延型发展，转变为在保护生态环境的同时获取经济利益的可持续发展方向上来。因而现代农业的建设，必然会大大改善农村的生态环境，全面提升农业的发展水平，使广大农村逐步走上生产发展、生活富裕、生态良好的发展之路，促进我国社会主义新农村的建设。

第二节　现代农业的兴起

从生产力的角度来考察，一般把农业的发展历史划分为三个阶段：即原始农业、传统农业、现代农业。原始农业是指以采集和游牧为基本特征，使用石器工具来从事简单农事活动的农业。传统农业是指开始于石器时代末期和铁器时代初期，并且在发达国家一直延续到18世纪60年代的一种农业生产经营方式。它是在原始采集农业和游牧农业的基础上发展而来的，是人类进入定居时代后所发展起来的第一个产业部门。其基本经济技术特征是：农民以传统的直接经验和技术为基础，使用简陋的铁木农具和人力、畜力以及水力和风力进行生产，在这漫长的历史时期中，农业技术的进步和生产的发展极其缓慢。农业生产的主要目的是自给自足，其社会化程度和农业劳动生产率都很低，因而是一种典型的自然经济形式。传统农业共有的缺点是生产力水平低下，而且只能维持较低水平数量的人口，一旦超过承载力，无法避免的就会出现饥饿和灾荒，引起社会文明衰退，甚至是灭亡。美国农业经济学家舒尔茨（1964）曾指出，传统农业是一种特殊类型的经济均衡状态，其主要特点有：一是技术状况长期保持不变；二是持有和获得收入来源的偏好和动机状况亦长期变化甚微；三是人力资本稀缺。

到了近代，世界人口的增加对传统农业提出了巨大挑战，加之工业革命成果对农产品原材料的需求大增，在双重压力的共同刺激下，发展起来的科学技术和工业革命大潮，激发了近代的农业科技革命，出现了化学肥料、合成农药、育种技术、拖拉机和农用电力，外源的物质和能量打破了传统农业封闭式的循环，带来了20世纪农业的高速发展。高投入，高产出，也付出了高代价，化学物质的污染，自然资源的破坏，能源的高消耗困扰着当今社会。近代农业陷入困境，人们在求索新的路径。

20世纪以后，特别是第二次世界大战以后，新的农业科技革命浪潮翻开了农业发展历程新的一页——现代农业，它是继原始农业、传统农业和近代农业之后出现的一个崭新的历史时期。那些在20世纪初已经表明对农业行之有效的技术如机械、化肥、农药、种子等工业产业开始大规模用于农业生产，受益的主要是以美国、西欧为代表的发达国家，粮食产量翻番，粮食出口贸易迅速增长，在很长时间一直控制着世界粮食贸易格局。如美国在20世纪80年代中后期玉米、大豆和小麦的出口份额仍然占到全世界同类产品出口额的60%，63%和30%[①]。农业科技不断受到先进的科研成果改造与加工，在农业领域掀起了农业现代化的热潮，例如节水灌溉技术系统的应用，设施农业的大力发展，复合肥与专用肥以及配合饲料的广泛应用，畜禽疫苗的发展，基因工程在农作物上的成功应用以及电子计算机参与农业系统的经营与管理，可以说在20世纪20—80年代已达到相当高的水平，在人类历史首次基本解决了饥饿问题（但严格地说，由于农业的非同步发展，仍有占全球人口15%左右的人，主要在非洲国家，还未完全解决温饱问题）。

---

① 程序，曾晓光，王尔人．可持续农业导论．北京：中国农业出版社，1997，1～12。

现代农业的发展对能源和物质的巨大消耗引起了农业生产经营模式及经营思想的转变。为了有效地减少水土流失，减少水质污染，土壤污染和农产品的污染等，从20世纪的80年代开始，西方多数发达国家开始调整农业发展战略，这一时期出现了“有机农业”、“生物动力学农业”、“生物农业”、“自然农业”以及“生态农业”等农业思潮。这些思潮使得农业将不仅向人们提供高品质高营养的食品，更是将在人与自然和谐的进程中有着广阔的发展前景。

第三节　现代农业的内涵与特征

现代农业是一个动态的、相对的概念，随着时代的前进、社会的进步、科学技术的发展，现代农业的内涵和特征将会不断丰富、完善和提高。下面简要地介绍现代农业的内涵和特征。

一、现代农业的内涵

现代农业是一个动态的概念，不是静态的。它是不断采用现代的、新的生产要素替代过去的、传统的生产要素的农业；它是一个历史的概念，是历史发展到现阶段，首先在发达国家、发达地区所出现的发达农业；它是一个相对的概念，是相对于传统农业而言的新型农业；对于未来的农业而言，它又会成为过去的农业。总之，新的时代特征赋予现代农业建设的新内涵。现代农业的内涵包括以下理念：

一是创新的理念。创新是现代农业的核心，现代农业科技创新是现代农业创新的主体，尤其以生物技术和信息技术为主导的农业高新技术正在加速现代农业的建设进程。创新渠道主要包括：①引入农业新产品；②引进农业高新技术，即新的生产方法；③开辟新的农产品市场；④开拓并利用农业生产原材料新的供应来源；⑤实现农业企业的新组织。除农业科技创新之外，现代农业的创新还包括农业管理体制、经营机制、生产方式、营销方式的创新。

二是产业化经营的理念。产业化经营是现代农业的重要内容，随着专业化和协作的发展，农业开始实行一体化经营和企业化管理，通过利益或产权等联结，将农业再生产过程的产前、产中、产后各环节联结成为一个完整的产业体系，形成紧密的经济利益共同体。同时，与现代生产手段、生产技术相适应，农业发展突破了传统的产加销脱节、部门相互割裂、城乡界限明显等局限性，通过农业公司、农业合作社带农户（家庭农场）等生产组织形式，使农产品的生产、加工、销售等各个环节走向一体化，农业与工业、商业、金融、科技等不同领域相互融合，城乡经济社会协调发展，农业产业链条大大延伸，农产品市场半径大为拓展，逐步形成了农业专业化生产、企业化经营、社会化服务的格局。

三是集约化经营的理念。现代农业本质上是集约农业，农业发达国家在推进集约化经营的实践中，因要素禀赋的差异而采取了不同的模式，有的实施资本和技术集约，有的实行劳动和技术集约。我国人均耕地较少，土地使用以家庭经营为主，农业资本积累薄弱，在现代农业建设中应重点推行劳动集约，适度推进资金、技术集约，积极推动管理集约，走劳动、资金、技术、管理集约相结合的道路，不断提高农业集约化水平。

四是外向型的理念。现代农业是一种更高层次上的综合与开放性的产业，客观上它要求充分利用两种市场和两种资源，积极参与国际间的分工合作，以及参与国际市场间的竞争，促进发展开放型经济。美国农业是典型的以出口为主导的外向型农业，非常注重开拓国外市场。20 世纪 30 年代以来，美国农产品出口额占全部出口商品总值比重基本保持在 20％～25％之间，出口总值达 500 亿美元左右，有“世界面包房”和“世界饲料袋”之称。从我国目前的现实来看，我国是一个劳动力甚为丰富、土地资源相对较为稀缺的国家，基于如此国情，我们更需要以外向型经营的理念来建设现代农业。

五是适度规模经营的理念。现代农业是适度规模经营的农业，客观上要求投入的生产要素——土地、劳动力、资金和管理技术，按一定的比例进行整合，达到最佳比例，产出效益最大。建设现代农业，我国目前的小规模分散经营是无能为力的。客观上要求农业选择更高层次、更加适应生产力发展的生产经营方式——农业适度规模经营。一是土地经营形成规模。实行土地的适度规模经营，可以为建立优化的农业结构，实行区域化经营，进行机械化作业，为培育优势农产品生产提供条件。二是专业协作形成规模。这样可以使分散经营逐步走向专业化协作生产，把农村建成星罗棋布的农业企业化经营群体。三是联合发展形成规模，打破行业、地区、所有制界限，采取多种形式的联合，形成规模经济优势。

六是标准化的理念。现代农业是一种标准化农业，农业标准化是现代农业生产、加工及科学管理的一个重要组成部分。农业标准化融技术、经营、管理于一体，把农业科学技术推广应用科学化、规范化、系统化、程序化，已成为商品生产和农业科技推广的一种有效的形式。在现代农业生产中，农业标准化的范围已经从单一的农产品生产标准拓展、延伸到产前、产中、产后系列标准，内容已覆盖了种植业、林业、畜牧业、渔业、农用微生物等行业，涉及种子、种苗、种畜、种禽和育种、栽培、病虫草害防治、养殖、动植物检疫、兽药、饲料、添加剂、肥料、农药、农产品分等分级、加工、贮藏、保鲜、包装、运输等各种农（工）艺技术。农业标准化为现代农业生产的规范化、产业化提供了依据和技术支撑，有力地推动和促进了现代农业的发展。

综上所述，我们认为：现代农业是创新农业，现代农业的核心是创新，不断创新和不断引进新的、有效的生产要素与经营管理方式是现代农业发展的实质。现代农业是科学化、集约化、市场化、社会化、标准化和生态化的农业。

所谓科学化，就是在农业生产经营管理中全面采用先进技术和现代设施、工业装备，采用现代的组织管理和企业经营制度，具有很高的生产经营决策水平。

所谓集约化，就是指在单位面积上集中投入生产要素，使生产要素投入达到合理配置水平，实行规模经营，使农业产业结构优化，达到高效益的产出。

所谓市场化，就是指农产品与生产要素（土地、劳力、资金、技术等）均进入市场，农户和农业企业通过市场购买生产要素和出售农产品，按市场规范地运作，进行竞争性生产和经营。

所谓社会化，就是现代农业进行合理分工与协作，在完善、有效的社会化服务体系中进行专业化生产和一体化经营。

所谓标准化，就是现代农业生产、加工和产品销售，按照严格的标准，进行产业经营和科学管理，使现代农业生产、加工和产品销售规范化、系统化和程序化，提高农产品质量和竞争力。

所谓生态化，就是在发展现代农业、以实现经济增长的同时，又特别重视保护自然资源和生态环境，使农业增长与生态环境质量改善相协调，做到农业永续发展。

现代农业是发达的、先进的科技型产业。它包括以下含义：一是用现代科技武装农业，如优良品种、先进种植养殖制度、栽培技术和饲养技术等，而且不断地改进和创新；二是用现代工业产品增加农业投入和装备农业，如先进设施、农膜、低毒的农药和除草剂、复合肥料、抗病毒疫苗、先进农业机械和水利设施等，而且不断地对技术和设施进行组装集成，把它应用到农业生产中去；三是用现代的组织制度和经济管理方法组织和管理农业；四是用现代科技和经营管理知识和技能培训农业生产者和经营者，使他们成为适应现代农业生产经营管理要求的现代农民。

现代农业概念具有的动态性和内涵的丰富性，要全面地、准确地加以描述绝非易事，我们只能对现代农业的内涵作一个简单概括：所谓现代农业，实质上是指在国民经济中具有较高水平的农业生产能力和较强竞争能力的现代产业，它是不断地引进新的生产要素和先进经营管理方式，用现代科技、现代工业产品和现代组织制度和管理方法来经营的科学化、集约化、市场化、社会化、标准化和生态化的农业，是保护生态平衡和可持续发展的农业。它既包涵有综合生产能力的创新，诸如有现代科技、现代装备、集约化、生态化、可持续发展等特征，又包涵有现代农业制度的创新，诸如有现代管理、市场化、社会化、标准化等特征，是具有较强的农业生产能力和竞争能力的现代产业。

二、现代农业的特征

现代农业是指广泛应用现代科学技术、现代工业提供的生产资料和设施装备和现代科学管理方法的社会化农业。现代农业是在采用大机器生产的现代工业基础上发展起来的。发达的资本主义国家大体上是从第二次工业革命开始，到20世纪七八十年代完成的。现代农业是对传统农业一次巨大的变革和进步，它是人类首次在农业生产经营管理中引入现代科学技术和现代企业管理的结果，它广泛采用以工程技术、生物技术、信息技术为核心的现代高新技术和现代工业提供的生产设施和科学管理方法武装的农业，同时，它又是高度发达的商品型、外向型农业。它的基本特征是，采用以工程（机械）技术、生物技术、信息技术群为主导的现代高新技术和现代工业提供的生产资料和设施装备与现代企业经营管理方式，实行规模化生产和集约化经营，生产的社会化程度和土地、劳动生产率显著提高，农业生产的经济效益、生态效益、社会效益良好，农业商品化程度很高。从总体上看，现代农业主要具有以下几个基本特征：

（一）现代农业是科技支撑型农业

先进的科技是现代农业发展的关键要素。随着以自然科学为基础的现代农业技术体系的形成和推广，农业生产中大规模采用以现代科学技术为基础的生产工具和生产方法，使农业生产和经营的科学化程度空前提高。“资本主义生产方式的重要结果之一是，它一方面使农业社会最不发达部分的单纯经验的和机械地沿袭下来的经营方法，在私有制条件下一般能够做到的范围内，转化为农艺的自觉的科学的应用。”① 运用现代科学技术成果转化为农业生产力，在不增加耕地面积的情况下，可成倍地提高农畜产品总产量。像荷兰和以色列等国家证明了只要有大量的物质投入和充分利用科技条件为基础，即使是资源极度贫乏的国家，也能实现农产品的自给有余甚至过剩②。从 19 世纪初到 1950 年，世界人口增长了 56%，谷物的单产仅增长了 6%，谷物总产增长了 38%；从 1950 年至 1986 年，世界人口增长了 96%，化肥用量增长了 856%，大中型拖拉机增长了 365%，谷物总产增长了 171%，谷物单产增长了 130%，人均谷物和人均肉分别增长了 38%和 107%；从 1986 年至 2000 年 15 年时间里，世界人口增长了 24%，耕地面积减少了 100 万平方公顷，但粮食总产量却增长了 9%，灌溉面积增加了 0.47 亿平方公顷，化肥用量增长了 8%，大中型拖拉机增长 9.45 倍，人均谷物和肉分别增长 42 千克和 8 千克（表 2－1）。

表 2－1　农业现代化发展阶段的主要指标变化

年　份	19 世纪初	1950	1986	2000
人口（亿）	16	25	49	60.57
耕地（亿公顷）	9		137	136.9
灌溉面积（亿公顷）	0.4	0.94	2.27	2.74
化肥用量（万吨）		1 370	13 100	14 136
大中拖拉机（万台）		544	2 528	26 422
谷物总产（亿吨）	5	6.85	18.7	20.39
谷物单产（吨/公顷）	0.94	1	2.3	3.05
人均谷物（千克）	325	276	381	339
肉总产（万吨）		3 819	14 821	23 634
人均肉（千克）	19	15	31	39

资料来源：①程序等《可持续农业导论》，中国农业出版社，1997 年；②中国农业年鉴编辑委员会，《中国农业年鉴》，中国农业出版社，2002；③世界农业，2002（第 2，7，8，9 期）。

① 《马克思恩格斯全集》第 25 卷，第 696 页。

② 延军平，黄春长，陈瑛．跨世纪全球环境问题及行动计划．北京：科学出版社，1999。

近年来的基因技术、生物工程技术、遥感遥测技术、精准农业技术、电子计算机技术以及激光技术等最新科学技术方法在农业生产过程中的应用，使各国的现代农业生产水平又向前迈进了一大步，农业增产的60%～80%依靠科技进步来实现。与科技运用相适应，农业劳动者素质也得到普遍提高，先进的科技不断从潜在生产力转化为现实生产力，正成为推动现代农业发展的强大动力。

（二）现代农业是生产领域广阔的农业

现代农业正在由传统的初级农产品生产向着以生物质产品生产为基础的农产品加工、医药、生物化工、能源、环保、观光休闲等领域拓展，农业这个庞大系统的结构和功能正在发生深刻变化，传统农业的领域和内涵在拓展，工农业将融入一体，其界限渐趋模糊。

一是农业领域突破了数千年来“绿色农业”一枝独秀的局面，逐步形成绿色、蓝色、白色农业三足鼎立竞相发展之势。据科学家测算，地球上生物资源的80%在海洋，在不破坏海洋生态平衡的条件下每年可提供30亿吨藻、鱼、贝、兽类海产品，足可养活上百亿人口。而2006年全球海产年捕捞量仅1亿吨左右，只及可利用资源的3%。开发农业微生物的“白色革命”也已形成气候。诸如：微生物农药、农用益生菌、保健益生菌、工程菌等均已进入市场，并形成众多新兴产业。例如：利用单细胞蛋白工程菌，可生产高蛋白食品，每百千克蔗渣可产蛋白质13千克，相当于170千克大米的蛋白质含量；还可利用工程菌转化有机垃圾，分解有毒农药等。2006年，禾谷类作物食用部分只占生物产量的30%～40%，多数经济作物所利用的主产品不足生物产量的25%～30%，若能充分利用食用菌、工程菌将大量秸秆转化为食品，足可多养活一倍以上人口。

二是农业的范畴大为拓宽。多数发达国家的农业，早已从产中延伸到产前、前后，并以完善的社会化服务的形式将其结成一体。近年不少发展中国家纷起效仿，这种大农业观终将形成共识。在这种大农业系统中，产前、产后的增值率可高达产中的五六倍。这也从一个侧面反映出农业一体化给农产品注入了更多的科技含量和更高的附加值。

三是随着人类社会的进步，对生活质量的需求日益多元化，促使农业的功能大为拓展。传统农业的主要功能主要是提供农产品的供给，而现代农业的主要功能除了提供鲜活、优质、安全的农产品和工业原料以外，还具有生活休闲、生态保护、旅游度假、文明传承、教育等功能，在满足城市消费和工业发展的需求的同时，为城市提供新鲜空气，营造优美宜人的绿色景观，改善自然环境，缓解城市污染，还要为市民提供接触自然、体验农业及观光休闲的场所和机会，增强现代农业的文化内涵和教育功能。现代农业追求的不是单一目标，而是包括提高土地产出率、提高劳动生产率、提高产品商品率、提高资源利用率、实现农业的社会经济和生态效益等多项目标。

（三）农业设施化是现代农业发展的主流

设施农业使许多国家和地区农业生产取得了巨大的收益，并提供了丰富多样的农产品。面对世界人口的持续增长，克服传统生产方式，实行周年生产是现代农业发展的重要方向。

20 世纪 50 年代初期，农用塑料薄膜的问世迅速推动了地膜和日光温室的普及使用，到 2005 年全世界上的温室已发展到 64 914.8 万平方米以上，地膜覆盖的面积在 2000 年就达到了 1 062.5 万平方米。在英国、荷兰、德国、法国和亚洲的日本，现代化的温室的面积很大，技术先进，结构牢固耐用，还辅助自动化、智能化的装置，能自动控制温度、湿度、光照、通风、二氧化碳，进行有效、定额施肥和灌溉等管理作业，在单位平方米上的产量：番茄为30～50 千克，黄瓜为 40～70 千克，月季花 170～350 枝，相当陆地产量的 10 倍以上，而我国因技术与管理原因番茄仅有 20～30 千克的产量，月季花 150 枝①。值得一提的是以色列有一半土地是沙漠，而且淡水奇缺，不但实现了农产品的自给，而且每年出口创汇 10 亿美元，鲜花出口量占世界出口量的 6%，还被誉为“欧洲的厨房”，这些农业成果得益于温室设施与灌溉设施。日本在智能化设施方面达到了较高的水平，被称为“第四高技术农业”的植物工厂已在日本普及，通过计算机将温度、湿度、二氧化碳和肥料等控制在最合适的生长发育水平，在寒冷地带、沙漠地带甚至在宇宙空间也能提供新鲜蔬菜。日本公司开发的设施栽培计算控制系统可以较全面地对农业设施内植物所需要的环境进行多因素监测和控制，包括变温控制管理、换气扇控制管理、冷暖空调的控制、灌水的控制、二氧化碳浓度的控制、控制人工补光等措施，可以说设施技术赋予了现代农业更强的生命力。

---

① 赵军．发达的荷兰设施农业，世界农业，1999（7）。

（四）现代农业是以高素质的农民和企业家为经营主体的集约型产业

人是生产力中最活跃的因素，发展生产力，既要见物，又要见人，既要重视物质生产水平的提高，又要重视人的素质的提高，缺乏掌握现代技术要素的人才，将使现代农业建设失去基础。现代农业需要大批的具有现代文化、现代理念，掌握现代科技、现代经营管理知识和现代劳动技能的人。在大机器生产的基础上，劳动生产率普遍得到了相当幅度的提高，大量农业劳动力转移到工业以及涉农工业部门，农业人口和农业劳动力在总人口和总劳动力中所占比重一般都在10%～15%。

现代农业的发展呼唤具有现代素质的农业企业家。现代农业建设中的农业企业家具有现代意识，他们对新事物有开放的态度、创新素质和开拓进取精神、自立能力和竞争意识、时间和效率观念、信息和法制观念，尤其注重用科学知识武装头脑，他们有较高的现代文化、科技素质和经营管理知识。农业企业家是实现对现代农业生产要素进行新的组合和合理优化配置的主体。出于对收益最大化的不懈追求，农业企业家必然要充分利用其现有农业资源和农业生产条件，使之以最佳比例组合。他们会积极地采用农业技术新成果改进生产经营的组织管理方式，以降低成本，提高效率，实现农业生产经营的最大利润。从长远看，农业企业家会自觉地对农业内部结构不断进行优化调整，对农业劳动力进行合理的分工分流，等等。这些都是从根本上提高农业生产经营效率的关键，对我国建设集约型现代农业产业具有举足轻重的作用。

（五）现代农业是高生产率和高效益的农业

现代农业的效率性主要指在发展现代农业的过程中，不断提高农业劳动生产率、土地生产率和农业的综合生产能力。现代农业的效益性主要指在发展现代农业的过程中，不断提高其经济效益、社会效益和生态效益。现代农业的经济效益突出表现在劳动生产率、土地生产率、投入产出率和农民收入有较大幅度的增加，农业和农村经济实力显著增强；现代农业的社会效益集中在农产品（食品）的安全化，向社会提供的农产品（食品）必须得到安全性质量的保障；现代农业的生态效益主要集中体现农业自然资源和生态环境得到有效保护，农业生态系统良性循环、生态经济效益显著改善、农业具有较强的可持续发展能力。如在实现农业现代化的西方发达国家，农业从业人口不到5%，法、美农民人均产粮和产肉分别为我国的50倍和100倍。人均耕地只有0.06公顷的荷兰，农产品出口总值仅次于美国，人均创汇8万多美元，而且大大超过美国。

农业生产条件很差的以色列，1991 年出口创汇 6 亿美元，占出口总额的 5.6%。高生产率和高效益以及工业化社会人们对自然的趋近心理，使现代农业越来越引起社会和投资者的关注。

（六）现代农业是以生产、生态、生活为目标的可持续产业

即在发展农业经济以实现经济增长的同时，又切实注意保护自然资源和生态环境，做到农业可持续发展，使经济增长与环境质量改善实现协调发展。近年来，世界各国在发展现代农业中，更加注重生态环境的治理与保护，重视土地、肥料、水资源、农药和动力等生产资源投入的节约和资源利用的高效化，在应用农业科技最新成果的基础上，探索出“有机农业”、“绿色农业”和“生态农业”的发展模式。

可持续农业极力倡导生态农业。生态农业的思想在 20 世纪 70 年代是由美国 A cres 提出的，在 20 世纪 80 年代由英国 M. K. Worthington 经多年实践后在西方确定了生态农业的含义与目标，开始强调的是低投入，以牺牲农牧业生产力为代价去追求回归自然，这一点与中国生态农业的思想是有区别的，但都主张发展生态农业是相同的①。西方在发展生态农业中高新科技的投入力度更大，造就了西方在农业资源利用效率上一直较高，这正是任何国家和地区发展生态农业应该继承和学习的合理成分。因为节约了资源就是资源合理利用与资源节约型农业，在很大程度上也就是可持续农业发展之路。考虑发展与持续的关系，既要有发展的持续，又要有持续的发展。

（七）市场化程度日趋成熟

市场经济体制是现代农业发展的制度基础。在这一时期，产品生产的主要目的不在于自给，而在于为市场提供商品以实现利润最大化。市场机制在资源配置中起着主导作用，市场体系日益完善，农业从生产成果到手段普遍商品化，除了农业最终产品即各种农产品外，各种中间产品、劳务和消费品以及其他农业生产要素，包括各种农业机械、化学肥料、农用化学品、良种及兽医服务等，都进入农业交换领域，甚至农民的生活消费也普遍成为商品性消费，农产品商品率得到前所未有的提高，农业打破了内部物质循环的局限性进而实现物质的开放式循环，从自给农业发展为市场化农业。

---

① Scballer N. Tbe concept of agricultural sustainability [J]. Agriculture Ecosys-terns and Environment, 1993, (46)

在世界农业发展进程中，现代农业的发展，无论是在农业生产力发展还是在农业生产关系调整方面，都展示了渐进演变的历史过程，体现了现代农业的历史性；无论是在生产手段、生产技术还是在生产经营的组织管理方面都实现了整体进步，体现了现代农业的综合性；无论是在发展目标定位还是在基本路径选择方面，都反映了世界各国农业发展的趋势，体现了现代农业的世界性。正确认识和把握这些特点和规律，对加快建设现代农业具有重要的现实意义。

第四节 现代农业的类型

一、持续农业

持续农业是发达国家在 20 世纪 80 年代提出的有代表性的农业经营新模式。由于国情不一，所持的观点和角度不同，对其内涵的表述存在着较大的差异。总的看来有三种主要论点：一是长远的、协调发展的论点，就是将环境、资源、技术、经济、社会诸多因素结合起来，考虑农业和农村的协调持续发展问题，以满足世世代代的需要。二是一体化、综合农业的论点，主要是以西欧正在试验的综合农业为代表，它是一种在经济上、生态上都能持续的农业，既保护农民收入，又保护环境。三是可持续发展的论点，认为农业的可持续性不仅涉及物质生产领域，而且还包括精神生活，特别是人们的生活方式、道德观念、文化教育对持续发展具有重要作用。

农业是对自然资源高度依赖的产业，农业的产出要依赖于对自然资源一定量的消耗。传统农业为追求数量目标，有时不惜自然资源的大量耗费，如对土地的广种薄收、播种时的人工撒种、灌溉时的大水漫灌、施肥时的大量使用化肥等。这些都会造成自然资源的巨大浪费和生态环境的污染与破坏。现代农业则强调最大限度地节省资源，重视环境保护和生态平衡，追求以最少的资源耗费获得最大的优质产出和高效益，以保持农业的可持续发展。生态农业、节水农业、有机农业、无公害农业、绿色农业等都是我国可持续农业的主要表现形式。

（一）生态农业

生态农业实际上就是运用生态学原理和系统科学方法，把现代科学成果与传统农业技术的精华相结合而建立起来的具有生态合理性、功能良性循环的一种农业体系。生态农业（Ecological Agriculture）一词最初是美国土壤学家 W Albreche 于 1970 年提出的，其内涵是“生态上能自我维持，低投人，经济上有生命力，在环境、伦理和审美方面可接受的小型农业”。生态农业是一个自我维持的系统。该系统要使能量减少到最低的程度，并且一切副产物都要通过再循环，提倡使用固氮植物，通过施用腐殖质肥料、实行作物轮作以及施用农家肥等技术来保持土壤肥力。它必须是多种经营的，使农业生态系统增加稳定性，并保证最大生物量的生产。动物（包括人）与植物的构成比例也必须适当。

与有机农业相比，生态农业更强调建立生态平衡和物质循环。它具有生产率高、稳定持续、综合性、有机性和效益性特点。当前我国生态农业建设中的实用技术有沼气利用技术、太阳能利用技术、细绿萍养殖及综合利用技术、稻田养蟹技术、食用菌栽培技术、病虫害的生物防治技术等。生态农业在经济上必须是可行的，不能把效益增加到最大而破坏各种各样的环境因素。尽可能保证农村的各种景观并生产出需要的产品，使农业生态体系变得更稳定，并使乡村特有的美丽景观给人以愉快之感。

（二）有机农业

有机农业的理论最初是由美国学者罗德尔提出的。1945 年，他出版了《堆肥农业与园艺》一书。他从土壤生物学的肥力概念出发，论证了大量使用化肥和农药的害处和有机肥在培养地力上的优越性能。1980 年，美国农业部一个调查小组给有机农业下了一个定义：“所谓有机农业是指完全不用人工合成的化学肥料、农药、生长调节剂和饲料添加剂的生产制度。它在可能的范围内，尽量依靠轮作、作物秸秆、家畜粪尿、绿肥、外来的有机废弃物、机械中耕、含有无机养分的矿石及生物防治等方法，保持土壤的肥力和易耕性，供给作物养分，防治病虫杂草危害”。随着农业国际化进程的推进，有机农产品的生产已经成为出口创汇、增加农民收入的重要来源。

有机农业的着重点放在土壤与人类健康上，认为食物的营养价值取决于土壤及其运动、食物贮存与制备等，没有肥沃的土壤，就没有营养丰富的农产品，改善食物的营养与人类身体健康，其根本在于维护土壤健康，改善土壤肥力。一般情况下，有机农业不用化肥、农药及其他合成的化学制品，在需要时施用一定限量的化肥或农药作为应急手段，也称为有机农业。有机农业的发展，由于其较高的成本和较低的产出率，将会在一定区域、一定范围内存在。

二、立体高效型农业

立体高效型农业是解决人多地少矛盾的重要途径之一，它是指利用时间差、空间差立体种养，组成“高效复合生态系统”，从平面、时间、多层次利用单位资源，生产出高产优质农产品。它具有高产出、低投入、低耗能、高效益的高产高效特性，主要生产模式有立体种植、立体养殖和立体种养三大类型。由于它是两种以上的生物构成的多层次种群结构，因而提高了农业资源的利用率，发挥了物种间的互补与契合效应，提高了质能转化率，构成了集约化的农业生产体系，本身具有自我调节的功能。如稻—萍—鱼共生，稻—菇—鱼立体种养，玉米（甘蔗）—食用菌栽培，藻（海带）—扇贝、海参共养，葡萄—高秆作物—中药材立体种植，多种作物间混套作等形式，可一地多收，高产高效。

三、都市农业

都市农业是依托都市、服务都市、为都市提供优质农副产品和优美生态环境为主要目的的区域性农业。它是城乡一体化过程中形成的现代农业的代表性形态，是现代都市建设的重要内容。其内容可以表现为：农业高新科技园（农业高新技术开发区）、工厂化农业（设施农业、精细农业）、庄园农业（都市农庄）、观光农业（休闲农业、旅游农业），等等。都市农业主要有经济功能、社会功能、生态功能、示范带动功能等四大功能。都市农业总体上可归为集约持续型和休闲观光型两种基本类型。

四、设施农业

发挥都市人力、资金、技术、市场等优势，发展高投入、高产出、规模化、工厂化的设施农业和精品农业。按照农业的区域分工的要求，运用先进农业生产技术和装备，重点发展以塑料大棚、玻璃温室为主体，有土和无土栽培相结合，一年四季能生产和供应优质、新鲜、时令的蔬菜、瓜果、花卉、盆景和观赏鱼种、宠物等高效益的农副产品。美国的农业增产，不是靠资源，而是靠技术。日本、荷兰、以色列、中国等人多地少或人均资源稀缺的国家，设施型无土型农业则可能是未来现代农业发展的方向。

工厂化农业是设施农业的主要形式之一。所谓工厂化农业，是指在“农业生产车间”（塑料薄膜大棚，玻璃温室等）内，借用阳光或人工灯光进行不间断的农业生产。有的人认为，这是根本改变传统农业的重要方向。用现代科技装备的工厂化农业，集成了生物技术、信息技术、新材料技术、自动化控制技术和现代先进农艺等，其间作物的播种、生长、施肥、灌溉、环控等全过程都实现自动化，称得上是一个高水准的“种植工厂”。“种植工厂”可以通过对生物和环境的控制，使农业生产中的多种潜力得到充分发挥。

五、高科技型农业

高科技型农业就是指以生物技术、电子信息技术和新材料为支柱的现代高新技术为核心的农业形式。现代农业在吸取传统农业精耕细作、持续经营的基础上，吸收和融合现代科学技术，包括计算机和信息技术以及转基因、细胞融合、无性繁殖等生物技术，不断创新现代农业的类型。

（一）分子农业

“分子农业”就是利用动植物分子遗传学和转基因技术，实现商业上大规模生产蛋白质、药物、疫苗及酶等物质，用于预防和治疗人和动物的疾病。由于利用植物生产提取类物质，易于操作和规模化生产，为农业发展的工厂化奠定了科技基础。它是21世纪农业发展的主流。

（二）太空农业

将航天航空技术与农业和生物技术结合，发展太空农业。近年来，国内外把水稻、番茄种子、动物送入太空进行试验，研究其遗传性状的表现和生理生化变化规律，选择优良品种。美国产生了“航天植物生产”，美国宇航中心在航天上应用最先进的无土栽培技术，生产人类在太空中生活必需的食物，经过20多年的研究，现已获得成功。其主要目的是，在失重的条件下，以最小的面积生产出充足的食物，支持人类在太空中长期生存。最新技术为：每平方米面积可种植小麦10 000株（种1.2平方米的小麦就可生产够一个人吃的面粉），玉米株高仅40～50厘米就成熟了，西红柿每平方米种100～120株。

（三）快速农业

利用组培技术进行脱毒苗工厂化生产草莓，5株原苗，8个月即可生产出30万株“组培脱毒原种苗”。这便是快速型农业。同时，快速还表现在育肥牛、肥猪、养鸡上。多种饲料添加剂、促长剂、埋植技术的应用，可使畜禽的育成速度加快，时间缩短。如用配合饲料养鸡，50天体重可达2千克。英国科学家正在研究食草猪，他们将牛、羊等草食家畜体内的一种酶基因，植入猪的受精卵，再把受精卵移植猪的子宫里，产下的猪像牛羊一样以草为食，从而达到减少粮食消耗的目的。

（四）超级型农业

超级型农业是利用高新技术、生物工程，培育杂交种，实现高产高效。超级型农业，除具有超高产、超优质特点（如高油玉米、高赖氨酸玉米、高蛋白小麦、高碘蛋等）。2006 年中国的超级稻亩产达 800～1 000 千克，产量高，米质好，抗寒、抗病、抗倒伏。利用高新技术把大型动物的生长基因，引入体形较小的动物体内，从而培育出个体粗壮的大型动物。日本培育出一种马铃薯番茄新品种，株高 10 米，结果 1.2 万个，足有 1 000 多千克；培育出比普通米粒大 3 倍的新型水稻。通过倍性育种，可以获得株高、茎粗、叶大的高产蔬菜或奇特的观赏植物。当然，还可以培育精、优、小巧的微型动植物品种。如墨西哥的微型牛，身高 60～100 厘米，饲养 6 个月体重 150～200 千克即可宰杀。美国培育出柑橘一般大小的瓜，产量亦高，吃时一口一个，十分可口。

（五）精准农业

精准农业是在现代信息技术、生物技术、工程技术等一系列高新技术最新成就的基础上发展起来的一种重要的现代农业生产形式，其核心技术是地理信息系统、全球定位系统，遥感技术和计算机自动控制技术。精准农业的特征是：生产手段精良，管理过程精细，技术运用精准，资源投入节省，运作尺度精确，收获优质高产。精准农业是以市场为导向的农业；精准农业是用高科技武装的农业；精准农业是以集约经营为主的农业；精准农业是以优质高效为目标的农业；精准农业是可持续发展的农业。将现代信息技术、生物技术和工程装备应用于农业生产的“精准农业”（Precision Agriculture），已成为发达国家面向 21 世纪的现代农业的重要生产形式。

（六）蓝色农业

“蓝色农业”又称海洋农业。在土地资源存量有限的情况下，发展大面积的海洋农业是当今农业发展的方向之一。促进水产养殖，推动海洋业向集约化、农牧化方向发展，营造海洋农场、海洋牧场和海洋养殖基地，实现蓝色革命。

（七）白色农业

“白色农业”是以微生物资源为核心，以动物、植物为原料，发展相关的产业。“白色农业”的发展，通过工厂化微生物工程，将形成非绿色植物的、不污染环境的新型农业及其产业，研究可更新纤维素，工农业废气、废渣，建立单细胞蛋白质工业及海藻生物技术产业等。通过推广新型生物肥料，可使农业生态系统形成绿色增值链。

六、观光休闲型农业

休闲农业的基本概念是利用农村设备与空间、农业生产场地、农业产品、农业经营活动、自然生态、农业自然环境、农村人文资源等，经过规划设计，以发挥农业与农村休闲旅游功能，增进民众对农村与农业的体验，提升旅游品质，并提高农民收益，促进农村发展的一种新型农业。观光农业除了提供采摘、销售、观赏、垂钓、游乐等活动外，部分劳动过程可以让旅游者亲自参与、亲自体验；农村丰富的乡土文物、民俗古迹等多种文化资源，可供参观，通过寓教于乐的形式，让参与者更加珍惜农村的自然文化资源，激起人们热爱劳动、热爱生活、热爱自然的兴趣，也进一步增强人们保护自然、保护文化遗产、保护环境的自觉性。观光休闲型农业将农业与旅游、生产与消费融为一体，是生产、生活与生态三位一体的现代农业形式。

第三章　国外建设现代农业模式的比较和借鉴

由传统农业向现代农业转变，是世界农业发展的共同趋势。第二次世界大战以后，发达国家在现代农业建设方面取得了突出的成就，农业劳动生产率、土地生产率和商品率达到了前所未有的水平。因此，分析、研究和借鉴发达国家和发展中国家建设现代农业的成功经验和失败教训，对我国现代农业建设具有重要的借鉴意义和参考价值。

第一节　美国建设现代农业的模式

美国是个地广人稀的国家，土地价格、生产设备便宜，但劳动力价格较高。因此，美国农业通常使用大型农业机械耕作。通过发展现代农业，到 21 世纪中期，美国农业发展水平已居世界前列，并形成令人羡慕的世界农业强国。占全国总人口 2%的农民不仅产出足够美国人消费的农产品，而且成为世界农产品出口强国。对美国建设现代农业的成功经验进行归纳和总结，对当前我国建设现代农业具有较多的重要启示。

一、美国建设现代农业发展的背景

（一）美国建设现代农业的自然基础

美国全称为美利坚合众国，位于北美洲中部，自然资源丰富。美国为北温带和亚热带气候，全国大部分地区雨量充沛而且分布比较均匀，平均年降雨量为 760 毫米，土地、草原和森林资源的拥有量均位于世界前列，土质肥沃，海拔 500 米以下的平原占国土面积的 55%，有利于农业的机械化耕作和规模经营，发展农业有着得天独厚的条件。据美国农业部经济研究局统计，1999 年美国农业用地面积为 4.18 亿公顷，占土地面积的 45.67%，有耕地 1.77 亿公顷，人均0.64公顷，永久性草地2.39亿公顷。美国有丰富的淡水资源，与加拿大交界的五大湖驰名于世。

（二）美国建设现代农业的历程

建设现代农业是利用先进的农业机械和农业技术改造传统农业，提高农业生产率的过程。美国的历史背景、自然禀赋以及其他的制度因素使得美国建设现代农业的经历了三个阶段：农业机械革命、生物革命和化学革命、管理革命。

第一阶段：农业机械革命。美国农业的基本特点是地多、人少，劳动力稀缺，这使得美国早期农业的典型特点是利用机械开展大规模的农业作业。美国的农业机械化经历了三个时期，一是从南北战争前后到1910年的农业半机械化时期，二是1910—1940年的农业基本机械化时期，三是从1940年到现在的农业全面高度机械化时期。机械化革命推进了美国农业经营的专业化和产品高度商品化。

第二阶段：生物和化学革命。20世纪60年代以后，工业化、城市化的飞速发展所带来的直接后果就是土地价格的高涨、耕地面积的缩小，土地利用率的提高成为农业发展面临的重要矛盾。所以，此时，美国农业发展的重点从机械化开始转向采用生物和化学技术，提高土地的产出率。

第三阶段：管理革命。第二次世界大战以后，美国一方面将现代科学技术广泛应用于农业生产，使得农业技术装备和生产效率进一步大大提高，尤其是将工业部门的管理手段和方法运用于农场，极大地推动了农场的规模化经营；另一方面，在完善农业基础设施的条件下，建立现代农业科技服务体系。目前，美国大多数地区基本实现了农业科技服务的社会化，并进而扩展到农产品加工和销售领域，把生产、加工和销售过程联系起来，形成了农、工、商一体化的产业化经营模式。

需要指出，美国的农业发展的三个阶段是交错在一起的，三个阶段基本呈现了美国农业的发展趋势，从中可以看出美国建设现代农业的基本特征的演变。

（三）美国农业发展的基本模式

“石油农业”是美国农业的基本模式。以美国为代表的人少地多的发达国家是以机械化为现代农业起步的。机械化意味着高耗能，机械作业、机械喷灌、粮食烘干以及各种运输都离不开石油，同时，化肥、农药、塑料地膜产品包装等石化制品也同样离不开石油。因此，这种农业又被称作“石油农业”。在经营方式上，美国农业多以家庭经营为主，并且这种家庭农场的单位规模呈扩大趋势，较大的农场有利于“石油农业”的发展，一是可以有效地利用大批农场自备机械，二是便于引进新技术和设备。机械化和化学化是这一模式的主要特点。

1920—1990 年，美国的拖拉机数增加了 18 倍，农用卡车增加了 24 倍，谷物联合收割机增加了 165 倍，玉米收获机增加了 67 倍。1970 年农用化学品的使用量是 1930 年的 11.5 倍，1990 年的化肥使用量为 1946 年的 6.1 倍。与此同时，美国农业的投入结构也发生了很大的变化，1920 年，农业投入中劳动、不动产、资本三者之间的比例为 50∶18∶32，这一比例到 1990 年变为 19∶24∶57。现代农业的发展使得美国农业生产力水平有了大量的提高，1930—1990 年，美国的小表单产提高了 1.45 倍，棉花单产提高了 2.57 倍，土豆单产提高了 3.48 倍，玉米单产提高了 5.12 倍。同时，农业生产同农产品加工、销售以及农业生产资料制造、供应之间的联系日趋紧密，农业的专业化、社会化程度也有了大幅度的提高。

美国的“石油农业”不仅仅使美国的农业实现了现代化，而且还为其他国家发展现代农业提供了可借鉴的模式。无论发达国家，还是发展中国家，都先后派出农业管理专家和技术人员到美国学习和考察，从美国农业发展模式获取有益的知识。20 世纪 60 年代末的世界粮食首脑会议肯定了这一模式是现代农业的必由之路，并把它作为此后二十年改变全球粮食供应紧张、消灭饥饿的主要措施，这一模式的推广的成果是大大提高了世界农产品产量，使得世界养活了比原来预期多 10 亿以上的人口。

二、美国建设现代农业的主要做法

（一）完备的农业法规体系为农业提供了强有力的保障

美国的农业法规体系建设包括农产品价格支持、生产控制、农业信贷、土地保护、剩余农产品处理、出口贸易等一揽子内容的法律。由于该法律既包括农业发展的一些基本原则，又包括一个时期的具体农业政策，一般 5 年左右修改 1 次，有时 1～2 年修正或补充，所以其名称也是从最初的《农业调整法》变到后来的《农业法》或《食品与农业法》。除综合性农业法规以外，美国还制定了 30 多项单项农业法规。在州一级，一般都有一部内容较全面的综合性农业法规，单项性农业法规较少。如得克萨斯州，制定了一部《农业法典》分7大部分、252章，内容从州一级农业行政管理机构的设置、农业的研究和发展、农业组织、农资供应、农产品的生产、加工、销售，到动植物的品质、等级、病虫害防治、水土保持、农牧场的保护、年青农场主的贷款担保等，应有尽有。

（二）健全的市场机制为现代农业的发展提供了内在动力

第一，从历史发展过程看，现代农业是在市场经济环境下成长和发展起来的。市场经济在经济制度上保证了农村市场经济主体在土地产权、生产经营等方面的自主权以及追求自身利益最大化的立足点。美国独立战争胜利后，没收了亲英派贵族地主的土地，并把这些土地分成小块出售，使之成为农民的财产。美国政府把向西扩张推进得到的土地宣布为国有，然后出售给移民垦殖，使西部建立起大量的、规模较大的家庭农场，在南方还把少部分土地直接卖给或分给黑人，使农民获得了土地所有权或经营权，成为独立的商品生产者，具有充分的经营和管理自主权。这为现代农业在市场经济条件下的成长和发展奠定了坚实的基础，这也正是市场经济的基本内涵。

第二，美国农业产、供、销的市场化为优质高效农业提供了根本保证。首先，是土地和劳力资源的市场化。农场主可以在自己的土地上经营，也可以根据经营状况购买、租用、转让、出租土地以保持合适的经营规模，实现规模效益。同时，农业及相关产业的劳力按市场需要优化配置在各相关部门。其次，是生产资料和农机具供应的市场化。美国农民所需的化肥、农药、种子、除草剂、排灌设施及农业机械等市场，由农民自主选择。由于美国农用工业相当发达，各种农用生产资料和农机具供过于求，生产厂家千方百计地做广告推销产品，竞争相当激烈，所以假冒伪劣产品进不了市场，坑农害农现象极少发生。最后，是农产品销售市场化。由于农产品完全靠市场调节，所以一方面使农民十分注意选择优质的、与市场对路的产品进行生产，并尽量降低生产成本，以获得较好的收益。

第三，发达的农产品信息网络便于农民了解市场的变化。农产品市场系统流畅地运行的核心是市场信息，这不仅是买卖双方公平交易的重要基础，而且也是农民了解市场变化、增加生产收入的依靠所在。从美国的经验看，为提供充分并且可靠的信息，必须建立以政府为主导的农产品信息收集和发布系统。目前，美国农业部通过合同关系与各州的农业部门合作，向各州能源部门提供农业市场信息，提供有关畜牧、肉类、谷物、蔬菜、水果、棉花、家禽、奶、蛋、烟草和羊毛等各种农产品贸易方面的信息，包括供应、需求、价格和市场变化趋势等。农业部和有关州设立了 100 多个信息收集办事处，共有 270 名市场报告员，其中 80 名属联邦政府，190 名属州政府，负责搜集、审核和发布全国农产品在直销、拍卖、合同、期货、集散、加工、批发等市场环节的信息，并要求所提供的市场报告具有中立性、即时性和可靠性。

（三）以科研、教育为后盾的农技推广体系为农业高新技术的应用提供了可靠保证

20 世纪初，鉴于农业科研与应用脱节的情况十分严重，美国国会于 1914 年又制定了一个影响更为深远的史密斯—利费合作推广法案，规定由联邦农业部和各州的大学合作，在每个州都建立一个从事农技推广和普及的机构——州合作推广站，其任务是向农民提供各种培训，将农业科研成果和新技术迅速推广应用到农业生产领域。由此，一个以科研、教育为后盾的农业技术推广体系宣告形成。据美国农业部 2005 年统计，美国现有农技推广机构 3 300 个，农技推广员 1.7 万名左右。美国借助各州的科研、推广体系和联邦农业部直属的农业科技研究中心以及一些私人农业科研机构，从 20 世纪 80 年代开始，把高新技术在农业上的应用作为发展优质、高效农业的重点来抓，并在遗传工程、生物技术、计算机技术、遥感、遥测研究和自动化技术领域取得重大突破，并尽快地把这些高新技术应用于农业生产，为美国农民带来巨大的经济效益。

（四）美国农产品协会作用突出

美国农产品协会在农业生产中的地位举足轻重，是介于政府和企业之间的一种行业组织。如蔬菜水果协会，蔬菜水果生产者、加工商、批发商、零售商、进出口商都是协会的会员，有关流通方面的政策和建议都由协会与政府沟通。协会组织建立批发市场、定期举办交易会、展示会，增进会员间的信息交流和供需衔接；开展国际交流与合作，促进进出口贸易；举办专题培训，向会员介绍最新流通政策与法规，与政府及国会保持经常性的联系。美国农产品协会目前已经发展到了高级阶段，它将“农、工、商、产、学、研”有机地结合起来，同时，也将农产品的加工、销售和出口有机结合起来，通过签订合同，使农业合作社成了契约化经营的主体。如美国新奇士橙协会会员几乎占了美国加利福尼亚和亚利桑那两州农户的 60%～70%，协会对每周果树的成熟情况

都有电脑统计，确保产量均匀分布在各个时期，而且协会的全球代表每天都将订单传到总部，总部再分发到60多家包装厂，由包装厂将订单按周向果农收购，从总部分订单到集装货柜仅需3天。

（五）农业合作社成为农民走向市场的桥梁

到2005年12月底为止，美国有4 000多个农业合作社，80%以上的农民是农业合作社的社员。美国农业合作社的主要功能是为农民提供产、供、销环节的服务。首先，合作社为农民提供农业生产资料供应。据统计，农民通过合作社购买化肥占45%，汽油占43%，农用化学品占28%，饲料占20%，种子占14%。其次是提供农产品的销售服务。农民通过合作社出售的牛奶占81%，棉花及种子占36%，谷物和油料作物占38%，水果和蔬菜占18%，牲畜占8%。第三，合作社还在产供销过程中向农民提供其他各种服务，如提供贷款发展水电、灌溉、电话通讯，出租大型农用机械，提供市场信息和技术咨询等。

（六）有计划地培养和造就一大批高素质的农业企业家

自美国密执安州最早举办农业领导人才培训班以来，美国其他各州先后开办了农业领导人才培训班，培养和造就了一大批高素质的农业企业家，对美国建立发达农业并向现代农业跨越过程中发挥了积极的作用。农业领导人才培训项目，是以25～40岁各农业领域的男女骨干为培训对象的竞争性培训项目。除上述培训项目以外，美国还十分注重对青年农民的培养。从1928年开始，他们就开始在农村中学成立“未来农民协会”，普遍开设农业技术培训课程，鼓励学生从事各种农业实践活动，提高劳动力技能、管理和领导能力。

（七）政府进行农业补贴与信贷支持

美国农业补贴和农业信贷举世闻名，固然有政治拉选票的因素，但这些措施却有力促进其农业的发展。美国约有51%的农场主通过信贷支持购置地产、从事农业生产。农民借款有许多来源，如商业银行（主要用于生产和购置不动产，也通常用来购买化肥、围栏、农用设备等）；保险公司（主要向不动产投资）；农业信用系统（主要向农业生产领域提供资金）。这些贷款利率低，能帮助农民尽快进入农业领域。从20世纪80年代起，政府借款成为农民最直接的贷款，贷款的目的是鼓励农民从可持续发展农业的角度去进行农业生产，使农民改变传统的生产方式。每个农民最多可贷1.5万美元，年率仅为6%。主要有农村房屋服务、农村公共设施服务、农村经济和合作发展服务等项目。政府建立了可持续发展农业赠款项目，在20世纪90年代，有175项赠款已批准应用，最大的有2.5万美元。这些措施，有力地促进了农业的可持续发展，保持美国农产品在国际市场的强势的竞争力。

农业补贴一直是世界贸易中争论最大的问题之一，也是发展中国家扩大农产品出口最大的障碍。美国农产品的价格一般由市场供需情况决定，但对小麦、棉花、大豆等非常重要的作物，政府会结合基本成本和最低利润，考虑制定目标价格，即全国统一的指导价。如果当年产品价格达不到目标价格，政府就会以补贴的办法，使之达到目标价规定的水平，以保护农民的收入。农民如果因自然灾害使农作物绝收，除通过农业保险获得一定的赔偿外，也能通过政府农产品减收项目获得价格补贴。

（八）提高进口农产品门槛以保护本国农业，想方设法扩大农产品出口

美国已建立极其严格的食品安全准入制度。除了肉类，家禽外，所有进口的食品均需接受食品药品管理局的检验，这些食品检验机构有大批高度专业化的专家，如化学家、微生物专家、毒物专家、卫生专家等，他们规定农产品的受污染限度。闻名于世“五程序”包括验货通知、扣留通知、自动扣留系统、商品召回及没收、拒绝进入市场的通知，让国外尤其发展中国家的生产农产品望而生畏。通过各种途径保护本国的各项农产品产业。

美国现已成为世界上最大的农产品出口国，2001年，美国的农产品出口额高达535亿美元，是1970年73亿美元的7倍多。小麦出口占世界市场的45%，大豆出口占34%，玉米占21%以上。2005年农产品出口占美国农业总销售比例的25%。其办法主要有：一是迫使其他国家逐步降低进口关税壁垒、减少农业补贴。20世纪90年代初，针对美国农产品国际竞争力减弱，出口数量下降的局面，美国一方面通过主导关贸总协定乌拉圭回合谈判，主张降低并最终取消各国农产品关税，取消农产品贸易壁垒，以消除美国农产品占领国际市场的障碍。二是大力提高美国农产品的竞争力。近十多年来，世界粮食价格呈逐年走低趋势，因此，美国十分注重将粮食转化成高附加值农产品出口的工作，既提高了出口产值，又增加了就业。美国利用谷物和大豆转化成的肉类产品出口，增加农产品的出口价值。美国还将绝对优势的转基因农业生物技术应用于农业，通过实施以提高产量与质量、降低生产成本。三是大规模开拓发展中国家市场。美国农业从农业大国走向世界出口强国，除了专业分工、农业协会、批发市场等传统措施“壮其筋骨”外，还重视农业科技运用，重视信息组织、科研机构的延伸的做法可谓"授其利器"。而在补贴农业降低成本，美国在WTO框架下，迫使其他国家降低进口关税壁垒，并以严格食品检验限制进口的措施来达到其在国际市场占据首要地位的目的。

三、美国现代农业的特征

（一）农业生产呈现高度专业化趋势

美国农业生产正走向高度专业化，全美农业形成了这样专业化的生产布局，西南部盛产蔬菜，中西部盛产小麦，西部地区牧产品丰富，东北部是玉米产地，北部主产奶制品，东部及东南部盛产棉花、烟草、蔬菜等，南部是牧产品和蔬菜。而且单项品种也日趋专业性，以水果为例，美国果品生产以区域化布局，其专业性甚至每一树种或品种，均被安排在最适宜区集中栽植，从而为果品的优质高效打下良好的基础。华盛顿州的自然条件最适宜于苹果生长，其苹果产量就占到全美鲜食苹果的50%以上。美国农业不仅生产专业化，而且生产服务也专业化。如蔬菜业服务体系基本上实现了全程专业化服务，包括技术推广、咨询服务，农资供应服务，生产作业服务，购销服务，信息服务以及信贷、保险、管理咨询、法律、会计、土壤测试等服务。农业专业化的兴起，使美国迅速向规模化集约化迈进。1930年时美国的农场数超过630万个，每个农场的平均面积63.5公顷，到1989年，其农场的平均面积扩大到184.5公顷，数量则减少到200万个以下，正是农业专业化发展的必然结果。

（二）农业生产高度机械化

机械化是美国现代农业的主要特征。一个多世纪以来，美国农业经历了以机械、电力代替了人力、畜力的过程。农业机械的发明与应用，促进了农业机械化。美国在1940年基本实现农业机械化，役畜动力占农田总动力的比重由20世纪初的75.5%下降到20世纪60年代的6.96%。20世纪60年代后美国农业全面实现机械化，农业劳动生产率比19世纪提高了10倍多。1988年，每个农业劳动力平均负担耕地60多公顷，一个农业劳动力生产的粮食可养活90～100人。

（三）农业社会化服务形成严密网络

除政府的服务外，一切同农业有关的企业也都特别重视为农业、农民服务，从而真正把自身的利益同农民的利益联系在一起。在这个网络中，一种不可替代的组织是合作社，这个合作社可以叫农业合作社，也可以叫农场主合作社，是农业生产者拥有和控制、自我服务的组织。其服务既不像私营公司那样以赢利为目的，也不像政府部门那样搞无偿服务，而是在商品交换原则下，以增加社员利润为基本宗旨，合作社不仅向农户提供所需生产资料、技术、政策咨询及有关培训，而且提供信贷业务，深受农户欢迎。

（四）农业批发市场规模化

美国批发市场，都属于私营或股份制性质，美国政府没有插手直接组建市场，但必须由政府统一规划后方可建立。美国批发市场最大特点是批发业务的规模化，批发商的数量都不多，但每个批发商的经营规模都很大。美国西部最大的洛杉矶蔬菜水果批发市场拥有 25 家批发商，他们经营着 500 多种蔬菜水果，供应美国及世界各地的消费者。他们的经营活动几乎垄断了美国的农产品流通市场。批发业务规模化使农民和加工厂商紧密联系在一起，农民按照批发市场内批发商的订购合同，组织农产品生产；加工商根据批发商对农产品的质量和规格要求，对生产者提供的产品进行加工，然后交由批发市场组织销售，从而实现了农产品的生产、加工、销售有机联系。

（五）农业信息服务系统完善

美国在农业信息的开发利用等方面早于其他西方资本主义国家，各新闻媒体都是免费发布美国农业部的市场信息。20 世纪 80 年代以来，美国信息技术的兴起，使农业信息服务发展为一种新的农业产业。现在提供农业信息服务的商业性系统已近 300 家。美国在肯塔基建立的全美第一个农用视频电报系统，用户通过个人计算机键盘的识别号，即可存取该系统大型数据库里当前市场价格、天气、新闻和其他农业信息。农业部形成了庞大、完整、健全的信息体系和制度，建立了手段先进和四通八达的全球电子信息网络来保证信息的来源。他们通过立法确保农产品市场信息的收集、发布，还将市场信息收集、发布的整个过程及人员都纳入农业部统一管理，并建立农产品市场信息收集、发布制度，使市场信息标准化、工作规范化，其组织严密科学。

（六）农业科技贯穿到各个环节

美国农业大量运用现代科技手段，可以通过地理信息系统将土质资料输入计算机中确定土壤肥力。在种植作物时，拖拉机通过安装该系统，能随时根据土质情况确定施肥，有效节省农业成本。还能通过遥感测控系统，对地力和作物生长情况自动判断浇水、施肥的合适时间。到 1985 年，美国已有 8%的农场主使用计算机处理农场事务，其中一些大农场则已计算机化。计算机的应用，在大豆病害诊断、预测玉米螟危害、苹果虫害与果园管理、农业技术资源保护等领域大显身手，使美国的农场管理、科研和生产达到了高质量、高效率和高效益。近40年来，美国利用杂交技术，培育和推广了一批优质高产的作物优良品种，实现了作物良种化，从而使单产和经济效益都有了显著提高。美国玉米单产由20世纪50年代初的每公顷2 400千克提高到80年代末的7 500千克。在当代农业科技中，最受人关注是美国的转基因农业技术，美国的转基因农业技术正向世界各地传播渗透并已获得巨大的利润。粮食是特殊的商品与战略物资。美国通过增加转基因粮食产量，以计算机网络通讯、生物基因工程等先进技术手段为依托，建立快速、便捷的全球农产品与粮食流通网络，形成在全球农产品市场上的巨大的竞争力与支配力，从而实现掌握21世纪世界农业与粮食生产流通主导权的战略意图。

（七）农业生产以家庭经营为基础

美国农业的基本经营单位一直是家庭农场。其农场经历了数量上从少到多，又从多到少，规模不断扩大的过程。到2005年，大约有200万个，平均经营面积为800公顷，最多的达8 000公顷。农场又分独有、合作、公司农场三种形式。而且，还有一种中介组织，专门从事承接把土地租赁给农户的工作。由于美国农业劳动生产率高，效益好，国内外许多有钱人都热衷于购买土地，交给这些中介组织去经营，从中牟利。在买地者中，日本人居多。现在，美国农场主经营的土地中，自有和租赁的面积差不多各占一半。

（八）农业科研机构服务链完善

美国农业最值得一提的是农业科研机构的推广活动。美国农业研究项目大部分是由政府资助的，其研究成果成为美国农业发展的支柱。早在1850年，美国每个州都被联邦政府无偿给予了三万英亩的土地建一所农业大学，政府赠地建学的主要目的是使教学、研究及推广服务一体化。美国每个县都有一名受大学雇佣的推广服务代理人员，负责教授农场主或农民最新的农业科研知识和成果，他们每年都要回到学校接受一定的培训。代理人员如遇到自己解决不了的问题，就回到农业大学或学院的研究所寻求答案，再传播给农民。如果遇到有些技术农民不大相信，或不愿接受，农业推广服务人员还通过搞试验田的办法打消农民顾虑。科研机构的推广活动成了推动美国农业迅速发展的原因和动力，这也是美国区别于其他国家的主要特点之一。

四、美国在建设现代农业进程中的教训

到 20 世纪 80 年代，美国的“石油农业模式”越发显示出其存在的问题。美国现代化农业生产模式和工业生产十分相似，即投入一定数量的物质和技术，产出一定数量的农产品。有的美国生态学家认为这种农业生产方式和采矿作业十分相似，即从土地中榨取农产品；过度消耗土壤的肥力，以对土地的过度开发换取短期和眼前的利益。建立在农业机械化和农业化学化这两大支柱上的农业，基本上成为工业生产的一个变种，因而发生在工业生产中的污染、损害生态环境的现象，也都在美国农业生产中出现；由于农业生产空间广阔，因而造成了更大的危害。其主要问题是：

（一）石油农业消耗了大量的能源，能源利用率低

美国现代农业是典型的“能源集约农业”，一位美国生态学家认为，美国每人一年中消费的食物，需要用 1 吨汽油生产，如果全世界各国都采用这种能源集约农业生产方式，那么占全球目前消耗量 50%的汽油要用来生产食物，全球的石油储备在 15 年内就要告罄。以消耗能源来发展现代农业，对于缺乏能源的许多发展中国家显然是难以为继的，更为重要的是这种农业极大地破坏了自然资源和生态环境。美国现代农业生产不但大量消耗不能再生的能源，而且能源的利用率极低。中国、印尼、缅甸等亚洲国家传统的农业生产方式，用 0.05～0.1 焦耳的热量，可以生产 1 焦耳热量的食物；而美国农业则需 0.2～0.5 焦耳的热量，才能生产 1 焦耳热量的玉米、大豆、花生等。

（二）农业保护政策加重了财政负担

美国是世界上实施农业保护最早、相应的政策最完备、方法最丰富的国家之一，包括农业生产保护政策和农业贸易保护政策。然而长期的保护政策消耗了政府大量的财政收入。近十多年来，美国联邦政府一直试图改变这一沉重的财政负担的现状，然而积重难返，在惯性作用力下，反而越陷越深。

（三）土壤流失加重，加速地力衰竭

土壤是有“生命”的物体，如果使用得当，土壤会愈来愈肥沃；反之，会愈来愈衰竭。美国农业大面积的连年单作，大量使用化肥、除草剂，加上长期的机械耕作，造成了严重的土壤流失现象。美国每年流失的土壤，高达 31 亿吨。美国衣阿华州的土壤原来十分肥沃，经过长期的农业的开发，损失了一半的表土。平均来说，衣阿华州农民每生产一蒲式耳（每蒲式耳为 35.238 升）

的玉米，要流失一蒲式耳的表土，种植大豆损失表土更多。美国中西部一带农田的表土，早年深达1.83米（6英尺），是世界上罕有的肥沃土壤，而2005年表土只剩下0.2米（7.87英寸），其余的都在冲刷过程中流失。据美国农业专家估计，美国由于土壤流失造成直接和间接的经济损失，每年超过400亿美元。虽然50多年来，美国一直努力防止土壤冲刷，每年用于这方面的费用高达10亿美元以上，但是，由于农业开发造成土壤破坏的根源没有消除，因此，一切治标措施都收效不大。

（四）单一作物种植减少了农作物遗传的多样性

这种情况在作物和家畜方面都是如此。美国农业往往只使用少数的几个品种，而过去的美国传统农业则使用众多的本地品种。减少遗传的多样性，对于农业生产是很危险的，因为一旦病虫害爆发，由于品种的单一性可能全军覆没。1970年美国玉米叶枯病，使全美15%的玉米产区颗粒无收，因为所有种子都是来自一个易感叶枯病的品种。

（五）大量使用化肥和化学农药，造成环境污染

例如，美国衣阿华州大泉盆地从1958—1983年的25年中，地下水中的硝酸盐浓度增加了3倍，这是大量施用化肥的结果。美国31个州存在着化肥污染地下水的问题。大量使用化学农药，对于农业工人的健康也造成直接的危害，使美国农业工人伤亡率仅次于建筑业、采矿业，被列为三大危险行业之一。

（六）美国现代的养畜业，特别是肉牛饲养业，对生态环境造成很大的破坏

美国的肉牛饲养主要集中在13个州，有42 000处肉牛育肥场，其中200处最大的肉牛育肥场，集中了美国肉牛总数的50%左右。鉴于高度集中饲养，厩肥处理十分困难，造成了很大的空中和地下水的污染。此外，高度集中饲养，用水量也十分集中，造成一些地区采水过量，水源日趋枯竭。美国肉牛育肥场集中的中西部和西部各州，主要依靠横跨8个州、世界上一个最大的地下蓄水层供水，现在其中3个州的地下水已开采了一半，如此长期不断采水，蓄水层早晚有枯竭之虞。美国现代化大规模集中饲养肉牛，不得不用多种化学药物防治疾病和刺激生长。例如，组织代谢类固醇可以使肉牛增生5%～20%，提高饲料利用率5%～12%，增加瘦肉率15%～25%，因此被广泛地采用。美国全国肉牛育肥场中，95%以上使用各种生长激素，1988年，全美的肉牛饲养场用了 1 500 万磅的抗生素作为饲料添加剂。而人类食用了化学药物生产的肉类，对健康是不利的。美国农业部一位官员也曾承认：“美国农业生产效率很高，但是所付出的巨大代价，是当初没有充分意识到的。美国农业给社会、环境和健康带来的问题，应当予以足够的重视。”

五、美国建设现代农业对我国的借鉴和启示

（一）在借鉴国外经验时，必须重视我国与美国现代农业建设起步的历史、现实的条件差异

从经济发展阶段的差异来看，美国的现代农业建设，都是在已完成工业化以后，在高速经济发展水平的历史条件下，推进传统农业向现代农业转变的。当前，中国资源短缺、环境恶化、人口众多，工业基础薄弱，极大地制约了我国实现农业现代化的进程，这是我国现代农业的模式选择中首先要考虑的国情。在盲目引进外国模式上，中国的教训不可谓不深刻。在对现代农业的认识上，至今许多人仍然时常强烈受到经济发达国家现代农业模式的影响，这种倾向应引起我们的高度警觉，避免历史的失误重演。我国区域自然禀赋差异极大，经济发展极不平衡，生产力发展水平千差万别，必然要求在我国现代农业建设中，各地应因地制宜，探讨各具特色的循序渐进的现代农业建设模式。

（二）根据国情制定相应的农业保护政策

美国的农业保护政策可谓包罗万象，但是，美国的三次产业结构（尤其是产业人口分布）与中国差异较大，农业所占比例相对较小，工业化水平与中国相比，远高于中国，中国要用相同的财政补贴政策保护农业显然是做不到的；此外，许多情况是今天的 WTO 规则所不允许的。所以，在我国，在提高国家对农业的重视与投入的同时，又要注意国家的承受能力和工农业协调发展；注重富余劳动力的就地转移，又要注意城市化过程中对农用地的保护政策的落实。另外，除了农业产业固有特点和生产技术条件以外，在当前建立社会主义市场经济体制时期，由于市场机制尚不完善，农户面临的是不完全竞争、不均衡的市场经营环境，需要对农业采取保护政策。应当说在这方面，我国制定农业支持政策是有力的，但某些具体措施需按市场经济规律予以调整。在 21 世纪初，中国的农业政策还应进行调整，在农业的市场化程度上采取措施，以符合现代农业的要求，要保证农业的资金投入、保护农业生产力，但财政投入要量力而行、依法操作，防止对农民困难坐视不管和财政负担积重难返两种极端

困境同时出现。

（三）现代农业建设是制度与技术长期的互动演进过程

通常人们注意到传统农业向现代农业转变的必备条件是创新的技术引发了现代农业的功能变化，但是，具备了技术前提，并非必然地步入现代农业，通常是制度创新更快地推动技术发展，加速向现代农业的演进。技术的采用受制于原有的社会经济结构。美国的农业制度创新是自下而上推进的，美国地多人少，在寻求替代要素中，采用农业机械进行专业化单一的农业经营。如果没有制度创新，新的技术便很难发挥作用。在我国进行建设现代农业的过程中，应该把制度创新与技术创新结合起来。

（四）政府应该积极寻求可持续发展现代农业的生产技术体系

我国决不能再走先污染再治理的道路。在中国建设现代农业，应重视农业持久稳定发展和强调对环境和资源保护有机结合起来，同时注重保护人类生存环境，持久地保持资源开发能力。借鉴当今世界持续农业先进理念，提出 21 世纪我国现代农业发展的新概念、新思路和模式，如替代农业、低投入农业、有机农业、环保农业等。

（五）农业科研体系一定要与市场结合，要有相应的科研推广体系相配套

在信息发达的社会中，农业发展将更注重资源信息、技术信息、市场信息、政策信息的获取与反馈。尤其是中国已加入 WTO，面对信息量急剧增加的世界经济体系，无论是农民还是政府、科研机构，都必须提高反馈信息并迅速决策的能力。在加强农业市场信息系统建设的同时，推进农民知识化，不断加强农民技术教育工作，借鉴实施“绿色证书工程”，形成农机、科研、职教与农民一体化的现代农业推进力量。

第二节 荷兰建设现代农业的模式

荷兰农业以集约化经营为特点，以家庭私有农场生产为主，普遍采用高新技术和现代化管理模式，主要农产品的单产水平都比较高。设施农业是荷兰最具特色的农业，居世界领先地位。荷兰是农业科学技术领先的国家，在环境技术、能源技术、信息技术，生物工艺学和材料技术等方面，荷兰都处于国际领先地位。对荷兰建设现代农业的成功经验进行总结，对当前我国建设现代农业具有重要的启示和借鉴作用。

一、荷兰建设现代农业发展的背景

（一）荷兰建设现代农业的自然基础

荷兰地处西欧，其西、北两面濒临北海，德国与比利时是荷兰东、南两面的近邻，是欧盟的门户，是欧洲知识、技术、思想和文化的荟萃之地。荷兰的陆地总面积4.15万平方千米，南北最长距离300千米，东西最长距离200千米，最低海拔－6.74米（鹿特丹附近），最高海拔321米（马斯特里赫特Maastricht附近），四分之一低于海平面，素称“低洼之国”。夏季平均温度16.6℃，冬季平均温度2.8℃。由于接近海洋，加上北太平洋暖流的影响，使得荷兰拥有一个温暖的海洋性气候，冬暖夏凉，天气多变而气候温和。荷兰人均耕地仅0.062 2公顷，比我国（人均耕地0.08公顷）还少，是世界上人均耕地较少的国家之一。人口1620万，拥有劳动力680万，其中64%从事于服务性行业。拥有世界最大海港——鹿特丹港。由于荷兰地势低平，所以兴修水利、围海造田为世界之最。有著名的30千米长的须德海拦海大坝，投资300亿荷兰盾的拦水坝“三角洲”工程和耗资十亿欧元的可移动式防洪大坝，使得荷兰免受洪涝灾害。

（二）荷兰建设现代农业的历程

荷兰建设现代农业的开端可以追溯到19世纪末。良好的自然条件和社会发展保证了农业早期的繁荣，尤其是在西部地区。但在19世纪后半期，农业进入了严重的衰退期，主要原因：一是来自内部的（如放贷者对农民的剥削降低了竞争力），二是出现了黄油的替代品，三是美国廉价谷物的进口。荷兰解决农业危机的对策主要是提高生产要素的质量和利用率，改善投入品的供应和农产品的销售。第二次世界大战后，荷兰的农业政策，都以恢复和增加食物生产、实现自给为目标。通过支持地区性工业化，为从农业转移出来的劳动力创造了农外就业机会。20世纪后半期，荷兰的农业才真正起飞。

到2005年12月底为止，荷兰每个农业人口平均年产值为17 745美元，而我国同期仅160多美元。近年出口的农产品主要是花卉、乳蛋制品、肉制品、烟叶、饲料、蔬菜、水果等，年创汇300多亿美元，是我国的4倍多。小麦每公顷单产7 600千克、平均每头奶牛年产奶6 000千克、每只蛋鸡年产鸡蛋20千克，分别是我国的1.5、2.5和1.8倍左右。荷兰的耕地52%种植牧草，7%为温室园艺，40%为露地作物（谷物、花卉等）。园艺生产在荷兰占相当份额，主要是蔬菜、水果、花卉、植物、鳞茎和苗木，蔬菜出口居世界第一，被称为欧洲的“菜园子”，鲜花占全球市场的60%，大部分蔬菜、鲜花在温室内生产。荷兰乳品和肉类生产占农业总产值的6%，是世界上最大的乳品、猪肉出口国。荷兰的渔业主要运用高效和现代化的拖网捕鱼船队和近海捕鱼船队从事生产。自1989年以来，农产品出口已稳占世界第二位，仅次于美国，每年农业净出口值保持在130多亿美元水平，占世界贸易的7.5%～10%，其中畜牧业占55.1%，园艺占34.7%，农田作物占10.2%。

（三）荷兰建设现代农业的模式

荷兰建设现代农业的基本模式主要有三种：市场与农户连接型，合作社与农户连接型，企业与农户连接型。

1. 市场与农户连接型。这是荷兰农业一体化经营的重要形式。市场与农户的连接具体表现为“拍卖市场”与农户连接和超级市场与农户连接两种模式。

2. 合作社与农户连接型。荷兰的农业合作社不仅存在于农业生产领域，而且广泛存在并发挥作用于农产品加工、销售、贸易和农业信贷、农业生产资料供应等领域。全部农业合作社都被组织于“全国农业合作局”（NCR），NCR的职责主要是代表合作社的利益，协调合作社之间的关系，协调合作社与其他经济组织之间的关系，推动合作社事业的发展。

3. 企业与农户连接型。在这种形式中，一些大的农产品加工企业或贸易企业，直接与农户连接，进行农产品生产、加工和销售的一体化经营。但企业与农户直接连接的一体化经营未能成为荷兰农业一体化经营的主要模式。

二、荷兰建设现代农业的主要做法

（一）荷兰政府对农业的宏观调控

荷兰政府在农业产业发展的不同阶段所采用的宏观政策是不同的。当产业处于初级竞争阶段，或出现畸形发展时，政府果断干预，使产业发展步入正轨。如在16世纪，荷兰球根花卉贸易蓬勃发展，一段时间内生产郁金香被视为疯狂的投机生意，在很容易失去控制的时候，政府出面干涉，从而使荷兰球根花卉产业得以持续发展。当产业处于稳定增长阶段，政府通过信贷政策和补贴政策，鼓励企业发展出口创汇。当产业处于健康发展阶段，政府则尽可能地逐渐退出，以使产业协会充分地发挥其积极作用，真正展现出农业产业运行中的"大社会、小政府"。在产业健康发展时，政府着重致力于农业宏观产业环境的营造。

（二）大力发展设施农业

在设施农业极其发达和工厂化农业享誉世界的荷兰农村，到处都能见到成片的牧场和大型的连栋玻璃温室。在这些现代化的温室内，农业生产方式实现了高度的程序化、标准化和自动化，农作物从种到收就是一条生产流水线，一栋温室就是一座农产品工厂。当这些农业工厂集成群、连成片，就自然地形成了相当于我国所正在努力建设的现代化农业科技园区。

1. 花卉业。荷兰花卉生产主要集中在西部地区，用于花卉生产的总面积约为 8 000 公顷，其中 70%为玻璃温室。在总的花卉生产中，近 3/4 面积种植鲜切花卉（尤其是玫瑰和菊花），另 1/4 面积栽培观赏植物。荷兰有约 11 000 家花卉生产企业，其中多数是农民家庭企业。位于荷兰德尔夫高（Delfgauw）的兰斯贝根（Lansber-gen）非洲菊种植园，就是一家典型的家庭企业，主要由农民经营。全部采用自控移动培养床种植菊花，工人根本不需进入种植区就可完成全部作业，大幅度地提高了劳动生产率和单位面积产出率。

2. 蔬菜业。荷兰用于蔬菜生产的玻璃温室约 4 700 公顷，以种植番茄、甜椒、黄瓜为主，实行高度的专业化生产，通常每一农户只种植一种蔬菜。这种专业化的生产方式不仅有利于种植者积累经验、提高技能，而且有利于稳定和提高产量与品质，促进专业设施设备的开发利用，实施温室的机械化、自动化控制，提高劳动生产效率和降低生产成本。为了保证产品质量，蔬菜从种到收的生产全过程均实行无害化管理。

3. 畜牧业。荷兰的畜牧业生产也主要是农户个体经营，规模不大，但其生产的自动化程度和标准化水平处于世界领先地位。如鹿特丹南部的 Twee Hoeven 牧场，是一家具有 370 年历史的专业养殖户，现有土地 63 公顷，主要种牧草，其中有 9 公顷种玉米，用作青贮饲料；常年养殖规模为奶牛 100 头，猪 225 头，另有羊 10 余只。奶牛的饲养方式是半年放牧，半年圈养，而挤奶、牛奶的罐装、冷藏及圈养时的喂料、喂水、清圈等过程则全部是自动控制的，牧场的管理、牧草收割打捆以及玉米的种植、收割、粉碎、青贮等完全是机械操作。

（三）荷兰的农产品流通市场——拍卖市场

国际上享有盛名的拍卖市场在荷兰农业一体化经营中发挥着非常重要的作

用。拍卖市场与农户的连接是荷兰农业一体化经营最富特色的模式。具体的运作程序是农户将所生产的产品按照质量标准规定进行分类、分级和包装并经检验合格后，送入拍卖大厅，购买者（一般是大批发商）按照规则进行竞价，出价高者获得产品。成交后，市场内部系统自动结算货款和配发产品。拍卖市场的最大优点就是交易效率很高，一般在几个小时之内就可完成全部的交易，提高了农产品的质量和农业的标准化水平。拍卖过程公开、公平，充分自由竞争，可以形成合理的价格，有助于保护农民的利益，合理真实的价格信号还有助于调节市场供求，实现资源的优化配置等。阿斯米尔花卉拍卖行和绿叶（Greenery）蔬菜拍卖中心在荷兰最具代表性。

（四）荷兰农业的投融资机制

农业的正常运行，尤其是现代农业的健康运转，仅靠农户的自我积累是难以实现的。农业需要来自外部的资金支持，农民需要良好的金融服务，这是发展农业一体化经营的基本条件。为了解决农民的融资问题，为农业提供一个良好的融资渠道，荷兰采取了三条重要措施。

1. 农民合作金融制度。荷兰农民合作金融制度的组织资源是“农民合作银行”，如著名的拉博银行（Rabobank）就是从农民信用合作社发展起来的农民合作银行。农民合作银行在性质上属于合作社，与农民的生产合作社、加工合作社、销售合作社和生产资料供应合作社等并无实质区别。

2. 建立农业担保基金。为了有利于农民融资，荷兰政府在第二次世界大战以后专门设置了农业担保基金机构，主要为向银行借款的农户服务，并提供担保。农民获得担保的前提是有可行的投资计划并保证在 8 年内全部还清。

3. 设立农业安全基金。荷兰政府经济部设立了农业安全基金，对因受自然灾害遇到困难的农户给予帮助。

（五）荷兰农业的人力资源

荷兰建设现代农业的巨大成功，首先是其农业人力资源培育和开发的成功。高素质农民，再加上发达的市场机制，适度的经营规模和灵活的生产方式，可谓是荷兰农业成功的法宝。荷兰农民多数具有大学本科以上学历，有的还是双学位或硕士、博士，不仅熟悉和掌握现代种养殖技术及农畜产品加工技术，而且会使用甚至会修理各种农机农具和自控设备，及时收集和了解有关的农业信息。

农业人力资源开发与农民的职业培训是荷兰国家科技和职业教育体系的重

要组成部分，由农渔部与科教部共同负责。基于农业经济对人才的需求，荷兰农业人才资源开发基本分为预备农业职业教育、中等农业教育、高等农业教育、农业成人教育等几类。

（六）荷兰的农业合作组织

荷兰的农业以家庭式农场经营为主，很多农场从祖辈开始就从事作物种植。由于小单元的生产结构，个体农民的市场力量较弱，缺乏竞争能力。各农户彼此之间视为具有共同利益的集体，而不是竞争对手，在市场面前，农民们具有近乎相同的产品，相同的利益，也具有相同的市场地位，自发地组织起一种适合市场功能的最经济的农业合作社。这种合作组织保存了其他一切农民习惯的独立经营功能，它提供产前，产中，产后全程服务，其中包括采购生产资料、出售产品、加工和筹备资金等。

荷兰农业合作社均具有独立的法人地位和完备的法律，每个合作社都有自己的章程，确定合作社的名称、成员来源、组织形式、行为准则和责权利关系等。农业合作社具有很强的独立性和自主性，不受政府的干预。一般情况下，农民可以同时参加 3～4 个合作社，以缴纳会费的形式确定与合作社的联盟关系，并从合作社获得个体户难以实现的帮助和服务，使自己的利益得到有效的保护。

（七）荷兰的农业科技

荷兰从事农业科研和教育工作的人员 5 000 多人，形成了一个布局比较合理，专业设置齐全的全国农业科学研究网络。荷兰农业科研与教育经费 60%以上来源于政府的投资，其余部分由欧盟委员会、私营机构（包括委托合同）提供，还有一些是由专利、技术使用权、产品销售、咨询服务等方面的收入。由于政府的大力支持和稳定的经费投入，极大地促进了荷兰农业科技的发展进步和推广应用。

在农业科技推广方面，荷兰采用政府与地方或农民合办（或协作）的方式，即由国家推广系统、农协组织（社会经济推广系统）及商贸系统的私有咨询系统组成，其中农渔部负责农业的教育、科研、推广的宏观调控，重点是农业信息的发送与传递。私人推广机构主要是一些专业化的咨询公司或生产资料公司的技术服务部门。农民通过直接和间接的付费方式获得所需的服务或专业技术指导。另外，荷兰农渔部所属的 9 个试验站和 34 个地方农业研究中心也承担了大量推广工作。

(八) 发展农产品加工业

荷兰的农产品加工业处于世界领先地位，食品和饮料加工业的营业额约占荷兰工业总额的近30%。

荷兰的马铃薯加工业是世界上最为先进的。它的先进性主要是依赖于种薯质量，优良的种薯外观形状和块茎营养指标是保证加工业迅速发展的物质基础。在荷兰从马铃薯育种目标的开始确定就有严格而周密的设计方案，出口种薯的选育目标是依靠世界不同生态自然区域而确定，中、早、晚不同熟性选育相互配套，种薯外观符合各国生产和市场所需。严格的育种质量配有先进的病毒检测手段，是荷兰种薯出口长期占领世界各国市场的可靠而有力的保证。

荷兰的面粉加工业技术成熟，设施现代化，而且与面包加工业具有一定程度的一体化联系。小麦面粉生产主要集中于五大面粉加工公司，这些公司管理着8个面粉加工厂，其加工能力占全国的95%以上。全国面粉消耗总量中约有60%用于制作面包。

荷兰作为先进的家禽屠宰和加工机械设备的供应国，在家禽加工业中发挥了突出作用，荷兰设备制造公司实际上为世界上每一个国家的家禽加工业提供服务。

肉仔鸡越来越多地用更容易清扫、节省劳力和提高效率的集装箱进行递送。采用氛围法诱导镇静，与目前采用的电击镇静法相比，除了更人道外，还能提高质量，因为它消除了电击镇静的副作用如骨折和大出血。采用这种新方法，再加上正确的胴体冷冻法，可以极大地改善鸡肉的鲜嫩度。

鸡蛋分级和包装机械制造公司不断开发加工能力越来越大的机器设备，在这种企业的规模化经营中发挥了作用。它们不仅能对鸡蛋进行个别处理，而且能在分级时避免鸡蛋相互碰撞而造成损失。一项新的研究成果是电磁裂缝探测系统，它能查出鸡蛋的毛细裂缝或破损。这一方法取代了人的肉眼检查，防止了鸡蛋被误判为废品的现象。

三、荷兰建设现代农业的特点

(一) 制定符合国情的农业政策

荷兰地势平坦，降雨充足，但光照不足，全年光照时间只有1 600小时左右。荷兰政府为使有限的土地得到高效的利用，制定了一系列符合国家气候特点和国情的农业发展战略及政策：避开需要大量光照和生产销售价位低的禾谷类作物的生产，充分利用地势平坦、牧草资源丰富的优势大力发展畜牧业、奶业和附加值高的园艺作物。20 世纪 60 年代，荷兰政府以节约土地，提高土地劳动生产率为目的调整农业结构和生产布局，使农业生产向产业化、集约化和机械化发展。20 世纪 70 年代在全国范围内实行了用资金替代土地，发展高效农业的重要措施。温室农业通过从私人银行和国外贷款中获得大量资金，迅速发展起来，使园艺作物基本上摆脱了自然气候的影响，也使有限的土地产生了可观的经济效益。

（二）集约化、规模化、专业化的生产

荷兰耕地不足，促使其比任何国家都更注重提高劳动生产率。因此，大多农业企业都采用集约化、规模化的生产方式。荷兰温室农业无论是蔬菜或花卉，一般都是专业化生产，多品种经营。如维斯特兰德朗市的西红柿种植公司专业生产西红柿，与其他 5 家专营企业垄断了荷兰 90％的西红柿市场。位于布莱斯维克市的红掌公司专门研究和种植红掌花卉，从育种研究、种苗生产到种苗出售，全部由企业运作。公司研制并经营的红掌花卉就达 40 多个品种。这种专业生产有利于设施专业化配置，降低生产成本，提高产品质量并形成规模效益。同时专业化生产促进了专业领域的研究，使企业有长足的发展后劲，也为企业赢得了良好的市场份额。

（三）规范有序的市场经营模式

在荷兰，农产品的销售是一个完整的体系，集贸市场在这个体系中扮演了提供商品生产信息及产品质量标准，调节市场供需，控制市场进程的重要角色。规范化的市场体系为荷兰农产品快速进入消费领域提供了优质的服务和保障。荷兰的农产品均标有生产厂家、注册商标和产品品牌，消费者通过产品品牌从市场上购买自己满意的园艺商品。

（四）国际化的市场体系

荷兰农业经济具有强烈的国际导向。1992 年以后，欧洲内部壁垒消除，因统一市场的影响，西欧内市场潜力扩大并对成员国提供一定程度的保护，使欧洲成员国内部各种经济活动更加活跃，也给荷兰在欧洲市场上创造了更多的机会。荷兰农业企业纷纷看准欧洲和国际市场，充分发挥优越的地理位置，利用阿姆斯特丹、鹿特丹港的海运优势，阿姆斯特丹附近的斯基辅机场优势及发达的道路系统和公共运输网络，促使其产品大进大出，使荷兰成为欧洲大陆农产品分销中心。便捷的航运使荷兰生产的鲜切花和蔬菜在两天之内运到欧洲、

亚洲及北美等国家和城市。

（五）集成化的工业技术在设施农业中被广泛应用

用现代科技支持现代农业，实现科技经济一体化是农业融入现代经济社会的必然趋势。荷兰的工业基础雄厚，其中化工、食品加工、机械与材料、电子工业技术尤为先进。体现在种植过程中有其特定的生产节拍、生产周期，还体现在产品生产之后的包装、销售方面。与工业生产如出一辙，因此被称之为工厂化农业。事实上荷兰的农业特别是温室农业是被当成工业来经营的。现代农业中广泛采用现代工业技术，包括机械技术、工程技术、电子技术、计算机管理技术、现代信息技术、生物技术等。工业技术植入农业生产中，已经使荷兰农业赋予了工厂化生产的内涵，成为工业化大体系不可分割的部分。植物工厂是荷兰最具工业生产特点的现代化农业。

（六）网络化的农业科研、教育和推广体系

知识和科技是农业创新的手段，荷兰的农业知识体系（科研、教育和推广）为农业发展提供了巨大的支撑。农业政策和相关领域科研工作由荷兰政府主管农业的行政管理机构“农业、自然资源管理和渔业部（简称农渔部）”负责。农业研究包括基础研究、战略研究、应用研究和实际研究，这些研究与成果推广主要来自三个方面：农业科学研究院、研究站和地区研究中心、瓦赫宁根（Wageningen）农业大学。

农业领域推广工作组织结构分明。面向农民和种植者的直接管理与咨询服务工作包括社会公益性推广和农业技术推广，这些工作由农渔部提供资助。农民和种植者直接获利的推广工作则由农业企业自身投入。农渔部通过示范项目加速知识和创新成果的应用。通过政府的推广部门和民间的各种技术咨询服务组织，把新技术推广到各个农户、科研、试验站，推广部门三者有利结合形成高效“农业知识网络”。通过这个网络，农业科研的最新知识和技术成果可迅速传播到每个农户，并很快在全国推广普及。

（七）农业合作组织发挥了重要作用

在荷兰农业发展历史上，农业合作社发挥了巨大作用，而且在其农业发展过程中占有重要地位。在荷兰农民收入中，至少60%是通过合作社取得的。合作社与非合作社企业的市场占有比例在不同的行业有所不同。在供应行业中，合作社在化肥和精饲料市场的占有比例为52%。在销售和加工行业中，农业合作社占有相当大的市场比例，如：牛奶占82%，蔬菜占70%，花卉占

95%，甜菜占63%，马铃薯达到100%。农业所需的大约90%银行信贷来自于信贷合作社。此外，荷兰农业合作社还提供了大约8.5万个就业机会。因此，农业合作社为荷兰的农业和农村经济社会的发展做出了重要的贡献。

四、荷兰建设现代农业的启示

（一）抓住农业结构调整这根主线，发挥农业的比较优势

一个国家究竟采取什么方式建设现代农业，是由其客观的资源条件和历史背景决定的，现代农业的方式不能盲目照搬或模仿别国的模式。荷兰之所以能执世界现代化农业发展之牛耳，是有着深刻的历史背景和客观原因的。首先荷兰具有得天独厚的地理优势、气候优势和悠久的农业生产传统；其次，荷兰不仅拥有雄厚的工业基础，而且又有着发达的市场经济体系作为农业产业发展的坚实后盾；同时国家采用了适合本国国情的农业发展战略，最充分地利用了自己的优势发展高效农业。我国人多地少、自然资源相对短缺，独立分散的农民个体生产经营方式均与荷兰有相近之处。但我国地区差异极大，需结合国情进行研究和分析，发挥区域农业资源优势，扬长避短地发展我国高效农业。因此，要从客观实际出发，坚持以市场为导向，充分利用气候和资源优势，以效益为中心，大力调整农业经济结构，发展农村经济，按照比较优势原则进行农业资源配置和结构组合，使农业充分发挥比较优势，依靠专家进行项目规划和方案实施，加强成本核算，应尽量避免盲目引进，力争做到引进与吸收创新相结合，示范与推广相结合。

（二）制订和实施切实有效的农业保护政策，对农业进行一体化的行政管理

农业保护的实质是政府对农业资源转移采取的干预措施。其具体形式是多种多样的，如实行价格支持，调节农产品供求状况；鼓励农产品出口，限制农产品进口；增加对农业的投入，实行财政金融支持和灾害保险；加强农业基础建设，保护农业资源和环境，提高农业综合生产能力等，其中保护农产品价格是核心内容。加强政府对农业实行一体化行政管理，为农业一体化经营的发展提供组织制度条件。作为中央政府管理农业的行政机构（农业部），职能应包括“从田间到餐桌”的全过程，农产品的生产、加工、营销及国际贸易，农业生产资料的供应及农业资源环境保护，农业教育、科研和推广，农业技术服务，农产品质量监督，农业政策以及对农民的财政支持等。

（三）切实加强农业科学技术的研究和推广

荷兰用于农业科技推广经费的支持力度，为本国农业科研经费的3倍，并且都有相应的法律予以保障。农业立法还规定各州要提供与联邦赠款数额相当的资金用于本州农业科技推广。国家的农业科研均针对本国国情，重点研究适用的现代化技术和设施，最终使农业成为高效产业。我国的现代农业建设同样离不开现代科学技术。跨入21世纪以后，我国农业已进入一个新的发展阶段，将进行一次新的农业科技革命，并带动新的农业产业革命。在用现代科技装备现代农业的进程中，要进一步加大关键技术研究与开发力度，使高新技术在工厂化农业生产中迅速地推广应用，利用科学技术的进步，缩小与发达国家的差距，推动现代农业的发展。要充分发挥农业科研机构的比较优势，在农业建设中注重物质投入与科技投入的相互匹配，推广农业的关键技术，完善科技推广体系，提高农业的科技含量。

（四）加大人力资本投入，提高农业劳动者素质

现代农业被称为知识密集和技术密集型产业。土地和其他物质技术资源必须通过农业劳动者才能转换成为各种农产品，因此，高素质的农业劳动者是现代农业发展必不可少的条件。我国农村劳动力资源丰富，但是素质较低。新中国成立以来国家培养的140万农技人员中有一半以上流向其他部门。而人力资本的较高投入则是造就高素质农民的关键。我国要建设现代农业，尤应注重这一问题，应通过政策鼓励、舆论引导、教育投入等多种措施，完善农业教育体系，实现农业人才的培训和集聚，构筑农业人才的新高地。

（五）加强农业合作组织建设

我国农户经营规模狭小，技术信息落后，进入市场困难，农业效益不高，发展农业社会化服务体系是当前农业经营机制改革的紧迫课题。现虽有不少中介组织活跃在各地，但多以营销为主，且发展不平衡，组织不完善。为此，我国在现代农业建设中应将农业合作组织建设作为一个重点，可以通过立法促进各种形式的农业社会化服务组织的建立，发展成为农户进入市场并形成规模经营的良好媒介。农业社会化服务体系是现代农业分工与协作进一步发展、农工商一体化日益加强的必然产物。农业社会化服务主要是提供技术、生产作业、供销、信贷、保险等服务。

（六）建立良好的市场秩序

农产品营销活动紧紧围绕消费者的需求和市场变化进行，以产品链为核

心，每一种农产品都形成了自身的产品链，沿着产品链把产前、产中和产后的各项活动联结为一个有机整体。荷兰政府十分重视市场体系建设，制定严格的市场准入制度和公平的交易制度，维护市场秩序，对市场交易活动进行严格管理，形成有效的农产品营销制度，为农业一体化经营的发展提供了良好的市场环境。中国正处在自给自足向商品经济的转变中，市场发育尚不完善，交易也不规范，因此，政府要进行必要的宏观调控，建立良好的市场秩序和较为完善的农业风险保障机制，为农民进入市场创造良好的外部环境。在现代农业建设中，应注重宏观调控措施：建立健全农业法规并依法执行；增加对农业的有效投入，改善农业生产条件；通过信息系统及时传递先进的农业科学技术和各种经济信息，引导家庭经营形成适度的规模经营；利用各种经济杠杆及优惠政策，引导农民联合起来，走现代化农业的道路；完善农业保险风险基金的管理和有效运用，降低农业及高新技术生产的风险率。

（七）为农民提供良好的金融服务

农业生产的正常运行，尤其是现代农业的经营，仅靠农户的自我积累，是难以实现的。农业需要来自外部的资金支持，农民需要良好的金融服务，这是发展现代农业一体化经营的基本条件。为了解决农民的融资问题，为农业提供一个良好的融资渠道，要大力发展农民合作金融制度。成立农民合作银行，农民合作银行的职能是为其社员提供信贷支持和其他金融服务，其信贷资金完全来源于所吸收的存款和经营活动。政府的作用是允许农民合作银行的存在，并为其发展提供必要的社会环境。农民合作银行在农民的信贷和金融服务方面发挥了支柱作用。实践证明，农民合作金融组织对促进农业健康发展是必要的和有效的。

（八）完善土地使用制度

农民必须获得土地使用权或经营权，成为独立的商品生产者，这是建设现代农业的制度基础和重要前提。使农民能自主安排自己的生产活动和调整资源配置，获取更多收益便成为他们从事农业生产经营的内在动力，这种动力是推动传统农业向现代农业转变以及现代农业建设的根本力量。

在建设现代农业中，可探索家庭联营，也可尝试通过土地使用权入股、租赁、转包、抵押、联营、转让、收购等措施，完善土地流转机制，明确农业主体的地位和权益，充分调动其积极性，提高农业综合效益和市场竞争力。

(九)把建设现代农业的基点放在效益上

市场是生产经营的先导，效益是生产经营者追逐的最终目标。投资农业首先要看市场；其二是成本核算；其三便是强化管理。我国市场经济还不发达，尤其是从事农业生产，其效益较低，农业企业和农民承担农业生产风险的能力很弱，应从生产实际和市场需求出发去定位，增强从事农业生产和经营企业或农户的风险意识。政府应对农业发展高效农业积极引导，鼓励企业投资现代农业，调整农业生产结构，视实际情况，分阶段发展，循序渐进。坚决反对不切实际和不顾地区经济技术条件而片面实施的“形象工程”。

(十)统筹规划，重视环境治理

荷兰现代农业在高度规模化、集约化的运作中也相应地带来一些负面影响，给环境造成严重负荷，消耗能量呈增加趋势。近年来，荷兰农业部门采取多种有效措施治理环境，努力减轻农业及温室产业对环境造成的污染，每年用于治理环境的支出已上升到农业总产值的5.5%。这不能不引起我们的重视。

我国现代农业建设基本上还处于起步阶段，但达到一定规模的工厂化农业企业已日渐增多，温室集中群落的环境污染也已日趋严重。因化肥施用过多，造成土壤次生盐渍化和硝酸盐含量过高，同时使地下水环境受到不同程度的污染；塑料和地膜的大量使用给回收带来困难，也造成废旧薄膜对土壤和环境的污染等。我们在学习荷兰先进经验和引进国外设备扩大生产规模的同时，也必须考虑环境问题，要重视新型覆盖材料的研究与开发，加强废旧薄膜的回收和再利用。以荷兰经验为鉴，统筹规划，少走弯路。

第三节　巴西建设现代农业的模式

巴西是一个以农牧业生产为重要产业的发展中国家，自然条件得天独厚。气候炎热、土壤肥沃、光照充足、水源丰沛，使得巴西粮食和经济作物产量高、品质优。联合国粮农组织的专家认为，巴西尚有大片未开垦的处女地，将是21世纪的“世界粮仓”。

一、巴西建设现代农业的背景

巴西国土面积851万平方千米，每平方千米不足18人。人均可耕地面积达1.75公顷，实际利用耕地面积5 000多万公顷，占国土面积的6%，有近

15%的土地用于牧业，土地利用系数低，开发前景好。近 20 年来，巴西的耕地面积每年递增 1.84%，还处在“拓展农业边疆”的发展阶段，发展潜力极大。巴西农业人口约 3 540 万，占全国总人口的 23%。农业劳动力 1 150 万，约占劳动力总数的 22%。农业是巴西经济的重要支柱产业，2005 年来农业总产值占到 GDP 的 35%左右。巴西畜牧业产值约占农牧业生产总值的 40%，其就业人数占农牧业经济人口的 25%。巴西畜牧业发展有着得天独厚的优势，其牧场面积相当于耕地面积的 3 倍。到 2005 年 12 月底为止，巴西牛存栏数近 2 亿头，居世界第二；养猪头数列世界第三位；鸡肉出口量仅次于美国，列世界第二位。2001 年巴西猪肉和鸡肉出口分别占世界出口总量的 27%和 16%。巴西正在研究制定中期农业发展规划和“农业竞争性发展战略”，即：充分发挥农业的比较优势，积极参与农业国际化进程，扩大农产品在国际市场的占有率。巴西计划今后几年将挖掘农业开发潜力，加大农业科技投入。总的来看，巴西现代农业发展前景极为广阔。

二、巴西建设现代农业的主要做法

（一）加大农业基础设施建设

自 20 世纪 80 年代以来，巴政府加大了对仓储、灌溉网络等基础设施的资金投入，对修建仓储和农村灌溉设施的企业提供政府低息优惠贷款。巴西政府还斥资 50 亿美元实施“东北部百万公顷灌溉计划”，并优先发展农村交通，以降低农业生产和运输成本。此外，联邦政府与地方政府和私营企业联合在东北部半沙漠地区建立了 10 个农业综合开发基地，重点研发热带经济作物，为落后地区的农业开发奠定了坚实的基础。

（二）大力研发、推广农业新技术

不断创新农业技术是巴西振兴农业的重要途径之一。巴西农业部下属的“巴西农牧业研究公司”是目前发展中国家最大的农业科研机构之一，它与“巴西农牧技术推广公司”一起具体负责农业科研和技术推广工作。巴西农牧业研究公司在全国设有约 3 000 多个技术推广站，拥有职工 2.3 万名，其中基层科技人员 1.3 万名。20 多年来，该公司向社会推出科研成果 1 万多项。如：大豆品种改良、稀树草原的综合开发和利用、根瘤菌育种技术、固氮新技术、生物工程胚胎移植技术等，为推动巴西农业向高产、优质、高效的现代农业转变做出了巨大贡献。经过多年的探索和实践，巴西成功研发出一系列开发稀树草原和半干旱土壤的新技术，增加了农业用地面积，增强了农业发展潜力。

（三）以国际市场为导向，调整农业生产结构

巴西政府从本国国情出发，在小麦、玉米和稻米等粮食作物基本满足本国需求的基础上，扬长避短，大力发展出口创汇农业，优先发展国际市场需求旺盛、潜力大、利润高的农产品，既使国民经济得到了较快的发展，又使广大农场主得到了实惠。2003 年巴西谷物种植面积 4 394 万公顷，总产量 1.231 亿吨。蔗糖、咖啡等传统经济作物的产量和出口量均名列世界前茅，大豆的产量首次超过美国跃居世界第一。过去由于巴西贫困，为了养活众多的人口，相当数量的耕地必须种植小麦、稻米和玉米等粮食作物，处于边远贫困地区的农场，仍是自给自足性的小农经济，种植巴西穷人一日三餐当主粮的木薯、黑豆等作物。这些粮食作物的经济价值远远低于大豆等出口创汇的经济作物价值，种植粮食作物的经济效益较低。如今，巴西政府大量压缩小麦等粮食作物的种植面积，改从国外进口以补内需缺口，将腾出的土地用于扩大大豆等经济作物的种植。同时，巴西政府在制定农业政策时通过投资和价格扶持，鼓励全国大中小农场顺应国际国内市场的需求，优先种植可供出口创汇、收入高的经济作物。

（四）强化农业开发及有关政策

巴西有可耕地 2.8 亿公顷，2005 年有 80%以上的耕地尚未开发利用。为此，巴西政府早在 1970 年就制定了全国一体化的农业开发计划，采取了靠扩大耕地面积提高农产品产量的发展道路，主要是扩大经济地区边界，开发利用地广人稀地区的可耕地，并实施了一系列政策。

1. 加大农业投融资力度。第一，设立地方开发银行和特别基金，增加开发区的资金供应，1997 年以来降低了对作物贷款的利率，并拨出 10 亿美元贷款，其中 20%用于生产费用，80%用于基本建设投资费用；第二，在国家进行投资的同时，利用财政刺激的办法鼓励私人向落后地区投资；第三，加速改善开发地区交通运输条件和基础设施，实行“北方农产品出口长廊建设计划”和“北部地区灌溉计划”等；第四，利用外国的资金与技术加速开发。在利用外资方面，日本、美国是巴西最大的合作者，近年来以色列也加大了在巴西的投资。

2. 对外土地政策。巴西联邦政府的法律规定，不允许外国人直接在巴西购买土地，只能先在巴西注册公司，由该公司买地或租赁经营。国外资本的进

入要经中央银行注册，注册后外国资本可随时返回资本所在国，超过注册资本的返回额将被认为是外国投资者的资本收益，将征收25%的所得税。从1999年底开始，允许外国人在巴西境内设立独资公司。

3. 信贷、价格和税收政策。在巴西境内设立的合资企业，享受巴西国民待遇，在信贷、价格、税收政策上一视同仁。农业信贷有种植、投资和销售等三种，其发放的基本依据是土地种植面积、农业产值、农业生产率和农业生产水平。信贷构成分为两类，即政府信贷和商业信贷（分别占10%～90%）。政府规定，农业信贷年利率最高为12%（一般市场信贷利率为25%），对中、小生产者在利率上实行优惠，分别为9%和6%。巴西实行农产品最低保护价政策，巴西法令还规定，土地利用率在90%以上，占地25公顷以上且居住在农村的地主可免土地税。

（五）大胆引进外资和技术

巴西政府注意保护和引导日本对巴西农业的投资，大力引进日本技术和人才，在巴西稀树草原地区实现了大面积农业用地开发和规模性生产。此外，巴西还积极引进以色列的农业灌溉技术，扩大东北干旱地区的水浇地面积，有效改善了当地的农业生产条件，并在该地区建起一大批大型农产品出口基地，改善了当地农业发展和农民生活条件。

（六）推动农村工业化的进程

巴西农村工业的经营范围广泛，其经营形式也是多种多样，其中农工联合企业是目前巴西农村工业的主要经营形式。农工联合企业是把农牧业生产、农产品加工以及制成品的商品交换三者合为一体的“企业生产组合”。巴西农工联合企业的具体经营形式有三种：一是工业资本家购置土地，直接投资从事农业生产，为自己的农业加工企业提供充足的可靠的农产品原料供应。随着工业生产的发展，对农产品原料需求增加，要求有效地推动农业生产发展及对土地的开发利用。二是大土地所有者创办农产品加工企业，掌握着由农产品生产到制成品销售的商品转换过程。他们经营的农业企业与自产的农产品原料紧密结合，为自产原料深加工。这类农村工业称为“资源型”农业生产，是将原料生产、工业加工和制成品销售三者合为一体的农工综合企业。三是政府机构与本国私人资本或外国跨国公司联合，建立大型农工一体化联合企业。这类农工企业拥有充足的农业资本和现代农业技术装备，集约化程度高，生产力水平也较高，其农产品生产基地与农产品加工业构成一体化生产。这类农工企业的发展有力地推动了农业生产专业化进程，促进了农村市场经济的繁荣。

（七）强化农业合作社作用

巴西的农业合作社按规模分为三级。《合作社法》规定，成立初级合作社不能少于20户，3个初级社可以组成一个中心社，3个中心社可以组成一个协会。现在，每个州都成立了合作社协会。设在首都的巴西合作社组织是全国合作社的代表机构，负责合作社的登记、管理和指导，但该组织不是官方机构。《合作社法》规定，国家实行鼓励合作化的政策，但主要通过提供技术支持、金融优惠和特殊信贷帮助合作社的建立、发展和联合。目前，巴西在全国各州均有农业合作社，其主要职能是：为农户提供生产技术、市场信息、经营管理咨询、人才技术培训、包装运输和销售出口服务；协助农户调整生产结构，降低农产品和生产资料的流通成本，提高农民应对市场风险的能力。巴西1969年成立全国农业合作总社。2005年全国约有4 000个合作社，其中农牧业合作社约有2 000个。农牧业合作社产品在全国农牧业生产中所占比例分别为：小麦75%、大麦41%、甘蔗40%、玉米34%、棉花40%、大豆37%、猪52%、牛奶52%、奶粉25%、炼乳42%、黄油50%、奶酪35%、酸奶40%、出口羊毛43%。农牧业合作社的产品在巴西外贸中所占比重很高。合作社本身不以营利为目的，而是一个向社员提供产、供、销及市场信息一条龙服务的经济联合体。合作社的资金积累和自我发展除靠政府的优惠政策和自身经营能力外，主要来自于批发价和零售价之间的差价及收取服务费和社员会费（比例很小）。

三、巴西建设现代农业的特点

（一）生物技术应用广泛

生物技术在巴西农业上的应用越来越广泛，有力地促进巴西农业的发展。巴西于20世纪80年代中期制定了国家生物技术计划，在农业生物技术方面转基因技术已经成熟并广泛运用。特别是巴西的大豆思索基因已于1999年成为成熟技术，受到全世界的关注。1983年巴西将抗生素卡那霉素的密码基因植入烟草，取得了转基因技术研究的重大突破。到2003年，已有1707种转基因植物进行大面积试种，基因控制的品种有大豆、玉米、马铃薯、番茄、棉花、菜豆等；基因改良的品种有西瓜、大白菜、胡萝卜、水稻、苹果、花生等。目前，正在试验用转基因植物生产预防霍乱、疟疾、猪肠胃炎的疫苗。

（二）创汇农业形成一定的规模

巴西重视外向型创汇农业的发展，农产品出口创汇能力很强。1999 年农产品进出口贸易额为 266 亿美元，其中进口 66 亿美元，出口 200 亿美元，顺差 134 亿美元。2005 年，农产品出口占巴西出口总额 580 亿美元的 41%。出口以经济作物和肉类为主，但粮食尚需进口。巴西农牧渔业产品出口额约占全国总出口额的 29%，进口占 13%。出口量大的是咖啡、蔗糖、柑橘、可可、大豆、棉花及肉类。1999 年出口咖啡 132 万吨，占世界出口总量的 27%；出口蔗糖 1 210 万吨，占世界出口总量的 25%；出口浓缩橙汁 117 万吨，占世界出口总量的 80%，欧盟橙汁市场基本被巴西垄断；出口烟叶 35.87 万吨，居世界第一位。大量的农产品出口不仅增加了收入，提高了经营效益，而且形成了品牌优势，使巴西农业质量不断提高，竞争力不断增强。巴西在大量出口经济作物产品的同时，进口大量的低附加值的粮食产品，如小麦的进口量较大，常年进口 500 万～600 万吨，最高达 900 万吨。

（三）注重发展生态农业

巴西在开发资源的同时对加强生态保护已有了深刻的认识并已付诸实践：用大面积的国土植树、种果，一方面保护植被，另一方面从果木中获得长久的回报，如柑橘的生产量占世界的一半；通过种草保护生态，而用草养牛效益颇丰，牛肉产量居世界第三，年出口牛肉创汇 8 亿美元。巴西的绿色农业也已经起步，且市场前景看好。2005 年，政府出台了有关鼓励小农户进行绿色农业生产的法令，且提供低息贷款予以支持。2005 年已有农户开始试种蔬菜和芸豆等，主要利用有机肥料，不用或少用化肥、农药，在实现优质高效的同时，生态环境也得到了较好的保护。巴西国土辽阔、人口稀少，人均资源占有量名列世界前茅，因此，发展生态农业有着得天独厚的条件。随着科技进步和高新技术在农业上的广泛应用，实现农业和农村经济的持续协调发展以及经济与生态的良性循环，发展现代农业的前景十分美好。

（四）鼓励和扶持出口农业

巴西农产品可自由出口，政府无限制，出口完全按市场规则办。巴西政府为了赚取外汇，制定了鼓励农产品出口的政策，同时积极开展经济外交，努力消除对巴西农产品出口设置的贸易壁垒，为巴西农产品进入国际市场创造良好的竞争环境。首先，它提高了生产经营者农场主的市场经济意识。巴西农业虽是个体经营，大庄园与小农场并存，但是巴西已形成现代农业生产规模，全国

40%的大豆销售是通过订单农业，在播种时已有了订货合同。政府建立了全球农产品销售信息网，农场主借助现代通信工具，对本地、州、全国（圣保罗交易市场）和全球（美国芝加哥交易市场）的大豆行情了如指掌，有适应市场变化的能力。其次是发挥了农业行业组织的作用。全国农业联合会是农业生产者自行组织的民间机构，在州、市都设有分支，职能是自下而上收集农场主对农产品贸易的意见，供政府部门决策时参考。农业联合会已成为政府与农场主之间的纽带和桥梁，使得政府的农业政策更有利于出口农作物的生产。三是政府的后盾作用。当今时代的国际贸易，个体或一个企业单枪匹马很难在对外贸易中取得成功，必须依靠政府为后盾。巴政府通过与其他国家签订自由贸易协议，进行双边和多边贸易谈判等方式，消除了国际上针对巴农产品的贸易壁垒，从而保证了巴西农产品的出口。

（五）农业合作化程度高

巴西非常重视推进农业合作化，认为合作化是中小农民的唯一出路，将合作化作为农业发展战略。农业部和各州都建立了支持合作化的机构，负责制定鼓励农业合作化的政策和发展计划，特别是帮助落后地区的农民成立小型合作社，争取到2010年将合作社的数量增加一倍，并将所有农业生产链组成合作社。巴西的农业合作社大多成立于20世纪六七十年代，大部分社员都是中小农场主。经过几十年的发展，不少合作社已成为集农牧业产品生产、加工、仓储和贸易为一体的大型产业集团。

四、巴西建设现代农业中存在的问题

（一）现代农业发展很不平衡

近几十年来，巴西农业发展的突出特点是迅速发展了大豆生产，巴西的大豆产量已经超过了亚洲的大豆总产量，仅次于美国，占世界总产量的1/5。虽然巴西养牛的头数和牛肉的产量均占世界第2位，猪的头数名列世界第3位，但奶产品仍需大量进口，巴西是南美洲国家中最大的奶制品进口国，每年需耗费外汇1亿多美元。巴西有很好的发展渔业的条件，但是现在渔业的生产水平还较低，巴西目前渔产品的出口只占拉美国家的第5位，而进口量却占第1位。在农产品加工方面，由于城乡二元结构，巴西的农村发展很不均衡，许多地方没有相应的基础设施，储存、运销和加工的能力有限，因此农产品的损耗相当可观。另一方面，由于缺乏技术，无力对农产品进行深加工，增值的利益被转移到发达国家。以可可豆为例，巴西在 1992 年出口了 5.2 万吨可可粉，只赚得 2 151 万美元；相反，地处寒温带的荷兰根本不产可可，却出口了 10.3 万吨可可粉，创汇高达 1.46 亿美元。

（二）农业科学研究和推广能力不够，形成自主农业知识产权的成果不多

从技术层面上看，巴西对全国生态系统丰富的生物多样性研究还不够，特别是对亚马逊地区、半干旱地区和稀树草原的生物多样性缺乏系统的科学研究，因而对本国的生物多样性认识不够。迄今为止，巴西形成具有自主知识产权的科研成果并不多，在全球知识产权竞争力排在第 35 名，位于马来西亚、泰国、智利和卢森堡之后。各部门对转基因产品认识不尽一致，对生物安全谈论不休，延误了转基因植物的科研进程。另外，巴西在以下领域研究不足：增强可可、柑橘、葡萄对生长环境的适应性；改善咖啡和可可的基因组织；增加柑橘属树木的（生物）抗病虫害能力；培育更适合动物饲料的玉米品种；开发高面筋质的小麦和具有更高蛋白质含量的稻米。此外，巴西公立农业技术推广队伍并不稳定，农业技术推广人员转入收入较高的私营农业推广公司或迁居异地另谋他职现象日趋严重。主要是因为农业技术推广人员（大多受过高等教育）收入偏低，一般月薪约 400 美元。

（三）社会经济发展不平衡，影响现代农业建设的进程

巴西虽为农业和资源大国，但由于资源和财富分配极不合理，贫富差距很大。从社会层面上看，诸如财富分配不均，城乡差别过大，地区发展不平衡，农牧业产品征税过高，各州税率不一，高低悬殊，农业投保（一保农场产量，二保农作物免受自然灾害）费用过高，农民失业，无地农民组织闹事，食品价格居高不下，家庭农业生产相对单一，交通运输基础设施不足，都将是影响巴西农牧业进一步持续、稳定、健康、全面发展的不利因素。据巴西地理与统计局近期发表的统计数字，2005 年巴西仍有 2 200 万人营养不良，占全国总人口的 13%。另据巴西公民权益研究所的调查资料报告，全国约有 4 400 万人口处于赤贫状态，且每日消费达不到 1 美元。

（四）外向型创汇农业受到国际市场变化的影响较大

发达国家的巨额农业补贴，使巴西深受其害。如美国政府的农业补贴，严重削弱了巴西在国际市场上的竞争力，仅大豆一项，就使巴西 2001 年亏损 12 亿美元。美国 2001 年对本国棉农实施的补贴已超过当地棉花生产价值的 130%，引起国际棉花市场价格大跌，巴西当年的棉花出口和内销因此损失

6.4 亿美元。巴西外贸委员会研究报告估算，发达国家的贸易保护主义政策使巴西农牧业产品年出口额减少了 78 亿美元。

（五）土地所有权问题日显突出

“土地农民运动”组织始建于 1984 年，其口号是反对大农场（大型地产）。他们反对实行公社式农场，要求将土地所有权分散，以此来推动家庭农场的发展。这一观点得到了广泛的公众支持，甚至包括城市公众。他们将农村和城市中的一些贫困、无住房、失业的人组织起来，打出自己的旗号，沿农村公路游行，占领土地。这些活动令大农场主紧张，一些大庄园主为了保护自己的财产也雇用了私人保安部队，双方矛盾日渐加剧，引发了不少冲突。

五、巴西建设现代农业的借鉴和启示

巴西根据自己本国的具体情况，采取了相应的政策措施，走出了一条农业发展的道路。我国和巴西的国情不同，走的道路不同，但我们从巴西现代农业发展的历程中仍然可以得到不少有益的借鉴启示。

（一）要建设现代农业，必须发挥规模经济效应

现代农业生产和现代工业生产一样，都是一种规模经济，都需要一定数量的生产要素的组合来从事生产经营活动。生产活动的实践已证明，现代生产只有达到一定规模时，它的积极效应才能发挥出来，否则就发挥不出来或者发挥得不充分。巴西历届政府也很重视解决小农土地不足的问题，但没有采取分割大土地的办法，而是通过把新开垦的土地分给无地少地农民的办法来解决土地问题，这样就保留了巴西大土地占有制在农村中的基础地位，为巴西发展现代农业生产创造了物质条件。这也是巴西农业获得较快增长的重要因素之一。

（二）建立农工贸一体化的农业联合企业，走农业综合发展的道路

建立农工贸一体化的农业联合企业，把原料生产、原料加工和制成品的销售融为一体的经营方式，对农业进行综合开发和利用，已成为世界各国发展农业经济的必由之路。巴西之所以号称“咖啡王国”，不仅仅在于它生产的咖啡豆居世界首位，更在于它加工生产的速溶咖啡的数量和质量也居世界首位。从国际分工和国际贸易看，要使产品在国际市场上占有一定的地位，生产该产品的企业必须具备相应的实力。巴西的艾卡米农工联合集团下属农工联合企业 20 多家，1984 年纯资产总额已达 10 亿美元以上。许多发达国家都是以跨国公司这种超大型的企业参与国际市场竞争的。如果不具备相应的实力很难在国际市场上立足。

以我国黑龙江省为例，要把黑龙江的农业资源优势转化为农业经济优势，应按照生产要素禀赋差异性原理，迅速组建以优势资源为基础的农工贸一体化的“航空母舰”或“联合舰队”。有这样大型产业群体做后盾，在国内外市场的竞争中就会因实力雄厚而立于不败之地。

（三）重视农业科技发展

巴西政府近5年来非常重视农业科技发展，把科技在农业生产中的作用提到日程上来，成立了专门的研究机构。同时，加大农业科研的投入，农业科技投入占联邦政府开支的15%。联邦政府的财政资金主要保证国际农业科研项目的研究、农业科研机构的经费和农业院校的教研经费等。州政府的财政资金主要集中用于保证农业新技术的开发和应用。以圣保罗州为例，州政府每年财政用于农业科技的奖金为3亿美元，约占州财政支出的2%。农业科研机构的经费，如CATL的经费由州政府承担。各城市用于农业方面的资金也主要用于技术服务方面。由于各级政府对农业科技的重视和所采取的保证措施，使巴西农业发展处于世界较发达水平。

（四）建立和完善现代农业的支持体系

巴西政府根据本国实际和国际市场需求，建立和完善了对现代农业的宏观调控体系，并积极参与制定世贸组织中的农业规则，努力促进本国农业的长足发展。

1. 出台鼓励出口计划。政府为农场主的出口产品提供信贷、贴息和担保；建立出口保障基金、提高产品竞争力基金和出口开发基金等。

2. 制定能源发展规划。巴西政府为提高农产品出口竞争力制定了农业基础设施的4年发展规划，对扩大种植面积、推广生产技术和改善产品销售网等逐年做了规划。

3. 建立出口联营集团。由于大宗农产品出口被少数大公司垄断，巴西把占全国85%的中小农场主联合起来，建立了中小企业“出口联营集团”，以最大限度保护中小农场主的利益。

4. 设立地方开发银行和特别基金，向从事农产品出口的企业提供融资。

（五）鼓励和发展农村合作经济组织

随着现代农业的发展，农业机械化的程度、技术含量和劳动生产率越来越高，中小型农业生产者靠自己单干越来越难以生存下去，只有联合起来，扩大规模，通过集体采购农业资料降低生产成本，集体出售产品争取更好的价格，集资建立农产品加工企业增加附加值等措施才能提高自己的竞争能力。此外，政府鼓励农业的政策和措施、农业新技术、新品种的推广只有通过农村合作经济组织才能得到更好的落实。巴西农业之所以取得令人瞩目的发展，除了得益于政府积极扶持农业、大力研究和推广新技术和新品种等外，主要归功于巴西农业合作化的推广。

第四节　日本建设现代农业的模式

日本战后农业经历了50多年的发展，在农业自然资源并不丰富，农业规模较小的基础上发展了现代农业，走了一条极富开创性的现代农业路子。目前，日本现代农业水平在世界上处于前列，日本建设现代农业所走过的道路颇值得我国重视与借鉴。

一、日本建设现代农业的背景分析

日本是个岛国，国土面积37.78万平方千米，山地约占全国的75%，大多零星分布在大河的下游和东部。除北海道较寒冷外，其他地方四季温和，雨水充沛，一般比中国同纬度地区暖和，与中国江南地区相仿。日本的资源贫乏，耕地面积508.3万公顷（1994年），占国土面积的13.5%，其中水田和旱地分别占54.3%和45.7%，有灌溉面积24.3万公顷，耕地灌溉率仅为4.78%，耕地利用率由1983年104.8%下降到2005年的100%以下，人均耕地面积只有0.04公顷（0.6亩），人地矛盾比中国尖锐得多。全日本森林覆盖面积25.1万平方千米，占国土面积66.4%。日本的河流短促，水势湍急，水利资源丰富，但不利于航行。而日本作为狭长的岛国，海岸线长达3万千米，东部临太平洋一侧，海岸曲折，有许多天然良港，日本主要城市、大部分工业和人口都高度集中于太平洋沿岸的狭小平原和低地的海岸一带，日本人口1.26亿（1998年），人口密度达每平方千米336人，是世界第七个人口大国。虽然日本矿产资源缺少，但海洋资源丰富，日本的捕鱼量居世界第一位。根据世界银行估计，1998年日本人口、GNP总量（40 891亿美元）和人均GNP（32 350美元），分别是美国的46.7%、51.7%和110.6%，是中国的10.17%、4.43倍和43.13倍。

日本早在德川幕府时代（1603—1869年）末期，国内手工业和商业就有较大发展，大城市也发展起来，资本主义生产关系不断壮大，以倒幕势力为主进行了明治维新（1868－1873年），提出“富国强兵”、“殖产兴业”和“文明开化”的三大政策，从而推进了日本资本主义近代化的发展，并逐步建立起了现代工业。到明治40年（1907年）前后完成了产业革命，用了不到半个世纪的时间走完了西方国家用200年才走完的资本主义近代化路程。日本经济在1860—1913年的53年间平均增长速度为4.1%，并且一改过去以棉纺工业为代表的轻工业为主的工业化格局。在进入20世纪后，推进重化工业快速发展，增强了国家经济实力。

战后日本经济进入了10年的复兴时期（1946—1955年）。战后的第二年即1946年，GDP只有战前（1934—1936年平均）的65%，农林牧渔业（日本分农牧业，也叫“小农业”，是通常所说的农业；“大农业”则指农林水产业，与中国的农林牧渔业概念基本相同）还高达78%。在2 937.7万经济活动人口中有1 413.1万人从事农林水产业活动，占总劳动力的48.1%。此后10年间，在经济方面采取了一系列促进复兴的政策和措施。到1952年，经济和生活水平就恢复到战前水平，1956年日本政府的《经济白皮书》宣布：日本以恢复为特征的经济增长阶段已经结束，开始进入现代化发展新阶段。

经过恢复期后，日本进入了经济高速增长时期（1955—1973年）。虽然日本国内一般都认为经济增长会缓慢下来，但与预料相反，经济却以更高速度发展并进入长达20年的“黄金时代”。1955年后，日本通过大规模建设、引进国外先进技术、更新设备，开始了国民经济的重化工工业化进程。高速增长的19年中，日本经济增长9.8%，经济实力升到世界第2位，人均国民收入由1960年的378美元上升到1970年的1 515美元，接近西欧水平。1973年爆发了第四次中东战争，因“石油危机”而使西方经济进入以经济停滞、通货膨胀、失业增加为特征的“滞胀”阶段，日本进入了低速度发展时期（1973年10月以后），1974—1983年日本经济年均增长3.7%，1984年以后才略有提高，1985年和1989年日本人均GNP提高到10 985美元和27 119美元，相当于美国的65.8%和129.3%。

战后日本产业结构调整效果明显。从GDP结构看，第二次世界大战结束后10年，1955年第一产业增加值还高达20%，到1965年降到10%以下，于1976年降到5%以下，目前已在2%以下。从就业结构看，作为人口密度大、人均土地资源量少、农耕业比重较大的一个经济发达国家，第一产业就业者所占比重经历了快速下降的过程，由1955年的41%降到1965年的25%，1982年降到10%以下，2005年为5%。根据日本产业结构变化和第一产业增加值比重下降的情况看，在同一时期，第一产业增加值比重远远低于第一产业就业者比重；在建设现代农业初期，由于第一产业增加值比重快速下降，使第一产业增加值与第一产业就业比重之间存在着一种数量关系，日本这一关系基本上由20世纪60年代初期以前的1∶2.5上升到1∶3左右。这对于我们研究中国及其沿海地区农业产出比例和农业就业结构之间的关系大有益处。

二、现代农业的主要做法

（一）日本农地制度的变迁

1946—1948年，战后的日本为了生存和发展，进行了农地改革运动。政府采取强硬措施，购买地主的土地转卖给无地或少地的农户，1950年，日本政府颁布了《农地法》，规定了农户拥有土地的最高限额（都、府、县3公顷，北海道12公顷）和出租土地的最高限额（1公顷），超出的土地必须低价经政府转卖给其他农户。为了防止土地再次集中于少数人手中，《农地法》严格限制土地所有权流转，规定自有土地在3公顷以下的农户才有买地权，土地买卖必须经都、道、府、县知事严格审查批准才能进行。

1959—1960年，根据当时的矛盾，日本政府组织专门机构对农业问题进行了全国调查，结论认为，农业问题的核心是土地占有过于分散，未来农业政策的主要目标是放宽《农地法》对土地占有和流动的限制，扩大经营规模，扶持“中心农户”提高农业生产效率和推进现代农业。1961年，日本政府颁布了《农业基本法》，明确地把以调整土地经营规模为中心的所谓“结构政策”摆在农业政策的首位。在农地政策方面强调放宽对农地占有的限制，鼓励农地向“中心农户”集中。1962年，日本政府又对《农地法》进行修改，修改的主要内容是：放宽户有农地上限，在自家劳力耕作的情况下，所有土地可以超过3公顷；设立农业生产法人制度，具有一定条件的农业生产法人（包括从事农业的农事组合法人、有限公司、合资公司或合股公司）有取得农地的权力。

从20世纪70年代初开始，日本连续出台了几个有关农地改革与调整的法律法规，鼓励农田的租赁和作业委托等形式的协作生产，以避开土地集中的困难和分散占有给农业发展带来的障碍。主要措施有：

1. 废弃限制农地租佃的法令和规定，鼓励出租和承租土地。1970年，政府提出了“综合农政”，通过放宽对农地租佃关系的限制来促进农地所有权与经营权分离，倡导以租赁为主要方式的规模经营。1970年和1982年，又对《农地法》进行了第二、第三次大修改，核心内容也是放宽对农地租赁的限制，实行地租自由化。1980年，日本政府颁布了《农地利用增进法》，其主要内容是：以土地租佃为中心，促进土地经营权流动；以地域为单位，组成农用地利用改善团体，促进农地的集中联片经营和共同基础设施的建设；以农协为主，帮助“核心农户”和生产合作组织妥善经营农户出租和委托作业的耕地。

2. 扶持和发展各种农田合作组织，扩大土地作业规模。针对许多农户不愿意出租或委托土地，而农事活动季节性强，农忙时田间作业又有困难的情况，政府通过农协积极扶持各个农田作业环节上的协作。主要形式有：①经营委托和作业委托，农户把土地的全部经营管理或生产过程中的某项或若干项作业委托给农协、中心农户或其他合作协作组织。这种协作方式受到了兼业农户和看重土地价值的农户的欢迎。②合作农业组织。这是一种更高层次的合作，合作组织内实行统一经营、统一购买大型生产资料，有共同的资产，统一分配。合作农业组织可以使大面积土地集中连片经营，有利于采用先进的技术装备，与大工业、大市场经济体系吻合度高，因而得到政府的大力资助，但农民对合作农业感到陌生和不适应，从20世纪90年代后呈下降趋势。

1999年日本颁布了《食物·农业·农村基本法》的新农业基本法。新基本法强调要发挥农业及农村在保护国土、涵养水源、保护自然环境、形成良好自然景观、保留传统文化等方面所具有的多方面的功能；更进一步理解农业的可持续发展，指出农业可持续发展不仅仅是指如何保持和利用农业的自然循环作用，而且还包括耕地和人力资源的合理利用，甚至还包括了如何形成合理的经营体制这类问题，期望解决在旧基本法体制下耕地被过多占用或弃耕，农业生产后继乏人等棘手的问题。

（二）日本的农业保护政策

19世纪80年代中期到20世纪初期是日本工业化第一发展阶段。这一阶段日本的农业剩余流入工业。但日本不像许多国家在工业化初期通过农业贸易条件恶化来汲取农业剩余，而是在农业贸易条件改善的情况下，主要靠征收高额农业税来汲取农业剩余。同时还积极扶持农业生产，并把扶持农业生产和保证农业不断增长，作为获得农业剩余的积极和可靠的途径。所采取的扶持措施主要有：促进农业技术进步与推广，兴修农田水利，以及征收关税。

20世纪初期日本工业开始具有自我积累的发展能力，工业化进入第二发展阶段，到60年代初第二发展阶段结束。这一阶段，为了使工农业平等发展，日本政府采取了一系列农业保护措施，主要是：减轻农业税，增加对农业的投资，进行农地改革，提供农业信贷资金，以及促进农业协同组合的发展。另外，这一时期日本政府继续促进农田水利建设的发展和农业科技的进步与推广。

从20世纪60年代初开始，日本进入工业化第三阶段。1961年，日本颁布了《农业基本法》，这是日本工业剩余开始回流农业的标志，农业保护进入了新阶段。这一阶段采取的农业保护措施主要是：

1. 价格支持。这是工业剩余回流农业的主要形式，主要有以下几种方式：①成本与收入补偿制度。主要用于对大米价格的支持。即对稻米的价格采用了生产费补偿和平衡工农收入的计算方法。按这种方法确定的稻米收购价格，可以使农民得到与工人大体一样的劳动报酬。农民生产的大米由政府按规定价格全部收购。②最低价格保证制度。政府对加工用土豆、甘薯、甜菜、甘蔗和各种麦类规定了最低价格标准。当市场价格低于这一价格时，产品全部由政府按规定的最低价格买入。③稳定价格带制度。对牛肉、猪肉、蚕茧和生丝等产品，政府通过买进和卖出的办法，使价格波动限制在一定幅度内。④价格差额补贴制度。政府对大豆、油菜籽和加工用牛奶等产品规定目标价格。当市场价格低于目标价格时，政府把实际市场价格与目标价格之间的差额直接补贴给农民。⑤价格标准基金制度。即由政府或各级基金协会规定蔬菜、仔猪、小菜牛、蛋类、加工用水果等的标准价格，当产品的市场价格低于标准价格时，标准价格与市场价格之间的差额由基金会支付。

2. 限制进口。日本为限制农产品进口而采取的措施有进口限额、关税等。据统计，进口限额的农产品数目1962年时有102种之多，由于贸易伙伴的强大压力，1970年减少到58种，1974年又减少到22种，自那时以来一直再未减少。除了进口限额保护外，一些农产品的进口受到政府机构或半官方性质机构的直接控制而得以保护，如大米、小麦和大麦进口受控于粮食公司，烟叶受控于烟草公司等。

3. 调整农业生产结构。日本政府根据社会对农产品的需求，对需要的产业加以重点发展，不需要的产业则加以限制。其次还考虑到贸易自由化和其他因素，减少同美国有竞争的农产品生产。对农业生产结构的调整，不仅满足了人们对各种农产品的需要，也增加了农民的收入。

4. 促进农户经营规模的扩大。1962年修改的《农业基本法》取消了占有土地不能超过3公顷和出租土地不能超过1公顷的限制，同时把购买土地的下限面积从0.3公顷提高到0.5公顷，富裕农民可以不限数量购买耕地。1970年撤销了对地租的统制，允许取得农地委托书以后将土地出租，政府金融机构专门发放利息优惠的贷款帮助大农户购买小农户的土地。这些都有利于土地所有权和使用权的转移。

5. 促进批发市场和期货市场的发展。为克服小生产与大市场的矛盾，日本政府及时地培育和健全了以农产品批发市场和期货市场为主要内容的农产品流通体系。对批发市场和期货贸易进行法制化管理，消除各种不正当的市场竞争，并对农产品流通市场进行有效的供求管理，以保证农产品流通价格的稳定。

此外，政府还通过发放财政补助金和长期低息贷款，促进农业机械化，推动农业基本建设和农村公共事业的发展。

（三）日本农业社会化服务体系

日本农协起源于1910年。二战后，根据1947年颁布的《农业协同组合法》，农协得以重建，至今它走过了50多年的历程。

1956年日本政府制定《农业整建措施法》，进一步从法律上加强了对农协的保护和支持，使各级农协在经营上趋于稳定，1961年又不失时机地推动了全国各地农协的大规模合并，确立了农协在农村经济中的领导地位。进入经济高速增长时期，农协适应农业专业化、机械化和市场竞争的需要，在组织机构、农产品流通形式、事业范围等方面不断进行调整，有力地推动了日本农业的发展。

从20世纪70年代以后，伴随着农业内外部条件的深刻变化，日本农协的发展出现了一系列引人注目的新趋向：一是加速合并与大型化；二是农协经营的企业化和农协组织的脱农化；三是农协事业的综合化。

经过战后几十年的发展，农协已经从上到下形成一个统揽全国的大系统。在组织上形成了涵盖全国的三级组织网络。即每个市町村都设有基层农协，以此为基础每个都道府县都组成联合会，再由都道府县的联合会组成全国的联合会。这种三级农协系统组织与中央—都道府县—市町村行政组织相对应，对农协发挥政府农业政策的执行作用十分有利。

日本农协通过一系列广泛积极的经营服务活动渗透到日本农村生产、流通、卫生保健、科技文化等各个方面，为农民提供了“从摇篮到墓地的一切帮助”。其经营的主要事业有：

1. 指导服务。主要是为农业生产和农民生活提供各种指导服务，各个农协都配备负责这类指导服务的专职指导员。具体又可细分为：农业经营指导，即负责对组合员的农业生产经营进行全面指导。除技术指导外，还包括依靠农协的综合统一力量来指导、援助农民从生产领域到流通领域的整个过程。生活指导，即对组合员的生活做全面指导，其范围包括消费、健康、文化和娱乐、老年人看护、保险服务等，以创造一个新的农村、农民生活风貌。

2. 贩卖与购买服务。农民生产出来的农产品集中送到农协，由农协帮助其整理，然后批量出售。这样大量而有计划地出售品种齐全、规格统一的农产品，既可稳定农产品价格，又能使产品销售顺畅。农协负责共同购买农民所需生产资料和生活资料，然后再供应给组合成员。由于是大批量采购，可以降低价格，节省流通费用，向农民提供了价廉物美的商品。

3. 信用服务。通过吸储组合员的存款，以长期低息贷给需要农业生产资金的组合员。基层农协所存的资金如用不完可存到信用联社，也可存到中央农林基金会，反之则可层层申请贷款，实现资金在更大范围内融通。

4. 利用事业。农协为组合员举办或设置农户个人无力购置的大型设施，供其共同利用，包括生产、销售、加工和各类生活设施等。

5. 保健福利服务。农协开办自己的医院，为组合员提供疾病预防和治疗服务，定期开展集体体检及健康咨询活动。

6. 互助服务。农协对遭受意外灾难的组合员进行救济，所需资金由农协向农民收取或从金融及其他经营利润中提取。

除上述共同事业外，农协还从事农业经营委托、宅地和住宅供给、土地改良等特别事业。总之，日本农协对实现日本农业的现代化发挥了很大的作用。

三、日本建设现代农业的主要特征

（一）日本的非农化和城市化达到较高水平

日本的非农化起步早。1960 年日本农业增加值占 GDP 的比重就已下降到了 10.1%，而非农就业的比例高达 70.0%，总农户数为 605.7 万户。1998 年农业在整个 GDP 中的比重只有 1.7%，农业就业比例只有 5.0%，农户数下降至 329.1 万户。

日本的城市人口比例已达到很高的水平。在日本，城市化发展是从 1868 年开始的，大约经历了 120 多年的时间，分为四个阶段：第一阶段（1868—1930 年）是以低城市化水平为特征，城市人口比例低于 25%；第二阶段（1930—1950 年）是城市化的波动阶段，城市入口比例曾在 1940 年达到了 40%，第二次世界大战后使这一比例又有所下降；第三阶段（1950—1970 年）是城市化的成熟阶段，城市人口比例从 37%上升到 72%，几乎翻了一番，达到了先进国家水平；第四阶段（1970 年—至今）城市化进入稳定阶段，城市人口比例维持在 75%以上。

由上述分析可见，日本的农业在国民经济中所占的比例已很小，农户数量大幅减少，劳动力非农就业的比例和城市人口比例都达到了较高的水平。虽然日本农户也普遍存在兼业化现象，但日本高度的工业化和城市化水平为农业的现代化创造了良好的条件。

（二）日本农业生产过程实现了机械化

据统计，1960—1975 年，日本动力耕耘机和农用拖拉机从 51.4 万台增加到 392.1 万台，增长了 7.6 倍；动力喷雾机从 23.2 万台增加到 131.01 万台，增长了 5.6 倍；农用汽车（包括三轮汽车）从 10.3 万辆增加到 110.6 万辆，增长了 11 倍。农机拥有量的成倍增长使农业生产机械化作业程度大大提高。1967 年日本的水稻机耕面积达 96%，机械收割面积达 80%，机械脱粒面积达 98%。到 20 世纪 70 年代推广了小苗带土插秧机，从而解决了机械插秧问题，实现了农业生产全面机械化。日本农业的机械化有一个显著特点，就是以中小型机械为主。以拖拉机为例，在同等耕地面积上，日本的大型拖拉机拥有量只相当于联邦德国的 30%，法国的 76%，英国的 86%，而小型拖拉机则相当于联邦德国的 45 倍，法国的 35 倍，英国的 80 倍。除了农业机械化以外，日本在品种改良、栽培技术、农药和肥料的合理使用以及水利灌溉等各方面都达到了世界先进水平。

（三）日本农业劳动生产率高

随着农业机械化和其他农业技术的进步，日本农业劳动生产率有了很大提高。1960—1979 年农业劳动生产率提高的速度甚至超过了制造业劳动生产率提高的速度，从而使每个劳动力净产值同工业之间的差距有所缩小。1960 年每个农业劳动力的净产值相当于制造业工人的 20.2%，1984 年提高到 27.8%。日本农业的劳动生产率虽然增长较快，但其绝对水平仍大大低于其他发达资本主义国家。1977 年日本农业劳动力平均产值只相当于美国的 23%，联邦德国的 49%。按 1995 年美元计算，日本已由 1979—1981 年平均农业劳动力人均 15 655 美元提高到 1996—1998 年平均的 30 272 美元，17 年增长了 93.4%，已经达到农业资源丰度极高的澳大利亚的生产力水平，逼近美国的 39 523 美元，是中国 307 美元的 98 倍。

（四）日本农业内部结构发生了极大变化，农产品商品率高

种植业与畜牧业是日本农业的两大部门，随着农业的发展而使种植业比重逐渐缩小，畜牧业比重相应增大。日本的农业从二战前到 20 世纪 50 年代初，一直以水稻为主，畜牧业很少。经过几十年的发展，日本农业结构发生了重大变化。1960—1979 年，种植业产值在全部农业产值中的比重从 80.6%下降到 72.1%，畜牧业比重从 13.2%上升为 25.6%。在种植业中，蔬菜和水果的比重分别从占农业总产值的 9.1%和 6.0%上升为 19.4%和 7.5%。据日本 1993 年统计，农业总产值达 10.56 万亿日元，其中种植业占 73.9%，畜牧业提高到 25%。在种植业中，大米占 27%、蔬菜占 26%、水果占 7.3%、花卉占 4.2%。1993 年日本渔业产值达 2.5 万亿日元，林业总产值约为 1 万亿日元。随着日本农业部门结构变化和农业劳动生产率提高，农产品商品率迅速上升。1955—1975 年间，农产品总生产额中，按出售量比重计算的农产品商品率从 60.2%上升为 88.8%，主要农产品的商品率一般在 95%左右，高者达 100%，低者为 75%，中、上层农户（拥有 3 公顷以上土地）的商品率一般达到 98%以上。可以说目前日本的农业生产已经完全商品化了。

（五）有健全的农业科研推广体系，完善的社会化服务体系

在日本建有国立和公立科研机构、大学、民间（企业等）三大系统组成的农业科研体系；推广服务主要由政府的农业改良推广所和农协负责，从中央到地方形成了一套完整的体系。据统计，2005 年日本有 485 个地区改良推广中心，平均每个中心有推广员 20 人，日本政府每年拨给技术推广经费约 350 亿日元，占农业预算的 1.2%，都道府县配套与此相当的资金用于农业技术推广事业。日本农协则成为一个代表农民利益的基本完善的组织体系。1996 年，全国有农协组织 5 985 个，营农指导员近 2 万名，围绕农业生产的产前、产中和产后推广种植、食品加工、病虫防治、住宅改建、医疗保健等多元化、社会

化的服务，对促进农业的发展发挥了重要的作用。

四、日本建设现代农业存在的问题

（一）在人多地少的日本，二战后农业兼业化对农业乃至整个国民经济，以及整个国家的经济政策都带来重大影响

日本农业兼业化的主要表现：一是农业劳动力的老龄化和女性化，日本农业被称为“三老”农业，即所谓的“老爷爷、老奶奶、老妈妈”为主劳力所构成的。2005 年日本从事农业生产的劳动力为 389 万人，其中 65 岁以上的劳动力超过了 50%。农村中的年轻一代愿意进入农业领域的人为数不多，大量妇女不仅是家庭主妇，而且是农业主劳力，农业劳动者中有 60%左右为妇女，导致日本农业劳动力的素质不高，农业发展的后劲不足。二是东亚文明特有的对土地的历史传统依恋和日本居高不下且不断升值的地价，使得农业兼业化严重，2005 年，兼业农户占农户总数的 81.8%，经营规模较小，农户减少基本上被耕地减少所抵消掉，因而农场规模几无扩展。兼业可以充分利用农闲期的劳动力，增加农户的收入，但是兼业的大量存在影响农业技术与生产水平的提高。兼业收入主要用于改善生活，很少用于农业经营。兼业对于农村和农民是有利的，但是对于现代农业水平的提高却是不利的。同时农业兼业户对政府依赖严重，兼业化导致农业效率不高，主要农产品成本价格高于国际市场，迫于农民的压力和政治方面的考虑，对农业成本昂贵的保护政策使政府背上了沉重的财政负担，二者形成恶性循环且积重难返。日本政府长期奉行农产品贸易保护主义政策，虽然提高了主要粮食的自给率，但同时也使得日本的农产品价格远高于国际市场，这显然也不符合 WTO 规则。

（二）日本农协发展在 21 世纪初遇到较大困难

日本的农业协同组合简称日本农协，是由农产和非农户自愿入股参加的农民自己的合作经济组合体。自从 1947 年建立以来，在提高农民的组织化程度，保护农民利益，增加农民收入等方面发挥了不可替代的作用。然而，近十年来，由于农产品贸易自由化、经济全球化、国际化等宏观环境的变化以及日本国内农业的发展和农协内部因素的变化，使日本农协的发展面临新形势的严峻挑战，问题逐渐暴露出来。由于农业生产劳动力的后继力量不足，农协的组织基础不断弱化，同时也由于农业人口的减少、农村社区非农人口的增加，以及农村城市化的迅速推进，农协成员的非农化倾向明显，使得农协的群众基础越

来越薄弱。迫于国内外竞争的加剧，农产品的逐步开放和垄断经营的打破以及农协内部的经营管理机制调整不力的客观问题和经营策略屡屡失误的主观问题，导致农协处境艰难，举步维艰。

（三）从农业保护实际运行效果看，日本对农业实行的过度保护也导致了许多不经济后果

日本对农业实行过度的保护带来了沉重的财政负担；消费者因粮价高于国际市场而蒙受巨大的损失；人为提高大米价格给资源配置以错误导向，滞缓了农业生产结构的调整过程；造就了一个既得利益集团，创造了制度租金，不利于对农业保护政策做出调整。但是，日本的农业保护政策实现了提高农民收入水平的目的，同时也为日本建设现代农业做出了积极贡献。

（四）减少水田面积，稻田改种其他作物的计划困难重重

这是日本政府解决大米过剩，提高其他农产品自给率的措施。日本政府原来打算1990年约占全国水田面积30％（共76万公顷）的稻田改种其他作物，政府对此支付奖励补助金。如1985年对水田改种其他永久性作物的耕地，每100平方米奖励5 000日元，改种其他特定作物奖励4 200日元，改种蔬菜的奖励2 200日元。此外还支付改种管理奖励补助2 700日元，土地改良奖励补助2 200日元。这个计划实施的困难较大。一方面，提高稻米以外其他农作物的自给率同对外开放农产品市场、缓和贸易摩擦相矛盾；另一方面，存在技术上的困难，如水田改为旱田需要把地下水下降到地表以下70厘米，这从农业技术角度来说很不容易。日本从1970年以后就开始了改种措施，但进展很慢。稻田播种面积从1974年的267.5万公顷缩减到1986年的230.3万公顷，13年才减少了37.2万公顷。其中，水稻播种面积在20世纪80年代后期不但未减少，反而增加了约6万公顷。水田改种的困难还在于耕种水田的农户有一半以上是第二兼业农户，他们利用业余时间种水稻是因为水稻用工少，可以兼顾，他们不愿改种其他用工较多的农作物。

五、日本建设现代农业的借鉴和启示

我国从改革开放以来，通过推行家庭联产承包责任制，我国在农村形成以家庭为单位的生产经营模式。在人多地少的情况下，这种模式带来的是小规模农业生产。由于制度因素、观念因素等的影响，我国土地转让、兼并比较困难，也阻碍了农业生产规模的扩大。同时，我国农业生产的技术水平和集约化程度也都偏低。上述这些因素使我国农业发展水平与世界农产品生产出口大国相比有较大差距。加入WTO之后，我国农业将面临较大冲击。因此，通过农业改革，提高农业竞争力显得尤为迫切。综观日本现代农业发展历程与成效，针对我国农业发展的特点，借鉴日本现代农业发展的经验，我国建设现代农业应着重采取以下措施：

（一）进行制度改革，实现农业规模化经营

我国农户经营耕地规模太小。从每个农业劳动力占有农地面积来看，我国同日本一样人均占有耕地面积少。这不仅大大限制了农业劳动生产率和农产品商品化率的提高，也限制了农业资本投入。为了实现农业的规模化经营，我国应主要进行两方面的制度改革。一是土地制度的改革。应尽快通过立法和修订相应法律法规，放松对土地转让、兼并的限制，实现土地使用权转让的规范化和法律化。建立农村土地转让、租借的中介机构，制定价格、税收等方面的优惠政策，促进农村土地兼并、租赁，推动农业规模化经营。二是建立、完善包括城乡在内的社会保障制度。通过农村社会保障体系的建立完善，消除农户养老、医疗等方面的后顾之忧，为失业者提供基本生活保障，以此促进农业人口向非农产业转移，释放农业中的剩余劳动力，为农业的规模经营创造条件。

（二）加大农村教育和科研投入，提高劳动力素质和农业技术水平

国内经济学者（张晓山，2005）对农村劳动力受教育程度和农户收入的相关分析表明：①我国农村劳动力的整体文化水平还比较低。②农村劳动力受教育程度与家庭收入呈正相关。③农村劳动力的培训，在提高劳动力素质、促进劳动力就业、优化人力资源配置、提高家庭生活水平方面效果显著。因此，应进一步加强九年制义务教育的实施，并适当调整教学内容，有针对性地加强职业教育和技术培训。同时，在资金短缺的情况下，应鼓励社会办学，并大力发展电大、夜大、函授等非全日制教育。在提高劳动力素质的同时，还应加强科研投入。2005年我国农业科研经费占农业总产值比重不到0.3%，农业技术推广费用占农业总产值比重不到0.2%，不仅低于发达国家水平，也低于发展中国家平均水平。而农业技术人员仅占各类专业技术人员的8.2%，且人才流失严重，这直接导致我国农业技术进步缓慢。因此，一方面国家应增加农业科研经费投入，完善技术开发推广体系，提高农业技术人员待遇；另一方面应促进农业技术的商品化，运用市场的力量形成国家、地方、农户相结合的技术开发模式。

(三)调整农业产业结构,提高农业国际竞争力

在保证全国粮食安全条件下,应根据各地不同的情况,合理调整农业产业结构,促进经济作物种植业、畜牧业、渔业、林业的发展。通过农业产业结构调整,促进专业化生产和农业商品化生产的发展,提高农业生产集约化程度。同时,还应合理利用绿箱政策,从而最终提高我国农业的国际竞争力。

(四)政府在调节和控制分散的小农经济的发展过程中要重视农业立法的作用

政府制定的农业总布局、战略规划和政策措施等,都以法律的形式出现和执行,所以,把农业立法称“农业发展的原动力”。健全的法制可以为现代农业的发展提供强有力的保证。

第五节 韩国建设现代农业的模式

韩国与中国毗邻,是一个小国,虽然建设现代农业起步较迟但却取得较大的成效,特别是韩国通过将农业与农村结合发展,有效地推进了现代农业建设。分析韩国建设现代农业的做法,对促进中国现代农业建设大有裨益。

一、韩国建设现代农业的背景分析

韩国土地面积只有9.9万平方千米,1997年人口4 571.7万人,人口密度居世界前列(每平方千米462人)。韩国山地和森林面积占67.2%,河川10.1%,农业耕地占22.7%。韩国人口主要集中在首都汉城,约占全国人口的1/4。韩国是一个多山国家,自然资源贫乏,自然资源自给率仅30%,工业原料主要靠进口。通过战后几十年发展,特别是通过工业化过程,已经于20世纪60年代中期几乎与日本同步实现了农业现代化,国家经济实力不断增强。1998年国民生产总值已经达到39 880万美元,人均8 600美元,分别排在全世界206个国家和地区的12位和51位,其人均GDP是中国的11.5倍。特别是在进入20世纪80年代以后,韩国人口向非农业转移速度很快。据韩国农林部1995年农业普查资料分析,1995年农户数仅150万户,是1980年的70%,农户人口485万人,比1980年下降55%,农户数和农业人口占总户数和总人口的比例由1980年的27%和29%下降到11.6%和10.9%。1997年,在韩国4 571.7万总人口中,农村人口768.2万人,其中农业人口484.2万人,农村

人口和农业人口分别占总人口的16.80%和10.59%。在劳动力总人口2 260.4万人中，农业劳动力人口270.9万人，占11.98%。在987.3万公顷的土地面积中，有耕地面积172.4万公顷，灌溉面积116.3万公顷，多年生作物面积约20万公顷。有农用拖拉机131 358台，其中进口4 893台，出口16 721台。到1998年，韩国人均耕地0.57亩，农业劳动力人均耕地9.5亩，耕地灌溉率67.5%。以1989—1991年平均计算，韩国1999年农业生产综合指数为120.7%，其中畜牧业148.8%，食品121.9%，谷物98.6%；人均农业生产综合指数为111.4%，其中畜牧业121.8%，食品112.5%，谷物80.6%。韩国农林水产业产值以农业（包括种植业和畜牧业）为主，其次是水产业和林业。1992年，农业、林业和水产业比重分别为84%、3%和13%。

韩国战后经济成长可划分为5个阶段，各阶段发展伴随着经济实力不断增强，有效地推动了现代农业进程。

开始是战后经济混乱时期（1945年8月—1953年7月）。1945年8月，韩国摆脱日本统治转为受美国军事管制，并于1948年5月15日成立“大韩民国”，在美国经济援助下，1949年6月进行土地改革并提高了农民积极性，工业方面大力发展日用消费品生产，使经济有所好转。1950年6月25日朝鲜战争爆发，1953年战场北移，农业生产开始回升，1953年7月22日战争结束，这一时期经济发展滞缓，但农业结构有所调整，农业就业结构由52%下降到41%。

此后近10年经历了经济恢复时期（1953年8月—1961年5月）。首先得到恢复的是农业生产，继而相继恢复了食品、纺织等消费品工业，从20世纪50年代后期开始发展电力和水泥工业，并实行高关税壁垒和严格的进口配额限制的进口替代战略，只有农业和水产品可以出口，这种内向型的进口替代型产业政策使经济得到有限增长。

进入20世纪60年代，韩国进入了奠定工业化基础、由进口替代产业转向出口主导型产业时期（1962—1971年），经济快速增长，农业基本实现了现代化。由于发达国家科学技术革命的冲击而进入产业结构转换阶段，纷纷把劳动密集型产业向发展中国家和地区转移，韩国从1964年开始实施新的“出口主导型”经济发展战略，并从1962年开始制定5年计划确定每个时期的战略目标。1962—1966年的“一五”计划以实行本国经济工业化为目标促进工业化进程，1967—1971年的“二五”计划以促进产业结构的现代化和继续争取

“经济独立”为基本目标，继续扩大社会公共事业，增加轻工产品出口。

韩国在20世纪70年代进入了产业结构高级化、培育重化学工业时期（1972—1979年）。20世纪60年代中期至70年代初，韩国主要发展劳动密集型的轻纺工业，实行进口原料和加工中间产品然后再出口的“两头在外”的加工型经济模式。在发达国家贸易保护并限制其轻纺品情况下，于1972－1976年的“三五”计划规定，增加粮食生产，达到大米等主要谷物的自给，促进农业机械化，提高农民和渔民收入，振兴重化学工业，提高工业化率。此期实行了著名的“新村运动”，促进经济高速增长，人均GDP由1972年的306美元快速提高到1979年的1 546美元。根据韩国海关统计，出口额由1971年10.67亿美元猛增到1979年的150.55亿美元，年增长率达39.2%，经济对出口的依赖度（出口/国民生产总值）由17.1%提高到32.53%。1978年被经济合作与发展组织列为10个“新兴工业化国家（地区）”之一。

20世纪80年代以后，韩国经济进入稳定发展、经济结构进一步调整时期（1981年以后）。在第二次石油危机及世界性经济衰退和朴正熙总统被暗杀后，使其1979年出口、经济增长下降，1980年出现自1951年后的第一次负增长，从此开始实行了以提高经济效率为目标的改革，充分发挥市场调节作用，实行自由化政策，人均GDP从1980年1 597美元增长到1989年5 210美元，除1980年外，其余各年经济增长都在5%以上，有4年增长率在12%左右，产业结构正向高级化方向发展，1989年农业在GDP中的比重下降到10.5%。

二、韩国建设现代农业的主要做法

（一）韩国农地制度的变迁

农地制度是人们在农业生产中围绕着土地问题所发生的各种关系的总和，是农业生产赖以运行和发展的社会形式。所以，在推进现代农业的过程中，韩国围绕农地所有权制度和农地经营管理制度进行了一系列的改革。

从第二次世界大战后，韩国首先接收了日本官、民所占土地（占农地总面积13.4%），分配给本国农民，这是土地改革的第一阶段。1949年，政府颁布了《土地改革法》，开始了以本国人占有的农地为对象的第二阶段土地改革。政府以低廉的价格收购了农户超过3公顷以上的土地，以更低的价格卖给佃农。经过土改，基本实现了均田制目标。到1963年，占有耕地在0.5公顷以下的农户占41.8%，0.5～1公顷的农户占31.5%，超过了1公顷的农户只占

26.7%.

1961年开始，韩国实行15年开发计划，经过三个五年计划，完成由农业国向工业国转变。工业的发展使农产品数量减少，大量农户离开农田务工经商。以此为背景，韩国对其农地占有和转让的法令进行了一系列的修改并制定了一些新法令，其基本精神是解除对土地买卖和占有的限制性规定，鼓励务工经商的农民交出土地，使农户扩大经营规模，以提高农业科技水平，保持农民与工人的收入均衡。

20世纪70年代前后，韩国基本完成了工业化的转变，农田分散占有同国民经济发展矛盾日趋尖锐，也同推进现代农业相矛盾，在通过集中地权的办法迅速扩大农地经营规模的努力难以奏效之后，政府逐渐把注意力转到在保持土地分散占有前提下，扶持发展协同作业与合作经营上来，拨出大量资金扶持农户自发的协作、合作组织，同时直接组建农业协同组织发展农业生产中的合作。

1994年韩国制定了新的《农地基本法》。新法进一步放宽土地买卖和租赁限制，在农业振兴区内鼓励农户拥有更大规模的土地面积（10～20公顷）：允许建立拥有土地上限为100公顷的农业法人。1997通过《农地强制条例》确保农业振兴区的土地不被移用。韩国政府还推出了农民退休支付计划，规定年龄超过65岁以上的农民，如果愿意把土地出售或出租给专业农民5年以上，可以获得总额为每平方米258韩元（约每公顷2 580美元）的补贴。韩国政府的上述政策旨在进一步扩大农户的土地经营规模和提高农业的现代化水平，目前已取得了一定的效果。20世纪90年代以来经营规模大于3公顷的农户比重有了比较大的提高，1999年耕种农户的平均土地经营规模达到了1.396公顷。

（二）韩国的农业保护政策

20世纪40年代末到60年代中期是韩国工业化的第一阶段。为了缓解粮食供应紧张的矛盾，稳定社会，也为工业化积累资本，韩国政府通过立法手段，实行计划价格和自由价格相结合的“双重米价”政策，压低粮食等主要农产品的价格，将农业剩余强制转出。一段时间粮食的收购价格甚至低于实际生产成本，挫伤了农民的积极性，影响了农业的发展。

从20世纪60年代中期起，韩国把保障农产品适当价格，提高农民收入，促进农业发展提到议事日程。其间所采取的措施主要有：

1. 提高农产品收购价格。1964年起采用“平衡定价”方式，即在决定农产品价格时，既考虑其生产成本，又参照同期非农产品价格变动的因素，计算出“平衡价格”，然后再以适当高于此的价格收购农产品。1968年又推出“高米价政策”，即政府从农民手中高价收购粮食，低价供应给城市居民。1969年这种价格双轨制扩大到了麦类。1977年起对大豆和玉米实行“相对价格制”，规定大豆和玉米保持同一收购价格水平，玉米维持在米价的一半，同时，对其他农产品实行价格稳定制度。20世纪80年代初期，韩国对农业的保护程度已远远超过日本和中国台湾。乌拉圭回合谈判后，韩国于20世纪80年代后期起减少了对农产品的直接补贴。1994年起冻结了大米的收购价格。1997年和1999年虽然又提高了收购价，但政府减少了大米的政府购买量，减少了对大米的总补贴量。

2. 改善农产品和农业机械的流通条件。从20世纪70年代开始大量增设农产品市场，以加快农产品的流通，使价格合理化。对农机购销实行自由化，改变从前由农协包揽农业机械的情况，重新组成购销和利用相结合的部门，在各市道建立农机利用示范区。同时，向农民发放购买农机贷款，对普及和利用农业机械，提高生产效率起了较大作用。

3. 推行建设“农工地区”计划。这是政府在1984年推行的工业直接支持农业的集中体现，即在20万人以下的郡、镇所属的农村，选定地址，由政府搞好基础设施，以便“民间”进入区内开办工厂企业。同时，以减免税收的优惠办法鼓励大城市的工厂、服务行业往“农工地区”迁移。如此，既可以使全国工农业的布局合理，也可以吸纳农村劳动力就地兼业。

4. 调整农村产业结构。1991年韩国政府宣布了一个为期十年（1992—2001年）总投资为42兆韩元的“农渔村结构改善计划”。根据计划，85%的预算用于调整结构，重点发展农村二三产业、引导农户科学种田、扶持农产品深加工和改善农产品流通设施。1993年乌拉圭回合谈判结束后，韩国政府又出台了一个新的计划——“农渔业振兴计划和农业政府改革计划”，计划提前完成前项计划，并在原十年计划期内开征15兆韩元特别税用以支持这一计划。

5. 改善基础设施。世贸组织成立后，韩国政府充分认识到了利用“绿箱政策”来改善农业基础设施的重要性，并在包括灌排设施建设、农地整治、大规模区域开发等在内的基础设施建设方面做出了很大努力。如实施“十年农村水资源开发计划”（1995—2004年）；继续通过“大规模综合农业开发计划”开垦土地和增加优质农地的数量；继续重视60年代以来的农地整治工作。

此外，韩国政府还采取了支持农协发展、扩大农业贷款规模、限制国外农产品进口等措施来支持和保护本国的农业。

（三）韩国重视农村建设与发展

农村的建设与发展是实现工业和农业、城市和乡村均衡发展的另一个重要方面。20世纪60年代，韩国的农村开发，一直集中在农业灌溉、排水、耕地整理等农业生产设施方面。从20世纪70年代初期开始，韩国政府的新乡村建设运动把工作重点放在改善农民的生产和生活环境上，以缩小并最终消除城乡差别。建设的重点涵盖了农村经济社会的方方面面，如修路架桥，改善农村交通条件；修扩建农村电力工程，改善农业生产和生活动力；挖掘水井，修建饮水配套工程，提高生活用水标准；修建公共洗浴、洗衣场所，新建和翻修农民住宅，提高农民生活质量；改造传统的农家厕所和灶坑，节省资源和保护环境等。到20世纪70年代末，韩国所有的乡村都通了公路，所有的农民都住上了瓦房或铁皮屋顶的房屋，农村实现了电气化，农户都安上了电灯，居民普遍饮用地下井水，农民的物质生活水平得到很大改善。

20世纪90年代以来，韩国掀起新一轮农村建设高潮。20世纪70年代的新村建设以硬件为主，这一轮建设则融入更多的文化内涵。其目的是创造一个新社会、新韩国，提倡勤勉、自助、团结、奉献精神，不仅在生活上，而且在文化上实现工业和农业、城市和乡村的均衡发展。具体内容包括：①观念更新。在提高生活水平的同时，进一步实施先进的文化教育。②环境管理。不断改善环境，治理污染，维护舒适的生活氛围。③提高农村的地位。对有突出贡献的农民给予奖励，传承城市文明，开拓农村事业。④地区的国际化。既保留地方特色，又注意扩大本地区与国际通道的连接机能，实行开放中的自主政策。⑤扩大自强自立的基础。为使农村可持续发展，实行中长期规划，为培养农村建设领导人，进行一些专门教育。⑥顺应国家统一的必然趋势，在各方面做好准备。

韩国在农村建设初期，以政府行政为主；第二轮农村建设运动，已变为以民间团体为主的群众运动。它的全国领导机构是新乡村运动中央委员会，下属6个社会团体和组织，全国有24万名指导员和300万名会员。韩国农村建设的资金来源于政府投资和乡村集资。政府投资比重各年份在20%～60%不等。新乡村建设的效果十分明显，目前，城乡无论在物质文明上还是精神文明上差别都不大。

（四）韩国十分重视农业科学技术，成功地推进了绿色革命

1967 年韩国科技人员用粳型和籼型水稻成功地培育出 IR667 稻种，它比一般品种增产约 30%，引起了韩国政府的极大关注，由此在全国掀起了以普及新稻种为中心的大米自给运动并开始了“绿色革命”。在各方面的共同努力下，新品种及其栽培技术迅速普及。加上韩国政府提高了大米收购价格，调整了生产结构，支持发展经济作物，农民的收入也得到了明显提高。绿色革命的实施，使水稻的单产和总产都得到大幅度提高。1969—1977 年间，韩国水稻产量从 409 万吨增加到 601 万吨，单产水平从每公顷 3.5 吨增加到 4.9 吨，1975 年韩国实现了大米自给目标。目前，韩国的水稻单产在世界上处于领先水平。

韩国重视农业科研、教育和推广事业，促进了农业科技含量的提高和现代农业的实现。韩国由农林水产部下属的农村振兴厅统一负责，在全国各道市郡分别设有农村振兴院和农村指导所，开展农业科研和科技推广工作。如开展生物技术的研究和应用，通过开展组织培养、细胞融合、核置换、基因工程等基础研究，促进科研成果转化为生产力，以实现提高农产品质量和降低生产成本两方面的突破。除重视水稻新品种培育和新技术推广外，在蔬菜、水果、花卉优质品种培育及推广大棚、温室栽培技术方面也取得巨大成功。在畜牧方面，韩国的目标是在 21 世纪初将牛肉自给率提高到 50%以上，并不断改良肉质，正在大力推进韩国牛与国外优良种牛沙若拉牛的杂交及品种改良工作，韩国在牛的人工授精技术方面比较成熟，普及率也较高。利用计算机联网和遥感技术等先进通讯设施，建立全国性的农业信息网络，为农民提供最新的农业技术和市场信息，更好地引导农民参与市场，增强农民的参与意识。同时，随时掌握农产品市场动向，为政府制定农业政策和措施提供可靠的依据。政府十分重视农民的农业技术教育。通过各种交流会和学习班，定向培养农业接班人和农村指导员，尤其是对青少年进行热爱农业、热爱农村的教育。另外，利用各种设施和手段，如广播、电视以及开放式、巡回式讲座等，对农民进行专业技术、农业经营和管理、农业政策等方面的培训。

（五）韩国农业社会化服务体系

农业社会化服务是由社会上的服务机构为满足农业生产的需要而提供的各种服务。农业社会化服务体系是服务于农业生产的各行业或部门组成的服务网络，它们纵横交错形成一个完整的体系。目前，韩国的农业社会化服务体系已

达到了相当完善的程度，为发展现代农业创造了极为有利的条件。由于韩国农协在各自的农业社会化服务体系中的重要性和典型性，在此以这些农民合作组织为代表进行分析。

韩国农协成立于1957年。在此之前，农业的经营管理工作全部由韩国政府农林部承担。1957年韩国依据颁布的《农业协同组合法》，各地自上而下相继成立了农协。最初成立的农协分为中央会、郡组合、单位组合三级。1961年韩国政府将农业银行与农协合并，组成综合性的新农协。1964年起，陆续将以里、洞为单位的组合扩大为以邑、面为单位的组合。改组后的单位农协有效地开展了各项活动，在所在地域内逐步确立了组织农业生产和农村开发的主体地位。

1981年根据修改后的《农业协同组合法》，韩国农协将三级组织改组为只有单位组合和中央会的两级组织。改组后，中央会本部对单位组合的设立和经营直接进行指导和支援；单位组合也可以直接参与中央会的运营，增加了自主性。2000年，韩国农协共有1 278个多目标的地区农协和109个专业农协，代表大约200万农民，服务500万农民和农村社区，形成了一个完整的组织体系。

韩国农协经营的主要事业有：

1. 供应事业。农协根据组合员生产和生活的需要，直接与生产厂家或批发部门进行交易，然后通过农协的零售网点以较低价格供给农民，避免了商人的重利盘剥。

2. 销售事业。分为自行销售和政策销售。自行销售是指单位组合的销售部门把组合员所生产的农产品集中起来，统一卖给农协在大城市经营的农产品批发市场或者零售商。政策销售是指韩国政府指令农协的各级销售部门，按照政府规定的优惠价格，统一收购组合员生产的工业原料作物，出售给有关的加工企业。

3. 技术推广事业。韩国农协承担了在农民中推广先进技术的任务。如为推进农业机械化，农协在道支会设立农业机械化示范团，推广农业机械化的新成果；在单位组合设立农业机械化中心，组织和推进农业机械化事业；在村庄设立农业机械共同利用班，组织农民共同使用农业机械。农协还引进优良种子，普及优良品种，通过示范手段向农民传授先进技术。

4. 农产品加工事业。农协主要从事粮食和淀粉等农产品的就地加工，以增加农产品的附加价值，提高农户收入。

5. 金融事业。农协的金融机构通过吸收农村闲散资金储蓄，发展相互金融，为农民提供贷款。还受韩国政府的委托，作为政府金融政策的一环，对农业生产和农业开发进行资金支援。农民扩大农业生产或购置大型设备都可以得到这些机构的融资支援。

韩国农协为农民提供的各种服务在一定程度上克服了小农经济的局限性，对推动韩国农业的现代化进程起到了一定的作用。

三、韩国建设现代农业的特点

（一）韩国的非农化和城市化程度高

现代农业不仅取决于农业自身的发展，而且在很大程度上取决于非农化和城市化的进程。非农化和城市化不仅是现代农业的需要，而且会带动经济、政治、社会与文化的现代化进程。非农化和城市化的关键是推进农业剩余劳动力向非农产业转移，推进农村人口向城镇转移，并且使劳动力的非农化进程与人口的城市化进程相互协调。

韩国在朝鲜战争后的40多年中，非农化发展迅速。在经济快速成长的过程中，农业增加值占国内生产总值份额由36.5%下降到8.5%，非农就业份额由35.0%上升到81.7%，仅用了30年的时间。随着农业劳动力的转移，农户数量由1965年的250万户减少到1999年的138万户，下降了44.8%，农业人口由1 580万减少到453万，下降了71.3%。1999年农业人口占总人口的比例为9.7%。

从城乡人口结构转变来看，韩国城市人口比例从1960的28.0%上升至1999年的78.5%，提高了50多个百分点。韩国城市人口比例的快速增长出现在1960—1985年间，其中1960—1970年间，城市人口自然增长占城市人口增长总量的31.1%，1970—1980年间占26.2%，可见其城市人口增长主要来源于城乡人口迁移所造成的机械增长。

从上述的分析可知，韩国经济在快速发展的同时，也顺利地推进了非农化进程。韩国农村的非农化虽然存在着普遍的兼业现象，但毕竟对扩大农户的土地经营规模，推进农业的机械化和现代化创造了一定的物质基础。

（二）有完整和有效率的农业社会化服务体系

韩国完整的农业服务体系，集科研、推广和培训于一体。韩国自上而下设立三级农业服务体系。在中央设立农村振兴厅，下设园艺、农机、兽医、畜产、蚕茧、农村生活等6个研究所，1个农业科学技术院，1个种子供给所和5个农作物实验农场。各道（相当于我国的省）设立农村振兴院，受中央振兴厅和各道府的双重领导。各市郡（相当于我国的县）设立农村指导所，受道振兴院的领导，它直接服务于农户。指导所的所长与郡首的行政级别相同。每个指导所配备15名大学以上学历的技术与管理人员和约15名实验工人。振兴院与指导所都有自己的综合农业科研所、培训楼和实验场地。这种农业服务体系也是有效率的。韩国没有单独的农业科研系统、农业推广系统和农业培训系统，而是集科研、推广和培训三位一体，统一于农业服务体系之中，程序简化，领导集中。即中央、道和市郡三级农业服务机构都把科研、推广与培训三项工作纳入统一的管理程序，实行厅、院、所首长负责制，统筹安排和使用人力、物力与财力，减少中间环节，避免部门之间的摩擦和推诿，提高工作效率。

（三）韩国农业生产附加值高

农业的发展离不开市场，特别在国际贸易自由化呼声日趋高涨的今天，保住国内农产品市场并打入国际市场是韩国农业发展的关键。韩国政府把发展高附加值农业作为突破口，重点发展“区域特产”和设施园艺。1989年开始开展的“区域特产”运动与日本的“一村一品”运动相似，目的是开发具有韩国传统特色的产品，使其在质量、风味、色泽及价格上能使国内消费者称心，乐于接受和选购。特产中既有初级产品如各种蔬菜、水果、花卉、人参、蘑菇等，也有很多加工品，如泡菜、辣酱、果酒及肉类制品，同时还有一些民间民俗工艺品。1991年，韩国政府增加拨贷资金，大力发展设施园艺，提高农产品的产量、质量及附加值，在满足国内市场的需求基础上不断扩大出口。2005年大棚和玻璃温室的面积已达4万公顷，其中玻璃温室面积约占3%，并向全自动化方向发展。预计到2010年，玻璃温室面积将要发展到1 500公顷。由于区域特产和设施园艺的发展，主要蔬菜、水果和传统特产占领了国内主要市场，并逐渐走向国际市场。

（四）开展新村运动，促进农村综合发展

新村运动于1970年，几乎是与绿色革命同时开展起来的。20世纪60年代末，韩国的经济进入高速发展时期。为了改变农业与经济发展的不协调状况，政府决定通过开展新村运动带动和促进农业和农村经济的发展。新村运动

的前10年是以农业、农村、农民为中心展开的，后来逐渐扩展到全国各条战线。绿色革命是通过农业科技促进农业生产的发展，而新村运动则是通过改变农村面貌，建设新农村，提高农民思想素质，培养勤勉、自强、团结、奉献的新农民来促进农村综合发展。新村运动之所以得到迅速发展，其重要原因就是政府根据农民迫切要求，确定把改善农村生活环境和提高农业生产及增加农民收入作为目标。新村运动使韩国农村和农民的面貌发生了巨大的变化，其成功经验得到世界很多国家和联合国有关组织的关注，曾先后有120多个国家派有关人员参观学习。

（五）支持绿色革命，重视农业科技和教育

韩国绿色革命的成效比较显著，得益于政府对绿色革命的政策支持和对农业科技和推广的一贯重视。为了配合绿色革命，制定了有关增加化肥、农药生产和稳定供应的政策，以《农产品流通及价格稳定法》为基础，提高了稻谷的收购价格等，促进了高产水稻的普及。技术人员深入农村第一线，开办培训班或讲座，手把手地向农民传授高产水稻的育种、育苗、水肥管理、病虫害防治等相应的栽培技术。自1960年颁布《农村振兴法》以来，在韩国农村振兴厅的直接领导下，农业技术教育取得了显著的社会和经济效益，农林水产业的发展速度由1967—1971年的平均1.2%提高到1972—1977年的平均4.8%。

四、韩国建设现代农业存在的问题

1. 韩国的农业保护政策成功地保证了韩国传统农业向现代农业的转变，推进了韩国现代农业的进程，但也产生了较大的副作用。特别是高米价政策使粮食管理上的赤字不断扩大，成为韩国货币政策灵活性降低的主要原因，助长了农户对政府的高度依赖性，并使韩国农产品的价格普遍高于国际市场价格。

2. 新村运动是自上而下发动的农村发展运动，它的动力来自总统和中央政府，通过行政机构来逐级推动，但地方政府的自主权很小。基本项目的选择、标准以及款项的使用，是由中央计划定好的。许多工程项目都是由道到郡、由郡到町一级级地传达中央政府的指标，而不管地方的条件、能力及效果。比如，中央搞的住房改造设计，适合城市人居住而不适合农民居住；许多重建的“新村”住户的屋门朝着北方，因为上边指示屋门要对着公路，而公路又恰在北边。但是韩国农村习惯是门不能朝北方开，这样盲目地推广而造成局部效果差。这也说明，新村运动的开展存在不足。

3. 韩国农业由于受到“出口第一主义”的影响，国家忽略国内市场，没有考虑经济过度开放的负面效果，只顾进口国外农产品以维持国内较低的粮价，出现了农业衰退的局面。原来的小农经济没有得到应有的改造，农业无法适应工业化的要求，农户收入下降，大量农村人口离农，致使国内农业出现萎缩。从20世纪70年代后期起，韩国的粮食自给率开始下降，农产品供应长期不足，棉花、麻等工业化急需的原料也几乎完全依赖进口。2005年，在畜产品中，除了牛奶和鸡蛋基本保证自给外，牛、猪、鸡等肉类的自给率都不足50%。

4. 在工业迅速发展的同时，韩国未能及时保护农业，农业结构和规模未能予以调整，致使农业发展滞后而日趋衰退。农业产值占国民经济总产值的比例由1962年的43.3%下降到1992年的7.7%，农业劳动人口占全国经济活动人口的比例由1983年的29.7%下降到1992年的16%。农业地位的下降和农业人口的流失，给韩国农业带来了严重影响。首先是农业后继无人，农业人口趋于老龄化（1994年，50岁以上的农业人口占总农业人口的43.5%）。多数年轻人对农业不感兴趣，弃农离乡者众多，与韩国老一代务农敬业的传统形成了明显的反差。一些边远地区、山区甚至出现“老人村”和“无人村”。

五、韩国建设现代农业的启示

韩国根据自己本国的具体情况，采取了相应的政策措施，走出了一条现代农业发展的道路。总结韩国在现代农业建设方面的经验，对促进我国传统农业向现代农业转变，加速现代农业进程不无裨益，从中也可以得到许多启示。

（一）适度的国家干预是促进现代农业的必要手段

国家干预农业是指国家通过法律、经济、行政措施和手段，对农业生产经营的各个方面进行调控和干涉。它主要包括农业立法、农业政策、农业计划等方面内容。韩国在其现代农业的不同阶段，都根据农业发展需要采取不同形式对农业进行各种各样的干预。纵观韩国在各个不同的历史时期所颁布的农业法令、所采取的行政措施和经济措施，其中既有成功的经验，也有失败的教训。对我国最重要的和最有借鉴意义的有两条，一是国家对农业的干预必须适度。即要适应现代农业发展的需要和顺应客观经济规律，只有这样才能促进现代农业，否则会阻碍现代农业事业的发展。二是国家对农业的干预要采取多种形式，特别是要注重经济手段的干预。过去，我国对农业干预的手段和内容都很单调，主要是通过行政手段推行指令性计划。结果往往违背经济规律，阻碍农业经济的发展。韩国都有过这样的经历和教训。因此，我国在建设现代农业过程中，要特别强调国家干预农业的手段多样化，用经济的，法律的和行政的各种手段对农业进行有效干预，促进现代农业的发展。

（二）尽快形成完善的市场经济环境

当前，我国农村市场经济得到一定发展，但离现代农业的要求还相差很远。农村家庭联产承包制的推行，在重塑新的市场经济主体上起了一定作用，但它并未从根本上打破行政组织对农业生产经营的直接干预。另外，分散的以血缘、亲缘关系为基础的家庭经营组织也不能真正适应市场经济的要求。从中国现实情况看，现代农业生产和组织的形成，迫切需要完善的制度环境是组织和市场。通过组织制度的创新，选择适当的经营组织形式，着力发展各种经营形式的中间组织，弥补分散的小农与分散的市场之间的“真空地带”，使更多的农业经营活动成为市场行为。同时，应积极完善农产品市场和要素市场的建设。对土地商品化和土地市场的培植发育要给予引导，尽快改革不合理的制度安排，让农村市场真正实现商品交易普遍化，为现代农业生产和流通提供完善的市场环境。

（三）依靠科学技术进步，提高农业生产率

在现代农业中，当农产品产量达到一定水平后，农业增长则主要依靠科学技术的进步。一般而言，一国农业科技进步的最基本要求，是与本国农业资源状况相匹配。科技进步的结果，或偏重于劳动的节约，或偏重于土地的节约。其结果必然表现为劳动生产率的提高和土地产出率的提高。显然，对中国这样一个土地资源极为稀缺的国家来说，只能选择土地节约型的农业。事实是，关于这个问题的认识我们曾长期陷入偏重劳动节约的误区，将实现农业机械化作为基本的目标取向，形成科技投入同农业资源状况不协调的局面。因此，发展土地节约型的农业应该是农业科技投入数量和效率统一的关键。

（四）要从整个社会经济发展进程中认识和看待现代农业事业，保持农业和其他产业的协调发展，保持农村与城市统筹发展

农业是国民经济的重要组成部分。随着社会经济的发展，农业与其他产业的联系越来越密切，特别是现代农业更加依赖于工业。从某种意义上讲，现代农业甚至主要不取决于农业本身，而取决于整个国民经济的发展，特别是工业现代化的发展速度和达到的“成熟”程度。韩国现代农业进程就是明显的例证。应当说，这一现象绝不是偶然的，而是必然的。现代农业对于其他产业的依赖性主要表现在三个方面：

1. 工业的发展是建立现代化农业物质技术基础的前提条件。农业工程技术和生物化学技术变革，不是农业部门本身的一种简单的技术变革过程。因为农业的机械化、电气化、化学化意味着要用先进的生产工具和物资去装备农业，而这些先进的生产工具和物资只有现代工业才能提供。

2. 只有当工业和其他非农业部门吸收容纳了大量农村剩余劳动力，农业才能实现规模经营，进而实现现代化大生产。

3. 只有国民经济各产业普遍得到发展，人民生活水平得到提高，才能为农业产出提供广阔的销售市场，而市场消费是促进农业投入增加，促进现代农业的重要因素之一。

总之，只有工业化，只有有了工业和其他非农产业的大发展，才能为农业的大发展提供物质和劳务投入及市场需求，也才能为从农业中释放出来的劳动力提供就业机会。韩国建设现代农业经历说明了这一点。因此，在推进现代农业过程中，我们必须从整个国民经济发展背景中看待现代农业事业，要按照这一客观发展进程去规划农业发展的目标和任务，提出有关的政策措施，保持现代农业进程和其他产业的现代化进程协调一致。任何消极或急于求成的做法，任何脱离整个国民经济的发展进程，忽视农业发展或主观地为实现现代农业规定一个时限的做法，都是有害的，都不能收到预期效果。

第六节 国外建设现代农业的经验与启示

归纳和总结上述五个国家在建设现代农业方面的经验和教训，对促进我国传统农业向现代农业转变，加快我国现代农业的建设不无裨益，我们可以从中得到许多经验与启示。

一、要运用科学发展观指导我国现代农业的建设

推动我国农村经济社会的良性发展，必须统筹兼顾，协调发展，用科学的发展观引领现代农业建设。首先，要立足“三农”本身，树立农业的全面发展观——农业产业现代化、农村现代化和农民现代化。要纠正在现代农业建设过程中出现的重经济指标，轻社会进步；重物质成果，轻人的价值；重眼前利

益，轻长远福利的偏颇。第二，建设现代农业要把眼光放到“三农”之外。即把农业发展放在国民经济发展中统筹考虑，把农村繁荣放在社会全面进步中统筹规划，把农民增收放在国民收入中统筹安排，着力为现代农业的发展创造良好的外部环境。第三，树立协调发展观。按照“五个统筹”的要求，解决长期以来制约农村社会发展的城乡二元经济结构问题。加快工业化、城镇化，为现代农业提供物质技术基础，通过工业积累反哺农业，支持农村，为城镇化提供产业支撑。坚持“多予、少取、放活”的方针，调整农业结构。第四，树立可持续发展观。针对我国传统农业生产模式的弊端，在现代农业建设中应根据我国农业自然条件差异、生产条件和农作物多样化的特点，构建不同区域的农业生产模式，注重综合效益，逐步建立生态农业，走内涵式发展道路，使农业生产的高速发展和生态环境保护有机地结合在一起。

二、要因地制宜地建设我国现代农业

由于社会经济基础与资源禀赋的不同，各国探索了适合自己国情的现代农业道路，依其自然、经济、社会、科技和经营管理特点，可划分为三类：一是美国，地广人稀，工业发达，劳力不足，大都从农业机械化起步，劳动生产率和商品率较高，有些农产品主要面向国际市场。二是日本、荷兰等国，人多地少、资源相对贫乏，主要依靠生物技术的突破，提高土地生产率，即发展资本技术密集的精致农业。多数农户实行兼业经营，亦工亦农，产品主要面向国内市场。三是英国、法国和德国等国家，土地和人口都比较少，但工业基础、技术基础雄厚，实行机械技术和生物技术同时发展的道路，兼业和专业经营并存，兼顾国内外两个市场。发达国家经历一个多世纪，选择了不同的起步方式，走过了不同的道路，最终都实现了现代农业。这说明，一个国家究竟采取哪种起步方式走向现代农业，要由其客观的资源条件和经济背景决定。我国建设现代农业也应该从实际出发，借鉴适合我国国情、并具有普遍意义的历史经验，不仅重视其成功经验，更重视研究其失败教训，引以为戒。当前我国农业的特点是人多地少，工业化的全面发展较晚，地区间发展很不平衡，广大农村实行分散的家庭经营，农村劳动力过剩的问题十分突出。由于这些制约因素，我国建设现代农业应当走自然资源节约、技术优先发展、生产集约化经营、保持生态环境、发展现代持续农业、立体农业的道路。要把生物技术现代化和机械技术现代化相结合，把精耕细作的传统技术和现代农业技术相结合，不断提高土地生产率和劳动生产率。现阶段，主要应从提高农业综合生产能力建设、深化农业体制改革入手，为现代农业发展创造良好条件，促进农业产业化、社会化，大力发展高产、优质、高效农业。要建立健全农业市场化、社会化服务体系，在维护家庭经营体制的基础上，通过现代市场经济的契约合同、入股、入会、入社等形式，把独立分散的小农经营纳入“产业化经营”轨道；把农业产中、产前和产后部门有机地结合起来，使农业生产在家庭经营的基础上实现一体化、社会化。

三、加大农业科技创新和技术推广的力度

借鉴发达国家科技创新和技术推广的经验，我国农业科技创新和技术推广应该走以市场为导向，以质量与效益为中心、以科研院所为依托，以龙头企业为载体的发展道路。

一是通过龙头企业走产学研相结合的路子或自办研发机构，构建农业科技创新的主体。鼓励龙头企业加强与科研院所、大专院校的合作，加快技术改造和技术进步步伐，积极引进、研发和推广新品种、新技术、新工艺、新设备，不断提高产品的竞争力；鼓励有条件的龙头企业组建自己的研究开发机构，加速科技成果转化，逐步发展成为有自主知识产权、创新能力强的现代农业企业或企业集团。

二是按照产业化的要求继续深化农业科研和技术推广体制改革。农业科研机构和大专院校，要面向生产实践的主战场，进一步明确科技攻关重点，优先研究开发一批关键技术，为产业化经营提供有力的技术支撑。各级农业技术推广机构和农技人员，要积极参与和投身到农业产业化经营第一线，通过技术服务、技术承包、技术转让、技术入股等形式与龙头企业和农户开展多种形式的联合与合作。鼓励具有开拓市场能力的农业科研机构，逐步转制为农业科技企业，成为农业龙头企业，鼓励农技人员创办和领办农业产业化龙头企业。

三是切实抓好科技培训，不断提高农民素质，要围绕农业产业化经营的实践，采取多种形式，培养有关的专业科技人员和经营管理人才，尤其要加强对生产基地农民的培训。在继续加强农业技术特别是成套农业技术培训的同时，还要通过培训提高农户的市场意识、合作意识、信用意识、质量意识等，使广大农户真正适应农业产业化发展的需要。

四是继续加大对农业科技的投入，要多渠道增加对重大农业技术攻关、技

术改造和支持农业技术推广体系改革的投入，为农业产业化发展提供必要的资金支持，国家鼓励和支持龙头企业引进新品种、新设备、新工艺、新技术、鼓励和支持龙头企业面向基地和农户的技术推广，为现代农业发展提供技术储备。

四、着力提高现代农业的组织化程度

实践证明，完善而发达的农业产业组织体系是发达国家现代农业的重要特征之一。如荷兰，以农工商公司为一方，农业生产者为一方的垂直一体化服务体系，通过签订合同，将农业生产资料的供应、农业生产以及农产品的加工运销等环节紧密结合在一起。这些组织提供的服务各有所侧重，并分工协作，相互支持。为农户在生产、销售、生活、教育等方面提供了极大的方便条件。因此，在稳定家庭承包经营基础上，我国必须探索现代农业的组织创新，提高农民和农村的组织化程度，以增强产业化经营组织的竞争力。

1. 要继续发展多样化的利益联结机制，适时引导向紧密型发展。企业需要稳定的原料供给，农户需要稳定的产品销路，这是双方建立利益联结机制的客观基础。龙头企业和农户之间的利益联结方式因发展阶段和产业特点而不同，应允许企业和农户利益联结方式的多样化，无论哪种利益联结方式，都要坚持农民和企业自愿互利的原则，切不可强加干预。

2. 要切实加强农产品基地建设。基地建设要充分调动农户、龙头企业、社区性合作组织和各方面的积极性，高起点规划，多渠道筹资，建立和完善社会化服务体系，在农户家庭经营的基础上，走“小规模，大群体”的路子。

3. 大力发展农民专业合作经济组织。发展农民专业合作经济组织，是提高农业生产组织化程度的一个有效形式，要坚持“民办、民管、民受益”的原则，不断增强农民专业合作组织的凝聚力和经济实力。

4. 积极发挥行业协会的作用。要继续探索和支持以龙头企业为主体，在自愿互助的基础上建立的各种行业协会、商会等中介组织。行业协会要在市场准入、信息咨询、规范经营行为、价格协调、调节利益纠纷、行业损害调查等方面发挥应有的作用，切实维护和保障行业内农户和企业的合法权益。

5. 完善农村市场体系。农村市场设施和流通方式的落后，延缓了农村市场化进程，影响了市场机制作用的发挥，也导致我国农产品商品化率低，消费自给率高，不少地方的农村还处在自然经济和小农经济的状态。市场化水平低已经成为制约现代农业济发展的新瓶颈。加快农村市场体系建设是现代农业的重要内容。一是加强对农村市场建设的指导，二是加强农产品流通体系的建设，三是积极推动农产品零售企业与生产环节的产销结合，四是积极推动农资流通体制改革，五是推动农村消费市场的建设。

五、大力发展农产品加工业

纵观发达国家现代农业发展历程，从农业弱国转变为农业强国，基本途径就在于大力发展农产品加工业，这是现代农业发展的基本趋势和一般规律。通过农产品的精深加工，解决食品的营养和安全问题；通过农产品的深加工增值，产业链的延长和产业整体效益的提高，解决农民增产、增收问题；通过加工，大幅度提高对农副产品等宝贵生物资源的多层次利用，解决资源浪费、环境污染的问题，实现可持续发展；通过农产品加工，依据资源区位优势，发展特色农业、绿色农业、生态农业，提高农业整体竞争力；通过农产品加工，调整乡镇企业结构，促进产业升级换代，推进乡镇企业的二次创业，开辟新的产业领域，创造大量就业机会，就地转移吸纳农村富裕劳动力，进而拉动农村第三产业的发展和小城镇建设，实现城乡经济的一体化发展；通过现代农产品加工技术的研究开发和广泛应用，提高农产品资源综合利用、转化、降本、增值、增效，提升大农业产业的整体经济效益，实现农业与农村经济发展的两个根本性转变。

1. 大力发展龙头企业和大型企业，不断提高企业的技术创新能力和综合利用水平。2005 年我国有龙头企业 42 000 多家，其中省级重点龙头企业2 700多家，国家级的龙头企业 582 家，要发挥这些龙头企业的作用。扶持发展龙头企业要按照“扶强龙、育新龙、兴小龙、引外龙”的思路，进一步加大对龙头企业的扶持力度。针对当前我国农产品加工龙头企业不多，技术水平不高的现象，采取积极措施，引导和推动农产品加工龙头企业的发展，将目前有一定规模、市场前景看好的骨干企业列入扶持对象，鼓励大型加工企业建立技术开发中心，引进和发展农产品加工领域的高新技术，开发拥有自主知识产权的新技术，同时积极采用先进技术改造传统的农产品加工业，提高整个行业的资源综合利用水平和技术创新能力，培育成带动千家万户的具有较大规模和影响力的龙头企业。

2. 培育农产品加工专用作物品种，建立我国农产品加工业的专业原料基地。通过引进技术和改进品种，推广一批适宜专业加工、品质优良、营养价值高、效益好的农作物新品种，依托大中型加工企业建立和发展专业化原料生产基地，为加工业源源不断地提供符合要求的优质农产品原料，确保我国农产品加工业的良性发展。如加强专用小麦、专用玉米、优质棉、“双低”油菜生产，改良生猪品种，发展肉牛生产和城市郊区奶牛业等。

3. 强化质量安全监督，使质量和安全保证体系得到广泛应用。针对食品安全问题，应在发展农产品加工业的同时，以风险评估、风险管理、风险交流组成的风险分析为依据，建立农产品安全过程控制，建立国际质量 ISO 认证体系，从生产加工、运销到消费全过程实施 HACCP 和 GAP 等。对与人民生活和健康息息相关的农产品产业，应在生产、加工和销售全过程狠抓食源性疾病的控制。

4. 面向市场，建立高效有序的产销体系。以市场为导向，实行产加销一体化运行，探索一套适应农产品加工业发展的新型运营机制。龙头企业具有市场开拓能力，了解市场需求信息，以此来指导农业生产，为农户提供信息、科技服务。农户则根据购销合同进行生产，将农产品提供给龙头企业，因地制宜发展优质高效的规模农业。通过龙头企业支撑，实现规模经营，形成“公司＋基地＋农户”的产加销一体化经营模式。

六、加大农业投入，为发展现代农业打好基础

各国现代农业的发展历程表明，现代农业所需的各种生产要素，无论是物质资本、人力资本、科学技术，抑或是现代农业基础设施，都不来源于农业内部，而是由工业、教育和科学技术等部门提供的。而且这些生产要素都是以资本品的形式存在的，只有通过资本积累和投资，这些资本品才能转入农业，成为提高农业效率、推进现代农业的酵素。当前，我国已经进入了工业化的中期阶段，客观上需要工业反哺农业、财政反哺农民。然而，投资不足是制约中国现代农业最严重的瓶颈之一，因此今后我国应调整现行的农业支持与保护政策，采取以“绿箱政策”为主的支持与保护政策，推进现代农业的进程。一是加大农业科技投入，重点支持一批农业基础科学研究、生物工程基础项目的研究，组织联合攻关；支持优良农产品、畜产品品种的研究繁育，通过电视、广播、录像等手段，大力推广高产栽培技术、病虫害综合防治技术、节水灌溉技

术、生态农业技术以及农产品加工保鲜储藏技术。通过技术开发承包、技术服务及兴办各类科研生产经营实体等形式促进农业科技与生产过程的结合，加快农业科技成果转化为现实生产力的速度；建立并普及农业科学技术推广站，培育科技示范户和科技带头人。二是加强农业基础设施建设。包括以提高防汛抗旱能力为中心，继续加快大江、大河、大湖治理，搞好大型灌溉水利设施的更新和配套工程建设以及加强农村公共设施建设。三是加大对农村基础教育、职业教育、成人教育的投资力度，提高农民素质。四是加强对农产品检疫服务体系的支持力度，建立农产品质量等级检验制度；五是扩大农业技术推广的资金补偿额度，增设市场营销服务专项资金，提高市场营销服务效率。

第四章　我国建设现代农业的现状

从新中国成立到迄今为止，我国现代农业建设已经经历了半个世纪的历程，既有不少成功的经验，也有一些失败的教训。从目前来看，我国现代农业建设同新中国成立初期相比，同改革开放前相比较，已取得了较大的成效，使我国现代农业建设水平已经有了质的提高，但同一些西方发达国家的现代农业相比较，仍处于较低的发展阶段。

第一节　我国建设现代农业的探索历程

一、我国建设现代农业的思想演进

我国建设现代农业的思想演进经历了从不完善到逐步完善的过程。20 世纪 50—60 年代，以“四化”即机械化、电气化、水利化和化肥化来概括农业现代化的内涵。1958 年，在“大跃进”和人民公社化运动的高潮中，中央提出我国农业的高速度发展，必须抓好“土、肥、水、种、密、保、管、工”等八个方面的工作。这八项措施被概括为农业“八字宪法”。20 世纪 70 年代末至 80 年代中期，我国农业经济理论界提出农业现代化的本质是科学化，即应把农业的生产和管理逐步建立在生态科学、系统科学、生物科学、经济科学和社会科学的基础上。

20 世纪 80 年代中期至 90 年代初期，建设农业现代化的思想进一步丰富。主要体现在三个方面：第一，以科学化、集约化、社会化和商品化来概括农业现代化的内涵和特征；第二，用现代科技（尤其是生物技术）、现代装备、现代管理，现代农民来概括农业现代化的内涵；第三，认为生态农业或可持续发展农业才是真正意义上的农业现代化，以区别于以往农业现代化等同于“石油农业”的倾向。

20世纪90年代初至中期，随着社会主义市场经济体制的建立和不断完善，理论界从农业发展的基本要素、经营方式和组织制度等角度理解现代农业，农业现代化被赋予商品化、产业化、集约化、社会化、生态化、区域化等多方面的涵义。1993年1月至1995年12月，中国农业科学院卢良恕院长组织全国有关专家，开展了“中国农业现代化建设理论、道路、模式研究”。通过分析中国国情和近半个世纪的农业发展，借鉴国际经验，研究提出了中国农业现代化发展建设道路、农业现代化建设的12个主要模式、农业现代化建设指标体系以及有关政策措施。

20世纪90年代后期以来，推进现代农业建设的思想得到了进一步重视。在21世纪初期，随着社会主义新农村建设的推进，发展现代农业成为社会主义新农村建设的首要任务，2007年中央一号文件明确提出了“六个用”，即：“用现代物质条件装备农业，用现代科学技术改造农业，用现代产业体系提升农业，用现代经营形式推进农业，用现代发展理念引领农业，用培养新型农民发展农业”。党的十七大报告进一步强调，要坚持把发展现代农业作为建设社会主义新农村的首要任务，走中国特色农业现代化的道路。

二、我国现代农业发展的实践探索

纵观我国现代农业发展历程，大体可以分为启动建设、探索发展和重点推进三个阶段。

（一）启动建设阶段（1953—1978年）

我国现代农业启动建设开始于农业合作化。新中国成立之初，百废待兴，党和政府主要致力于国民经济的恢复，开展了以恢复生产、保障供给为目标的农业社会主义改造运动，同时推进以机械化、化肥化、水利化、电气化为主要内容的农业现代化。20世纪50年代我国主要从三个方面推进农业现代化：一是选育和推广良种；二是大力兴办农业科教事业，逐步建立全国农业技术推广体系；三是动员农民群众，向劳动模范学习农业生产经验和技术。这期间我国农业取得了举世瞩目的成绩，既为社会提供了大量农产品，为社会安定做出了积极贡献，也为开展现代农业建设创造了条件。

20世纪60年代和70年代推进现代农业建设主要集中在两个方面：一是加快农业设备的技术改造；二是加强农田水利的基础设施建设。总的说来，这段时期我国主要是从农业技术和生产方式变革的角度来理解农业现代化，现代农业的建设主要用在改善生产手段和生产条件上，开展了大规模水利工程、农田基本建设工程、农业机械化。全国各类水利设施资产总值达到 1 000 多亿元，供水能力 4 000 亿立方米，修建了大量防洪防涝工程，建成了 4 700 万公顷的灌溉农田，6 万多座农村小水电和 4 700 多万千瓦的排灌装机。农业机械工业快速发展，建成了相当数量和规模的农机生产工厂，1978 年全国农业机械总动力保有量达到 11 746 万千瓦。农业发展的其他基础条件也得到了大力改善，到 1978 年底，全国农村集体经济实体和国营农场拥有农业固定资产共 977 亿元，相当于当年农业总产值的 67%，平均每亩耕地拥有农业固定资产 997.5 元，为农业长期发展和现代化提供了雄厚的物质基础。这一期间以农作物新品种培育和推广为主的农业科技事业得到长足进步，先后实现了农作物品种的三次更新，农业技术推广体系初步形成，有效地促进了现代农业的发展。

这个时期现代农业建设的主要特点是：以水利化、机械化为建设重点，依靠集体经济的力量，自上而下，行政推动，在全国范围开展了大规模农业基础设施建设。建设速度很快，但走了不少弯路，造成了一定程度的资源损失和生态环境破坏。

（二）探索发展阶段（1978—2002 年）

实行家庭联产承包责任制后，现代农业建设进入了重视物质投入，优化农业结构，重视发展农业科技教育，引进现代生产要素，追求经济效益的探索发展时期。20 世纪 80 年代中期，为了缓解较大范围出现的“粮棉”卖难问题，中央提出“决不放松粮食生产，积极发展多种经营”的方针，启动了我国农业结构的第一次调整。这个时期我国乡镇企业发展迅速，吸收了农村大量剩余劳动力，不仅带动农村第二、三产业的加快发展，而且促进了农民收入的大幅增长，使现代生产要素进入农业领域的力度加大。1992 年全国化肥施用量达到 2 590万吨，比 1978 年施用量增长约 2 倍，农村用电量比 1978 年增长 2.3 倍，农业机械总动力同比增长 1.4 倍。此前，我国农业科研机构研制出一大批优良动植物新品种和种养管理新技术，为农业结构调整提供了技术支撑。在 20 世纪 90 年代，加快农业科技进步被摆在更加突出的位置。中共中央、国务院出台了多个文件，大力实施和推进科教兴农和发展高效农业的战略。在 20 世纪 90 年代末，中共中央又提出在沿海发达地区率先实现农业现代化的战略。由于采取了一系列政策措施，使我国现代农业示范区和农业科技园应运而生，迅速发展起来。据农业部 1998 年统计，到 1997 年 12 月底为止，我国已有 405

个农业科技园区，对我国现代农业发展起着示范带动作用。由于我国农业科技不断创新和进步，对农业增长的贡献率大幅提高，2000年我国农业科技进步贡献率达到42%，成为农业现代化的主要推动力量。在中央一系列强有力的政策措施推动下，21世纪初我国主要农产品由长期短缺转变为供需大体平衡，年年有余。总体而言，这一时期的现代农业建设开始探索市场经济条件下的发展道路，探索符合我国国情的现代农业投入机制、农业结构优化和产业发展模式多元化，出现了农工商一体化、农业专业化、农业产业化等多种农业生产经营方式，但农业基本建设出现弱化倾向，并开始影响农业稳定增长。

（三）重点推进阶段（2002年至今）

进入21世纪初以后，随着市场取向改革的不断深入，我国农业和农村经济发展遇到了新的矛盾和问题，农业生产小规模和大市场、农产品刚性需求增长和农业不稳定性，农民增收缓慢等矛盾日益突出。为保持农业稳定增长，提高农民收入，政府出台了一系列保护农业、扶持农业的政策，增加农业投入，加强农业基础建设，积极推进农业产业化经营，依靠科技进步等措施，重点推进了我国现代农业发展。

从党的十六大以来，新一届中央领导集体针对新时期“三农”工作的新形势、新任务和新特点，与时俱进地制定了加强“三农”工作的大政方针，形成了一系列指导“三农”工作的新理念、新认识，明确了新时期做好“三农”工作的新任务、新要求，出台了许多符合我国国情、符合农业农村实际的新政策、新措施。一是明确提出新时期指导“三农”工作的战略思想。提出了把解决好“三农”问题作为全党工作重中之重的基本要求，明确了统筹城乡发展的基本方略，作出了我国总体上已到了以工促农、以城带乡发展阶段的基本判断，制定了工业反哺农业、城市支持农村和多予少取放活的基本方针，规划了建设社会主义新农村和发展现代农业基本任务。二是坚持把发展农业生产力作为首要任务。始终立足于我国正处于社会主义初级阶段的基本国情，牢牢把握发展这个执政兴国的第一要务，坚持不懈地发展农村生产力。从2004年开始中央连续出台四个1号文件，围绕粮食增产、农业增效、农民增收采取一系列重大举措，为促进农村经济社会全面发展奠定坚实的物质基础。三是坚持在宏观调控中加强和保护农业。中央坚持松紧适度，有保有压，在宏观调控中始终坚持加强和保护农业，出台了“四减免、四补贴”支农惠农政策，实施了重点粮食品种最低收购价政策，制定了对粮食主产区和财政困难县实行奖励补助的激励政策，强化了对农业基础设施建设的支持政策，实行了对农村社会事业发展的促进政策，逐步形成了新时期保护和支持农业的政策体系框架。四是坚持推进农业增长方式转变。始终把转变农业增长方式作为提高农业综合生产能力、强化农业基础地位的重大举措。紧紧把推进科技进步作为实现农业增长方式转变的关键环节，把发展资源节约型、环境友好型农业作为实现农业增长方式转变的重要途径，为农业农村经济可持续发展奠定了坚实的基础。五是坚持创新农业体制机制。不断强调深化农村改革，大力推进农业体制机制创新，为农业农村发展提供了动力源泉。在农村改革中，始终坚持把调动农民的积极性、创造性作为改革创新的出发点和落脚点，注重在经济上保护农民的物质利益，在政治上保障农民的民主权利。

这一系列具有里程碑和划时代意义的支农惠农政策，极大地调动了广大农民的生产积极性，农业农村经济取得的巨大成就，为经济社会发展提供了有力支撑。2004—2006年粮食实现自1985年以来首次连续3年稳定增产，农民人均纯收入增量连续三年超过300元，增幅连续三年超过6%，是1985年以来的首次，我国农业农村经济发展进入历史最好的时期之一。

这一时期我国现代农业发展思路逐渐明确，以保障农产品供给、增加农民收入、提供劳动力就业、维护生态环境等为主要目标，以现代科学技术、现代工业装备、现代管理技术、现代加工技术、现代营销理念为支撑和先导，通过市场机制把产供销、贸工农相结合，多功能的现代农业体系逐步确立，使我国农业建设进入新的发展阶段。

第二节　改革开放以来我国建设现代农业取得的成效

从党的十一届三中全会以后，我国农村进行了一场深刻的经济体制改革，家庭联产承包责任制的实施，极大地调动了农民生产的积极性。通过30年农村改革，我国农业发生了较大的变化，农业综合生产能力有较大的提高。我国农产品实现了从长期短缺到供求基本平衡、丰年有余的历史性转变，农村社会主义市场经济体制基本建立，从总体上实现了我国现代化建设的前两步战略目标，人民生活逐步实现了从温饱向小康的转变。

一、我国农业发展取得巨大的成效

（一）我国农林牧渔业产值持续增长

根据国家统计局提供的数据，2006年，我国农林牧渔业总产值为42 424.4亿元，粮食总产量49 747.9万吨，油料总产量3 059.4万吨，棉花总产量674.6万吨，糖料总产量11 032万吨，水果总产量17 239.9万吨。优质稻米、专用小麦、专用玉米、"双低"油菜等优质农产品开发也取得了较大的进展。

畜牧业、渔业稳定发展，畜产品、水产品产量继续增长。2006年全年肉类总产量8 051.4万吨，奶类总产量3 302.5万吨，禽蛋总产量2 945.6万吨，水产品总产量为5 290.4万吨。渔业产业结构调整力度加大，水产养殖业发展势头强劲，远洋渔业结构调整开始起步。

2006年农村经济总收入达到20亿元，农民收入人均3 587元，比2005年的3 254.9元增长了10.2%。农村居民人均生活消费支出2 829元，比2005年的2 555.4元增长了10.71%，消费质量有所提高。恩格尔系数也进一步下降为43%。我国农村总体上达到了小康水平。

（二）我国农田水利基本建设取得了一定的成效

防洪工程建设进展顺利，节水灌溉面积稳步增长，小型微型水利工程建设速度加快，大中型灌区续建配套节水改造规模扩大，水利建设管理进一步规范。截至2006年，全国农田水利基本建设累计完成投资2 720亿元，其中各级政府投资1 163亿元，农民群众投资1 302亿元，投劳380多亿个工日，完成土石方529亿立方米。2006年新增治理水土流失面积9 749万公顷；新增恢复改善灌溉面积2 242.6万公顷；新增改善除涝面积2 137.6万公顷；从2003年开始的5年中我国整理复垦开发补充耕地达152.6万公顷（2 289万亩）。2009年计划将177万公顷中低产田改造成高标准农田，新增粮食生产能力300万吨。

（三）我国农业投入有了较大的增长

2006年国家财政用于农业的支出为3 172.97亿元，国家大幅度压缩了当年开垦宜农荒地的计划，对当年增量资金的投向进行了调整，进一步加大了科技研究的投入，2006年国家财政用于科技三项的费用为21.42亿元，比1978年的1.1亿元增长了18.47倍；用于基本建设的费用为504.28亿元，比1978

年的 51.1 亿元增长了 8.87 倍；支农支出为 2 161.35 亿元；农村救济费 182.04 亿元。农业综合开发从 2003—2007 年，累计投入中央财政资金 507.78 亿元，改造中低产田 853 万公顷，新增粮食生产能力 167.69 亿千克，改造后的耕地每亩可增产粮食 100～150 千克，直接带动种粮农民亩均增加收入 250 元左右，为稳步提高我国农业综合生产能力、确保国家粮食安全做出了重要贡献。

（四）我国农机装备数量持续增长

2006 年全国农机总动力达到 72 635.96 万千瓦，拖拉机拥有量 1 728.34 万台，联合收割机拥有量达到 56.78 万台，水稻插秧机拥有量 11.2 万台，农用运输车（包括农用机动三轮车和农用机动四轮车）达到 1 236.16 万辆。畜牧业机械有 489.63 万台，1 031.05 万千瓦。农田基本建设机械 302 620 台，1 422.35万千瓦。

（五）我国农业综合开发取得巨大成绩

“十五”期间，我国加大农业综合开发投入力度，调整完善政策，改革创新机制，加强科学管理，使我国农业综合开发取得了显著的成就。

20 年来，中央财政不断加大农业综合开发的投入，从 1988 年的 5.03 亿元，到 2006 年的 123.7 亿元，年均增幅 18.36%，共投入资金 992 亿元。中央财政资金带动其他资金 2 200 亿元投入农业综合开发项目。20 年来，项目区共新增和改善灌溉面积 3 207 万公顷，新增和改善除涝面积 1 413 万公顷，新增农机总动力 1 972.61 万千瓦，培训农民 1 亿多人次。许多项目区实现了灌溉水利化、耕作机械化、种植标准化。20 年来，农业综合开发结合中低产田改造，共新增农田林网防护面积 2 160 万公顷，改良草原（场）321.31 万公顷，治理土地沙化面积 11.95 万公顷，实施小流域治理 23.04 万公顷。不仅加强了农业基础设施建设，还注重保护和改善生态环境，促进农业可持续发展。农业综合开发扶持的特色优势产业群，释放出强大的产业效应，成为2 200多万农民增收的重要来源，近年来人均增收达到 510 元。农业综合开发为我国粮食生产能力突破 10 000 亿斤大关，实现粮食等主要农产品由长期短缺到总量基本平衡，丰年有余的历史转变，做出了重要贡献。

（六）我国生态农业建设成效显著

近年来，国家和各级政府先后投入资金 45 亿元，农业部等七部委（局）

联合在全国开展了102个国家级生态农业示范县建设项目。从全国第二批生态农业示范县验收结果来看，51个生态农业试点县的国内生产总值、农业总产值和农民人均纯收入年均增长率分别达到13.5%、7.7%和7.8%，退化土地达标治理率达到60.02%，大中型养殖场粪便处理利用率、工业废水达标处理率和城镇污水处理率分别达到80.8%、85.3%和66.6%，氮肥和农药使用量分别下降了3.2%和7.0%。2003—2006年，国家安排55亿元国债资金在4.8万个村建设573万户沼气，安排9 385万元建设98处大中型沼气工程。到2006年底，全国农村户用沼气达到2 260万户左右，适宜农户普及率达到15%。到2010年，全国将有4 000万农户使用户用沼气，达到适宜农户的30%左右；全国规模化养殖场大中型沼气工程总数达到4 700处左右，达到适宜畜禽养殖场总数的39%左右。据统计，2005年全国已有300多个县进行生态农业的试点和实践，覆盖面积达1 000万公顷。

（七）我国高产优质高效农业发展迅速

近年来，我国大力推广优质高产品种，提高了农产品质量，增强了市场竞争力。如丰收计划项目“东北地区高油大豆生产技术”，高油大豆品种的推广，使东北大豆的含油量平均提高了1～1.5个百分点，亩产提高30～50千克，有效地减缓了进口大豆对我国大豆生产的冲击。国家在黄淮麦区展示优质小麦品种15个，全国示范优质小麦的品种达13个。2006年全国优质小麦种植面积1 070多万公顷，同比增长110万公顷；总产量为5 080万吨，同比增长702万吨；分别占小麦播种总面积和总产量的45%和48%。我国小麦进口最多时年进口量达到1 500多万吨，占到生产总量的15%以上，2002年首次出现小麦净出口。

2006年，水稻的品种优质率达到69.1%，超级稻推广面积达到433.3万公顷。稻米加工技术迅速发展，全国优质米产业化加工规模较大的企业约有260家，在市场上获得公认的优质品牌米达120多种，方便米面、方便米饭、强化米粉、糕点、膨化食品得到开发。

此外，实施“优质转基因抗虫棉品种”推广项目以来，通过多点品种比较试验，从14个国家和省级审定的转基因抗虫棉品种中，确定了中棉所41、SGK321、GK12、国抗棉1号、中棉所38等5个品种为该项目推广品种。在河南、河北、山东3省建立优质转基因抗虫棉示范区9个，示范面积20万公顷，产量比一般品种增加20% 以上。

（八）农业和农村经济结构发生了显著的变化

这些成就可以从表 4－1 至表 4－4 中反映出来。

表 4－1　改革开放以来全国产业结构的比较

单位：%

年　份	全国产业结构	
	1978	2006
第一产业	28.1	11.7
第二产业	48.2	48.9
第三产业	23.7	39.4

资料来源：中国农业统计年鉴（1980—2007 年）整理。

表 4－2　改革开放以来农林牧渔业总产值结构变化

单位：%

年　份	1978	1985	1997	2002	2006
农业	80.0	69.2	56.0	54.5	50.8
林业	3.4	5.2	3.4	3.8	3.7
牧业	15.0	22.1	31.5	30.9	35
渔业	1.6	3.5	9.1	10.8	10.5

资料来源：中国农业统计年鉴（1980—2007 年）整理。

表 4－3　种植业内部各业结构比（2006 年）

单位：%

种　植　业		
粮食作物	经济作物	饲料作物
65.38	32.82	1.8

资料来源：中国农村统计年鉴（2007 年）整理。

表 4－4　改革开放以来农民年人均纯收入变化

单位：元/人

年　份	1978	1985	1997	1999	2003	2005	2006
纯收入	134	398	2 090	2 160	2 622	3 255	3 587

资料来源：中国农业统计年鉴（1980—2006 年）整理。

（九）农业产业化经营蓬勃发展

截至2006年末，我国各类农业产业化组织总数达154 842个，比2005年增长14.1%。其中，龙头企业71 691个，占产业化组织总数的46.3%，比上年增长17%。销售收入亿元以上的龙头企业达4 779个，增长19.2%，龙头企业固定资产达9 782亿元，占全部产业化组织固定资产总额的74.6%。中介组织70 874个，占产业化组织总数的45.8%，参与农业产业化经营的规模以上专业合作经济组织达9 847个；专业市场有12 277个，占市场总数的7.9%，比2005年增长6.36%。全国参与产业化经营的农户达9 098万户，占全国农户总数的36.7%，比2005年增长4.3%；各类产业化组织从业人数3 891万人，增长20.3%，其中龙头企业从业人数2 230万人，增长6.2%。

在各类农业产业化组织中，种植业6.7万个，带动种植面积6 666.7万公顷；畜牧业5.5万个，带动牲畜饲养量14.6亿头，禽类饲养量113.4亿只；水产业9 055个，带动养殖水面638万公顷。农户从产业化经营中增加收入总数达到1 352亿元，参与产业化经营的农户比普通农户平均增收1 486元，比2005年增长11.2%。

（十）农业科技园区发展呈现良好的态势

农业科技园区作为现代农业的示范工程，同时具有技术密集和资金密集特点，能够按照现代农业产业化要求，建立起优质农产品生产、销售和管理体系，形成了一批有实力的科技型龙头企业。根据国家农业科技园联合管理办公室的统计，截至2006年，我国有36个试点国家级农业科技园区，入驻国家农业科技园区的企业数为1 736个。园区总产值达482.51亿元，销售收入276.76亿元，净利润超过44.58亿元，出口创汇29.17亿美元，园区的示范带动作用非常明显。仅2006年，园区引进新技术673项，新品种2 789个，新设施937套；推广新技术867项，新品种1 020个；组织科普讲座2 588项，开展各业技术培训和举办培训班3 318项，参加人员超过70人万次；吸纳就业人数超过18万人，带动周边地区235万农民致富，园区所在地农民人均纯收入达到4 951元。

二、我国农业科技取得了令人瞩目的成效

（一）在农作物育种和杂交育种方面取得成效

从1978年以来，我国在杂种优势利用、高产多抗、优质、高效等方面取

得了一系列重大突破，我国先后培育出 1 500 多个高产、多抗、优质、高效的新品种、新组合。在种植业上，超级稻研究与推广成效显著，育成了 28 个超级稻新品种，有 10 个品种百亩连片亩产超 800 千克。2006 年超级稻累计推广 1 000 万公顷，增产稻谷 250 亿千克。小麦品种的改良和更新，使单产增长 20%以上；玉米杂交育种技术的不断创新，使其农作物新品种、新组合达 6 000多个，粮、棉等主要作物品种在全国范围内更换了 5～6 次，每次更换增产 10%以上，全国的粮棉油主要作物良种覆盖率达 95%。

（二）畜牧和水产、养殖综合配套技术得到改进与推广

为了提高畜牧和水产养殖的生产效率，国家非常重视畜牧和水产养殖配套技术的改进和推广。在“九五”和“十五”期间分别实施畜禽和水产良种工程的建设，逐步建成畜禽良种繁殖体系，已建成一批畜禽保种区、保种场、基因库，并从国外引进一批优质生猪、奶牛和波尔山羊，推广生猪三元杂交，奶牛胚胎移植、人工授精、工厂化家禽养殖技术，使我国畜禽产品的产出率得到大幅度提高。2006 年我国猪牛羊肉、水产品产量分别达到 6 157.6 万吨和 5 107.6万吨。在水产养殖业上，青、草、鲢、鳙“四大家鱼”人工繁殖技术的攻克，使其淡水养殖产量占我国淡水养殖总产量的 50%以上；对虾工厂化育苗技术也得到了突破，这改变了我国主要依靠天然苗小规模养殖的状况。科技在畜牧业、水产业增长中的贡献率达到 50%左右。

（三）技术进步推动农业结构的调整，已取得初步成效

据农业部 2007 年的统计，截至 2006 年底我国经济作物播种面积在农作物播种面积中所占的比例上升到 32.82%，种植业产值占农业总产值的比重下降到 50.8%，林牧渔业产值比重上升到 49.2%，在国民经济中农业的比重已下降到 11.8%，非农产业的比重上升到 88.2%；技术进步在我国农业经济增长中所占的份额由“六五”期间的 29%提高到“七五”期间的 32%，“八五”期间的 35%，“九五”末达到 42%，在“十五”期末农业技术进步在农业与农村经济增长中的贡献率达到 45%。

（四）生物技术不断取得重大突破，加速了产业结构升级和高技术产业的形成

经过数年的科技攻关，我国农业生物技术取得较大的突破，2006 年我国农业生物技术研究位于世界发展中国家的领先地位，并开始步入国际先进行列。已经有转基因耐储番茄、转查尔酮合成酶基因矮牵牛、抗病毒甜椒、抗病毒番茄、抗虫棉花等几种独立研制的转基因作物进入了商品化生产阶段。在主要农作物中，抗棉铃虫转基因棉花、抗螟虫转基因水稻和抗白粉病转基因小麦已经形成种植规模。其中，我国在抗虫棉研究和产业化方面进展迅速，通过引进和自主研发并举等办法，2007 年我国已先后培育成转基因抗虫棉品种 46 个，转基因抗虫棉种植面积达 380 万公顷，占全国棉花种植面积的 69%。另外，中国农科院首次成功选育出三系杂交抗虫棉，居国际领先水平。

（五）以农产品深加工为主体的食品制造业快速发展，成为农业产业化发展的重要动力

随着经济的发展和人们生活水平的提高，加工过的农产品越来越多地进入了人们的生活，城乡居民对农产品及其加工品的需求在迅速增加。2006 年，我国人均主食支出额在食品支出中的比例已下降到 41%，人均副食支出则上升为 59%；城镇居民主食消费支出仅占 14%，而人均副食支出则高达 86%；在城镇居民消费的食品中，经过工业加工部分的比重已接近 45%。这表明居民对农产品的消费已趋向深加工化，农产品加工业的中间需求已经超过直接需求而成为影响农产品总需求的主要因素，农产品加工业成为农业发展的新增长点。

（六）农业信息技术发展迅速

在作物栽培管理、设施园艺管理、畜禽饲养、水产养殖、植物保护、育种以及经济分析等方面得到了普遍应用。目前，计算机网络已成为正在兴起的农业信息服务业的技术支柱。1994 年我国启动了“金农”工程后，农业部于 1998 年开通了“中国农业信息网”，北京、天津、上海、江苏、河北等省市也纷纷开展农业科技信息网络建设，至今已有 1 000 多个县入网。中国农业科学院建立的“中国农业科技信息网”于 1997 年 10 月开始运行，各省、市、自治区大部分也建立开通了相应的信息网络。到 2006 年底，国内有关农业信息网站达到 5 200 家，其中保持正常运行的 4 600 家，企业网站占 67%，集中分布在北京和沿海发达地区。

（七）设施农业迅速发展，使我国农业的装备水平和生产手段不断改进

设施农业是利用一定的技术设施，在局部范围内改善或创造环境气象因素，为动植物生长发育提供良好的环境条件而进行有效生产的农业。据国家统计局统计，2006 年末，全国温室面积 8.1 万公顷，大棚面积 46.5 万公顷，中小棚面积 40.7 万公顷。2006 年度，在温室和大棚中，种植蔬菜 72.3 万公顷，食用菌 4.6 万公顷，水果 13.7 万公顷，园艺苗木 4.7 万公顷。设施内种植业和养殖业较传统露地生产的产量（效益）普遍高出 2～10 倍，各类设施的栽培技术和产品品质水平也呈现出明显的上升趋势。

三、现代农业技术体系基本形成

（一）转基因技术

我国转基因作物研究始于 20 世纪 80 年代初，1986 年，科技部的“863 计划”实施后，使此项技术研究进程大大加快。截至 2002 年，我国累计进行大田试验的转基因植物有 45 项，进行环境释放的有 65 项，商品化生产的有 31 项。商品化生产和正在研究的转基因植物涉及 50 多个植物种类和 120 多个功能基因。1996 年，我国转基因植物的商品化种植面积为 11.25 万公顷，到 2000 年达到 50 万公顷，2001 年已增加到 150 万公顷，2007 年达到 380 万公顷。此期间农业部生物安全委员会批准进入田间环境释放的转基因植物有水稻、玉米、大豆、马铃薯等 13 种，113 例；从安全性角度准予商品化生产的植物有棉花、番茄、辣椒及矮牵牛等 4 种，37 例。此外，国家林业总局已批准转基因杨树进入生产应用。高效、安全作物转基因核心技术取得突破，技术体系初具规模。初步建立了棉花、蔬菜、玉米、大豆、花生、杨树等主要农作物和林草、花卉、果树高效、转基因技术体系，大大缩短了我国与世界先进水平的差距。共获得了转基因抗虫、抗病、抗逆、品种改良、抗除草剂等水稻、玉米、小麦、棉花、油菜、大豆以及主要林草等新株系和新品系 20926 份，新品种 58 个。

（二）设施农业技术

我国现代化设施栽培起步较晚，20 世纪 80 年代中国农科院蔬菜花卉研究所、北京四季青园艺场、上海花卉联营公司等从美国、荷兰等国引进了现代化温室，进行设施农业技术示范。1995 年北京建立了中以示范农场，从以色列引进 1.2 公顷塑料薄膜温室。1996 年上海从荷兰、以色列引进 15 公顷大型现代温室。国家科技部从 1997 年开始，组织实施了“九五”国家科技攻关重大产业化工程项目——“工厂化高效农业示范工程”。经过几年的实施和运行，该项目取得了较大的进展，建立了一批科技示范区、工程示范区和辐射示范区，完成基地建设面积 42 400 多公顷，取得一批研究和开发成果。到 2000 年，全国从荷兰、以色列、美国、法国、韩国、日本等国家相继引进大型现代化温室300公顷左右。至2000年我国蔬菜、花卉设施栽培面积达到100万公顷，其中日光温室面积24万公顷，其余为塑料大棚和中小棚。大型温室面积约400公顷，其中我国自行设计建造的120公顷，从国外引进的约280公顷，多数为大型连栋温室。温室无土栽培技术逐步发展，1990年为7公顷，1993年为50公顷，1996年为100公顷，2000年130公顷。据农业部种植司2006年统计，2006年我国设施园艺面积已达100万余公顷，约占世界设施园艺面积的65%，设施园艺年产值达到2 000多亿元。在种植结构上，设施蔬菜面积占我国设施园艺总面积的95%以上。在区域分布上，70%以上分布在黄淮海及其以北地区。设施园艺的发展为解决长期困扰我国北方地区蔬菜冬季供应，改善城乡居民生活，促进社会稳定发展发挥了重要作用。

（三）新型肥料及施肥技术

近20年来，我国十分重视新型肥料及提高肥料利用率研究。从20世纪70年代开始，集中研发钙镁磷肥包裹碳酸氢铵、长效碳酸氢铵和涂层尿素等缓/控释肥料，但因生产工艺未取得突破，曾一度中断。进入20世纪90年代，随着农业生产需求和缓/控释肥料生产工艺的技术进步，缓/控释肥料研发有了新的进展，并开始用于农业生产。微生物肥料研究与生产已有50年的历史，几起几落，进入20世纪90年代微生物肥料进入新的发展阶段，产品种类很多，初步形成了生物肥料新兴产业。叶面肥发展迅速，已从单一营养型向复合型、高浓度型、专用型和多功能型发展。“十五”以来，随着灌溉施肥技术的发展，促进了全溶性肥料的研究与应用，生产出适应滴灌技术的肥料专用品种。同时，随着我国平衡施肥的发展，逐步形成了适合某一地区土壤和作物的配方施肥技术推荐施肥专家系统，并生产和使用各种专用复合肥，极大地提高了肥料利用率，提高了作物产量和品质，促进了农业发展和生态环境的改善。

（四）农业病虫害生物防治技术

我国大规模有组织地开展生防研究与实践，始于20世纪50年代后期。农业部先后建立了10个省级生防站，并组织开展稻、麦、棉等10种农作物主要害虫的主要天敌种类和优势种天敌的消长规律等调查研究，为保护利用天敌防治害虫奠定了基础。“六五”以来，生物防治研究始终作为国家科技攻关的内容给予支持，不断拓宽研究领域，主要有赤眼蜂的大量繁殖技术、苏云金杆菌优良菌株的筛选与选育、微生物农药的发酵工艺、生物农药的研究和农药控制技术以及天敌保护利用等生物防治技术等。“十五”期间，在新设立的现代农业技术领域“863”专项中，加入了“新型、广谱、高效、多功能生物农药”课题。经过20多年的科技攻关，我国生物防治技术水平有了很大提高，且应用范围有了扩展，应用效果显著。例如，Bt杀虫剂在20世纪80年代中期，经过对新菌株的筛选，我国自行分离、保存的菌株近万株，研究生产的高含量Bt可湿性粉剂，对抗性小菜蛾的防治效果与美国最新产品Xentari相当，优于法国产品Bactospeine。

（五）农产品深加工技术

我国农产品储藏加工技术的研究始于20世纪50年代，但一直发展较慢。直到进入20世纪80年代后，农产品加工技术与产业才得到发展，特别是近10年发展速度较快。目前农产品精深加工还处于初步发展阶段，加工企业的技术和设备整体相当于发达国家20世纪80年代水平，农产品加工率只有30%左右。主要加工企业的关键技术和设备大都依赖进口，加工标准和质量控制体系尚不健全，质量安全问题突出。针对这些存在的问题，我国各级政府和企业已重视加大对农产品加工业的科研和产业投入，通过国家重大科技专项和产业化示范专项等计划的实施，取得了一批阶段性研究与开发成果，并得到应用，使农产品加工业，特别是食品加工业的技术水平、科技创新能力有了明显提高，已成为近期国民经济增长最快的行业之一，如乳品、苹果加工的年增长率都在20%以上。

（六）农业防灾减灾技术

我国从20世纪50年代起开展了一系列农业防灾减灾技术的研究。60年代进行森林防火、灭火技术的研究试验工作。70年代起，开展了干旱、干热风和东北低温冷害的协作研究，加强了地震灾害监测、预防的研究。80年代，开展了滑坡、泥石流监测预测、稻区寒露风、冬小麦越冬冻害、柑橘冻害等研究，在总结专家和群众经验的基础上，开展了农业灾害专家计算机系统的研究。90年代后和21世纪初，全面开展干旱、低温冷害、霜冻、涝渍灾害、农业地质灾害和森林火灾等防御和控制技术及其机理，人工降雨和消雹，沙尘暴发生危害规律和沙漠化综合治理等研究，取得了一系列成果，在生产上推广应用，产生了明显的经济效益、社会效益和生态效益。同时，研究水平也有很大提高。

（七）农业信息技术

所谓农业信息化就是通过将现代信息技术和智能工具在农业中的广泛应

用，实现农业生产、经营的集约化、自动化和智能化，生产管理过程的科学化、智能化。我国自20世纪80年代以来，已经利用农业数据库、信息管理系统、3S技术（GPS、GIS、RS）、专家系统（ES）、决策支持系统（DSS）等技术，在农业资源利用、环境监测与保护、灾害控制等方面取得了不少有价值的研究成果。

（八）高效节水技术

我国高效节水农业是在农产品需求不断增加和水资源供需矛盾不断加剧的双重压力下逐步发展起来的。目前，我国已经形成农业节水技术体系，包括农业节水灌溉工程技术、节水管理技术等。在实际应用中，不同的地区逐步能够根据各地的实际情况进行综合开发利用，基本能将节水技术与作物栽培技术、优良抗旱品种、节水管理等技术有效地结合起来，使农业用水效率达到一定的高度，为合理利用水资源提供了技术保障。

第三节　我国农业与世界发达国家农业发展水平之间的差距

尽管中国的现代农业建设已取得初步的成效，但总体来说现代农业的产业体系未能形成，特别是衡量现代农业的最重要的两个指标，即土地生产率和劳动生产率，与西方发达国家相比较还有较大的差距。尤其是中国农业还是以传统农业生产为主，农民生产的农产品缺乏市场竞争力，产生的经济效益较低。

一、农业生产力发展水平的比较

衡量一个国家的农业生产力发展水平，具体地体现在劳动生产率和土地生产率上。由于我国农业劳动生产力水平较低，按照世界银行的估计，中国1994—1996年平均每个农业就业者创造的农业增加值为193美元（按1987年美元计算），美国约为中国的103倍，日本是中国的86倍。1979—1981年3年平均的农业劳动生产率，中国为161美元（按1995年汇率计算）排在有数据的86个国家的第83位，属最低国家之列。1996—1998年在有数据的115个国家中，中国为307美元（按1995年汇率计算），排在第95位①。2001年，

① 杨万江．现代农业发展阶段及中国农业发展的国际比较．中国农村经济，2001年第1期。

农业劳动力人均生产谷物783千克，仅为美国的7%、英国的20%、日本的18%；农业劳动力人均生产肉类126千克，仅为美国的10%、英国的19%、日本的12%。发达国家高水平的农业劳动生产率与其自然条件分不开，但主要归功于农业机械技术的广泛使用。2005年，我国每千公顷上的拖拉机使用量为7.7台，分别为世界平均水平的40%、美国的28%、日本的1.6%。

我国的谷物单产在发展中国家是比较高的，其中，小麦的单产约比美国高40%。我国在过去的25年里，谷物单产年平均增长3.56%，广大发展中国家只有2%左右，有的国家只有1.2%或更低，甚至停滞不前。但我国的土地生产率与发达国家差距较大。据联合国粮农组织统计数据显示，2005年，我国每公顷稻谷产量为6.31吨，只有美国的80%；每公顷小麦产量1.86吨，只有加拿大的70%；每公顷玉米产量5.12吨，只有加拿大的60%、美国的50%；每公顷大豆产量1.84吨，只有加拿大的70%、美国的60%。此外，我国的蔬菜单产也仅相当于美国的66%、日本的63%。

与土地生产率相比，我国的劳动生产率远远落在发达国家的后面，其根源在于农村劳动力转移迟缓，很多农民处于隐性失业状态。

二、农业资源总量和人均量比较

我国拥有极其丰富的自然资源条件，无论从土地资源、气象资源，还是从生物多样性等来看，对发展农业都非常有利。但是，我国众多的人口使许多资源的人均占有量大大低于世界平均水平。①在1965—1995年的30年里，我国人口占世界总人口之比，从21.68%降低到21.46%，下降了0.22个百分点，我国耕地占世界总面积之比从8.4%下降到6.75%，减少了1.65个百分点[①]；2001年，我国人均耕地面积仅有0.24公顷，只相当美国的0.4%、英国的2%、日本的15%。我国与一些有代表性的国家相比，人均耕地面积减少的速度是最快的，人多地少成为我国的基本国情。②我国有广阔的天然草原和永久性牧场，按人均面积计算，接近世界平均水平的一半。但是，由于长期以来投入太少，退化严重，很多地方受到荒漠化的威胁，草原的生产力遭到破坏，产草量很低，载畜量很低。③农业用水主要是淡水，我国是淡水资源非常短缺的

① 牛若峰．农业与发展．浙江人民出版社，2000年，第208页。

国家。根据世界资源研究所的报告，1995 年世界再生性水资源人均为 7 176 立方米，我国仅有 2 292 立方米，是世界平均水平的 32%[①]。我国灌溉水利用率和化肥当年利用率为 30%～40%，而发达国家为 60%以上。2004 年，我国每公顷化肥施用量为 379 千克，是世界平均水平的 2 倍左右；1 吨化肥能生产水稻 22 吨，是美国的 32%；1 吨淡水可以生产水稻 0.026 吨，是美国的 70%、日本的 31%。

三、主要农产品的总量和人均占有量比较

由于各国资源的差异和比较优势的不同，在农业生产中，很大程度上由于技术水平和劳动生产率的差异，各国农产品的产量存在很大的差异。①现在全世界的谷物产量大致在 20 亿吨的水平上，我国的产量与我国人口所占的比例差不多，都是 21%[②]，也就是说，目前我国恰好达到了世界的平均水平。②我国是大豆的原产地，现在的总产量已大大低于美国和巴西，人均产量更是无法同美国和巴西相比。我国的棉花和糖的人均占有量也是很低的。蔬菜、瓜类和水果的生产国，大多集中在暖温带和热带地区。我国有发展这类产品的优越条件，产量增长非常迅速，在世界上的地位十分重要。但是，以人均占有量来衡量，我国蔬菜和瓜果的生产水平还不够高，出口的数量也有限。③我国是世界上最大的猪肉生产国，占世界总产量的 47.3%；我国的渔业在海洋捕捞量和淡水捕捞量方面都已经占居世界第一位，总产量占据世界总产量的 15.5%。但是，这两项的人均占有量都低于世界平均水平。

四、农民整体素质比较

据《中国农业年鉴》的统计，我国农民平均受教育年限只有 7.8 年，大专以上程度仅占 1.06%，高中和中专文化程度仅占 12.62%，初中文化程度占 52.22%，小学文化程度占 27.23%，文盲半文盲占 6.87%[③]。接受过短期培训的只占 20%左右，接受过初级职业技术教育或者培训的仅占 3.4%，接受过中等职业技术教育的只有 0.13%。美国农民高中毕业的比例在 20 世纪 70 年

① 牛若峰．农业与发展．浙江人民出版社，2000 年，第 208 页。

② 同上。

③ 《中国农业年鉴》，2006。

代就达到了37%，大学毕业的比例达到5.3%。

第四节　我国建设现代农业的制约因素

一、发展现代农业面临着城乡“二元”分割的经济社会结构

其他国家尤其是已经建立现代农业的国家，是在比较成熟的市场经济体制下，推进现代农业建设，农业发展的体制机制比较完善。而我国长期以来采取重工轻农的发展战略，农业农村通过工农业产品不等价交换、城市和农村征税起点不公平和征税强度不同、农民非税负担过重、财政支农水平不高、农村资金过多转移、城乡二元福利保障制度、农村土地收益转移、农民承担较多无偿劳动等多种方式、不同渠道支持工业、城市发展，造成农业和农村发展明显滞后于工业和城市，城乡之间在收入水平、公共品供给和公共资源分配等方面差距过大。发展现代农业，面临着经济社会结构的转型，面临着明显的城乡“二元”结构的约束。推进现代农业，既要发展农业生产力，还要改革生产关系。

二、小规模农户分散经营为主，农业生产的规模效益尚未发挥出来

由于家庭联产承包制的推行，在广大农村形成了以农户为经营单位的小规模经济，农户生产经营规模小而分散。在这种小规模经济下，经营实体之间分工程度很低，基本上是一个个自给自足的“小而全”单位。我国土地经营规模不但远远小于美洲、欧洲国家，还小于日本和韩国，甚至不如印度。据FAO最新公布的数据，美国每个农业经济活动人口占有耕地面积为60.9公顷，加拿大为126.1公顷，澳大利亚为108.4公顷，英国为11.3公顷，日本为1.9公顷，韩国为0.8公顷，印度为0.6公顷，而我国仅为0.3公顷。尽管这些年，我国通过发展农业产业化，摸索出了在农户小规模生产基础上实现农业集约经营的途径，但农户与市场的有效联结机制还不完善，龙头企业和农民专业合作社带动农户的能力还比较弱，利益联结机制还有待完善。参加农业产业化经营和加入专业合作社的农户，分别仅占35%和13%。农业生产的集约化水平还不高，生猪规模化饲养仅占43%。随着市场经济体制的确立和运行，社会分工的逐步细化，商品市场的不断扩大，以农户为主体的小规模经营对以适

度规模经营为特征的现代农业的障碍作用日益明显。发展现代农业，迫切需要探索引导农户进入市场和扩大农业经营规模的有效途径，不断提高农业组织化程度和集约化水平，促进农业生产的专业化、经营的一体化、服务的社会化。

三、农业生产要素短缺

(一) 耕地面积减少日趋严重

我国的耕地面积很少，人均占有耕地不足1.3亩，仅为世界人均数的1/4，相当于澳大利亚的1/34、加拿大的1/20、美国的1/9、泰国的1/4、印度和巴基斯坦的1/21。随着人口增加、经济发展和水土流失的加快，耕地面积一直呈锐减趋势。据国土资源部的资料，1998、1999、2000、2001、2002和2003年全国耕地面积分别减少了26.13万、43.67万、92.27万、62.73万、168.6万和253.67万公顷。耕地面积的减少极大地影响现代农业发展。

(二) 水资源短缺问题日益突出

按2000年资料计算，我国人均水量只有2 142立方米，仅相当于世界人均水量的1/5，每公顷耕地占有量20 851立方米，仅相当于世界平均数的60%，是世界上40多个缺水国之一。近些年我国北方不少地方农业的发展主要是靠过量开发利用水资源换来的。但随着水资源短缺问题的日益突出，再靠过量开发利用水资源来发展现代农业已不可取。

(三) 投资效益不佳，农业资金匮乏

任何产业的发展都离不开必要的资金支持，农业更是如此。然而，由于农业比较利益低下，农业投资回报率低，造成大多数农村资金流向非农产业。据浙江大学农业现代化研究中心2002年调查，无论是沿海发达地区，还是中西部地区，农村固定资产的投资，主要投向了非农产业，而且固定资产投资比例相对较低。2002年全国农村固定资产投资中，投向农业的仅占12%，即80%以上的农村投资资金流向了非农产业，使农业发展占用的资金越来越少，造成农业资金短缺，投入严重不足。

四、农业科技进步难以满足农业发展的现实需要

现代农业科技进步包括三个环节：研究、推广和应用。自1949年以来，农业科技进步对农业生产做出了巨大贡献。粮食单位面积产量从1949年的1 035千克/公顷增加到1998年的4 953千克/公顷，增加了近4.8倍，其中

74%源于农业技术的推广。棉花单位面积产量从1949年的165千克/公顷增加到1998年的1 009千克/公顷，增加了6倍多，其中80%源于农业研究和推广。但是到目前为止，从整体来讲，中国农业技术落后的状况并没有得到根本的改变。例如在农业机械化方面，1997—1999年，每百公顷可耕地拥有的拖拉机数量，中国为60台（从多到少排列，中国排在第85位），甚至还没有达到低收入国家的平均水平（低收入国家的平均水平为70台13[①]）。我国农业发展的现实表明：目前的农业科技依然落后于实际需要，主要表现为：①农业科技推广、应用落后于农业科学研究，许多农业科研成果还没有转化为现实生产力。②农业科技人员少，组织机构不健全。到2005年底为止，全国有1/3的乡镇、3/4的村尚未建立基层农业技术推广组织。③基层农业科技人员的工作条件差、待遇低、活动经费少，影响了农业科技工作者的积极性和队伍的稳定性。

五、农业承载的任务重

随着我国现代化建设的深入推进和人民生活水平的不断提高，农业的功能不断拓展、效用不断延伸、内涵不断丰富，担负的任务也越来越重。其他国家尤其是资源短缺国家，发展现代农业可以充分利用国际分工，可以降低粮食自给率。日本在20世纪70—80年代的粮食自给率下降至50%，有的年份甚至只有30%。但对于我们这样一个大国，无论从战略安全需要、内陆交通运输等制约，还是从大国效应考虑，都必须立足国内，保障粮食的基本自给。由于我国农民人数众多，工业和城镇发展容量有限，在未来相当长一个时期内，农业仍将是容纳劳动力最多的部门，来自农业的收入仍然是农民收入的重要基础，这又要求农业在缓解就业压力和促进农民增收方面继续发挥重要作用。

六、农业生产力水平具有多层次性和不平衡性

中国进行传统农业改造，目标不是在局部范围内实现农业现代化，而是在全国范围内实现农业现代化。改革开放以来，我国经济有了明显的发展，但农

① 王振中．从经典经济学中寻觅解决“三农”问题的思路，中国农村发展研究报告．社会科学文献出版社，2006。

业生产力整体水平还比较低，发展也不平衡，农业生产力呈现多层次性。首先，从物质技术基础看，既有以现代技术为基础的农业规模化、专业化的大生产，如国有农垦的农业生产普遍实现了机械化，耕种收综合机械化率达74%，比全国农村高出一倍。同时，各地也有使用简单工具、靠手工劳动和畜力为主的小生产。其次，从农业生产经营的形式看，既有高度社会化、商品化的农业生产经营方式，又有社会化程度较低甚至是自给自足的简单再生产方式。第三，从不同地区看，我国区域自然禀赋差异极大，经济发展水平极不平衡。2005年人均GDP最高的上海市已超过5万元，是最低的贵州省的10倍，上海市人均财政收入7 996元，是甘肃省的17倍。2005年东、中、西部地区农村固定资产投资额分别为9 279亿元、2 802亿元和1 426亿元，东部地区分别是中部、西部的3.3倍和6.5倍。这种不平衡的、多层次的农业生产力状况，决定了我国现代农业建设不能套用一个模式，更不能“一刀切”，因此，要积极探索建设现代农业的多元化模式，确保现代农业建设取得实效。

七、生态环境的恶化是标准化农业的制约症结

因人口的压力，对资源的开发盲目无度，使近些年来中国的生态环境受到了严重破坏。水土流失、土壤肥力衰退，森林减少，草原沙化、荒漠化，且退化面积不断扩展。城市工业、乡镇企业“三废”倾倒严重，农村污染有增无减。动植物品种灭绝迅速，病虫、杂草灾害猖獗，生物多样性有丧失的趋势。全球气候变化反常，热浪寒霜突变侵袭，灌溉水源匮乏，作物繁育受威胁。环境恶化，生态失衡，农业持续发展面临严峻的挑战。良好的生态环境是发展现代农业的前提，失去它，即使知识加倍创新，现代农业也难以发展。而标准化是现代农业走向国际市场的“通行证”。为了确保出口，地方自己也搞了一些地方标准，有些甚至超过国际标准，但权威性不行，得不到国外的认可。由于我国一些地区的生态环境恶化，已严重制约这些地区标准化农业的发展。

八、农民素质尚待提高

由于农村发展严重滞后于城市，基础设施、文化教育、医疗保健等都十分落后，尤其是农村教育发展严重滞后于城市。2005年我国农村人口占总人口

的65%，数量大，素质低，文盲和半文盲人口为2.19亿，其中成人文盲有8 500万人、青壮年文盲有2 300万人；在农村就业人口中，文盲和半文盲占35.9%，小学文化程度者占37.2%；每万名人口大学生数仅为4名，平均受教育时间仅为7.8年。农民素质低将对我国建设现代农业造成不可低估的阻滞作用。

第五章　建设我国现代农业的基本思路和发展方向

借鉴发达国家和发展中国家建设现代农业成功的经验，遵循世界农业发展的基本规律，立足于我国发展现代农业的基础条件和基本国情，提出建设中国现代农业的基本思路和发展方向，努力走出一条具有中国特色的现代农业发展道路。

第一节　建设中国现代农业的指导思想和基本原则

我国幅员辽阔，各地地貌、资源、气候和生产习惯差异很大，农业生产显示出明显的区域特征，形成了东部、中部和西部三个不同发展水平的经济地带。建设现代农业必须坚持因地制宜，分类指导，突出重点，通过优化布局和区域分工，形成具有区域竞争优势、有规模的主导产品和支柱产业，使农业生产从产量最大化到效益最大化，逐步实现农产品生产优质化、规模化、专业化和区域化。

一、建设现代农业的指导思想

从我国基本国情出发，建设现代农业的指导思想应该是：以科学发展观为指导，以增加农民收入、全面实现农村小康社会为目标，坚持与时俱进和“五个统筹”的方针，立足国内国际两个市场，充分利用国内国际两种资源，以发展区域农村经济为突破口，按照高产、优质、高效、生态、安全的要求，加快转变农业发展方式，推进农业科技进步和创新，改善农业物质技术装备，建立现代农业的产业体系；围绕优势农产品区域布局规划，构建我国现代农业的区域平台，按照重点突出、梯度推进的原则，重点抓好东部沿海地区和大中城市郊区的现代农业建设，积极稳妥地推进中西部地区的现代农业建设；充分发挥农业的比较优势，分区域、有步骤、分层次、有条件地建设好我国现代农业，使我国农业资源开发利用率、土地产出率、劳动生产率由低到高，农业优势产业由小到大，农产品质量由弱到强，基本形成合理的农业区域布局和产业分工，明显提高我国农业的市场竞争力，实现农业大国向经济强国的转变。用17～18年时间，经过全国人民的努力，到2025年，使全国70%以上地区基本实现农业现代化。到2050年，我国农村实现全面小康社会的目标，基本实现农业现代化，全国现代农业发展水平能够达到当时中等发达国家的水平。

二、建设现代农业的基本原则

（一）坚持家庭承包经营不动摇，扩大农业经营规模

建设现代农业必须始终坚持家庭承包经营不动摇，切实保障农民土地承包权益，积极稳妥推进农业经营形式创新，努力解决小农户与大市场的矛盾。要在坚持以家庭承包经营为基础、统分结合的双层经营体制的同时，在依法、自愿、有偿、有序的前提下引导土地流转和集中，积极探索扩大农业经营规模的途径，通过土地股份合作经营、承包大户经营和产业化经营等方式实现土地规模经营。大力发展节省土地的畜牧、园艺等产业，促进农业生产规模化、专业化、集约化。不断强化农业社会化服务，提高农业社会化服务水平。

（二）坚持分类协调，统筹协调发展

在“十一五”全国农业发展总体规划的指导下，针对我国农业生产力水平的多层次性和不平衡性，充分发挥比较优势，综合考虑不同区域土地资源、气候资源、水资源和生物资源等条件，以及资金、技术、劳动力等方面的因素，扬长避短，积极探索适合本地实际的现代农业发展模式和实现形式。优先发展具有比较优势和竞争力的产品，尽快形成规模优势。

同时，根据各地现代农业发展的不同基础，采取差别扶持政策，强化各项条件支撑，逐步形成区域分工合理、特色鲜明、优势互补、协调高效的现代农业发展格局。

（三）坚持以科技创新为动力，提高农业的效益和竞争力

科技是第一生产力，是现代农业建设的决定性力量。依靠科技进步是解决我国农业比较效益低、竞争力弱的问题的根本出路。发展现代农业，关键是要加快农业科技推广体制改革和机制创新，着力提高农业科技创新能力，着力提

升农业科技应用转化能力，使科技向产业聚集，技术向产品聚焦，不断提高农业的科技含量和发展质量，真正将现代农业纳入科学发展的轨道，不断提高农业的效益和竞争力。

（四）坚持加强对农业的支持和保护

坚持工业反哺农业、城市带动农村的方针，不断巩固、完善和加强各项支农惠农政策，继续加大对农业的投入、补贴和支持保护力度，着力强化现代农业建设的基础保障。综合运用法律、经济和行政手段，鼓励和引导社会力量参与现代农业建设，创新现代农业发展的体制机制，为加快消除城乡分割的二元结构创造良好环境。

（五）坚持以保证国家粮食安全为前提，积极拓展农业功能

我国是人口大国，在对农业发展要求越来越高、担负保障国家粮食安全、提供工业原材料等任务越来越重的新形势下，建设现代农业，要始终不渝地坚持立足国内实现粮食基本自给的方针，坚定不移地把发展粮食生产放在首位，确保国家粮食安全。在此基础上，注重拓宽农业多种功能，大力开拓能源化利用、观光休闲、文化传承等功能，逐步向农业的广度和深度进军，满足人们日益多样化的物质文化需求。

（六）坚持走资源节约型、环境友好型道路

现代农业的建设，要突出追求综合效益最大化，体现经济效益、生态效益、社会效益的协调统一。在效益目标上，既要重视提高土地生产率，又要考虑提高农业劳动生产率，既要增加农产品总量，又要注重提高质量，保证农产品安全，大力发展优质高效、安全的生态农业。深入贯彻落实节约资源的基本国策，坚持开发与节约并重、节约优先，按照减量化、再利用、资源化的原则，大力推广应用节地、节水、节肥、节药等节约型农业技术，积极发展生态农业、循环农业，加大农业面源污染的防治力度，促进现代农业的发展与人口、资源、环境相协调，实现可持续发展。

（七）坚持宏观调控、政府引导与农民自愿相结合的原则

市场经济条件下的农业仍是弱质产业，必须切实加以保护。加强政府的政策引导和信息服务，切实尊重和保障农民市场主体地位和生产经营自主权，充分调动和发挥农民的积极性。巩固和加强农业的基础地位，继续从政策、科技、投入等方面加大对农业的支持。长期稳定党在农村的各项基本政策，加强农业立法和执法力度，为现代农业发展提供政策保障。

第二节 建设我国现代农业的基本要求

我们认为，建设我国现代农业的基本要求有四项：一是要素的齐备性；二是生态的强控性；三是技术的现代性；四是经济的开放性。

一、现代农业要求要素的齐备性

现代农业是传统农业打破物质循环和能量转化过程中的封闭状态，增加生态系统以外的能量的投入，加大农产品生产的外调力度，提高农产品的附加值和能值，使生产工具得以改进，农产品科技含量明显提高，推动农业系统内物质、能量、价值、信息加速流动，提高单产和生产效率，使生产经营进入一个崭新阶段的农业系统。

现代农业要求农业生产所需的要素必须是齐备的，无论是从资金的积累，还是技术装备，以及劳动力资源等要素都要做到齐备，缺一不可。

现代农业在劳动生产率方面已达到一定的水平，为满足其高产出的要求，在投入方面，也有着远远高于传统农业的标准和要求。即无论是在农业要素投入的数量和规模上，还是在种类、质量上都要远远高于传统农业阶段。此外，在投入的方式上与传统农业也有着本质的区别。如：资金的投入可以在一定程度上替代劳动和土地的投入，技术研发方面的投入可以显著地提高劳动生产率，并大幅度增加农产品质量等。

现代农业诸要素之间更强调彼此的关联性，即合理配置性。现代农业要求必须建立与之相适应的要素投入机制和体系，做到全方位、多元化和高效性。

二、现代农业要求生态的强控性

现代农业生态系统完全脱离了原来的自然属性，在人们大量的、强制性的干预下，重新构建起农业生物与农业环境之间的关系，改变了自然属性较强的生态结构和物质能量循环转化的过程、途径与效率，通过大量投入石油、化工物质来强化系统的稳定性和高效性，保证农业生产更符合人类对物质产品的需要。人们对生物、环境及其二者关系的运动规律认识不断加深，所采取的农业技术措施，更加符合客观规律的要求，改变和控制生物生长环境的能力显著提高。赋予农业的不仅是生产农产品的职能，而且越来越多地要求农业具有改善生态环境，促使生态良性发展、保持生态平衡的职能。

人们在追求经济效益的同时，更加注重社会和生态效益；在开发资源的同时，注重保护资源，尤其是土地资源的开发与保护，以及水资源的节约与高效利用相结合。这种具有生态文明内涵的农业模式，是我国现代农业的发展方向。它的基本要求是：强调经济效益与环境效益并重，利用资源与保护资源并重，当代人利益与子孙后代利益并重。现代农业应按照生态学原理，根据各地区特点和农业的主要任务，运用现代系统工程的技术方法，合理利用生物资源、土地资源、水资源和能源，在获得良好的经济效益的同时，充分发挥农业对环境的协调功能，使其为保持良好的生态环境做出应有的贡献。

三、现代农业要求技术的现代性

农业经济的增长是由农业生产力水平决定的，而农业生产力的发展又同科学技术的进步密切相关。科学技术的进步及其在农业中的运用，不仅导致生产手段的革命和生产资料规模的扩大及其效能的提高，而且导致农业劳动者素质的提高和生产过程中劳动组织形式的完善，从而大大提高劳动生产率，并推动农业经济不断达到新的水平。

现代农业是科学农业，由仅凭传统经验变为更多地依靠科学。科学技术在农业中广泛应用，使农业发展建立在现代科学的基础上。农业技术系统的结构发生了质的变化，农业的动力不再是以人力、畜力为主，而是石油和电力机械，后者一般占总动力的比重达80%以上；劳动工具已不再是铁犁或单机，而是机械体系，每个劳动力的机器装备程度很高；劳动对象已不仅是自然的土地和普通的植物品种，而是经过不断改良的土地和经过人工培育出的品种；劳动的组织管理不再是凭经验，而是靠科学；劳动者本身已不是普通农民，而是经过培养过程，拥有文化科学知识的劳动者。

四、现代农业要求经济的开放性

在现代农业经济系统中，物质、能量、价值是开放式的循环和转化过程，非农业生产系统和部门的物质、能量投入到农业经济系统中来，加大物质能量的循环圈，提高了物质投入水平，增大了农业的产出。

现代农业都是在市场经济比较完善的国家和地区形成和发展的，其生产的直接目的是为社会提供农产品，获得较高的利润，因而农业的经营者在组织生产中，大量地、经常地与外界发生物质和能量交换，发生价值的转移。交换的范围不仅涉及地方市场、区域市场和国内市场，而且涉及国际市场，现代农业的经济系统已是高度专业化、商品化、社会化的系统。

现代农业是开放的农业生态系统（大量物质和能量的投入和产出），农业大市场已初步形成和完善，农产品的产业化和深加工，系统的集约式经营，先进的半机械化或机械化农业生产工具，以及农业社会化大生产体系等都有了进一步的发展。例如：从现代农业的商业化特征角度来说，在交易的强度方面，区别于传统农业的基本标志是：从人的方面来看，绝大多数农民普遍参与市场交易，农业市场主体普遍化：在物的方面，农民的经济活动以及所生产的产品大部分、乃至绝大部分卷入市场交易。概言之，现代农业是大部分农民的大部分经济活动纳入市场交易的经济，经济的开放程度达到了很高的水平。

第三节 建设我国现代农业基本思路

建设我国现代农业的基本思路是，通过较长时间的努力，运用先进技术和现代管理改造我国的传统农业，逐步转变农业经济增长的方式，用现代物质条件装备农业，用现代科学技术改造农业，用现代产业体系提升农业，用现代经营形式推进农业，用现代发展理念引领农业，用培养新型农民发展农业。使我国农业逐渐成为生产力水平较高、市场竞争力强、充分满足城乡人民食品需求、出口创汇能力很强的现代农业。建设现代农业的基本目标是逐步提高我国农业水利化、机械化和信息化水平，提高土地产出率、资源利用率和劳动生产率，提高农业的整体素质、经济效益和市场竞争力。

一、梯度发展战略应作为“十一五”期末和“十二五”期间我国建设现代农业的基本战略

经过20多年的农村改革与发展，我国农村经济发生了根本性的变化。从不同地区的发展水平和社会经济条件看，大中城市郊区和东部沿海发达地区建设现代农业的条件和时机已成熟，应抓住时机，把大中城市优势和沿海优势在同一区域内结合起来，重点建设都市型农业和城郊型农业，或以市场为导向的优质、高产、高效的农业和外向型农业，做到城乡统筹、工农一体、协调发展，大力调整农村产业结构，发展优势农产品和高附加值的农产品生产，全面

提高农民的物质和文化生活水平。作为传统农区，中部地区是我国粮食等主要农产品生产相对集中区域，具有粮食等主要农产品生产的比较优势。相对东部地区而言，中部地区经济发展水平和条件相对落后，工业化和城市化水平不高，需要进一步推进农业产业化和农村工业化的发展。西部地区的自然资源丰富，但经济发展水平和条件落后，生态环境脆弱，严重地制约着这一地区的经济发展，西部地区需要在不断改善生态环境条件的基础上推动当地的农业和农村经济发展，建设现代农业。因此，采取梯度推进战略，实现区域化、专业化生产布局，充分发挥地区之间的比较优势，不断提高我国农产品的国际竞争力。因此，在建设现代农业战略重点选择上，东部沿海地区和大中城市郊区是如何率先基本实现农业现代化的问题，中部地区是如何搞好农业产业化经营和农业结构调整的问题，西部地区是如何搞好农业综合开发与生态建设的问题。

二、构筑符合市场经济要求的现代农业建设的区域平台

我国土域辽阔，各地的自然、经济、社会条件和生产力发展水平差异很大，农业生产显示出明显的区域特征，形成了东部、中部和西部三个不同发展水平的经济地带。因此现代农业建设必须根据区域特点，统一规划，合理布局，建设有中国特色的现代农业。即在市场需求的基础上，不同地区凭借各自的比较优势，发展有市场竞争力的产业和产品，形成特色鲜明的区域优势，实现区域经济规模效益的最大化。当前我国农业已经形成了东、中、西三大各具特色的区域板块结构，在现有的基础上，按照资源禀赋和比较优势，运用先进适用的农业高新技术，进一步优化资源结构，发展当地特色经济和产业化经营，形成独具一格的现代农业区域平台，形成互惠互利的区域经济平台互动格局。根据中国综合农业区划和现代农业发展状况，在东部沿海地区和大中城市郊区，要大力发展外向型农业和都市型农业；中部地区要发挥粮食生产优势，加强商品粮、加工专用粮和饲料粮生产基地建设，大力发展粮食加工和畜牧养殖业；西部地区要把经济效益和生态效益结合起来，加快发展生态农业、特色农业和旱作节水农业。

（一）外向创汇型农业

东部沿海发达省区是中国经济水平较高的地区，人口多耕地少，水热资源充沛，农业生产条件好，物质技术装备水平较高，综合生产能力较强，经营水

平和劳动者素质较高。特别是改革开放以来，借助区位优势，外向型经济发展明显加快，为现代农业发展提供了条件。该区的现代农业建设，要以国内外市场为导向，以经济效益为中心，以创汇农业为主要特征，在全面装备农业基础上，调整优化产业结构与布局，加快农村工业化、城镇化建设步伐，综合运用现代生物技术、信息技术等农业高新技术产业化成果，带动农产品优化升级、提高劳动生产率、土地产出率和农产品商品率，在种植、养殖、加工等行业，创办一批具有先进水平的农业高新技术企业，推出一批技术含量高、附加值高的名特优拳头产品打入国际市场，提高产品竞争力，逐步建成具有先进水平的外向创汇型现代农业。

（二）高效集约型农业

中部地带是中国农业主产区和主要农产品商品生产基地，农业资源比较丰富，生产条件不断改善，物质技术装备水平较高、综合生产能力强，粮食人均占有量高，自给能力强，调出量大，商品率高，对国民经济发展做出了重大贡献。该区的现代农业建设要以市场为导向，以经济效益为中心，以高新技术与常规技术组结合的优质、高产、高效、安全、生态农业为主要内容，在加大投入、改善基础设施和技术装备的基础上，用现代工业装备农业，全面实现机械化，把综合生产能力提高到一个新水平，大力调整农村产业结构与布局，综合运用农业高新技术和先进实用技术成果，加大推广与转化力度，推动传统农业的技术改造，实现产业化经营，大幅度提高劳动生产率、土地产出率和农产品的商品率，实现农业增效、农民增收、农村可持续发展，逐步建成专业化生产、区域化布局、社会化服务持续高效的现代农业示范区。

（三）节水旱作型农业

西部地区大部分属干旱、半干旱地区，人少耕地多，光热条件较好，水资源严重短缺，生态环境脆弱，农业生产条件较差，物质技术装备水平低，抗御自然灾害能力不强，农业产量不高且不稳。但地区之间发展不够平衡，只要增加投入，搞好农业基础设施建设，依靠科技创新和科技进步，正确引导农民按照市场需求组织生产，在有条件地区率先基本实现农业现代化是可能的。西部地区的现代农业建设，要以市场为导向，以经济效益和生态建设为主要目标，加大投资力度，在全面加强农业基本建设基础上，努力改变生产条件，改善和保护生态环境。加快现代节水旱作等技术成果转化为现实生产力，发展生态农业、特色农业，提高水资源利用率、土地产出率和农产品商品率，逐步建成特色化生产、产业化经营、可持续发展的生态农业。

(四) 都市型农业

我国大中城市人口密集、土地紧缺，自然资源丰富，农业生产条件好，物质技术装备水平高，综合生产能力强，劳动者素质高，通过产业结构调整，优化生产布局，正确重新确立与大城市特点相适应的郊区农业功能，转换经营机制，拓展新的市场及生产领域，促进农业可持续发展，率先基本实现农业现代化。该区的现代农业建设，要以市场为导向，以经济效益为中心，以丰富城市居民"菜篮子"为主要目的，在进一步改善和装备农业的基础上，充分发挥人才、科技、信息优势，继续调整结构，优化产业和产品构成，综合运用现代生物技术、信息技术、设施技术等农业高新技术产业化成果，在种植、养殖、加工业等领域，促进农业产业优化升级，提高资源利用率、投入产出率和经济效益，以独占性创新取胜，开发出周期短、生产组织程度高、市场竞争力强的无公害绿色安全产品，以满足城市居民生活日益增长的需求。同时，要适应都市农业的特点，不断拓展农业内涵，积极发展农业观光休闲、农产品采摘、农事教育、生产体验等生产形式，由单纯提供物质产品向精神性产品延伸，使都市农业逐步成为优质农产品生产、教育培训、休闲观光、辐射带动四位一体多功能的现代农业。

三、完善现代农业制度的基本架构

我们认为，我国现代农业制度的基本框架包括土地使用实行家庭经营制、农户实行合作制和农业企业实行股份合作制等三个核心内容。

土地使用实行家庭经营制。实行以家庭承包经营为基础、统分结合的双层经营体制，把农村土地使用权通过家庭承包经营的方式固定下来，是我国农业现行的一项基本经营制度，是党在农村政策的基石，这个基础不能动摇。但适应市场经济发展和建设现代农业的需要，需要推进改革。基本取向是，在稳定土地家庭承包经营的基础上，建立稳定的土地使用权流转、出让机制，依法规定流转和出让的形式、时限及其收回，同时，依法设置条件，允许土地使用权拍卖。为此，要逐步建立起民办公助的土地流转合作社，同时建立土地使用权评估和拍卖机制。如果在未来20～30年间，土地流转面积达到50%，每个农户平均耕种的土地面积就会扩大一倍。

农户实行合作制。合作制是世界范围内比较成熟的一种农业经营制度，其优越性主要在于：在不影响家庭财产权的前提下，能提高农业组织化程度，把一家一户的小规模生产组织起来，实现规模种植、专业化生产。改革开放以来的实践表明，农村合作经济组织具有旺盛的生命力，要借鉴国内外的经验，引导其健康发展。要把合作经济组织作为现代农业建设的基础、作为农业生产经营的一项基本制度，依法确定下来，并在政策上给予大力支持。

需要强调指出的是，我们不仅要重视农民围绕农产品建立合作组织，更要重视建立合作金融和保险组织。从世界来看，没有农民为主体的农村合作金融和保险，建设现代农业将面临诸多困难。道理很简单，国家的金融保险开展的为农民服务往往不尽如人意，商业性金融保险不愿到农村服务。最佳途径就是在国家扶持下建立农民的合作金融和保险组织。积极开展建立农村合作金融和保险试点，待积累了一定经验后再行推开，逐步建立健全以合作制为主体的农村金融保险体系。

农业企业实行股份合作制。这是基于我国国情提出来的。由于西方国家的农民有着上百年的合作历史，农民素质也高，其走过的基本路径是："农户＋合作社＋公司"。也就是农户自愿组织起来成立合作社，随着合作社的发展，合作社又办起了农产品加工厂或公司，有些国家的合作社已发展成为在国内外具有较大影响的经济组织。而我国情况就不同了。由于合作组织发展时间短，农户素质不高，完全靠农户自发组织起来的相对较少，许多情况是在企业的带动下发展起来的。起初采取"公司＋农户"形式，随着企业的发展，它无力与千家万户打交道，为了降低交易成本，在政府引导下，它也很乐意地推动农户实行联合。这样，就形成了与西方完全相反的路径："公司＋合作社＋农户"。可以说，这是我国农业产业化经营的基本组织形式。目前需要做的是，要按照支持农业产业化就是扶持农业和农民的思路，帮助龙头企业建立健全现代企业制度，搞活经营机制，引导其与农民建立密切的利益联结机制。国家可以制定政策，一是引导有基础的合作社向企业参股，使其分享加工和销售环节的利润；二是改变政府扶持路径，由重点扶持龙头企业转向更多地扶持合作经济组织，以增强合作经济组织的经济实力，提高它与龙头企业的谈判地位。如果公司与合作社之间不能建立起有效的利益联结机制，久而久之，合作社就会另起炉灶，建立自己的公司或工厂，这对现有的龙头企业和整个社会来讲都是不经济的。

四、在农业和农村经济管理体制上要突出创新

建设现代农业是一个复杂的社会系统工程，它不仅要求农业生产力有大的发展，而且要求农业及农村生产关系有新的变革。农业和农村生产关系，要积极反映和有力促进农业和农村的先进生产力，在建设现代农业过程中，必须加快农业和农村经济体制创新，包括农业行政管理体制、农业经营体制、农业科技推广体制、农村土地流转机制等的创新。其中最重要的创新就是树立农民是现代农业的建设主体，是农业经济体制的创新主体，是农村经济市场主体的意识。农业和农村经济体制创新，抛开农民或者以损害农民利益为代价，都不符合中国国情，也不符合现代农业建设的规律。因此，农民要成为“三个主体”，需要在农业行政管理体制、农村经营体制、农业推广体制、农村土地流转机制创新迈出更大的步伐。需要进一步转化政府职能，进一步强化农户与市场、农户与企业公司、农户与金融、农户与科技这四个“联结机制”，进一步确立农民、农业企业和农民专业合作经济组织的主体地位，改造重组农业技术推广体系、农村供销合作社和农村信用合作社，积极扶持以龙头企业为重点的农业产业化经营，积极发育农业和农村新型经济组织，构建高效、权威、符合建设现代农业所需要的农业行政管理新体制。

五、在总体建设上突出优势农产品生产和优势农产品产业带建设

我国是一个农业大国，农业资源和农产品丰富多样，农业生产具有多方面的优势。为了充分发挥我国农业的比较优势，实行扶优扶强的非均衡发展战略，重点培育优势农产品和优势产区，是尽快提高我国农业的国际竞争力和生产力水平，促进我国现代农业发展的需要。因此，要把突出优势农产品生产和发展优势农产品产业作为我国建设现代农业的重中之重。

积极发展品种优良、特色鲜明、附加值高的优势农产品，加快形成“一村一品、一乡一业”的产业格局。在保证粮棉油稳定发展的同时，扩大养殖、园艺等劳动密集型产品和绿色食品生产。重点发展优质专用粮食品种、经济效益高的经济作物、节粮型畜产品和名优特新水产品。粮食作物重点发展优质水稻、优质玉米、专用小麦、青贮饲料。经济作物要加快优质棉花、“双低”油菜、高油及高蛋白大豆、优质糖蔗、天然橡胶发展。畜产品以草食、节粮型为

主，稳定生猪和禽蛋生产，大力发展奶业，加快发展肉牛肉羊、优质禽肉和优质细羊毛生产。重点推广水产品规模化健康养殖，提高水产品品质，增加名特优新水产品比重，培育适宜大规养殖、加工、出口的水产品品种，发展远洋渔业。

继续推进优势农产品向优势区域集中，提高主要农产品集中度，促进农产品上规模、上档次、上水平。重点建设好优质粮食产业带，抓好蔬菜、水果、花卉等园艺产业规划的制定和实施。加快特色农业发展，努力培育一批有较强竞争力的特色农产品，实现农业资源多层次、多途径的开发利用，满足多样化、优质化的市场需求。

六、以强化物质装备条件为手段，优先推进农业机械化

衡量农业现代化水平的主要指标是农业劳动生产率，而农业机械化是提高农业劳动生产率的主要手段，农业机械化水平是现代农业发展程度的重要标志。根据联合国粮农组织（FAO）统计，我国平均每千公顷耕地上拖拉机使用量只有6.4台，而日本为470.8台，韩国为103.7台；我国平均每千公顷耕地上联合收割机使用量只有1.6台，而日本为248.7台，韩国为49.4台。要实现农业的现代化，形成农业竞争力的核心能力，必须大力发展农机化，用现代物质条件装备农业，提高农业生产的机械化和集约化水平。没有农业的机械化，就没有农业的现代化。农机机械化是农业现代化的重要推进器，有牵一发而动全身的效果。要加快农业生产中关键农机化技术和配套装备的研发，尽快在玉米收获等方面取得突破。大力推广机械深松、复式整地、精量播种、化肥深施、节水灌溉、秸秆还田、保护性耕作等节本增效农机化技术，不断优化农机装备结构和提高全程机械化水平。进一步拓宽农机作业服务领域，逐步扩大跨区作业的品种、范围和规模，突出抓好重要农时、重点作物、关键环节的机械化生产，力争率先基本实现粮食生产机械化。加强农业基础设施建设，积极推进循环农业发展，不断改善农业生产条件。

七、发展现代农业必须着重处理好农业生产与自然环境的关系

一是通过发展生态农业，把农业生产置于良好的生态环境之中。农业生产与自然环境是相互依存、相互影响的。农业生产要实现优质、高效的目标，就必须有一个良好的自然环境可供利用。发展生态农业的核心，就是为农业生产

提供一个优质的生态环境。

二是通过发展无公害农业，把农业生产置于良好的安全环境之中。发展无公害农业，既要尽最大可能应对自然灾害，又要尽最大努力避免人为祸害。从应对自然灾害来说，农业生产面对着许多人们难以抗拒的自然灾害，如暴风雨、洪涝、沙尘暴、干旱、冰雹、霜冻、病虫害等。我国是世界上自然灾害最严重的国家之一。灾害种类多，分布地域广，发生频率高，造成的损失严重。从人为祸害来说，农业生产面对着许多人为有意无意的祸害，如滥施化肥农药、农产品掺杂使假、农产品加工作业环境恶劣、大量使用有害添加剂等，使农作物和农产品存在许多安全隐患。由于无知或利益的驱使，这种人为祸害屡禁不止。

三是通过发展城市农业，把农业生产置于理想的环境之中。我国长期以来存在二元经济结构。城市以工业经济为主体，农村以农业经济为主体，近年来城乡一体化进程不断加快，城市农业应运而生。城市农业的一个最大特点，就是资源配置优化，发展环境理想。城市农业借鉴了工业生产的某些程序和做法，多采取更为先进的农业生产技术，体现了更加先进的农业生产工艺，能够真正做到农业生产的优质高效。如通过塑料大棚搞无土栽培、立体种植，人为调控温度、湿度、亮度，形成一种适宜农作物健康生长的理想化的农业生产环境，就是城市农业的典型样式之一。因此，开发新的农业生产技术，改善新的农业生产工艺，成为改变现有农业生产环境的根本手段，创造理想化农业生产环境的关键措施。

八、在项目选择上突出综合效益

在过去的现代农业项目建设上，由于追求的目标过于单一，往往顾此失彼，仅以增产粮食为主，出现了以粮挤牧、以粮挤林的现象，使得农业综合效益较差，导致农业生态环境的恶性循环，阻碍和延缓农业及农村经济的快速发展。发展现代农业必须将生态效益、经济效益和社会效益综合考虑，使三大效益协调统一，追求最大的综合效益。生态环境建设与农业可持续发展项目若能将农、林、牧、副、渔合理安排、统筹运作，三大效益的统一是不难实现的，关键在于如何统筹考虑、合理配置产业结构。在提高农业综合效益上应以提高经济效益驱动生态效益，生态效益带动社会效益，进而促进经济效益，达到三效益的统一，协调发展。

九、在技术选择上突出技术组装集成

现代农业建设绝不是传统农业技术的简单组合，而是农业高新技术和传统农业技术组装集成，是农业先进技术支撑下的新型农业生产形式。因此，在我国现代农业建设中应立足于高起点，选择、引进、集成先进农业技术，包括保护性耕作技术、高效栽培技术、快速繁育技术、设施农业技术、节水技术、生物技术、高效生防技术、农产品加工技术等；同时发展现代农业必须注重农业生态系统的内部循环转化，以延长食物链、保护生物多样性来扩大物质流和能量流，提高农副产品多级转化率和利用率，以延长农业生产的经济链，增加农业对市场风险和自然灾害的承受力。

十、加强现代农业信息体系的建设

市场经济条件下，信息是支撑经济发展的重要战略性资源。推进现代农业建设，当然也离不开农业信息服务的有效推动。建设和完善农业信息服务网络，大力支持推进以计算机网络和通信系统为信息处理与传递手段的信息基础设施的建设。加强农业信息资源开发，开发完整的农业信息标准体系，建立农村信息资源共享平台。创新农业信息服务方式，推动信息服务主体社会化。拓宽农业信息服务范围，为农业提供包括产前、产中、产后的多元化的信息。推动服务载体多样化，加强农村信息服务点和信息员队伍建设。完善农业信息化法规体系，促进信息市场的有序发展。

十一、加快农村城镇化进程，促进农村劳动力的转移，构筑走向现代化的农业社会结构

2006 年，我国非农产业占国内生产总值的比重为 88.2%，而城市化率只有 43.9%，城镇化滞后于工业化；农业增加值占国内生产总值的比重已经下降到 11.8%，而农业从业人员占社会从业人员的比重高达 44.7%，就业结构变动滞后于产业结构变动。就我国农村现状来看，农业劳动者多，农村人口比重大，迈不过这个坎，很难建设好现代农业。在人多地少的条件下，即使农产品全部达到优质高产高效，增加农民收入的空间也不很大。因此，解决非农化和城镇化严重滞后，城乡人口比例严重失调问题，是建设现代农业和农民增加收入的根本途径。实现城乡统筹、工农一体，逐步缩小城乡差距和工农差别，

将大量农村劳动力转出，从事非农产业，才能提高劳动生产率。这需要大力发展乡镇企业和农村工业，特别是农产品加工业，吸收农村富裕劳动力，实现农业劳动力转移，是实现城乡协调发展、促进整个经济、社会发展的长远之计。

第四节　我国建设现代农业的目标

建设现代农业的总体目标是通过较长时间的建设，使我国农业科技、装备水平和综合生产能力有显著提高，达到农业产业化、农田标准化、操作机械化、经营规范化、服务社会化、管理科学化、生态良性化，运用高新技术改造传统农业，把农业建成具有显著经济效益、社会效益和生态效益的可持续发展农业。我国现代农业建设围绕以上思路与目标，通过较长时间的建设，逐步实现以下目标：

一、农业综合生产能力和农产品市场竞争力显著增强

自力更生解决国内主要农产品的供给是我国农业的最重要的任务，也是现代农业建设的基本目标。依靠科技和管理创新，在现有耕地供给水平上，稳步提高以粮食为重点的农业综合生产能力，提高农产品的质量和市场竞争力，使现代农业的区域布局更加合理，产业结构更加优化，组织化程度进一步提高，逐步形成高效、优质、可持续的现代农业产业体系。

二、资源产出率和劳动生产率明显提高

资源的高效化利用是现代农业的重要标志。在现代物质装备、现代科学技术和现代组织形式与管理手段的支持下，使我国农业的生产方式不断优化，总体水平不断提升，农业资源产出率和农业劳动生产率显著提高，农产品供给能力显著增强，对我国粮食和其他农产品供给得到跨越式的提高。

三、农业科技创新和推广应用能力迅速提升

现代农业科技是现代农业的核心和标志之一。我国农业的发展将推广应用优质高产和可持续发展农业技术，围绕着农民对农业技术需求的需要，大力开展科技创新，完善农业科技推广体系，提高技术研发和转化应用能力，农业机械、化肥、农药和农业资源的利用率和利用方式更加合理，科技进步

对农业增长的贡献率显著提高。

四、农业可持续发展能力不断增强

在进一步发挥农业经济功能，保障食物有效供给的同时，农业资源利用与环境保护能力日益加强，农业生态功能日益显现。资源节约、环境友好的循环农业不断发展，农业和农村经济持续发展能力不断增强，经济效益、生态效益和社会效益同步稳定提高。

五、工农城乡发展更加协调，农村社会经济发展更加和谐

农业投入稳定增长的条件不断优化，农业支持保护体系不断健全。影响城乡协调发展的体制性障碍逐步消除，以工促农、以城带乡的长效机制不断完善，农村和谐社会建设取得新进展。农业在产品供给、吸纳就业、休闲观光、环境保护、节能减排等方面的功能日益发挥，社会和谐发展的局面更加稳固。

六、我国建设现代农业的战略目标

依据我国基本国情、农业生产和农村经济发展的目标任务以及农业科技发展的趋势和任务，提出“十一五”期末和“十二五”期间，建设我国现代农业的产业发展水平、农业科技发展水平、基础设施与组织建设、农产品质量标准和检验测验体系建设、人才培养和农民科技培训等六个方面的战略目标。

（一）农业产业发展水平

1. 优势农产品生产发展目标。经过5～7年的努力，优先培育10种在国内外市场上有竞争力的农产品，建立一批规模较大、市场相对稳定的优势农产品出口基地，在我国东部、中部、西部地区逐步形成特色明显的区域化、规模化、专业化程度高的30个世界闻名的优势产业带区。到2015年，在东部沿海地区，优势农产品生产总量占该地区农产品总量的70%。中部的粮食主产区，优势农产品总量占该地区农产品总量的60%左右。西部地区，优势农产品总量占该地区总量的50%左右。形成一批竞争力强，带动面广，优势产业带相配套的农业产业化龙头企业。在东部沿海地区，销售收入超过50亿元的重点龙头企业达到100家以上。在中部地区，销售收入超过30亿元的重点龙头企业达到60家以上。在西部地区，销售收入超过20亿元的重点龙头企业达40

家以上。创建在国内有影响力，居同类产品市场份额领先优势的国内知名农产品品牌 200 个，其中，东部沿海发达地区 80 个，中部地区 70 个，西部地区 50 个。东部沿海地区的优势农产品加工率达到 60%以上，农业龙头企业带动农户比例达到 50%以上。中部地区的优势农产品加工率达到 50%以上，农业龙头企业带动农户比例达 40%以上。西部地区特色农产品加工率达到 40%以上，农业龙头企业带动农户比例达到 30%以上。

优势农产品市场体系进一步完善，形成一批跨区域、现代化的优势农产品专业市场、批发市场和连锁超市，东部地区的年交易额超 10 亿元的规模农产品专业市场达到 60 个，农业连锁超市达 1 000 家，农户参与农业产业化经营的比重达 60%以上，参加农民专业组织的农户的比重达 50%以上。中部地区的年交易额超 5 亿元的规模农产品专业市场达 50 个，农业连锁超市达 800 家，农户参与农业产业化经营的比重达 50%以上，参加农民专业合作组织的农户的比重达 40%以上。西部地区年交易额超 3 亿元的规模农产品专业市场达到 40 个，农业连锁超市达 700 家，农户参与农业产业化经营的比重达 40%以上，参加农民专业合作组织的农户比重达 30%以上。

2. 建成一批现代农业产业及示范基地。结合农业部编制的优势农产品区域布局规划，按照每个优势产区县、每类优势农产品各建 1 个现代农业生产（养殖）示范区（基地）原则，力争 5～7 年内在东、中、西部地区，分期分批建设 2 000 个现代农业示范区（基地）。通过 5～7 年的建设，到 2015 年，使 2 000个现代农业示范区科技贡献率达到 60%以上，推广 200 项先进适用的关键技术；主要农作物高产、超高产、优质高效耕作栽培技术推广取得重大进展，推广主要农作物和畜、禽、渔、林、果、菜、草新品种 1 000 个（其中国家级品种 500 个），比现有品种增产 10%～15%；建设不同类型现代农业示范区的不同级别的示范田（一熟地区 15 000 千克/公顷、二熟地区 24 000 千克/公顷、三熟地区 26 000～28 000 千克/公顷）。

3. 其他技术经济指标。到 2015 年，我国优势农产品生产区域的化肥利用率提高 15～20 个百分点，灌溉水利用率提高 15～20 百分点；粮食、棉花等主要农作物和森林病虫害损失率降低 5%～10%；畜禽死亡率降低 8%～10%；水产病害损失率控制在 10%以内；养殖业饲料报酬提高 10%～20%；设施畜牧业的产值占畜牧业总产值的比重提高 25%；农产品加工与综合利用的附加值提高 30%～40%；森林覆盖率提高 8%。

（二）农业科技发展水平目标

1. 在“十一五”期末和“十二五”期间，为了保证粮、棉、油、糖、肉、蛋、奶、渔等主要农产品的有效供给，应重点安排200个高产、优质、高效新技术示范推广项目，并从发达国家引进和消化吸收一批农业高新技术和关键设施，通过组织推广实施，使农业科技进步在农业生产与农村经济增长中的贡献率由2005年的45%左右提高到2010年的50%左右、2015年的55%左右。其中东部沿海发达地区科技进步贡献率要达到60%，中部地区达到55%，西部地区达到50%。

2. 加速农业技术推广。到2015年，推广高效、优质、畜产新技术6 000项，推广粮食、油料、棉花、糖料和畜禽、水产新品种800～1 000个，农业科技实用成果转化率提高到60%以上，科技经济一体化、科技产业化和产、加、销一体化的格局初步形成。

3. 加快农业技术改造，推动农业高新技术产业化，重点安排一批产、销、加一体化的农业高新技术开发和产业化示范工程项目。通过实施，形成一批农业高新技术产业化基地和工程（技术）研究中心，改变农业科技不能适应成果迅速转化、产业化和产前产中产后一体化要求的局面。

4. 增强农业和农村经济持续发展的后劲，对关系到2010年以后粮食安全和农业再上新“台阶”的重大技术难题，重点安排一批项目进行科技攻关，力争“十一五”期末和“十二五”期间，使农业科学研究在中低产田改造，杂种优势利用、设施农业技术、转基因动植物及实用化、高效生物农药和兽药工程疫苗、以节水为中心的节本（肥、能）增效技术、多熟种植、“两高一优”栽培技术和养殖综合配套技术、动植物病虫害防治技术、农业环境污染防治技术、农业节能减排、饲料加工利用技术等主要领域取得重大突破，解决一批关键性、综合性的重大科技问题，增加技术储备。

5. 逐步缩小同世界发达国家先进农业科技水平的差距，应逐步安排10～15项重大基础性研究项目，使我国农业科技创新总体水平达到20世纪90年代末世界先进水平，部分领域接近21世纪初国际先进水平，以增强我国农业科技创新和自身发展的后劲。

（三）现代农业的技术基础设施与组织建设

1. 实施国家农业科技创新工程，加强农业基础研究体系建设。在“十一五”期末和“十二五”期间，逐步启动国家农业科技创新工程，择优充实或扩建50个国家和省、部级重点开放实验室，建设40～50个国家农业工程技术研究中心。

2. 加强种子和种苗繁育体系建设。在“十一五”期末和“十二五”期间规划新建和选建20个农作物种质改良中心、15个种畜种禽育种中心、7个牧草育种中心、8个水产种苗育种中心及种子管理、监督、经营体系建设。

3. 加强农业科技试验示范和中试基地的建设，在“十一五”期末和“十二五”期间规划新建和完善50个国家级现代农业示范区和100个国家级农业科技中试基地。

4. 加强农业技术市场体系建设，在“十一五”期末和“十二五”期间规划新建8～10个全国性农业技术市场管理、交易服务中心和30个省级农业技术市场。

5. 加强农业技术推广和作物病虫害与自然灾害测报体系建设。在“十一五”期末和“十二五”期间规划新建和完善配套31个省（自治区、直辖市）级和2 300多个地县乡级推广中心和一批病虫害测报站与重大自然灾害监测站，努力提高从业人员的技术水平。

6. 创建农业技术信息网。建立中央、省级农业技术管理与信息自动化传输系统，大幅度提高宏观决策水平和微观调控能力。

（四）农产品质量标准和检测检验体系建设

1. 制定质量安全标准，加快农产品质量安全立法工作。通过组织实施《农业标准创新计划》，在“十一五”期末和“十二五”期间，制定和完善农业品种、生产、加工、冷藏、贮运方面的国家标准和行业标准600项，创建现代农业生产标准化示范区500个，引进和采用国际标准400项。

2. 强化检测检验手段。新建一批检测中心和检测站所，强化农业生态环境监测工作，重点建设农业部环境监测总站和七大行政区域农业环境监测中心，建设一批农业环境监测网点。

3. 健全农产品质量监督体系。实行农产品质量安全认证制度，积极开展无公害农产品、绿色食品及生产基地的认定和产品标识管理工作。在“十一五”期末和“十二五”期间，新建部级质检中心150个，改、扩建部级质检中心100个。

4. 大力推进无公害食品行动计划。在原有试点基础上，积极发展无公害农产品、绿色食品、有机食品的生产。尤其要重点发展一批无公害农产品、畜产品、水产品示范基地，建设一批标准化生产综合示范区。

（五）人才培养目标

加速培养一批中青年学科带头人、科技企业家、科技管理人才、高级技术专家和高级推广人才，实施“育才工程”。到 2015 年，建成“5 万名科研骨干，20 万名科技人员，100 万名科技推广人员”的农业科技队伍，其中包括：

——1 000 名基础研究和高新技术研究学科带头人；

——5 000 名农业科技企业家；

——5 000 名高级科技管理人才；

——10 000 名从事重大科技问题攻关的高级技术专家；

——100 000 名从事科技推广的高级推广人才。

（六）农民科技培训目标

在“十一五”期末和“十二五”期间，继续实施“绿色证书工程”、“青年农民科技培训工程”、“新型农民创业培植工程”、“农村富余劳动力转移就业培训工程”。

1. 绿色证书工程。到 2015 年，培训农民 4 000 万人，在农村达到每 6 户农民中有 1 人参加绿色证书培训，获得绿色证书。

2. 青年农民科技培训工程。到 2015 年，培训青年农民 1 600 万人，基本达到每个村民小组有 1～2 名优秀青年农民参加培训。

3. 新型农民创业培植工程。主要是从参加前两大工程培训的学员中，选拔能开展产业化生产和具有创业能力的优秀农民，通过政策引导、信息服务、创业资金扶持和后援技术支持，将其培植成规模化和专业化生产经营的农场主和农民企业家。到 2015 年培训 50 万农民，达到每个乡（镇）培植 10～20 人。

4. 农村富余劳动力转移就业培训工程。主要是对农村富余劳动力转移就业进行引导性和示范性培训，提高农民进城务工就业素质和技能，促进农村富余劳动力合理有序流动。计划 2009—2012 年培训 800 万人；2013—2015 年再培训 1 000 万人。7 年共计培训 1 800 万人。

5. 百万中专生培训工程。以培养农村实用人才为重点，组织实施“百万中专生培训工程”。依托中央农业广播电视学校、农业职业学校等机构，组织实施农村实用人才培养“百万中专生计划”，到 2015 年，为农村培养 100 万具有中等学历的从事种植、养殖、加工等生产活动的人才，以及农村经营管理人才、能工巧匠、乡村科技人员等实用型人才，使他们成为建设社会主义新农村的带头人和发展现代农业的骨干力量。

第五节　我国建设现代农业的重点

围绕构建现代农业产业体系，根据推进农业增长方式转变的现实需要，在“十一五”期末和“十二五”期间，重点加强科技化、机械化、区域化、产业化和服务社会化五个方面的建设。

一、以技术创新和推广体系建设为支撑，重点推进农业科技化

坚持自主创新、重点跨越、支撑发展、引领未来的指导方针，围绕增强农业科技自主创新能力，加快建设国家农业科技创新基地和区域性农业科研中心，鼓励企业建立农业科技研发中心，形成政府主导、社会力量广泛参与的多元化农业科研创新体系。在重视高新技术的同时，尤其要重视实用技术的推广应用，进一步加强和完善农业技术推广体系，增强推广设施和能力建设，以推广主导品种、主推技术为载体，以实施主体培训为手段，提高成果转化率和农民对科技的吸纳能力，促进农业知识、技术、信息、服务进村入户，提高农业科技成果转化应用水平。

二、以强化物质装备条件为手段，优先推进农业机械化

大力推广机械深松、复式整地、精量播种、化肥深施、节水灌溉、秸秆还田、保护性耕作等节本增效农机化技术，不断优化农机装备结构和提高全程机械化水平。进一步拓宽农机作业服务领域，逐步扩大跨区作业的品种、范围和规模，突出抓好重要农时、重点作物、关键环节的机械化生产，力争率先基本实现粮食生产机械化。加强农业基础设施建设，积极推进循环农业发展，不断改善农业生产条件。

三、以优势农产品产业带建设为突破口，率先推进农业区域化

深入实施优势农产品区域布局规划，立足各地资源比较优势和经济发展水平，引导各类生产要素进一步向优势区域集聚，着力建设优势农产品优势产业

带。围绕产业整体开发，积极引进、培育和推广优良品种，加强良种繁育基地建设，进一步优化品种品质结构。制定和完善优质农产品标准体系，加强质量检测能力建设，扩大优质专用农产品标准化生产。大力发展优势农产品加工业、现代物流业，促进产业链条对接与延伸，结合无公害农产品、绿色食品和有机农产品的认证，以优势农产品质量认证标志、地理标志、产品商标，促进优势农产品的标签化流通，积极培育一批品牌农产品，把产业带建成优势农产品的出口基地、龙头企业的原料供应基地和名牌产品的生产基地，逐步形成分工合理、优势互补、各具特色、协调推进的农业区域发展新格局。

四、以提高农业生产的组织化程度为着力点，全面推进农业产业化

尊重农民的自主创新，鼓励发展多样化的农民专业合作经济组织，重点支持其开展素质培训、技术指导、信息咨询、组织营销等服务活动，不断增强农业生产经营的组织化程度，解决小农户和大市场的矛盾。加大对龙头企业技术改造、基地建设、新产品开发等方面的支持，做大做强一批龙头企业。鼓励龙头企业发展农产品精深加工业，不断完善“公司＋基地＋农户”、“公司＋合作组织＋农户”、“订单农业”和品牌农业等模式，强化企业与农户的利益共享与风险共担机制，连接农业产前、产中、产后各环节，延长产业链，形成农村一、二、三产业协调联动的产业体系，加速“龙型经济”发展，加快农业产业化经营进程，大幅度提高农业综合效益。

五、以完善农业市场、信息体系为切入点，稳步推进农业服务社会化

健全农产品市场体系，推动农产品批发市场基础设施升级和业务功能拓展，发展农产品现代流通方式。建设农产品储藏保鲜设施，发展农产品冷链运输，完善和落实农产品运输“绿色通道”政策，整顿和规范市场秩序，实现省际互通，形成布局合理、辐射力强的全国农产品流通网络。加快推进“金农工程”和“三电合一”工程，启动实施“信息化村示范工程”。继续执行农产品市场监测预警系统定期信息发布制度，加强农村经济信息应用系统建设，不断提高农业信息服务经济运行的质量与水平。

第六节 我国建设现代农业的战略步骤

为了总体把握中国现代农业发展的趋势，立足目前我国建设现代农业所处起步阶段的现实，同时，借鉴韩国、日本等国家现代农业从起步阶段到实现现代化的发展历程的经验，结合国家社会经济中长期发展战略，将中国建设现代农业的进程划分为三个阶段：

一、奠定基础阶段（2008—2015 年）——改善现代农业建设的基础条件，奠定现代农业发展的制度和物质基础，初步建成现代农业的产业体系

根据我国现代农业建设起步阶段的特点和建设要求，这一阶段的现代农业的建设应围绕提高农业生产力水平，建立现代农业的产业体系和政策支持体系为核心，主要任务是改善现代农业建设的基础条件，逐步建立和完善现代农业的政策支撑体系，奠定现代农业发展的制度和物质基础，初步建成现代农业产业体系（包括粮食产业、经济作物和园艺产业、健康养殖产业、农产品加工产业、生态和生物质产业以及农业服务产业）。重点在以下几个方面做出努力：

一是建立支持现代农业发展的政策体系，出台并不断巩固、完善、加强支农惠农政策，在农业补贴、农资购买、农业保险、农业灾害救济等方面制定更加符合实际、切实可行的政策，健全完善一系列支农惠农政策的落实机制，确保中央的各项支农惠农政策的作用得到充分发挥，取得成效。

二是在建立现代农业的产业体系方面下工夫。在产业培育上，要逐步抛弃传统的以初级种养业为主导的狭隘的传统农业观念，树立产供销、贸工农一体化的大食品、休闲观光、生态等功能的大农业观念。在高度专业化、社会化的基础上，发展多功能的现代农业产业体系。

三是在农业科技创新和推广方面下工夫。要对现有的农业科技研发和推广机制进行创新，建立多元化、多层次的农业科技研发和推广体系，拓宽农业科技成果转化和先进技术推广渠道，使农民和企业更容易获得农业科技成果，并把它尽快转化为现实农业的生产力。

四是在强化农业基础设施和技术装备方面下功夫。加快农村道路、通讯、

电力、水利等基础设施建设，提高农业技术装备的水平，提高农业机械化和农村信息化的水平。

五是在完善农业社会化服务体系方面下工夫。要进一步改革和创新农业社会化服务体制和机制，引入市场机制，鼓励社会力量积极参与农业社会化服务体系的建设，推进农业社会化服务结构的优化升级，不断拓宽农业社会化的服务领域，增加农业社会化的服务能力，逐步把农村服务业培养成农村经济支柱产业。

到2015年，使粮食播种面积稳定在1.1亿公顷以上，力争平均亩产达到340千克，粮食综合生产能力提升到5 445亿千克水平。到2015年，农村人均社会总产值超过32 000元/人，农村人均农业总产值超过20 000元/人，农村居民人均可支配收入达到7 000元，城乡居民收入差距扩大的趋势初步得到扭转，农业综合生产能力明显提高，农业产业化服务组织化程度达到85%以上；农业就业比重占总就业的比重下降到30%，现代农业的产业体系的主导产业已基本确定，产业发展势头良好，水、肥、药等资源利用率分别比“十一五”时期末提高5个百分点，农业生产成本逐步降低；主要农产品加工转化率达50%～60%，农产品加工业与农业产值之比超过2.5：1，农产品附加值不断提高。

二、全面推进阶段（2016—2025年）——建立起相对完善的现代农业产业体系，为现代农业的快速发展创造条件

在实现上一个阶段目标的基础上，本阶段的主要任务是：加快建设现代农业的产业体系，重点解决农业产业化、专业化、社会化程度不高、自我发展和市场竞争能力不强、农业产业结构转换滞后等问题。力争到2025年，建成相对完善的现代农业产业体系，使我国农业各产业之间分工更加合理、产业链条衔接更加紧密、区域布局更加优化，资源有效利用、比较优势充分发挥、竞争力明显增强，农业经济效益、生态效益和社会效益实现同步增长。以提高农业的市场竞争力和综合生产能力为核心，大力推进农业的观念创新、结构创新、体制创新、技术创新和管理创新，走出一条经济高效、产品安全、资源节约、环境友好、技术密集、人力资源优势得到充分发挥的新型农业现代化的路子。着力形成专业化生产、区域化布局、集约化投资、产业化经营、品牌化营销、企业化管理的农业发展新格局，充分发挥农业生

产、生活和生态的功能，满足社会多样化需求，让农业成为能使农民持续致富的现代产业。

力争到2025年，粮食播种面积稳定在1.07亿公顷（16亿亩）以上，力争平均亩产达到380千克。粮食综合生产能力达到6 000亿千克水平，农村人均社会总产值超过55 000元/人，农村人均农业总产值超过40 000元/人，农村居民可支配收入13 000元以上。农业就业占总就业比重下降到25%，农业各产业之间分工更加合理、产业链条衔接更加紧密、区域布局更加优化，资源有效利用、比较优势充分发挥、竞争力明显增强的现代农业产业体系基本形成，农业经济效益、生态效益和社会效益实现同步增长，农村人居和生态环境明显改善，农业可持续发展能力不断增强，我国农村基本实现全面小康社会的发展目标，全国70%以上地区基本实现农业现代化。

三、拓展提升阶段（2026—2050年）——完成由传统农业向现代农业转变，使我国现代农业发展的总体水平基本达到当时中等发达国家水平

通过前面两个阶段的建设，使我国现代农业的建设取得很大的成效。在这个阶段主要通过推进和完善农村现代产业体系建设、农村现代化社区建设、现代农民素质建设、城乡一体化的公共服务体系建设以及城乡统筹配套的体制改革和制度建设。努力把我国传统农业改造建设成为具有持久的市场竞争力和能持续致富农民的高产、优质、高效、生态、安全的农业，把我国农村的传统村落改造建设成为让农民能过上现代文明生活的农村新社区，把我国传统农民改造成为能适应市场经济分工分业发展要求的，有文化有技能有道德高素质的现代农民，形成城乡互促、共同繁荣的城乡一体化发展新格局。在这一阶段，要继续加强宏观调控力度，促进各类资源要素在城乡之间、工农之间优化互动，继续加大对现代农业建设的资金投入，依靠科技进步，切实转变农业增长方式，保持粮食等农产品的平稳快速增长，不断创新农村发展的体制和机制，进一步解放和发展农村生产力，培育新型产业，发展农村社会公益事业，加强农村生态与环境保护。同时以强化区域协作，城乡互动和促进农村和谐社会建设为重点，全面推进我国现代农业建设。全面完善现代农业产业体系和支持体系，加速农业产加销、贸工农一体化进程，促进传统农业向现代农业的根本转变，构建农民增收的

长效机制。

力争到 2050 年，我国农村全面实现农田标准化、操作机械化、经营规范化、服务社会化、管理科学化和生态良性化，农业综合生产能力有更大的提高，我国农村实现高水平的全面小康社会的发展目标，全国基本实现农业现代化。全国现代农业发展平均水平能够达到当时中等发达国家的平均水平。

第六章　我国建设现代农业的区域布局

建设我国现代农业，应按照区域布局，根据各地区域自然资源和经济资源优势，按照优势农产品生产和市场的地域性，确定我国现代农业建设的区域布局框架，科学合理地设置区域农业产业结构，优化农业生产力布局，通过建设现代农业，使区域优势农产品的生产、加工、流通诸环节协调发展，逐步形成相应优势农产品的区域地带集中分布的发展格局，推动我国现代农业的发展。

第一节　东北地区建设现代农业的区域布局

东北地区是国内农业生态环境和水土资源组合条件最好的地区之一。经过近半个世纪的大规模农业综合开发，东北地区已成为我国重要的商品粮基地和农业基地，也是我国21世纪粮食增产和粮食供给潜力最大的地区。全国粮食生产格局由南向北继续推移，进一步突出了东北农业在全国的战略地位。2006年，东北地区粮食生产综合能力达800亿千克，年均粮食产量占全国13%左右，每年可为国家提供商品粮300亿～350亿千克，粮食的区际商品率和商品量、人均商品量均居全国首位。主要粮食作物玉米、大豆、水稻年均产量占全国的比重分别为30.03%、42.08%和8.0%左右，年均播种面积分别占全国的25.46%、37.87%和5.30%。

推进东北地区现代农业建设，应立足现有的资源优势和发展基础，借鉴“劳动节约型”发展模式，以提高劳动生产率为核心，大力发展农业机械化，强化科技、基础设施、社会化服务和现代物流等支撑条件建设，打造现代化的商品粮源、畜牧水产、特色农业、农业生态产业和农产品精深加工五大产业基地，促进农业生产的规模化、集约化和现代化，加速构建现代农业产业体系。

辽宁、吉林、黑龙江三省耕地资源丰富，后备资源相对较多，是我国主要的商品粮和畜牧生产基地，应逐步建立由传统农业向现代农业技术和资金集约转变的生产体系。粮食作物内部调整要充分发挥地区优势，运用先进的集约化栽培技术，本着有利于发展以大豆为中心环节的轮作制度的原则，适当扩大大豆生产面积，压缩劣质品种的春小麦和含水量高的玉米生产的比重，提高高油、高蛋白的玉米、优质大豆和饲料作物的比重，稳定薯类及其他杂粮，使粮食品种生产多元化，同时，适当扩大经济作物、饲料作物用地，建立起良性循环的土地利用系统，建立粮经饲三元结构。结合农业部的全国优势农产品区域布局规划（2008—2015年），东北平原水稻优势区主要位于三江平原、松嫩平原、辽河平原，主要包括黑龙江、吉林、辽宁三个省的82个重点县，着力发展优质粳稻。东北小麦优势区包括黑龙江、吉林、辽宁全部，主要包括16个重点县，着力发展优质强筋、中筋小麦。东北玉米优势区包括黑龙江、吉林、辽宁的玉米种植区，着力发展籽粒与青贮兼用型玉米。东北高油大豆优势区包括：黑龙江的三江平原、松嫩平原第二积温带以北地区，主要包括59个重点县；东北中南部兼用大豆优势区包括黑龙江南部、内蒙古通辽赤峰以及吉林辽宁大部，主要包括22个重点县。东北马铃薯优势区包括东北地区的黑龙江和吉林2省、辽宁北部和西部，主要包括34个重点县，着力发展种用、加工用和鲜食用的马铃薯。东北的生猪优势区包括吉林、辽宁、黑龙江三省的30个县，着力发展规模化和设施化养殖，提高生猪的产量。肉牛优势产业区主要布局在吉林、辽宁、黑龙江等地市。在满足本区域优质牛肉需求的同时，着力开拓东北亚市场。肉羊优势区包括辽宁、吉林、黑龙江等三省，着力发展高档肉羊养殖。奶牛优势区主要布局在黑龙江辽宁和内蒙古三省（区）的117个县，着力发展规模化、标准化奶牛养殖，提高奶牛的产奶能力。由此可见，辽宁、吉林和黑龙江农业主要优势是高油大豆、优质强筋小麦、专用玉米和肉牛、奶牛产业，这些产品生产已经初步形成生产基地和规模化生产，要在此基础上，发展高油大豆、优质小麦、专用玉米、奶牛、肉牛、林产、特产等产品的产业化规模化经营。因此，结合优势农产品的生产，充分发挥粮食增产潜力大的优势，提高高油大豆、优质小麦、专用玉米、肉牛和奶牛等主导产品产量，采取多种方式，内引外联，大力发展肉牛、奶牛规模化养殖。发展粮食加工（包括玉米、大豆和优质小麦加工）、奶及其制品的加工，加快牛肉及其加工产品的市场开发，尤其加大国外市场开发力度，开拓国际市场，逐步使辽宁、吉林和黑龙江形成专用玉米、优质强筋小麦、高油大豆、畜牧（肉牛、奶牛）、林产品、特产品的产业带。

第二节　东部地区建设现代农业的区域布局

东部地区地处沿海，也称沿海地区或东部沿海地区，占全国总面积的13.66%，拥有大陆海岸线1.8万千米，该地区农民人均收入、人均农村社会总产值、人均市场交易额、人均农产品出口值、非农产业比重及农产品出口额占社会总产值比重处于全国前列，2006年人口占全国的36.15%，GDP占全国的55.58%，耕地面积占全国的21.82%，粮食产量占全国粮食总产的34.67%，肉类占36.02%，农业增加值占45.04%，农业总产值占47.02%。东部地理位置优越，农业精耕细作，农业生产条件和农业投入水平较高，农业劳动生产率和土地生产率较高，农业生产力发达，农业产出水平、农民收入和生活水平较高，农村经济非农化程度、人口就业非农化程度与市场化程度都很高，农村外向型经济发达，农村基础设施和文化设施较发达，农业在国民生产总值中所占的比重较低，高效农业比较发达，属经济发展较快地区，发展现代农业的基础较好。东部地区人均耕地资源虽不及中西部地区，但水利条件及农业投入水平普遍高于中西部地区。就人均耕地资源而言，东部地区仅0.092公顷，而中部地区达0.103公顷，西部地区达0.207公顷，东北地区达0.3公顷，全国平均约0.101公顷（表6-1）。这也是东部地区必须走以提高土地生产率为主、提高劳动生产率为辅的农业现代化路子的主要原因。新中国成立以来，特别是改革开放30年来，东部农业快速发展的特征更加明显。正是由于这些不同于中部和西部地区的显著特征，东部农业现代化进入了起步阶段，从而表现出更多的现代农业特色。

表6-1　2005年全国四大区域社会经济和农业资源状况

地区	总人口（万人）	GDP（亿元）	人均GDP（元/人）	农民人均纯收入（元/人）	耕地面积（千公顷）	人均耕地（公顷/人）	人均水资源（米^3/人）
西部	35 976	33 493	9 310	2 389	49 573	0.207	4 266
东北	10 757	17 140	15 934	3 420	21 526	0.300	1 563
中部	35 202	37 230	10 576	2 940	30 566	0.103	1 556
东部	46 388	109 924	23 696	4 589	28 373	0.092	1 196
全国	128 323	197 789	15 413	3 254	130 039	0.101	2 186

资料来源：2006年《中国统计年鉴》。

因此，推进东部地区现代农业建设，应充分利用资本、技术和市场优势，借鉴“土地节约型”发展模式，走资本、技术密集型和资源节约型道路，在严格保护耕地、稳定发展粮食生产的基础上，大力开拓国际市场，加快发展设施农业和外向型农业，积极发展高档精深加工，延伸产业链条，提升产业层次，提高农业生产效益，率先实现农业现代化。

东部地区按照其自然条件、地理位置和主导产业可以分为环渤沿海区（包括河北、山东）、东部沿海区（包括江苏、浙江）和南部沿海区（包括广东、福建、海南）。

环渤沿海区（河北、山东）发展现代农业，应因地制宜，突出重点。结合农业部的全国优势农产品区域布局规划（2008—2015年），环渤沿海区的小麦优势区包括河北、山东，着力发展优质强筋、中强筋和中筋小麦。专用玉米生产的优势区域，主要布局在河北、山东等2个省，着力发展籽粒和青贮兼用型玉米。高蛋白大豆优势区包括河北、山东，着力发展高蛋白的大豆。马铃薯优势区包括河北的北部和山东西南部地区，着力发展种用、加工用和鲜食用的马铃薯。棉花优势区包括冀东、冀中、冀南、鲁西南、鲁西北和鲁北，着力发展优质棉花。苹果优势区域位于胶东半岛、泰沂山区、燕山、太行山浅山丘陵区，着力发展鲜食品种。肉牛优势产区主要布局在河北、山东等省，着力满足京津冀都市圈、环渤海经济圈的优质牛肉需求。肉羊优势产业区主要布局在山东、河北等省，着力发展秸秆舍饲肉羊养殖。奶牛优势产区包括河北、山东，着力发展专业化养殖场规模化小区，大力提高奶牛单产。生猪优势产区包括河北和山东，着力发展健康养殖，提高生猪的调出能力。环渤海水产养殖优势区主要布局在山东、河北等省，重点发展对虾、贝类、河蟹、海藻的养殖。在环渤沿海区，要大力发展规模化养牛和养羊，带动牛羊养殖业的快速发展。发展高产、优质、低耗、安全的现代化水产业养殖，以综合解决种苗、饲料、疫病防治、养殖标准等关键问题为突破，建成具备一流出口创汇能力及全程信息化生产的水产业基地，促进水产业升级。发挥河北已形成的鲜奶加工优势，大力发展规模化的奶牛养殖，建立奶牛养殖基地，带动奶牛养殖业快速发展。同时，加强优质梨、优质苹果、京东板栗、大枣生产基地及市场体系建设，形成一批优质果树生产的产业区，把这些传统农产品提升为具有品牌潜质的农产品。同时，还可考虑在胶东半岛建立面向韩国、日本市场的高科技外向型农业基地，大力发展高科技外向型农业，生产绿色和技术密集型农产品，主要面向日、韩等东亚市场，着力开拓俄罗斯和欧共体市场，重点发展精细蔬菜、优质花卉、高中档水果、海水养殖等高附加值农产品，加快农产品生产的标准化和产业化进程，进一步提高农产品加工深度。

东部沿海区（江苏、浙江）发展现代农业，应以国际化、标准化、优质化、规模化的现代农业为重点，建设规模化、标准化的农产品出口创汇基地，重点发展优质种苗、特色蔬菜、优质花卉、名优水果、优质家禽和特种水产。东部沿海区的水稻优势区位于杭嘉湖平原，主要包括浙江、江苏的一些重点县，稳定水稻面积，着力发展优质高档籼稻。江苏的一些县属于长江中下游小麦优势区，着力发展优质弱筋和中筋小麦。江苏的一些县属于高蛋白大豆优势区，着力发展优质高蛋白大豆。长江下游油菜优势区包括江苏、浙江两省，主要 24 包括个重点县，着力发展高含油量、抗病、中早熟、耐裂角和耐渍的优质油菜。东部沿海生猪优势区包括江苏、浙江等一些县，着力发展现代化的生猪养殖，确保一定的猪肉自给率。东部沿海的出口水产品优势区包括浙江的一些县，着力发展鳗鱼、对虾、贝类、大黄鱼、罗非鱼、海藻的养殖。利用两省紧靠沿海，外向型企业众多，采取相应政策吸收大企业、大集团投资农业，发展外向型农业和农产品加工业，带动该区农业结构调整和产业升级。同时，以加快农业高新技术成果转化为重点，大力发展农业生物技术产业。在生物肥料、工程疫苗、饲料添加剂和农产品精加工等方面有所突破。

南部沿海区（广东、福建、海南）建设现代农业，粮食产业的布局是：南部沿海水稻优势区主要位于闽江流域、珠江三角洲、潮汕平原及海南的平原地区，主要包括广东、福建和海南的一些市县，稳定水稻面积，着力发展优质高档水稻。南部沿海马铃薯优势区包括广东、福建的一些市县，着力发展鲜食用薯和出口鲜薯的品种。甘蔗优势区包括粤西的一些县，着力发展高糖高抗性的品种。南部沿海柑橘优势区包括广东、福建的一些县，着力发展宽皮柑橘、柚类和杂柑类。南部沿海生猪优势区包括广东、福建的一些县，着力发展现代化的生猪养殖，确保猪肉一定的自给率。南部沿海出口水产品优势养殖带包括广东、福建、海南的一些县，着力发展鳗鱼、对虾、贝类、大黄鱼、罗非鱼、海藻，提高水产品出口能力。粮食产业应充分利用南部沿海地区经济发达的优势，以高标准设施化栽培和工厂化规模养殖为主，大力发展资本和技术密集型的农产品生产，重点发展面向港澳台、东南亚和欧美市场的优质高档的园艺产业，促进热带花卉、水果、中药材、名特优水产品规模化生产。同时，大力发展出口创汇和优质高效农业，利用已有众多大中型饲料加工厂的优势，有选择地发展奶牛和瘦肉猪养殖。突出加强水果、蔬菜、花卉的储藏、保鲜及市场体系建设，调动农民养殖生猪和家禽（鸡、鸭、鹅等）的积极性。提高种养业生产的集约化水平，发展水产品、畜产品及食品加工业，扶持农产品加工企业上规模、上档次、上水平，增加出口，与国际市场接轨。

东部地区在建设好农产品基地的基础上，要大力发展农产品精深加工，延长农业产业化链条，实现农产品的多次转化增值，这是发展高效农业和外向型农业的重要环节。要逐步改变农业只生产和出售初级产品状况，抓好农产品的精选、分级、包装、加工、转化、储运等生产环节，实施种养加、产供销、贸工农一体化的产业化经营，增加农业经济效益。

第三节　中部地区建设现代农业的区域布局

中部地区面积为 281.8 万平方千米，占我国全部国土面积的 29.3%。中部地区位于内陆，北有高原，南有丘陵，众多平原分布其中，属粮食生产基地。2001 年以来，中部地区经济发展逐年加快，中部各省经济增长速度（按可比口径）由 8%～11%提高到 2006 年的 11%～14%，2006 年有明显加快之势。中部地区城镇化水平具备一定的基础，中部城镇化进程略快于全国进程。但同全国平均人口城镇化率比较，中部地区大约还低 6.8 个百分点。大力推进区域城镇化是培育经济增长极，有效解决“三农”问题的重要突破口，尤其是对农村人口占大头的中部地区来说尤为重要。

中部地区是国家的腹地，在全国经济格局中扮演着重要角色。中部地区是全国主要的农业生产基地，全国农业大省大多在中部，中部是我国重要的粮食主产区，也是传统农区。中部地区生产了全国 1/3 的农产品，是全国重要的农业产区和主要的农产品供应基地。中部地区的小麦产量、稻谷产量都约占全国的 40%，棉花产量占全国的 31%，油料产量占全国的 41%，肉类产量占全国的 28%。中部农业的发展对全国农产品供给状况及粮食安全有着重要影响。广大农村多以第一产业为主，第二、三产业为辅，受农业比较效益低的影响，农村经济自身积累差，农户经营规模偏小，农民收入水平较低，农产品加工转化率低，农业和农村基础设施建设滞后，社会公共事业发展缓慢，推进现代农业建设面临的困难较多。但这一地区人口素质和文化传统较好，农村综合改革进展较快，农业生产条件相对较好，农村外出务工人员较多，农业市场化程度提高，具有发展现代农业的自然和文化条件，具备加快推进现代农业建设的基础，发展现代农业具有较大潜力。

推进中部地区现代农业建设，应立足优势农产品聚集度较高、劳动力资源丰富的基础条件，借鉴“土地节约型”和“中间类型”两种发展模式，走提高土地产出率和劳动生产率并重的道路，通过进一步优化农业生产区域布局，加强农业基础设施为突破口，强化农业科技、农业物质装备、现代物流体系等保障条件建设，大力发展粮食产业，不断壮大农产品加工业，稳步提高农业综合生产能力，做大做强专用小麦、水稻、玉米、棉花、油菜、畜产品、水产品等优势农产品产业带，着力建设“高产、优质、高效、生态、安全”的现代农业。

河南的现代农业建设应充分发挥粮食增产潜力大和秸秆养牛、养羊示范县多，且品种优良，养殖经验丰富的优势，重点发展优质小麦、专用玉米、肉牛、肉羊养殖和牛、羊皮加工。在“十一五”期末和“十二五”期间，要稳定小麦生产总量，适度调减严重缺水地区的小麦种植面积，大力发展优质专用小麦；扩大高蛋白、高油、高淀粉等加工专用玉米的种植面积；加快饲料业、酿造业的发展，促进玉米转化；积极发展高蛋白大豆种植；搞好国家优质棉花基地县建设，形成稳定高产的棉花集中产区。发挥河南已形成的大规模肉制品加工优势，大力发展规模化养牛、养羊，带动牛羊养殖业的快速发展。同时，加强蔬菜、花卉生产基地建设及市场体系建设，大力发展名特优稀农产品和设施蔬菜。培育一批上规模、高档次、精深加工的农副产品加工龙头企业。对农副产品进行深加工，扩大河南加工农产品的出口量，有效抵御进口农产品的冲击，扩大河南优势农产品在国内外市场的份额。

内蒙古、山西两省的现代农业建设应按照农业部优势产品区域布局规划，坚持按“比较优势布局”、“按市场优势布局”，结合两省的农业生产实际，重点发展专用玉米、优质小麦、高油大豆、牛奶、肉牛、肉羊养殖和优质专用马铃薯、油料、蔬菜、细羊毛、山羊绒、生猪和家禽养殖。在“十一五”期末和“十二五”期间，要扩大玉米的生产总量，稳定小麦的生产总量，重点发展优质强筋和中筋小麦，大力推广优质专用品种和保优节本栽培技术，提高麦后复种面积，增加小麦的比较效益。积极发展高油大豆的种植，利用内蒙古光照充足、昼夜温差大的特点，在内蒙古建立高油大豆的生产基地，形成高油大豆生产的产区。积极推广优质马铃薯种植，在山西建立优质马铃薯生产基地，按食用薯、种薯和加工原料薯分类，做好优质马铃薯种植分区布局规划。同时建设一批马铃薯加工的龙头企业，带动农民种植马铃薯，使优质马铃薯逐渐成为具有地区经济特色的重要产业。发挥内蒙古已形成牛奶加工的优势，大力发展规模化的奶牛饲养，建立奶牛养殖小区，带动内蒙古的奶牛养殖业快速发展。同时，还要发展肉牛、肉羊、生猪、家禽养殖，带动两省的畜牧养殖业的快速发展。山西省还应结合自身的优势，积极发展小杂粮生产，引进和推广小杂粮新品种和栽培技术，提高土地的复种指数，扩大小杂粮的种植面积，发展种养结合的生态循环农业模式，增加农民收入。

湖北、湖南、安徽、江西等省市，是我国水稻、油菜、柑橘、茶叶、麻类等的主产区，也是我国的畜禽产品主产区、淡水鱼主产区，按照农业部优势农产品区域布局规划，洞庭湖平原、江汉平原、鄱阳湖平原、沿淮和沿江平原与丘陵地区属于长江流域水稻优势区，主要包括湖南、湖北、江西、安徽的一些重点县，着力稳定双季稻面积，逐步扩大江淮粳稻生产，提高单季稻产量水平。安徽省靠淮河以南、湖北北部等一些县属于长江中下游小麦优势区，着力发展优势弱筋和中筋小麦。安徽淮河以北属于玉米优势区，着力发展籽粒玉米，积极发展籽粒与青贮兼用和青贮专用玉米，适度发展鲜食玉米。安徽的沿淮和淮河以北的一些县，为高蛋白大豆优势区，着力发展高蛋白大豆生产。湖北、湖南两省的西部山区属于西南马铃薯优势区，着力发展鲜食用、加工用和种用马铃薯。江西南部、湖北和湖南中东部地区属于南方马铃薯优势区，着力发展鲜食用薯和出口鲜薯品种。江汉平原、洞庭湖、鄱阳湖、安徽沿江棉区属于长江流域棉花优势区，着力提高棉花品质，有效控制异性纤维混入。长江中游油菜优势区包括湖北、湖南、江西、安徽 4 省，主要包括 166 个重点县，着力发展早熟、多抗、高含油量的“双低”优质油菜。赣南—湘南柑橘优势区位于江西赣州、湖南郴州、永州、邵阳等地，主要包括 44 个重点县，着力发展优质鲜食脐橙。鄂西—湘西柑橘优势区包括湖北西部、湖南西部地区，主要包括 24 个重点县，着力发展早熟、极早熟的宽皮柑橘。湖北、湖南、江西、安徽等四省的一些市县，属于中部生猪优势区，着力发展生猪健康养殖，稳定提高生猪的调出能力。充分利用长江航运和京九铁路等交通优势，大力推广超级稻品种和栽培技术，在四省建立起超级稻生产基地，提高水稻的产量和品质，适当调减早稻面积，扩大优质稻和加工专用稻比重，适当发展优质杂粮和杂豆，改良品种，建设油菜籽（双低）、柑橘、蔬菜、水果、花卉、淡水产品、生猪等商品生产基地，巩固生猪、家禽、水产品等传统优势产品，发展草食性的畜牧业，并发展与之相配套的市场流通体系和精深加工体系，加强出口创汇农产品及其加工品的生产，创名牌、争效益。

第四节　西部地区建设现代农业的区域布局

西部地区面积为541.4万平方千米，占国土面积的56.4%；2004年底总人口36 990万人，占全国总人口的28.6%；全国55个少数民族中有49个分布在此，1亿多少数民族的80%以上聚居于此；边境线长达19 699千米。西部地区幅员辽阔，地势较高，地形复杂，高原、盆地、沙漠、草原相间，大部分地区高寒、缺水，不利于农作物生长。因开发历史较晚，经济发展和技术管理水平与东、中部差距较大，但国土面积大，矿产资源丰富，具有很大的开发潜力。

西部地区农业自然条件、资源禀赋相对较差，2006年，西部地区的森林覆盖率仅为5.7%，比全国森林覆盖率13.4%低了7.7%，其中甘肃、宁夏、新疆、青海等省（自治区）森林覆盖率是最低的；农业和农村基础设施落后，市场化程度较低，农村公共事业发展缓慢，农村生产生活条件差，贫困人口多，受教育程度低，公共财力弱，不具备率先发展的区位优势；农村目前的基础生活设施相对薄弱，畜禽粪便、农村生活垃圾等废弃物造成农村环境污染问题日益严重，农村环境卫生状况不断恶化，不仅造成广大农村地区环境卫生状况和居住环境质量下降，而且还会造成一些流行性疾病的发生和蔓延，威胁人民群众的身体健康。

西部地区地域广阔，草地和水资源丰富，物种多样，农业种质资源丰富，这一地区一般都保有较好的自然状态，发展特色产业、生态农业的潜力较大，非常适合特色农业和草地畜牧业的发展。西部地区的畜牧业主要是牧区畜牧业，农区畜牧业也有一定的份额。牧区畜牧业中，牛奶、牛羊肉、羊毛绒具有优势，农区畜牧业主要是猪、牛、羊、禽、奶等，秦川牛是较好的肉牛品种。但这类区域生态环境十分脆弱，农业生产水平较低，水资源短缺，土地贫瘠，交通不便，信息较闭塞，农业发展规模较小。

西部地区建设现代农业的建设重点，一是做好生态环境保护和治理，加快退耕还林、还草、还湖步伐。在搞好生态林建设的同时，发展有利于农民增收的经济林和人工草场，保护和建设天然草地，实行划区轮牧和舍饲圈养。保护渔业生态环境，合理开发和利用水生野生动植物资源。二是大力发展特色农业。加快发展优质棉花、糖料、水果、蔬菜、花卉、中药材、牧草、烟叶、茶叶、蚕桑、脱毒种薯和名特优水产品等具有传统优势的产品生产，建设专业化、规模化的特色农产品生产基地。三是发展节水农业。加强优质高产的糖料、棉花、瓜果生产基地建设，重点发展葡萄、香梨、哈密瓜、啤酒花、枸杞、牧草等特色农产品。调整畜群结构，加快品种改良，改变养殖方式，积极推广舍饲圈养，加快草场建设，发展特色农业和牧区畜牧业产业化经营，发挥区域资源优势，形成区域骨干产业。四是大力发展特色农产品加工业。既要发展一定规模的特色农产品加工业，又要注重发展各种具有地方风味和特色产品的传统产业和作坊，把特色初级产品变为特色加工产品，形成区域经济支柱和独具特色的农产品加工体系。

西部地区的现代农业建设应结合农业部优势农产品区域布局规划进行，按照该规划，四川盆地、云贵高原丘陵平坝地区属于长江流域水稻优势区，主要包括四川、重庆、云南、贵州的一些重点县，着力稳定双季稻面积，逐步扩大粳稻生产，提高单季稻产量水平。西南小麦优势区包括四川、重庆、云南、贵州等省（市），主要包括 59 个重点县，着力发展优质中筋小麦。西北小麦优势区包括甘肃、宁夏、青海、新疆、陕西北部等，主要包括 74 个重点县，着力发展优质强筋、中筋小麦。西南玉米优势区包括重庆、四川、云南、贵州、广西的玉米种植区，主要包括 67 个重点县，着力发展青贮专用和籽粒与青贮兼用的玉米。宁夏、甘肃、新疆、陕西北部属于北方玉米优势区，着力发展籽粒与青贮兼用型玉米。西北马铃薯优势区包括甘肃、宁夏、陕西西北部和青海东部地区，主要包括 51 个重点县，着力发展鲜食用、加工用和种用马铃薯；西南马铃薯优势区包括云南、贵州、四川、重庆 4 省（市）和陕西的安康地区，主要包括 182 个重点县，着力发展鲜食用、加工用和种用马铃薯。长江上游油菜优势区包括四川、贵州、云南、重庆和陕西 5 省（市），主要包括 101 个重点县，着力发展高产、高含油量、耐湿、抗病的“双低油菜”。桂中南和滇西南甘蔗优势区，其中桂中南甘蔗优势区包括 33 个县，着力发展高产高糖品种，滇西南甘蔗优势区包括 18 个县，着力发展耐旱高产高糖品种。四川宜宾以东，以重庆三峡库区为核心的长江上中游沿江区域属于长江上中游柑橘优势区，主要包括38个重点县，着力发展鲜食加工兼用柑橘、橙汁原料柑橘和早、晚熟柑橘。云南特早熟柑橘基地和云南、四川柠檬基地属于特色柑橘生产基地，主要包括20个重点县，着力发展极早熟、早熟宽皮柑橘等特色品种。云南的天然橡胶优势区包括29个重点县，着力发展抗寒高产新品种。西北肉牛优势区包括新疆、甘肃、陕西、宁夏4省（区）的29个县，在满足本区域优质肉牛需求的同时，着力开拓中亚、中东市场；西南肉牛优势区包括四川、重庆、云南、贵州、广西等5省（区、市）的67个县，着力满足本区域和华南地区优质肉牛需求。西北肉羊优势区包括甘肃、宁夏、新疆、陕西4省（区）的44个县，着力发展无污染优质肉羊养殖；西南肉羊优势区包括四川、云南、贵州、重庆等21个县，着力发展山羊养殖。西北奶牛优势区包括新疆、陕西、宁夏的3省（区）的68个县，着力发展舍饲、半舍饲规模化养殖，大力提高饲养管理水平。西南生猪优势区包括广西、四川、重庆、云南、贵州5省（区、市）的126个县，着力发展各种类型的生态养殖，提高规模化养殖水平，拓宽市场空间。重庆、四川属于长江流域出口水产品优质养殖区，着力发展河蟹、斑点叉尾鮰、鳗鱼、罗非鱼。

要充分利用西部地区的光、热等资源优势，加快发展优质高效特色农产品生产，逐步建立面向全国和国际市场的特色农产品基地。在陕西的渭北黄土高原建设优质鲜苹果、酥梨生产带，在黄河沿岸和渭河流域部分地区建设红枣生产带，在秦岭北麓和汉江流域建设猕猴桃生产带。在宁夏的贺兰山东麓区、清水河流域和卫宁核心区建立枸杞生产基地，在新疆的喀什、阿克苏和巴音郭楞等城市建立优质陆地棉和长绒棉生产基地，在昌吉、塔城、博尔塔拉、哈密、吐鲁番等城市建立优质陆地棉生产基地。重点扶持渭北高原及陇东地区优质果品基地、新疆和河西走廊特色瓜果基地、新疆优质棉花基地和哈密瓜、库尔勒香梨生产基地、西藏拉萨市设施蔬菜生产基地、藏东南名贵药材基地等，基本形成一个区域化、专业化、规模化和产业化生产的特色农产品供应体系。同时，要大力发展农产品加工业，把特色初级产品变为特色加工产品，形成区域经济支柱和具有地方特色、民族特色的农产品加工体系。

重庆、四川、云南、贵州等省市，是我国生物资源丰富、物产众多的地区，生猪、烟叶、水果、油菜、花卉、水稻等农产品，都有生产和品质的优势。该区的现代农业建设应以三峡建设和西部开发为契机，发展农副产品加工业，带动猪、羊、果、菜、花等长期稳定增产。结合农业部优势农产品区域布局规划，重庆、四川的现代农业建设要抓好“双低”油菜优势区域建设和柑橘优势区域建设。云南要突出抓好滇西南的“双高”甘蔗优势区域的建设，以及花卉和热带水果生产基地及市场体系建设，抓好生物资源的开发。重庆和四川要突出抓好生猪和水果、优质稻米、无公害蔬菜、花卉的生产和加工。四川和贵州要抓好亚热带水果的生产与加工。西南地区地处内陆，在搞好小流域综合治理的基础上，抓好中低产田改造，改善农业基本生产条件，加强烤烟、茶叶、中药材、热带亚热带水果、花卉、反季节蔬菜等产品的生产基地建设，尤其要大力扶持农产品加工、运销等产业化龙头企业的发展，让龙头企业去开拓市场，带动农产品的生产和农民增收。

从国际、国内市场需求和当地的资源特点看，西部生态脆弱区具有发展畜牧业的优势，特别是随着退耕还林还草工程的实施，将为畜牧业的发展提供一个更加有利的环境。要发展畜牧业，就必须搞好规划布局，发挥资源优势，确立主导产品，在财力、物力投入和相关政策制定方面给予必要的倾斜。通过加大投入，搞好优良品种的引进和培育，加快品种改良步伐，推广生长快、肉质好、饲料利用率高的肉牛、肉羊等优良品种，加快发展奶牛和优质细羊毛生产，尤其要加快奶业产业化。要逐步转变养殖方式，牧区畜牧业的发展要做到草畜平衡，实行舍养与放牧相结合，建设基本草场，实行划区轮牧；农区畜牧业的发展要充分利用农区丰富的秸秆资源，发展秸秆养牛、养羊，提高胴体重和出栏率。同时要大力发展畜产品加工，增加附加值，提高畜牧业经济效益。

第五节　大中城市郊区建设现代农业的区域布局

大中城市郊区主要指各省人口在100万以上的大中城市郊区，根据2003年《中国城市统计年鉴》提供的数据，到2002年12月底为止，我国共有171个人口超过100万的城市。大中城市郊区农业是我国农业中的一种特殊类型，农业生产专业化、集约化程度高，大型奶牛场、温室设施、各类园艺场等都集中在这一区域，同时也包括粮食、水产、水果加工。大中城市的工商业发达，市场区位优势明显，农业现代化水平较高，具有显著的多功能特征。

大中城市郊区现代农业建设的区域布局是，以服务城市为中心，注重近郊区和远郊区的合理分工，为建设生态环境，发展设施农业、生态农业和都市农业；满足居民生活需求与提高环境质量，着力发展集生产、生态、文化、观光、教育等功能于一体的现代化都市农业；面向周边地区，要求大中城市郊区建设现代农业，在科技化、产业化、市场化等方面发挥示范辐射带动作用，与周边地区互相联动建设现代农业。优化资源配置，与周边地区优势互补，按照市场经济原则，以国内外市场为导向，依托高新技术和农产品加工技术；以产业化为纽带，实行区域化布局、专业化分工、规模化经营的思路，发展农产品加工业，与周边地区共同开发建设农业产业化基地，形成具有综合竞争力的农产品及其加工品进入国际市场。

大中城市郊区的现代农业建设重点，一是提高农产品质量安全水平。大力发展无公害农产品、绿色食品和有机食品，逐步扩大“无公害食品行动计划”试点范围，搞好农产品的分级、加工、包装、贮藏和运输，积极发展集中配送、连锁经营等现代营销方式。

二是完善农产品市场和信息服务体系。大中城市近郊区地处城乡结合部，市场信息灵敏，应加强销地批发市场和信息服务基础设施建设，完善流通服务设施，把近郊区建成农产品和市场信息集散中心，既可为城市居民提供丰富的农产品，又可为农民提供及时准确的市场信息服务，引导远郊区建设面向城市的农产品生产基地。

三是大力发展设施农业。引进推广适宜设施栽培的优良品种和成套技术，加强农业生产标准化综合示范区建设，提高农业科技含量和附加值。

四是大力发展农产品加工业。把蔬菜、水果、奶类、水产品等产品加工作为大中城市郊区发展农产品加工业的重点，积极促进资金、技术、设备和人才等要素向农产品加工业流动，合理调整农产品在大中城市郊区布局，推进农产品加工业建立现代企业制度，加大技术改造与技术创新步伐，努力扩大农产品加工企业的规模，提高农产品加工企业的经济效益。

五是积极发展观光生态农业。发挥农业在教育、观光、生态等方面的功能，开展科技示范园区建设，采用现代农业技术改造传统农业，积极发展高科技农业，促进大城市观光生态农业快速发展。重点加强远郊区生态环境的保护和建设，为市民提供“回归自然”的良好生态环境，逐步建设成为大城市的绿色生态屏障。

第七章 我国现代农业产业体系的建设

建设现代农业的核心是建立起有竞争力的现代农业产业体系。现代农业是新农村建设的产业支撑，建立有竞争力的农业产业体系，可以更好地推进现代农业建设，进一步提升农业的基础地位。虽然农业在国民生产总值中的比重越来越小，但随着现代农业产业体系的建立，农业作为国民经济的基础产业的地位得到了进一步加强，农业不仅是人类的衣食之源，而且成为现代科技及新兴产业的发源地，更是其他产业得以产生和运行的母体。从国际经验来看，一个发达的农业产业体系是提升一国农业竞争力的基础，没有发达的农业产业体系就没有现代农业。

第一节 现代农业产业体系概述

为了增强农业的产业竞争力，在传统农业生产的基础上，运用高新技术对传统农业进行改造，使农业呈辐射状派生出很多相关产业，如以粮食、果蔬、畜产品为主的食品产业，以棉麻为主的纤维产业，以观光旅游、休闲度假、教育培训为主的农业文化产业以及农业科技产业，农业装备产业，农业信息产业，农业资源产业等，农业的多功能性日益明显。农业内部各个子系统从供应、生产、加工、销售各环节分工合作之间，密切联系，同时各子系统之间相互联系相互作用，现代农业产业体系正逐步形成。

所谓现代农业产业体系，是指以一定的农产品生产经营为基础，为满足特定市场需求而进行的一切活动的总和，是农业内部各个子系统从供应、生产、加工、销售各环节分工合作，密切联系，同时各子系统之间相互联系相互作用能实现农业产前、产中和产后所形成的有机整体；是农业产业横向拓展和纵向延伸的有机统一，其横向的产业主要由粮食产业、经济作物与园艺产业、水产业以及生物质能等新兴产业构成，其纵向的产业主要由农业的产前、产中、产后三个环节所形成相关产业构成，如农产品加工业、农业服务业等。现代农业产业体系具有以下特点：

第一，现代农业产业体系的生产主体组织化程度提高。现代农业产业体系的生产主体一般都引入了农民专业合作组织和农产品行业协会等生产经营组织，农业生产的产前、产后都由这些代表农民利益的组织协调完成，以解决小生产与大市场的矛盾，应对激烈的市场竞争。

第二，现代农业产业体系需要科技支撑。先进的科技是现代农业发展的关键要素。随着以自然科学为基础的现代农业技术体系的形成和推广，农业生产中大规模采用以现代科学技术为基础的生产工具和生产方法，使农业生产和经营的科学化程度空前提高。

第三，现代农业产业体系市场化程度日趋成熟。市场经济体制是现代农业发展的制度基础。在这一时期，产品生产的主要目的不在于自给，而在于为市场提供商品以实现利润最大化。市场机制在资源配置中起着主导作用，市场体系日益完善，农业从生产成果到手段普遍商品化，除了农业最终产品即各种农产品外，各种中间产品、劳务和消费品以及其他农业生产要素，包括各种农业机械、化学肥料、农用化学品、良种及产品销售服务等，都进入农业交换领域，甚至农民的生活消费也普遍成为商品性消费，农产品商品率得到前所未有的提高。农业打破了内部物质循环的局限性进而实现物质的开放式循环，从自给农业发展为市场化农业。

第四，现代农业产业体系生产领域广阔。新的技术平台，新的生产经营方式，以及商品经济的良好外部条件，推进着农业领域的拓展。随着现代农业的发展，农业不只是具有食品保障功能，也具有原料供给、就业增收、生态保护、观光休闲、文化传承等功能。

第五，现代农业产业体系需要一体化经营。农业一体化经营充分发挥当地的资源优势、区位优势和比较优势，通过龙头企业带动，集中生产要素投入，促进产业集聚，推动农业规模化、专业化、标准化生产，提高农业的整体素质和组织化程度。农业产业一体化已成为建立健全现代农业产业体系的主要渠道。

目前我国构建现代农业产业体系，面临的问题不少，突出表现在：①思想观念滞后，传统的小农业观念根深蒂固，束缚我们构建现代农业产业体系的想法。②农民文化素质较低，构建现代农业产业体系的主体能力不足。③农民组织化程度较低，生产主体的市场竞争能力较弱。我国各类专业合作组织规模小，运行机制不健全，带动能力较弱。大部分农民仍然游离在农业组织之外，靠农民单打独斗闯市场。这些分散的农户不仅生产经营能力低，在市场上的竞争能力也较低，不适应现代农业产业体系建设需要。④农业产业市场体系不健全，交易手段落后，生产与市场脱节，国内外市场也脱节，农产品卖难现象时有出现。⑤农产品加工企业发展缓慢，缺乏市场竞争力，农产品的加工率和增值率均较低。2006 年我国农产品加工率仅为 30%，增值率在 150%左右，与发达国家 80%的加工率、500%的增值率相比，差距较大。⑥市场化的农业社会服务体系不健全，不能满足农业产业化发展的需要，更不能适应现代农业产业发展的需求。以上这些问题，是我们构建现代农业产业体系必须解决的问题。

为了加快现代农业建设，2007 年，农业部提出围绕我国现代农业的建设，构筑六大产业体系，包括粮食产业、经济作物和园艺产业、健康养殖产业、农产品加工产业、生态和生物质产业以及农业服务产业。结合六大产业体系的建设，我们设计了建设我国现代农业的六大产业体系的框架图（图 7－1）。

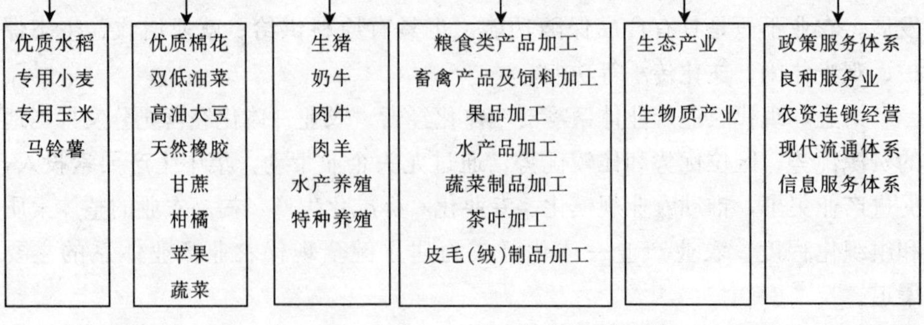

图 7－1　现代农业的六大产业体系建设框架

第二节　粮食产业

建设现代农业必须把稳定发展粮食生产放在突出位置，发展现代农业的产业体系必须考虑粮食稳定发展。粮食安全历来是事关国家政治、经济全局的重大问题，任何一个国家的经济发展、社会稳定和国家安全都必须建立在粮食安全的基础上。在我国，粮食安全问题既是一个经济问题，也是一个社会问题和政治问题，保障粮食安全问题是实现我国国家安全的基础和保证。

我们必须清醒地看到，我国粮食生产的基础还不稳固，产不足需的态势依然存在。从长远发展的趋势来看，随着人口增加、需求增长、资源约束增强，粮食生产仍将面临较大压力。国务院 1996 年颁布的《中国粮食问题白皮书》指出，2030 年我国人口将达到 16 亿，人均粮食需求量按 400 千克计算，到 2030 年我国粮食需求总量将超过 6.4 亿吨。而 2007 年我国粮食总产量仅为 5 亿吨。面对日益减少的耕地数量和日趋降低的耕地质量，如何在未来 23 年实现粮食总产量达到 6.4 亿吨/年，对中国而言，这不能不说是一个严峻的考验。

目前，我国粮食安全的基本态势可以简单地用“四低”来概括，即人均粮食占有量低、总产与单产增长幅度低、粮食种植比较收益低、粮食总体质量偏低。

第一，人均粮食占有量低。人均粮食占有量是反映国家或区域粮食生产水平和评价粮食安全最直接的指标。我国人均粮食占有量即使是在 1998 年 422 千克的历史最高水平，也仅相当于发达国家平均水平的 1/2，美国水平的 1/3 左右。近年来我国人均粮食占有量有减无增，2003 年更是降低到 20 年多来的最低水平。到 2006 年也仅有 378 千克（表 7－1）。与之相反，新中国成立以来粮食消费水平呈稳定的刚性增长趋势。因此，2006 年我国的粮食保障水平还相当低，处于基本解决温饱的低保障能力水平。

表 7－1　1996—2006 年我国人均粮食占有量

单位：千克

年份	1996	1997	1998	1999	2000	2001	2002	2003	2004	2005	2006
千克/人	412.2	397.7	422	407.8	365.2	357.6	355.8	333.3	361.4	369.2	378

资料来源：根据 1997—2007 年《中国农业统计年鉴》计算。

第二，粮食总产量与单产增长率低。1949—1958 年我国粮食总产量的年均增长率为 6.39%，1958—1978 年为 2.15%，1978—1984 年为 4.96%。我国粮食总产量 1984 年突破 4 亿吨，1996 年突破 5 亿吨，其间年均增长率为 1.80%，1996 年以后我国粮食总产量基本上徘徊走低，2003 年粮食总产量更是降到近 20 年来的最低点，年均增长率为 −1.97%。到 2006 年，仅比上年增长 3.6%。粮食单产的变化趋势类似于粮食总产量，2000 年单产降到近 10 年来的最低点，2001 年和 2002 年略有回升，2003 年又有所下降，2006 年又略有回升（表 7-2、表 7-3）。事实上我国粮食安全问题的凸现正是这一时期，这反映出粮食生产的技术保障能力还有待加强。

表 7-2　1996—2006 年我国粮食总产量变化情况

单位：万吨

年份	1996	1997	1998	1999	2000	2001	2002	2003	2004	2005	2006
总产量	50 453	49 250	51 229	50 839	46 251	45 262	45 711	43 067	46 947	48 000	49 746
比上年增减	3 791	−1 200	1 979	−390	−4 588	−989	449	−2 644	3 877	1 053	1 746
变动幅度(%)	5.0	−2.4	4.0	−0.8	−9.0	−2.1	1.0	−5.8	9.0	2.2	3.6

资料来源：1997—2007 年《中国农业统计年鉴》。

表 7-3　1996—2006 年我国粮食作物单位面积产量

单位：千克/公顷

年份	1996	1997	1998	1999	2000	2001	2002	2003	2004	2005	2006
单产	4 483	4 362	4 502	4 493	4 264	4 267	4 399	4 332	4 620	4 589	4 716
比上年增减		−121	140	−9	−229	3	132	−67	288	−31	127

资料来源：根据 1997—2007 年《中国农业统计年鉴》计算。

第三，粮食种植的比较收益低。与种植棉花等经济作物相比，近年来粮食种植比较收益普遍偏低，农民种粮纯收入持续走低，甚至出现“负债种粮”的尴尬局面。种粮效益低下的直接后果就是农民种粮积极性降低，扩大再生产的动力不足，粮食播种面积占农作物播种面积的比重也因此从 1997 年的 73.33%下降到 2003 年 65.22%。2004、2005、2006 年粮食作物播种面积比上年有所回升，但是幅度不大（表 7-4）。

表 7-4　1996—2006 年我国粮食作物播种面积

单位：万公顷

年份	1996	1997	1998	1999	2000	2001	2002	2003	2004	2005	2006
面积	11 254.8	11 291.2	11 378.7	11 316.1	10 846.3	10 608.0	10 389.1	9 941.0	10 161.0	10 460.0	10 548.9
比上年增减	248.8	36.4	87.5	−62.6	−469.8	−238.3	−218.9	−448.1	220.0	239.0	88.9

资料来源：根据 1997—2007 年《中国农业统计年鉴》计算。

第四，粮食的总体质量偏低、竞争力差。由于国内粮食市场难以真正做到"优质优价"，加之农产品加工业以及养殖业与国际市场的粮食需求脱节，相当多的粮食品种出现"好的不多、多的不好"的尴尬局面，难以和国际的优质粮食竞争，如优质小麦和专用小麦少、特用和饲用玉米少、杂交稻和早籼稻多、大豆出油率不高等问题。此外，由于农药、化肥等农用化学品的不合理使用、污水灌溉、工业"三废"污染等原因，也严重影响我国粮食质量的进一步提高。

为此，近些年来，国家出台了一系列加强粮食生产、保障粮食安全的政策措施。在国家一系列强有力的政策引导和支持下，我国粮食生产出现重大转机，2006 年粮食总产量达到 49 746 万吨，接近 50 000 万吨，实现了连续五年增产。

因此，要继续坚持立足国内保障粮食基本自给的方针，逐步构建供给稳定、调控有力、运转高效的粮食生产保障体系。发挥农业科技生产力的巨大潜力，努力稳定粮食播种面积，进一步保护和调动农民种粮积极性，引导农民合理安排种植结构，提高复种指数，种足种好粮食作物。大力开展粮食优质高产创建活动，实现良种良法配套，提高粮食单产、优化品种、改善品质，继续实施优质粮食生产、种子、植保和粮食丰产科技等工程，推进粮食优势产业带的建设。

继续优化粮食生产区域布局，加快建设 13 个省粮食主产区的粮食产业带。通过规划引导、政策支持、示范带动等办法，支持发展粮食产业，继续实施粮食生产科技工程，加快建设一批特色明显、规模化程度高、竞争力强的粮食产业基地，提高我国粮食综合生产能力。

从发展我国粮食产业的趋势看，在"十一五"期末和"十二五"期间，我国粮食产业发展的重点方向是：促进粮食产业的稳定发展，首先是粮食播种面积必须稳定在1.07亿公顷（16亿亩）以上，其次是因灾损失粮食年际间的波动不能超过常年100亿千克，再次是粮食单产每年提高1%以上，粮食总产必须稳定在5 000亿千克以上，并保持粮食生产稳定发展。水稻重点发展优质品种，同时拓宽用途，积极发展高产、高蛋白和高出糙率的饲用稻和适宜精加工专用品种，进行超级稻品种示范推广。小麦重点发展适宜面包、糕点、饼干、面条等产品加工的专用小麦，同时积极改善冬小麦品种。玉米重点发展适宜饲料工业的优质蛋白品种，根据工业生产需要，适当发展高淀粉、高油等加工专用型玉米。马铃薯重点发展高产优质多抗专用新品种，扩大脱毒种薯供种能力，主攻单产，提高品质，提升生产、加工、储藏、流通的水平。结合农业部优势农产品区域布局规划（2008—2015年），将优质水稻、专用小麦、专用玉米、优质马铃薯列为粮食产业主攻的重点，力争在“十一五”期末和“十二五”期间，使粮食综合生产能力超过5亿吨，粮食单产每年提高1%。

一、优质水稻

主攻方向：调减早稻，扩大中稻和再生稻，稳定晚稻面积。以高产、优质、高效、生态、安全为目标，突出区域化布局、规模化种植、标准化生产。抓好早籼稻品种改良，稳步发展粳稻，大力发展优质稻，不断优化品种结构，积极开发早稻加工利用，实现用途多样化，发展东北出口粳稻，停止东北地区的湿地开垦。

按照农业部制订的全国优势农产品区域布局规划（2008—2015年），到2015年，全国水稻面积稳定在3 000万公顷，优势区域水稻面积稳定在2 933万公顷，占全国的98%，产量占全国的比重达到99%，优质率达到80%，比2007年提高8个百分点。绿色、有机水稻基地面积分别达到333万公顷（5 000万亩）和33万公顷（500万亩）。超级杂交稻亩产达到850千克，杂交粳稻的种植比例由20%提高到30%，年种植面积达到333万公顷（5 000万亩），产量每亩增加100千克，实现年增产30亿千克优质稻谷的目标。

培育特色稻米和节水型优质稻品种6～10个，参与国际市场竞争；同时支持推广米质达到国标二级以上抗性好的高产品种和优质超级稻品种（组合）10～20个，以满足国内市场需要。近期重点推广中鉴100、中香1号、香两优68、粤香占、丰优香占、武香粳9号、培杂双7、两优培九、川香优1号、超产二号等。不断推出新审定的品种，及时淘汰过时的品种。

近期重点集成推广水稻机械化插秧技术，水稻免耕、抛秧技术，优质水稻低成本和无公害栽培技术，超级稻生产集成技术，水稻旱育稀植技术，水稻机械化收割技术等。重点在长江中下游稻区、东北稻区、西南稻区等三大区域实施，每年新技术推广200万公顷，累计推广面积达到1 400万公顷。同时，支持水稻新品种规范化种子生产技术、种子精加工技术等产业化体系建设，加强水稻产后处理与储藏、加工技术推广。培训30万名农业技术推广人员和3 000万名农民。

二、专用小麦

主攻方向：以提高小麦质量，降低生产成本，增强产品的技术竞争力为核心，重点培育强筋、中强筋、中筋和弱筋小麦新品种，研究开发节水节肥等资源高效利用的耕作栽培技术。在稳定小麦生产的前提下，不断优化品种结构，大力发展优质专用品种，着力提高小麦种植效率和小麦加工制成品的质量。到2015年，全国小麦种植面积稳定在2 267万公顷，优势区域的小麦种植面积2 120万公顷，占全国的93.6%以上，产量达到10 523万吨，占全国的比重达到95.2%，优质率达到85%以上，使优势区专用小麦播种面积不断扩大，小麦种植的经济效益明显提高。与此同时，培育高附加值、高产、高效的小麦品种20个，其中优质强筋面包、面条、小麦8个（北方冬麦区、东北春麦区），饼干糕点小麦2个（南方冬麦区）要求品质达到国外一二级优质标准，产量与对照品种持平；高产（增产8%以上）高效广适型品种5个；兼抗广适型品种3个；育成饲用品种2个；氮肥利用率提高10%左右。小麦销售价格提高50元/亩，降低生产成本30元/亩，各项先进应用技术累计推广2 000万公顷；培训20万名农业技术推广人员和2 000万名农民。

三、专用玉米

主攻方向：以提高玉米质量、降低生产成本、增强产品的技术竞争力为核心，在继续提高品种抗逆性和产量潜力的基础上，重点培育优质饲料专用、工业加工专用玉米新品种，研制和推广节本增效，资源高效利用的玉米栽培技术。大力推广以“一增四改”（合理增加种植密度、改种耐密品种、改套种为平播、改粗放施肥为配方施肥、改人工播种收获为机械化作业）为重点的高产配套技术，着力提高玉米单产的水平。到2015年，全国玉米种植面积稳定在

2 953 万公顷，优势区的玉米种植面积稳定在 2 069 万公顷以上，占全国玉米种面积的 70%左右；产量达到 1.4 亿吨，占全国的比重达到 80%。与此同时，选育抗逆优质玉米自交系 5 个，筛选和培育优质专用玉米杂交种 15 个；饲料玉米基本达到国标二级以上标准（容重 685 克/升，粗蛋白质 9%）；淀粉发酵工业用玉米达到国标二级以上标准（淀粉 72%）；产量比对照提高 8%以上。研究推广少耕技术，每吨玉米降低机械作业成本 20～30 元；推广玉米专用复合肥，每吨玉米降低肥料投入成本 30～40 元；组装玉米品种与促早熟生产技术，使东北春玉米区收获期籽粒含水量降至 28%以下；玉米产品安全性符合绿色食品标准，各项先进应用技术累计推广 1 667 万公顷，培训农技人员 25 万名和农民 2 000 万人次。

四、马铃薯

主攻方向：围绕做大做强马铃薯产业，积极开展和选育优质专用高产品种，建立新型的马铃薯种薯繁育和推广体系，引进、选育和推广马铃薯的高产、优质、多抗专用新品种，扩大脱毒种薯供种能力。推进脱毒种薯、加工专用薯和鲜食用商品薯协调发展，坚持种薯先行、科技种薯和产业带动的战略方向，主攻单产，提高马铃薯的品质，实施标准化，规模化的生产，提升马铃薯生产、加工、储藏和流通水平。

到 2015 年，全国马铃薯播种面积达到 800 万公顷，优势区的马铃薯播种面积达到 733 万公顷，占全国总面积的 91.7%，产量达到 1.39 亿吨，占全国的比重达到 92.7%。建成高产高效的良种繁育体系和完善的种薯质量控制体系，脱毒种薯面积占总种植面积的 50%以上，专用薯面积和订单面积分别占 20%和 30%以上，加工比例达到 25%，贮藏损失率控制在 10%以下。各项先进应用技术累计推广 1 000 万公顷，培训农业技术人员 15 万名和农民 1 500 万人次。

第三节　经济作物产业

经济作物通常具有经济价值高、技术要求高、商品性强等特点。它能有效增加农民收入，是农业增效的支柱产业，是农村劳动力的转移载体，是发展工业的重要原料，也是市场需求的保障产业。我国进行农业结构调整以来，经济作物和园艺作物取得了较大的发展，农作物总播种面积中，粮食作物播种面积所占比重下降，经济作物和其他作物所占比重上升。与2000年相比，2006年粮食作物播种面积所占比重由69.4%减至67.1%，下降了2.3个百分点；经济作物和其他作物播种面积所占比重由30.6%增至32.9%，上升了2.3个百分点。蔬菜、水果、茶叶、花卉、中药材等园艺产品快速发展，成为农业结构调整的亮点。2006年蔬菜种植面积为1 774万公顷，比2000年增加250万公顷。“十五”时期，园林水果总产量达29 556万吨，比“九五”时期增加1 898万吨，增长6.9%。

我国经济作物产业已得到了很大的发展，尤其是农业部实施的第一轮农产品优势区域发展规划使得我国优势农产品产业集中度显著提高。从全国来看，长江流域、黄河流域和西北三大棉区的植棉面积已占全国的99%；桂中南、滇西南和粤西三大甘蔗区，渤海湾和西北黄土高原两大苹果区的面积和产量都已占到全国的一半以上；长江上中游、赣南—湘南—桂北和浙南—闽西—粤东三大柑橘产业带的面积和产量也分别占全国的49%和57%。从单产水平看，2006年苹果亩产1130千克，增幅达87%；柑橘由亩产569千克提高到657千克；棉花每亩提高了5千克；甘蔗单产5 066千克，每亩提高了220千克。出口创汇不断增加，2006年我国园艺产品出口创汇达85.4亿美元，实现顺差60多亿美元。

但是，我国经济作物产业发展的问题也不少。在棉花生产过程中，主要存在的问题是：一是棉花的品质结构不合理，主要表现在品种类型单一。2006年，我国棉花90%以上的品种仅适纺32支纱，而适纺60支以上的优良品种很少。二是棉花生产的规模太小。据农业部统计，我国人均植棉不到一亩，亩产量不高，与发达国家相比较，有较大的差距。三是施肥不合理。有机肥施用量少，化肥施用量大。四是种植密度过大，造成通风透光能力差，严重影响光合作用，造成蕾铃脱落严重，同时加重了病虫害的发生。

在油料作物中，2006年具有市场良好前景的双低油菜仅占播种面积的30%，远远不能满足市场的需求。在大豆作物中，大豆生产存在的主要问题是：一是大豆品质差。我国大豆平均含油率比世界平均水平低2%～3%；产量低，我国生产大豆单产比世界平均水平低30千克。二是大豆迎茬面积加大，重茬时间加长。三是大豆品种退化严重。由于连年种植，病虫害加重，产量降低。四是施肥不合理，尤其是氢肥施用过少。五是大豆病虫害比较严重。除了根病外，还有菌核病、灰斑病和霜霉病，大豆病虫害的频繁发生影响了大豆产量的提高。

蔬菜生产中，2006年总量基本能够满足需要。存在的问题：一是蔬菜生产的品质差，设施化程度低，均衡供应能力不足。我国现有蔬菜保护地面积仅占蔬菜生产面积的25%左右，其中较高标准的不足10%；二是特色品种开发滞后，种苗供应能力不足；三是产后预冷加工能力差，损失量大；四是组织化程度不高，净菜上市环节薄弱；五是污染较严重，特别是化学农药和硝酸盐含量偏高。

水果生产，其生产总量过剩，结构性矛盾比较突出：一是外观质量和内在品质不高，水果优质率仅50%左右。二是品种结构不合理。树种比例中，苹果、柑橘和梨约占总产的2/3以上，而且早、中、熟品种搭配不当，成熟期过于集中，其他名特优稀品种规模过小，加工品种短缺。柑橘中橙类比重仅20%，适合加工果汁的品种极为短缺，而不耐贮运的宽皮柑橘却占70%以上。苹果适合加工的品种逐年减少，葡萄适合加工酒类的专用品种不足20%。三是保鲜加工能力严重不足。现有贮藏保鲜能力仅占水果总产的15%左右，果品加工能力不足总量的10%，仅3%左右的果品经过清洗、打蜡、分级、包装后投放市场。

从发展我国优势农产品的趋势看，在“十一五”期末和“十二五”期间，我国经济作物产业发展的重点方向是：棉花生产重点发展多抗、高强纤维、高产优质杂交棉；油料生产重点发展“双低”油菜和优质的高油和高蛋白大豆；蔬菜生产重点提高设施化生产能力和种苗供应能力，强化产后预冷保鲜环节，积极发展无公害蔬菜和绿色蔬菜，推广净菜上市；甘蔗生产重点是发展优质、抗病、高糖的甘蔗品种；水果突出抓好柑橘品质，通过品种引进、低产园高接换种等途径，发展鲜食型甜橙、柚类和其他名优柑橘以及加工用橙，减少宽皮柑橘中的中晚熟品种，使甜橙、宽皮柑橘和其他柑橘的比例调整到50∶40∶10，早、中、晚熟品种比例调整到15∶60∶25。发展鲜食早熟、晚熟和加工专用的苹果，减少苹果中的中熟品种，逐步建立苹果标准化生产的技术体系。

一、优质棉花

主攻方向：针对棉花质量不能满足国内外市场的需求、种棉效益低、市场竞争力弱、生产波动性大、进口多而出口少等问题以改善棉花质量、增加优质高等级棉，提高效益，促进棉农增收和抑制进口，扩大出口为主攻方向。

到 2015 年，棉花三大优势区的综合生产能力明显提升，植棉面积稳定在 567 万公顷，单产提高到 95 千克/亩，与此同时，培育出多抗、高强纤维、早熟优势、高产杂交棉，高产优质专用品种 20 个；棉花产量要保持在 850 万吨以上、自给率 80%左右，四级以上优质棉 85%；棉花工厂化育苗机械化移栽进入生产应用，节水节肥 30%，单产提高 15%～20%；优质棉、高等棉增加 15%，出口商品品质提高 1 级，生产成本降低 30 元/亩，节本增效 100～120 元/亩；扩大棉花出口达到 50 万吨左右；国产抗虫棉种植面积达到 233 万公顷，杂交棉种植 300 万～333 万公顷；培训棉农 400 万人次和农技人员 5 万人次。

二、“双低”油菜

主攻方向：以科技创新和技术推广为基本出发点，着力于改善品质、降低成本，提高多元化开发能力和双低油菜的产业化水平，增加油菜籽供给，减少国内食用油进口。

到 2015 年，全国油菜播种面积达到 973 万公顷，优势区域的油菜播种面积达到 927 万公顷，占全国油菜播种总面积的 95%，平均单产达到 138 千克/亩，产量达到 1 912 万吨。优势区适合直播和机械化收获新品种得到广泛应用。双低油菜普及率达到 90%以上，商品油菜籽芥酸和硫苷含量达到农业部部颁布标准，含油量达到 43%以上，基本实现双低化，并出口国外市场；育成新品种 10 个以上，含油量提高 2～3 个百分点，单产提高 15%以上；技术普及率达到 90%以上，推广面积达到 600 万公顷以上，年节约劳动力投入 50 亿元；每亩节省化肥投入 20%以上；菜籽精深加工增值达 100%～150%以上。培训农民 1 500 万人和农业技术人员 15 万人。

三、高油大豆

主攻方向：以提高含油量和单产为突破口，以推广高油高产品种和大面积机械化标准作业为保证，努力降低成本。同时，充分发挥我国非转基因、无污染或有机大豆的优势，研究开发高油大豆品种和配套技术，努力保证食用大豆的供给，着力提高高油大豆的自给率。到 2015 年，全国大豆播种面积达到967万公顷，优势区域的大豆播种面积达到652万公顷，占全国大豆播种总面积的67.4%，比2005—2007年三年平均增加53万公顷，其中，含油率21%以上的高油大豆面积达到60%以上，蛋白质含量45%以上的高蛋白大豆面积达到30%，产量达到1 579万吨，占全国的比重达到72.6%。平均单产达到161千克/亩，比2007年提高64千克。与此同时，选育油分含量20%～23%的大豆新品种8个，油分含量提高1～1.5个百分点，单产提高8%～10%；亩增产10～15千克，亩生产成本降低20～30元，各项先进技术累计推广333万公顷，培训农技推广人员10万人和农民1 000万人。

四、甘蔗

主攻方向：围绕确保食糖基本自给、保障食糖安全的任务，稳定甘蔗的生产面积，提高甘蔗单位面积产糖量和产品质量，抓好甘蔗生产能力、科技支撑能力和产业化发展三项重点，加强蔗田基础设施、良种科研和繁育体系、产业支撑体系和社会化服务体系的建设，提高劳动生产率，降低成本是甘蔗技术提升的主攻方向。到2015年，全国甘蔗种植面积达到160万公顷，优势区的甘蔗种植面积达到118万公顷，占全国甘蔗种植总面积的74%，平均亩产提高到5.4吨，蔗糖分达到15%，甘蔗产量达到9 600万吨，产糖量增加到1 140万吨，优势区域的甘蔗产量和产糖量分别占全国的84%和88%以上。与此同时，南方主产区甘蔗单产提高到77.0吨/公顷，糖分达14.3%；吨蔗生产成本下降到95～100元，吨糖生产成本下降到2 500元，相当于世界原糖每磅9美分的水平。培训农民达200万人次以上。

五、天然橡胶

主攻方向：以增加我国天然橡胶总产量、提高单产和橡胶产业整体经济效益、增强天然橡胶竞争力为主要任务，着力发展高产、抗风、抗寒的优良品种，加强良种苗木基地建设和关键技术攻关，加快优良品种的配套技术推广，优化橡胶生产布局，挖掘生产潜力，全面提高橡胶生产技术水平。

到2015年，全国橡胶种植面积达到126万公顷，优势区橡胶树种植面积达到88万公顷，占全国橡胶种植总面积的70%。新胶园的良种覆盖率达到100%，平均单产达到1 440千克/公顷，年产干胶80万吨以上，占全国的比重稳定在 99%左右，与此同时，研究天然橡胶种植、加工新技术和新产品以及全程质量控制技术体系。培育优良天然橡胶品种 4～6 个，取得创新技术4～6 项，推广新品种和新技术 8～10 项。技术培训每 500 亩橡胶园有一名中级职称的专业技术人员，每 200 亩橡胶园有一名胶农技术骨干。

六、柑橘

主攻方向：以提高柑橘产业的市场竞争力，扩大柑橘出口，减少柑橘进口为主攻方向，按照鲜食、加工并重的发展思路，重点开发鲜食柑橘和柑橘加工两大类，宽皮柑橘、甜橙、柚类和其他特色产品。积极发展优质脐橙鲜果和橙汁加工专用品种；开发和应用柑橘商品化处理技术和橘瓣罐头机械化生产技术。到 2015 年，培育形成 3～4 个特色明显、世界闻名的优势柑橘生产区，6～8 种有较强国际竞争力的柑橘产品以及一批有实力的国内知名品牌。全国柑橘栽培面积达 191 万公顷，优势区柑橘栽培面积达到 140 万公顷，占全国柑橘栽培面积的 70%，产量达到 2 430 万吨，占全国的比重达到 80%，平均单产达到 15 吨/公顷以上，加工原料单产 30 吨/公顷左右，条块结合（商品）果比例达到 75%，其中优质果率提高到 60%以上，鲜果出口量 140 万吨，橘瓣罐头产量达到 70 万吨左右。与此同时，选育成熟期向两头延伸、鲜果供应时间延长 3～4 个月的柑橘品种 3～5 个；选育无核的蜜柑品种 1～2 个，提高我国宽皮橘的竞争力；选育出 1～2 个比较耐溃疡病的脐橙品系，并在疫区示范。建立适合我国的无公害柑橘栽培技术规程和开发关键技术，开发宽皮橘提高品质的技术（体系），形成一套安全的脐橙等附加值较高的留树保鲜技术。弄清我国目前重要的柑橘病虫害的发生、成灾规律，并提出综合防治技术及规程。开发出 2～3 个柑橘活性成分的提取技术和工艺。通过引进成套设备，提高我国柑橘鲜果处理能力 10 个百分点。通过技术培训，使1 000 亩橘园有一个中级称职的专业技术人员，50 亩橘园有一个农民技术骨干。

七、苹果

主攻方向：围绕促进苹果出口的深加工，稳定苹果栽培面积，提高单产和优质果率，形成适合中国优势区域特点、适于不同国际市场目标的优质苹果品种群。降低生产成本、提高优质果率，提高苹果商品化处理技术水平和能力，扩大鲜销苹果的出口量。研发苹果鲜榨汁、苹果酒等加工新技术和新产品以及全程质量控制 HACCP 技术体系。到 2015 年，全国苹果栽培面积达到 163 万公顷，优势区域的苹果种植面积达到 133 万公顷左右，总产量达到 2 800万吨，占全国的比重达到 82%左右，平均单产达到 21 吨/公顷，优质果率亩产增加 1 个百分点。与此同时，筛选出拥有自主知识产权的优良品种 8～12 个，其中鲜食早熟品种 1～2 个、中熟品种 2～3 个；晚熟（含中晚熟）品种 3～4 个，加工专用品种 2～3 个。完善以无公害为主的苹果标准化生产技术体系，确定主要栽培品种的适采时期和采收技术；开发 2～3 种苹果新型保鲜剂和 3～4 种无毒或低毒生物防腐制剂；开发 3～5 种无污染新型包装材料；建立苹果浓缩汁生产全程质量控制 HACCP 技术体系；研究开发苹果深加工新产品（如苹果酒、苹果汁等）5～10 个，取得创新技术 5～8 项，加工关键设备基本实现国产化；技术培训每 1 000 亩果园有一名中级职称的专业技术人员，每100 亩果园有一名农民技术骨干。

八、蔬菜

主攻方向：围绕促进蔬菜生产，稳定种植面积，提高设施化蔬菜生产的比重，形成适合中国不同区域特点，适于设施蔬菜和露地蔬菜栽培的优良品种，逐步降低生产成本，扩大无公害蔬菜的种植面积，提高蔬菜产后加工处理技术水平和能力，扩大蔬菜出口量。

到 2015 年，全国蔬菜种植面积稳定在 1 867 万公顷，总产量达到 63 000 万吨。从我国城乡居民的生活水平及对蔬菜的消费情况来看，黄瓜、番茄、芹菜、白菜、萝卜等大众蔬菜品种的种植仍将是今后蔬菜发展的重点。在“十一五”期末和“十二五”期间我国蔬菜产业发展的重点是：①加强蔬菜良种繁育和推广，发展优质特色蔬菜；②强化蔬菜产后处理，积极发展深加工，延长产业链，提高附加值；③加快特色蔬菜质量标准体系建设，规范行业标准，提升产品市场竞争力，培育名牌产品。到 2015 年培育拥有自主知识产权的设施蔬菜（包括番茄、青椒）的优良品种 30～40 个，露地蔬菜优良品种 60～80 个。完善以无公害种植为主的蔬菜标准化生产技术体系，确定蔬菜主要栽培品种的生产管理技术和净菜加工技术。研究开发脱水蔬菜、速冻蔬菜加工技术 5～10 项，取得创新技术 5～6 项。通过技术培训，每 1 000 亩蔬菜基地有一名中级职称技术人员。

第四节　健康养殖产业

近年来，我国畜牧业迅猛发展，2006 年产值已超过 1.4 万亿元，占农业总产值比重的 34%、占国民生产总值的 7%。快速发展的养殖业向市场供应 8 000多万吨肉、8 500 万吨水产品、2 400 万吨蛋、2 300 多万吨奶。养殖业已经成为我国农业农村经济的支柱产业和农民收入的重要来源。

但是，近年来发生的瘦肉精中毒、红心鸭蛋、多宝鱼、养殖疾病等公共卫生事件使养殖产品正面临着安全信任危机，不仅暴露出不少亟待解决的食品安全问题，而且严重制约着整个养殖行业的健康发展。

近些年来，我国畜牧业发展存在的问题主要有：

一是良种繁育体系“四低一高”日益显现，不适应市场变化的要求。我国虽然畜禽品种资源丰富，但畜牧业生产水平与发达国家相比，在很大程度上是良种的差距，集中表现在畜禽个体生产力水平低，饲料转化率低、劳动生产率低、出栏率低和畜禽死亡率高。以奶牛生产为例，据农业部畜牧业司提供资料，我国每头奶牛年产奶量为 3 500～4 000 千克，低于世界 5 000 千克的平均水平；生产 1 千克猪肉的饲料消耗量为 3.5～4 千克，世界先进水平仅为2.4～3 千克。我国每年需花费 5 000～6 000 万美元从国外引种，但由于选育、提纯复壮手段落后，形成了引进、退化、再引进的局面。因此，加强良种繁育体系建设，已成为畜牧业产业化发展的当务之急。

二是产品结构不合理。突出表现在：牛奶生产发展严重滞后，人均占有量仅有 6.1 千克，与调整食物结构，增强民族体质的要求相去甚远；优质细羊毛生产不足，每年需进口优质净毛约 10 万吨，相当于国内羊毛的生产量，而国内自己培育的优质细毛羊，由于资金不足，品种开始退化。另外，猪肉总量多，但优质瘦肉型猪较少，尤其是三元杂交猪供不应求。

三是饲料资源利用不合理。牧区草场受自然气候和长期过牧的影响，严重退化、沙化，产草量大幅度下降，农区秸秆资源未得到有效利用，焚烧秸秆现象仍然存在，制约着畜牧业的持续发展。

四是养殖模式落后。我国传统养殖业是以后院式散养模式为主。养殖户分散，养殖缺乏规模经济效益。由于养殖利润低，缺乏再投入资金，导致饲养卫生防疫和科技等的投入严重不足，就又导致养殖户抵御饲养风险、市场变化风险的能力低，甚至导致养殖亏损。由于我国兽医防治体系薄弱，畜禽疫病控制程度较低，畜产品的安全卫生品质存在一定的隐患，成为近些年我国畜牧业发展速度不快的原因之一。为了打破这个循环，发展健康养殖成为重点和关键。

根据近些年我国畜牧业发展的特点和畜产品市场状况，畜牧业中易于发展现代农业的项目有：畜禽良种、牛羊奶、禽类、牛肉羊、瘦肉型猪、细毛羊、绒山羊和地方名特优稀品种。今后现代畜牧业建设的重点：一是以良种繁育基地为龙头的产业化经营，按照“原种场—扩繁场—商品种畜禽场—商品生产基地”这一宝塔式体系结构，针对扩繁能力不足的矛盾，重点加强扩繁场建设，兼顾原种场和商品种畜禽场建设。从保护和开发品种资源的角度出发，适当支持良种繁育场建设小型专用饲料加工、畜禽产品开发项目，以增强其自我发展能力。二是以大中城市郊区为重点，加强奶源和加工能力建设，发展牛奶产业化，增加城市鲜奶供应。三是水禽、优质肉鸡产业化，重点支持良种、加工及相关批发市场建设。四是草食畜牧业的产业化，包括肉牛、肉羊、兔、细毛羊、绒山羊等，重点加强良繁基地、加工龙头企业、相关的批发市场建设。“十一五”期末和“十二五”期间将生猪、奶牛和肉牛作为现代畜牧业发展的重点。

一、生猪

主攻方向：以确保生猪生产平稳增长，保障基本供给，满足国内需求为主要任务，大力推进规模化经营、标准化生产、组织化管理。在稳定数量的基础上，加快品种改良，优化猪群结构，提高每头母猪年出栏育肥猪头数，使生猪的生产性能达到国际先进水平。采用常规技术为主，结合高新技术，进行瘦肉型猪新品系的选育，增加适合市场需求的优良“三元杂交”和配套系瘦肉型猪的比重。研究集约化、规模化养猪疾病防治技术、瘦肉型猪配套饲养技术。进一步促进生猪规模化生产，使养猪户数减少，养殖户养殖规模扩大，生猪饲养资源逐步集中。巩固长江中下游地区和华北地区传统主产区的地位，发展适度规模饲养，加快品种改良步伐，提高饲养管理水平。充分发挥资源优势，加快东北粮食主产区的生猪发展。适当控制大城市近郊养猪业的发展，尽量减少养猪所带来的环境污染。

到2015年，4个优势区生猪年出栏达到4亿头，出栏率达到150%以上，生猪调出量达到2.4亿头，占出栏总量的比例达到60%，每头存栏猪年产肉量提高到 120 千克，猪肉总产量达到 3 240 万吨，规模养殖的比重达到 65%以上，猪的良种覆盖率达到 90%。全国上市流通的生猪工业化屠宰加工产品的比重达到 50%左右。培训专业养殖户达 50 万户。良种繁育体系进一步完善，质量安全监控体系基本完善。

二、奶牛

主攻方向：以提高奶牛单产水平和养殖效益为主要任务，着力提高优势区的奶业集约化、标准化、优质化水平和国际竞争力。建设一批集良种、饲料饲养机械化、环境工程智能化、奶产品加工与质量检测自动化等技术于一体的现代化奶业示范基地，达到安全、高效、优质的生产目的，示范带动全国奶牛业发展。

到 2015 年，优势区内奶牛存栏量达到 1 700 万头，牛奶产量达到 5 400 万吨，占全国奶类产量的比例提高到 83%以上，使机械化挤奶普及率不断提高，原料奶的质量进一步改善。开发出新型安全补充料与饲料添加剂新产品 4～6 种；提出不同产奶阶段的饲料配方和饲喂工艺 2 套，生产精料配合饲料 800 万吨以上；推广青贮玉米和优质牧草种植；开发出针对各种疾病的快速、高效、经济的诊断试剂盒 4～6 个；建立与国际接轨的奶产品质量和安全控制、检测标准及相应技术体系；建立 10～15 个奶业现代化生产核心示范区，示范区奶牛平均单产提高 30%以上，原料奶生产年产值增加 30 亿～40 亿元，乳品加工附加值增加 20 亿元以上。培训奶农 20 万人次。

三、肉牛

主攻方向：以满足城乡居民对牛肉产品的基本需求能力为主要任务，以生产优质牛肉为核心，以发展产业化经营为突破口，在重点优势区域内实行规模化生产、标准化管理，主攻品种改良、产品质量分级、产品安全与卫生质量等关键制约环节，力争在 5～8 年内建成一批有国内外知名品牌、有较强国际竞争力的牛产业带，最大限度地满足国内市场对牛肉产品的需求，并逐步替代部分进口产品和增加牛肉出口量。

在建立无规定疫病区等动物保护工程建设的配合下，技术开发研究以良种、饲料、肉品加工为主攻方向。以纯种繁育为基础、杂交改良为主要手段，开展肉牛良种工程建设。利用国外优良肉用品种与优良地方品种开展二元及三元杂交，形成适合当地资源和市场需求的相对稳定的杂交组合。重视牛杂交改良体系的建设，确保原种场（或种公牛站）、良种繁育场和人工授精（或品种改良）站三级体系之间的有机联系。开发工厂化生产肉牛专用的、安全的饲料添加剂及补充饲料，改变传统饲料结构。完善技术服务体系，加强技术推广与培训，推行标准化饲养。

到 2015 年，使我国优势区肉牛综合生产能力得到较大幅度提高，牛肉产量达到 320 万吨，年均增长达到 3.6%以上，满足国内牛肉需求的 45%以上。建立完善的肉牛良种繁育体系，肉牛良种覆盖率达 70%，肉牛的优质率达到 50%以上，平均胴体重达到 200 千克，肉牛饲养成本降低到 20%。优势区 50%的规模养殖户参与产业相关的专业合作组织，组织化和规模化程度显著提高，牛肉出口价格接近世界平均水平。培训专业养殖户 5 万户。

四、肉羊

主攻方向：以肉羊良种繁育体系和加工体系建设为突破口，引进新品种和新技术，扩大设施养殖的比重，加速改造传统的养殖方式，建设标准化生产示范基地，逐步改变肉羊养殖良种覆盖率低、养殖方式落后、加工企业偏小等问题，大力培育优势品牌，提高肉羊的养殖效率，增加农牧民的收入。

到 2015 年，建设 4 个具有饲草资源、品种资源、市场资源优势的肉羊优势区，优势区羊肉产量达到 240 万吨，年均增长 5.5%，满足国内家庭羊肉消费需求的 48%以上，良种覆盖率达到 60%，出栏肉羊平均胴体重达到 16.5 千克左右，优质羊肉的比重达到 50%以上，品牌肉销售量占优势区羊肉产量的 60%以上。50%的规模养殖户参与肉羊产业相关的专业合作组织，培训肉羊养殖户 20 万人。

五、水产养殖

从水产养殖业发展情况看，良种覆盖率低，名特优新品种养殖比例不高，现代化养殖技术应用较少，养殖方式落后，大宗产品保质和低值产品的精深加工手段落后，不适应市场多品种、方便化小包装的要求。今后应重点围绕优化养殖品种结构，增加名特优新品种的养殖比例，发展技术、资金密集型的工厂化养殖，提高保鲜加工能力，重点发展优质水产苗种和水产品加工等环节的产业化经营。

水产养殖主攻方向：选择鳗鱼、对虾、贝类、罗非鱼、大黄鱼、河蟹及其他具出口潜力的优质养殖鱼类为重点，主攻水产品质量安全、提高优良苗种覆盖率、完善养殖生产配套基础条件、控制养殖病害、提高加工流通和渔业产业化水平。

到 2015 年，出口水产品优势养殖区域内水产原良种体系较为完善，运转高效；水生动物防疫体系基本建成，重大水生动物疫病得到有效预防和控制；养殖水产品质量安全保障体系初步建立，产品质量安全水平明显提升。优势品种水产品出口 107 万吨，产值达到 44 亿美元，年均递增分别达 5%和 7%。水产健康养殖基地达 500 个，培训专业养殖人员 5 万人次。

六、特种养殖

在发展常规高产品种的同时，要特别重视我国特有品种的发展，满足各地区、不同消费人群的特殊需求。以生产具有明显地方特色、品种特色、产品特色的农畜产品为重点，以建立规范化质量全程控制技术、增值配套技术体系为主体，以常规技术、高新技术的组装、配套、集成为基础，推广示范一批能使我国特色产品发展，增强市场竞争力、促进产业升级产品换代的关键技术。同时，支持新品种产业化开发技术。特种养殖应在保持各自原有风味的基础上，努力降低成本，加大与市场接轨的力度，走规模化、专业化、商品化生产的道路。实现特种养殖行业的三个根本转变——即由产量型向质量型转变，由规模型向效益型转变，由单一型向集团经营型转变。

特种养殖的主攻方向：选择技术成熟、经济价值高、市场潜力大、已有一定的生产基础和规模的毛皮动物（貂、狐等）、药用动物（鹿、麝等）、肉用动物（兔、狍等）、观赏动物、珍禽、水产等特种动物新品种进行示范推广，逐步形成新的农业支柱产业。要根据当地的气候条件，资源条件，发展适合的品种，进行合理布局，形成最佳的布局和规划模式。如东北地区应以养殖毛皮动物水貂、狐、梅花鹿、肉食犬为主；中西部地区，有丰富的草场资源和野生动植物资源，宜发展草食动物、药物动物如兔、马鹿、麝、小尾寒羊等；东南部沿海地区有丰富的水域资源和滩涂，宜发展中华鳖、食用龟、麝鼠、绿头野鸭等品种。

到 2015 年，特种养殖的良种覆盖率由 2007 年的 30%提高到 2015 年的 45%，特种养殖加工率提高 8 个百分点，达到 60%，特种养殖的产值达到 100

亿元，培训特种养殖专业户达 1 万户。

第五节　农产品加工业

新中国成立以来，我国以农产品为原料的轻工业发展和农村种养业的发展相互脱节，食品工业和纤维工业的布局主要集中在城市，农村仅有粮油等初加工生产，以传统的作坊式为主，手工操作多，产品种类单一，规模小，条件差，产品质量低。“十一五”期末和“十二五”期间要加快我国农产品加工业的发展。

一、农产品加工业主攻方向

“十一五”期末和到 2015 年，要紧紧围绕发展现代农业和农村经济结构的战略性调整，因地制宜、科学规划、合理布局，依靠科技进步发展农产品加工业，在避免重复建设，提高农产品加工能力的同时，逐步实现农产品由初级加工向高附加值的精深加工转变，由传统加工工艺向先进实用技术转变，推进农产品加工原料生产基地化，产加销经营一体化，加工制品优质化，促进农产品加工业持续健康发展。

到 2015 年，形成与优势农产品产业带相适应的加工布局，建成一批农产品加工的骨干企业和示范基地，建立农产品加工业的技术创新体系，健全重要农产品加工制品质量安全标准，使全国规模以上企业农产品加工业产值达到 65 000 亿元，年均递增 8%，主要农产品加工转化率（粗加工以上）由 2007 年的 40%提高到 2015 年的 50%以上。其中：粮食由 2007 年的 50%左右提高到 70%左右，水果由 2007 年的 6%提高到 2015 年的 10%，蔬菜由 2007 年的 1.5%提高到 2015 年的 3%，肉类由 2007 年的 4%提高到 2015 年的 8%，水产品由 2007 年的 20%提高到 2015 年的 30%。主要农产品深加工的比例（二次以上加工的产品占其产量的比例）由 2007 年的 20%提高到 2015 年的 35%以上，使农产品加工及制成品向多样化、营养化、方便化、安全化、优质化的方向发展，主要农产品加工品的总体质量达到发达国家 21 世纪初的水平，部分特色产品达到国际先进水平。特别是食品加工业的产值比重和农产品加工品的结构和质量要得到明显提高。大宗农产品加工转化率及产品质量达到工业发达国家 20 世纪 90 年代末的水平，部分特色产品达到国际先进水平。以后，农产品加工业要继续保持一定的增长速度，着重提高加工业的科技含量，进一步优化结构，逐步实现专业化生产、区域化布局和产业化经营，形成一批在国际市场上具有较强竞争力的龙头企业和名牌产品。

二、农产品加工业的发展重点

（一）粮食类产品加工

要从粗加工向精加工、从单一品种加工向多品种加工、从简单产品向深加工产品转化。重点是要搞好稻谷、小麦、玉米和薯类的深加工和综合利用，努力提高基础原料产品质量，实现加工品种多样化、系列化、专用化，加快粮食产品向食品制造业的延伸。小麦加工以生产高质量、高档次的食品为主，开发各类“绿色食品”、“有机食品”和满足一般消费层次的中低档产品；玉米加工以玉米淀粉为基础，向深加工和综合利用方向发展；薯类加工以淀粉、冷冻粉条为基础，开发变性淀粉等产品；大豆重点开展精深加工；水稻重点开发富硒、免淘、精洁、方便米等新产品。

（二）畜禽产品及饲料加工

重点发展猪、牛、羊、鸡、鸭、兔等肉类深加工制品，引导鲜肉制品向预冷肉、小包装、细分割方向发展；熟肉制品向多品种、系列化、全营养、精包装、易储存、易食用方向发展；同时搞好猪、禽、牛、羊等动物器官副产品的综合利用和药物提取。蛋制品重点解决传统的食用方法，向分级包装、蛋清蛋黄分离提取、加工蛋清蛋黄粉、生产各类具有蛋类营养的食品方向发展。奶制品要加强品种开发，并搞好产品的分级、分类包装。饲料业以发展鸡、猪、鸭、鱼、虾、牛、羊、兔饲料为基础，积极开发非常规饲料资源和特种动物饲料，使饲料工业与养殖业协调发展。

（三）果品加工

重点支持发展果品的分级包装、贮藏保鲜、冷链运输、精深加工和综合利用。加快引进、培育适合加工的优新品种，引进、消化、吸收国外果品商品化处理设备和技术，逐步建立和完善果品运销冷链系统。果品加工要在稳定提高初加工的基础上，利用现代技术和设备，大力发展精深加工和综合利用。重点开发果汁及果汁饮料、罐头、果酒等市场容量大、前景广阔和有出口竞争力的产品。

（四）水产品加工

重点发展优质鱼、虾、贝、藻和海珍品精深加工，在低值鱼类、藻类、贝类加工及贝类净化方面取得突破。加快发展以名优水产品为重点的海上保鲜保活运输业，扩大暂养面积，推广辐射保鲜、集装箱保鲜、气体置换包装保鲜、冻结保鲜等新技术，形成生产、暂养、保活保鲜运输一条龙。突破超低温冷库建设技术和超低温金枪鱼深加工技术，开发国际国内金枪鱼市场。利用海藻、鱼油、鱼骨等海产品，大力发展低盐、低糖、富含微量元素的保健食品，开发海参、海星、海胆、扇贝、牡蛎等系列保健食品，培植海马、河豚等海洋生物药材药源，发展海洋制药业。

（五）蔬菜加工制品

根据国内外市场需求，大力发展无公害、绿色、有机蔬菜及加工制品。在种植、加工和销售环节实行全程质量控制。重点抓好施肥、使用农药等关键环节，净化蔬菜生产环境。搞好蔬菜的清洗、分级、整理、包装等初加工，大力推行净菜上市。重点发展和研制开发技术含量高的低温脱水蔬菜、冷冻或速冻菜、保鲜菜、蔬菜粉、净配菜、调味及调理蔬菜、蔬菜汁及蔬菜罐头等系列产品。加快品种更新，提高蔬菜质量档次，降低成本，提高市场竞争力。

（六）茶叶加工

重点对绿茶、乌龙茶加工企业进行技术改造，更新加工设备，引进红茶加工设备和技术。大力推广无公害茶、绿色食品茶和有机茶开发技术，确保茶叶产品农药残留、重金属和微生物指标符合国家标准和进口国要求。推行名优茶冷藏和加工机械化、现代化，积极开发茶叶深加工制品和茶饮料。

（七）皮毛（绒）制品加工

重点发展牛皮、羊皮等皮类和羊毛、羊绒深加工制品；不断开发面向城乡市场的皮、毛（绒）系列产品；引导皮革制品向生产生活用品的多品种系列化、精深加工方向发展；毛（绒）制品向高品位的线、衣、日用品、工艺品方向发展。

除上述主要农产品之外，各地还要充分发挥当地特色农产品资源优势，大力发展特色农产品精深加工，以满足市场需求，实现特色农产品增值增效。

第六节　农业生物质能产业

发展现代农业的产业体系，更要重视推进生物质能产业发展。以生物能源、生物基产品和生物质原料为主要内容的生物质能产业，是拓展农业功能、促进资源高效利用的朝阳产业。生物质能产业以丰富的、可再生农林生物质资源，包括专门种植的高产生物质能源植物以及农林废弃物为原料，作为发展经济的资源，生产更加可靠、环保、低廉并能与常规能源竞争的产品。2006 年，我国产生农作物秸秆 6 亿吨左右，其中约有 3 亿吨可作为能源使用，折合 1.5 亿吨标准煤；每年产生畜禽粪便约 30 亿吨，若有效利用可生产数量巨大的沼气。有不少荒山、荒坡和盐碱地等边际性土地，可种植甘蔗、甜高粱、木薯、甘薯等能源作物。另外，稻壳、玉米芯、甘蔗渣等农产品加工业副产品数量巨大，可大量转化为生物质能。

我国发展农业生物质能不仅资源潜力巨大，而且也具备了一定基础。近年来，在国家的重视和支持下，我国沼气产业快速发展。其中，户用沼气技术居国际领先水平，发展规模居世界前列，到 2006 年已累计发展到 2 200 万户；大中型沼气工程技术日趋成熟，初步具备了产业化发展条件，全国已建成规模化养殖场大中型沼气工程 3 800 处。农作物秸秆能源化利用初见成效，全国已建设秸秆集中供气站 539 处，秸秆固体成型燃料已开展小规模试点。生物液体燃料初具规模，我国以陈化粮为原料生产燃料乙醇示范工程年生产能力达到 102 万吨。

我国农业生物质能产业发展要在保障国家粮食安全的前提下，按照科学规划、合理布局、综合利用、保护生态的原则，加快开发以农作物秸秆等为主要原料的生物质能源和生物质产品，鼓励利用荒山、荒地等资源发展生物质原料作物种植。充分利用农业废弃物，大力加强沼气建设，积极推广秸秆气化和固化成型燃料为重点，适度发展能源作物，走中国特色的农业生物质能产业发展道路。今后农业生物质能产业发展的主攻方向是农业废弃物的能源化利用。

生物质产业、生态产业等农业新兴产业是农业多种功能不断呈现、农业领域不断拓宽的产物，是现代农业新的增长点。经过 10 多年的发展，我国已有不同类型、不同规模的生态农业试点 2 000 多个，其中有 160 多个县级规模、10 多个地（市）级规模，另有几个省逐步发展生态农业省。北京市大兴县留民营村、浙江省萧山市山一村、江苏省泰县沈高乡河横村等 7 单位先后被联合国环境规划署授予“全球 500 佳”称号。各地开展生态农业建设后粮食总产量增幅 15％以上，人均粮食占有量增长 21.4％，农业总产值年均增长 7.9％，农民纯收入年均增长 18.4％，生态环境状况明显改善。

主攻方向：加快研发推广实施种植业、养殖业及工商业之间生产与生态良性循环的组装技术，农副产品废弃物资源化技术，生物种群的调整、引进与重组技术，农村能源综合开发技术，立体种植、养殖技术，水土流失治理技术，控制沙漠化技术，盐渍化土壤改良技术，涝渍地治理技术和病虫害综合防治技术等，从而提高资源利用率，改善生态环境。搞好生态农业、循环农业和观光农业建设，继续推进天然林保护、退耕还林、退牧还草等重大生态工程建设，加快重点地区水土流失治理，扩大森林生态效益补偿基金覆盖范围，加强森林草原防火体系建设，增强可持续发展能力。

今后将重点推进农村沼气工程、生物质能科技支撑工程、农作物秸秆能源化利用示范基地建设工程、能源作物品种选育和种植示范基地建设工程等四大重点工程，着力建设我国农业生物质能产业发展平台。

到2015年，建成一批农业生物质能基地，基本建成技术创新和产业发展体系，开发利用成本大幅度降低，初步实现农业生物质能产业的市场化。生物质能产业成为农业发展的重要领域，对促进农民增收，改善农村生活条件，建设社会主义新农村作用日趋明显，成为保障国家能源安全、保护生态环境的重要力量。到2015年，农村户用沼气总数达到6 000万户左右，年生产沼气233亿立方米，并逐步推进沼气产业化发展；建成规模化养殖场、养殖小区沼气工程12 000处，年产沼气10亿立方米。同时，建设一批秸秆固化成型燃料应用示范点和秸秆气化集中供气站，利用空闲土地适度发展能源作物，满足国家对液体燃料的原料需要。

第七节　农业服务产业

所谓农业服务产业就是由社会上的服务机构为满足农业生产的需要而提供的各种服务。它主要包括政策服务、良种服务、农资连锁服务、农业信息服务业、农产品现代物流业、认证认可等都属于农业服务产业的范畴。社会化服务是现代农业发展的普遍要求，已成为世界农业发展的共同趋势。农业社会化服务推动了当代农业的发展，也为今后农业持续发展提供了机遇。“十一五”时期是推进我国社会主义新农村建设的关键时期，也是加快全国现代农业发展的重要时期。农业服务业作为现代农业的重要组成部分，在拓展农业外部功能、提升农业产业地位、拓宽农民增收渠道等方面都发挥着积极作用。农业服务产业包括五大体系：

一、政策服务体系

建设农业服务产业要发挥政府在农业社会化服务体系中的作用，政府应该在交通运输、农业科技、市场信息、市场体制和市场规制等公共平台进行重点投入建设，坚持城乡统筹的基本方略和“以工补农，以城带乡”的基本方针，充分利用“黄箱”、“绿箱”等政策，加大农业农村投入，建立农村公共财政，构建新时期的政策扶持体系；积极支持农民自办、联办的服务组织，民办服务组织要始终坚持“民办、民管、民受益”的原则，推行股份合作制，推动农业社会化服务体系建设迅速走上“自愿组合、自主发展、自负盈亏、自我积累”的良性循环发展轨道。

二、良种服务业

良种是农业服务业最基础的产业，也是农业的基础和最具增长潜力的产业。按照发展高效农业的要求，加强与种子种苗科研单位协作，加快水稻、小麦、棉花、生猪、水禽、水产、苗木、花卉等种质资源的开发创新步伐，加快建设粮油、蔬菜和花卉苗木种子种苗引繁中心，加快培育一批种子种苗专业化服务组织；加强种子种苗企业的整合，引导种子经销单位与种业龙头企业合作，发展连锁经营，推进种子种苗专业化生产，促进种子种苗市场繁、供、推一体化，做强做大做长良种产业，为广大农民提供优质高效种子种苗；切实落实好水稻良种补贴政策，坚持良种补贴与主导品种、主推技术、订单生产、种子基地四挂钩。要加强种子企业的整合，推进种苗专业化生产，做强做大良种产业，提高种业市场竞争力。

三、农资连锁经营

发展农资连锁经营是净化农资市场，为广大农民提供化肥、农膜、农药等农业生产物资服务，保证农民用上放心农资的有效途径。大力鼓励和积极引导以直营连锁、特许（加盟）连锁、自由连锁等形式，实行以统一标识、统一采购、统一配送、统一核算、统一价格和统一服务为主要内容的农资连锁经营，并加强政策性扶持；加强农资市场监管，保护农资连锁经营的知名品牌，打击侵犯商标等知识产权的违法经营活动。

四、现代流通体系

积极发展现代物流，构建现代化的流通体系。发展现代物流的重点是以农产品批发市场为中心，充分利用联锁配送、电子商务、期货市场等现代流通手段，建设大市场、完善大网络，搞活大流通。建立完整的农产品流通链条，鼓励扶持现代流通方式的应用，发展农产品联锁经营、直销配送、电子商务等流通方式。在主要农产品的集中产区建设期货市场，衔接国内外同类产品的大市场，实现国际化交易。探索发展农产品拍卖交易市场，努力提高交易水平。加强农产品电子商务网络建设，电子商务不仅可以及时准确地获取农产品生产状况和市场行情，而且可以借助电子网络完成农产品的采购、招标、洽谈、支付等商务活动，突破农产品交易的时空限制，降低成本，大大提高交易效率。要谋划建立农产品交易商务网，促进产地市场和销售市场的衔接，国内市场和国外市场的对接。

五、农业信息体系

重点加强农业科技、教育和经济信息网络中心的建设，并逐步推进和支持省、地、县、乡信息网络的建设。以实施农业信息服务工程为抓手，构建现代农业信息服务平台。积极引导农业龙头企业、农民专业合作经济组织和种养大户等各类市场竞争主体上网，发展农业电子商务，强化为农服务，促进农产品流通与销售。推广“网上发信息、网下忙交易”的做法，扩大农产品网上交易额。加强网上信息中介服务，加大电话、电视、电台等传统信息资源整合，形成与网络互为补充的信息传播新模式，实现农业信息载体多元化、手段多样化、服务产业化。

第八节　农业高新技术产业

“十一五”期间末和“十二五”期间我国农业高新技术产业建设的重点应考虑选择 8 个领域，具体包括：①动植物品种培育与改良，主要是利用基因工程培育高产、优质、抗性强和健全的、多功能性的新品种；②动植物的快速繁殖，主要是植物组培技术产业和动物胚胎移植技术产业；③农用生物制剂，包括生物农药、动物疫苗、动植物生产调节剂的研制；④海洋农业开发，主要与

"国家863计划"中海洋生物技术研究与开发项目相对应；⑤测土配肥与精确农业，将测土配肥专家系统、电子商务网站在线服务、数据库、GPS、作物新品种、专用肥配制等技术集成在一起，形成一个覆盖全国性的专业服务体系；⑥节水技术和设施农业，其中设施农业除研究和建设适应我国不同农业生态条件和农区要求的、不同档次和类型的温室系列之外，应将重点放在设施条件下的专用品种、栽培和植保技术、消耗性材料（如栽培基质）、相应的检测仪器、环境控制设备、智能化工具、农艺方案、农事制度和营销组织等方面；⑦农业信息化与服务体系建设，包括各种农业专家系统、技术咨询、市场分析、法规、新闻、农产品和农需品的供求动态、物流配送系统、网络信息共享和电子商务网站平台技术的有机融合，建成一批与"测土配肥技术产业"类似的企业群体。⑧食品安全与标准化，包括质检智能化软件、在线专家咨询系统、检测仪器、检测工具和材料、土壤解毒剂、农药降解剂和其他相关产品等。

第九节　建设现代农业重点项目

加强农业基础设施项目建设，提高农业的物质和技术装备水平，是加强现代农业建设的有效措施，也是国家支持和保护农业的主要手段。在"十一五"期末和"十二五"期间，要继续增加对现代农业重点项目的资金投入、突出建设重点等措施，加强现代农业基础设施项目建设。

一、开展优势农产品基地工程建设

在"十一五"期末和"十二五"期间，结合农业部制订的全国优势农产品区域布局规划（2008—2015年），按照"科学规划、分类指导、突出重点、全面带动"的发展目标，优化区域布局，完善建设内容，增强服务功能，提高管理水平。开展优势农产品基地工程项目建设，考虑到国家财力的可能，在已建粮、棉、油、糖基地的基础上，择优选择和完善相对稳定的高标准专用、优势农产品基地1 200个，其中：粮食基地500个，优质棉花基地200个，双低油菜基地160个，糖料基地60个，大豆基地70个，天然橡胶生产基地10个，苹果生产基地30个，生猪养殖基地50个，肉牛养殖基地20个，肉羊养殖基地20个，奶牛生产基地30个，其他特色农产品示范基地50个，同时继续组织实施绿色食品生产基地建设。建设优势农产品基地要有新的思路，建设目标应由过去以追求产量为主转到以产量、质量、效益、安全并重，以农产品质量安全和效益为中心，突出经济效益。建设布局应突出粮棉油糖优势产区，形成能够提供足够商品量的、为全国粮食安全和食物安全提供基本保证的若干专业化生产带、区。建设内容应由过去生产性基础设施建设为主转向生产性与科技信息服务相结合，加大科技投入力度。在继续发挥基地的生产功能的同时，增强基地的科技示范、龙头带动功能。通过5～8年的建设，到2015年，把优势农产品基地建设成为农业科技的示范基地，农业结构调整的带动基地，现代农业的展示基地，农民增收的扩散基地，大力推进优势农产品基地农业产业化经营，提高基地管理水平。通过建设优势农产品基地，使基地县粮食总产量和商品量应达到全国粮食总产量和商品量的85%～90%，优质棉花产量和商品量达到全国的95%～98%，粮食优质率达到60%，棉花优质率达到70%，糖料优质率达到85%，油料优质率达到50%，形成一批国内外公认的名牌产品。

二、农业良种产业工程建设

农业良种工程是推动农业科技进步，促进现代农业发展的基础性和公益性产业工程，“十一五”期末和“十二五”期间要继续抓好种植业种子、畜禽良种和优良鱼种工程建设。

(一) 种植业种子工程的建设重点

1. 水稻、小麦、玉米、大豆、棉花、油菜、蔬菜、牧草良种产业化工程。为逐步实现育种、繁种、供销一体化，通过建立玉米、蔬菜、牧草良种产业化企业和繁种基地，形成新的运行机制，将良种的育、繁、加、销集于一体，实现良种生产专业化、加工机械化、质量标准化、布局区域化及营销产业化的目标，加速农业科研成果的转化。

2. 甘薯、马铃薯、花卉脱毒种苗产业工程。利用组织培养手段，生产甘薯、马铃薯无毒微型薯、小薯和花卉种苗。建立脱毒微型薯的工厂化生产和无毒小薯及无毒花卉种苗的工厂化生产技术体系；形成简便、实用和快速的病毒检测技术体系；制订与国际接轨的种薯、种苗分级标准，推动脱毒、快繁技术向产业化方向发展。建设一批马铃薯和甘薯种薯脱毒快繁中心、优质品种引育扩繁中心（基地）、农作物种子加工中心、转基因种子检测中心、种子质量认证中心、农作物种质资源保存鉴定中心、果茶良种苗木繁殖场等，完善和强化种业基础设施，提高良种综合生产能力。逐步建立以企业为核心的技术创新和品种培育体系，尽快形成全国统一的育、产、销一体化的种子产业化。

（二）畜禽良种工程的建设重点

建设全国的畜禽良种繁育体系（包括生猪、肉牛、奶牛、肉羊和家禽），建设一批有利用价值的畜禽稀有品种的保育种区和扩繁区、育种场和扩繁场基因库，建成一批种畜禽质量检测站。到 2015 年，重点完成改扩建畜禽原种场 100 个，改扩建畜禽扩繁场 750 个，建成畜禽资源场（保种场）、基因库 100 个，扩建全国种畜禽质量检测中心 1 个，建成种畜禽质量检测分区域中心 10 个。通过畜禽良种繁育体系工程建设，进一步提高良种覆盖率，增加优质畜产品产量。

（三）优良鱼种工程

优良鱼种工程的建设重点是：利用高新技术做好新品种的培育和种质提纯复壮以及地方性优良品种的保种工作，有针对性地从国外引进一些优良品种，加快对虾、罗非鱼、河蟹、大黄鱼和贝类的繁育体系建设，加强水产种苗的统一管理，带动养殖品质和效益的提高。

三、粮食产业机械化工程

在三大粮食作物生产机械化的现有基础上，进一步巩固和提高小麦生产机械化水平。重点主攻水稻、玉米生产机械化的薄弱环节，以机插育秧技术示范推广为重点，带动水稻植栽机械化，全面推进水稻生产机械化，力争 2010 年实现水稻收获环节机械化有大幅度提高，2015 年实现水稻植栽机械化有重大进展。加快玉米机械化收获技术示范与推广应用，形成有效的市场需求，使三大粮食作物生产机械化进入整体推进的新阶段。

四、动植物保护工程的建设

在现有植保服务体系的基础上，建设协调配套的全国重大病虫监测预警体系、重大病虫控制体系、危险病虫检疫防疫体系。继续加强动物疫病诊断监测系统、动物疫苗保存运输的冷链系统、动物防疫监督和兽药监察系统、技术支持和物资保障体系、重大动物疫病控制系统的建设。加快新型兽用疫苗和兽用化学药品产业的发展，以口蹄疫、猪瘟、鸡马立克氏病、鸡法氏囊病、鸡新城疫等疫病防治为对象，通过对制苗材料的标准化，工厂化制苗工艺技术，生产设备改造及多联、多价及口服、气雾、干粉等疫苗的研制开发，使疫苗标准化、系列化，产品质量达到国际先进水平。在研制和引进技术的基础上，开发治疗药物、驱虫药物及促生长药物，使我国兽用化学生产和使用上一个新水平。

五、“沃土工程”

1. 重点是建立土壤肥料监测体系、信息管理体系、新技术开发试验体系和项目综合示范体系，突出土、肥、水资源的优化配置，利用已取得的成果和先进技术，改善农业基本生产条件，保护农业生态环境。实现微生物肥料产业化。

2. 在研究开发不同种类微生物肥料的优良菌株和生产工艺的基础上，建立生态环境不同作物、不同生态区、不同品种的微生物肥料生产示范企业，使微生物肥料的研究、开发、生产、监督、销售一体化，加快产业化进程。

3. 开发城镇垃圾与农业废弃物无害化处理及高效有机复合肥商业化生产。在发酵处理技术与装备、物料干燥与合成技术装备以及有机复合配方生产工艺与装备的研究开发基础上，到2015年建立年产50 000吨有机复合工厂化示范生产线3～5条，使城镇垃圾与农业废弃物无害化处理及生产有机肥技术、工艺和装备逐步实现产业化，促进资源利用与环境保护的协调发展。

六、农业高新技术产业化工程

（一）工厂化农业工程

建立以蔬菜、花卉中高档设施栽培为主，相应安排畜、禽、渔等设施养殖，综合利用21世纪初国内外种植技术和设备，在环境全控或大部分可控条件下，生产高产、优质、无污染的农产品，形成一种技术加劳动加资金密集型，产、加、销一体化，农、牧、渔相结合的农业生产新类型。

（二）生物农药产业化工程

建立生物农药产业化工程示范基地，将研究、中试、产业开发衔接为一体，形成以市场需求为导向，以商品化开发为目标的新型产业化基地，为农业生产源源不断地提供新成果、新技术、新工艺、新产品。

（三）胚胎移植产业化工程

通过将胚胎移植技术与胚胎工程技术相结合，完善胚胎移植工程，将优良家畜品种胚胎移植产业化，可迅速提高家畜良种率，降低生产成本，提高生产性能，形成技术经济一体，胚胎移植实现商品化。

(四) 渔船玻璃钢化及渔用 GPS（全球卫星通讯导航系统）产品产业化工程

研究开发玻璃钢渔船的最适线型结构、材料复合工艺及模具、胶衣成型等制造工艺，开发配套的动力装置、捕捞机械以及适应不同渔船作业条件的系列 GPS 产品，大幅度降低成本和提高实用性，产品达到产业化，并使之发展成为新兴产业。

七、饲料添加剂产业化工程

利用饲料添加剂研究的最新成果，组建适用于不同畜种、不同鱼种、不同生长期的饲料添加剂产品生产示范企业，使饲料添加剂的研究、开发、生产、销售一体化，加速其产业化进程，以满足饲料工业发展的需要。

八、农业服务体系工程

大力推进农业信息体系建设。逐步建立起以农业部的中国农业信息网为主体，覆盖各省、市并延伸到县的农业综合信息系统，进一步扩大和完善农产品市场信息系统，基本形成设施先进、制度规范、处理及时，集信息采集、分析、预测、发布于一体的权威的农业信息体系。“十一五”期末和“十二五”期间建设重点是：建立全国农产品市场行情、农产品供求、农产品贸易和农业实用技术、农业政策等 30 个信息采集系统，逐步建立农业部、31 个省级、400 个地区级、2 000 个县级信息处理系统，建立农业部信息处理系统、信息发布窗口、农业信息多媒体传输系统，组织实施“农业信息进村入户工程”。

继续开展产地农产品批发市场建设。重点是在大米、小麦、玉米、蔬菜、水果、肉禽蛋、水产品、花卉、土特产品等农产品集中产区，改扩建 400 个全国性或区域性的大型农产品产地批发市场，完善农产品批发市场配套设施，拓宽农产品批发市场服务功能，提高农产品批发市场对龙头企业和农民专业合作组织对接水平，建立覆盖全国各产地批发市场的农产品市场信息网络。

第八章 我国建设现代农业的战略和体系

建设我国的现代农业应立足国情，遵循自然规律和社会发展规律，贯彻落实科学发展观，转变农业发展方式和观念，加快实施我国农业和农村三大战略转型，建立十大体系，创新农业发展的类型和模式，提高农业发展质量，确保我国农业可持续发展。

第一节 我国建设现代农业的战略

一、实施我国农业和农村三大战略转型

建设我国的现代农业，其战略目标应是实现我国农业和农村三大战略转型。

（一）农业产业的战略转型

我国农业产业未来的发展方向，是从传统农业产业向现代农业产业转型。这种战略转型的主要内容包括：一是技术基础转型。既要发挥传统耕作技术的优势，又要利用现代科学技术改造传统农业，大大增加农产品的技术含量，改善农产品品质，提高农业劳动生产率和农业资源产出率。二是产业结构转型。农业产业结构由单一种植业结构向种植业、畜牧业和水产业结合的方向转型，由种植业一元结构向三元结构转型，由单纯的传统种植业向种植、加工和销售有机结合方向转型。三是农业产业组织转型。农业产业的供应、生产、加工、储运、销售、服务等环节，应通过专业性生产和组织进行分工协作来完成，发挥分工优势，以提高产业的组织化程度和市场竞争能力，形成规模效益。

（二）农村社会的战略转型

由于特殊的历史原因，中国农村与城市形成了互相分割的二元结构。农村

的社会意识、社会结构、社会运作方式与城市相比有很大的不同。目前，中国大多数城市已经不同程度地进入了现代化社会行列，而大部分地区农村大都还停留在落后的传统农业社会阶段。纵观各国社会转型的历史经验，解决这一问题的根本途径是城乡统筹，工农互促，以城带乡，通过推进农村工业化和城镇化战略，有序地把一部分农村人口转化成非农产业人口，从而融入现代社会生活之中。通过教育、文化、科技、人员交流、产业联系、各种媒体的纽带和中介作用，通过城市带动农村，工业反哺农业，把城市现代文明输入农村，逐步改造农村的社会意识和社会结构，把农村逐步演变到现代社会形态中来。

（三）农民身份的战略转型

建设现代农业，必须以人为本。不从制度和体制上解决农民的身份受歧视及社会地位低的问题，中国建设现代农业就无从谈起。长期以来，中国的农村政策存在着“见物不见人”的情况，反复加以强调和狠抓的是“农业”、“粮食”等物的对象，而忽略人的因素，农民所处的末等公民地位是农业和农村长期发展缓慢的深层根源。因此，要让农民与城市居民一样，享受宪法所赋予的各种权益，还农民一个平等的社会地位，这是解决“三农”问题的关键所在。解决农民的“国民待遇”问题，不能仅靠道义诉求，需要有实际政策措施和解决的步骤。在农民义务教育、户籍管理、迁徙落户、市场准入、劳动就业、公共设施使用、民主参与社会事务等众多领域，应取消对农民的政策歧视性限制，要彻底清除对农民工进城的歧视性政策，建立城乡统一开放的劳动力市场，真正做到城乡居民在发展就业机会面前地位平等。加快农村城镇化进程，通过城镇化来吸纳农村剩余劳动力，带动农村经济的综合发展，为农民增收带来更多的机会。同时创造条件，逐步实现城乡统筹，使农民和城市居民一样，逐步享受同样的社会保障和医疗保障，彻底完成农民身份的战略转型。

二、实行以农业对外开放促现代农业建设的战略

开放性是现代农业的基本特性之一。在当今世界经济格局下，对外开放既是我国增强国力的根本方针之一，也是加速实现传统农业向现代农业转变的强大动力。我国农业要充分利用对外开放的有利的政策环境，国家鼓励东部沿海地区发展外向型经济和中西部地区发展特色农业经济的政策，加速对外开放，大力发展外向型农业和特色农业，带动东部沿海地区现代农业和中西部地区特色农业成长。

根据比较利益原则，主动地把我国人多地少的东部沿海地区农业和中西部地区特色农业纳入到国际经济大系统中去，就能利用国际分工，实现农业资源更高层次、更高效益的开发。我国大多数农村的最大特点是人多地少，迫于维持温饱的压力，农业生产只能以维持温饱的低值农产品为主，致使农民收入低，劳动力就业不足的情况难以改变。通过发展以国际市场需求为目标的外向型农业和特色农业，致力于发展容纳劳动力多，农业产业链条长，能多次加工增值的高附加值农产品及其加工品，借以提高土地产出率和农村劳动力的利用率，充分发挥我国农村劳动力多，气候适宜等优势，弥补人均耕地不足等劣势，就可以大大提高农业的比较利益，刺激农民增加农业投入的积极性，避免大多数农区的传统农业萎缩。发展外向型农业和特色农业还应改变单纯为创汇的旧观念，应该从发展现代农业的高度来加以认识，积极引进、消化推广适合国际市场需求的种植养殖业优良品种、先进技术、现代化设施、农机、加工设备、科学的经营管理方法，促进我国农业跨越式发展。

充分利用国际经济技术资源和国际市场来推动我国现代农业的进程，即以国际市场为导向，引进国外先进的现代物质技术装备和管理经验以及资金，综合开发利用农业资源，提高资源综合利用率、产出率和产品的技术含量，以优质的农产品及其加工品扩大国际市场交换份额，提高农业比较利益，增强农业自我积累能力和自我发展能力，使外向型农业和特色农业成为带动我国建设现代农业的平台。同时，充分发挥外向型农业和特色农业的示范和辐射作用，利用外向型农业的生产技术、经营管理方式、机械设施、加工方法，改造我国的传统农业，使这些现代生产要素成为促进传统农业向开放型现代农业转变的推动力量。

三、用工业理念发展现代农业的战略

用工业理念发展现代农业，就是在我国农业发展中导入和借鉴现代工业的先进理念，让千家万户的农业生产融入到社会化大生产之中，从而提高农业的规模化、标准化、集约化、产业化水平和农村的工业化、城镇化水平，以加快传统农业向现代农业的转变，带动我国现代农业的建设，借用工业的理念来发展现代农业。

一是借鉴工业注重科技创新的理念，加快农业科技进步，发挥农业技术创新对农业的带动作用。在农业产前、产中、产后引进新技术、新设施、新品种、新材料，加快对传统农业的改造。同时，通过延伸农业产业链条，抓住粮食和畜产品深加工，经济作物加工，农副产品综合利用等三个方面，提高农产品的科技含量和附加值。

二是借鉴工业资本运作的理念，拓宽农业的投融资渠道。工业融资的主要手段是通过资本的融合、流动和重组，从而盘活资产的存量，引发增量，实现资源的优化配置。发展现代农业需要借用工业的融资方法，面向社会和国内外市场，引导外资、工商资本、私人资本投资农业领域，逐步形成多渠道、多层次、多元化的融资体系。

三是借鉴工业重视组织形式的理念，培育现代农业的市场主体。加快现代农业的建设，要特别注重推进农村组织形式创新，培育企业型的农业市场主体。具体地说来，要特别注重培育农业龙头企业、市场中介组织、家庭农场等市场主体。就产业化龙头企业而言，必须走“大（大规模、大带动面）、多（多种经济成分、多种所有制）、高（高技术水平、高附加值）、新（新技术、新产品）、外（外向型、外向化）”之路，逐步实现农业龙头企业与千家万户的农民的有效对接。就市场中介组织而言，要像日本和韩国那样逐步形成功能齐全、覆盖面广、渗透性强的各类农民专业协会和农业合作社，搭好连接市场和农民的桥梁，促使我国农业在较短的时间内实现从传统到现代的跨越。就家庭农场而言，要按照“专业化分工、集约化经营、规模化生产、企业化管理”的要求，大力扶持逐步兴起的农庄经济和业主制、公司制农业，使之成为带动现代农业发展的骨干力量。

四是借鉴工业注重产品营销的理念。搞活农产品流通，运用工业中的现代营销策略，多方拓宽农产品销售渠道。积极采用会展促销、代理销售、物流配送、连锁经营、电子商务、期货交易等现代营销手段和流通方式，使农产品尽快走出买方市场的困境，让我国农业在市场竞争中获取更多的利益。

四、逐步实现城乡统筹，实行农村工业化、城市化与农业现代化同步推进战略

建设现代农业，必须深化改革，打破城乡二元经济结构，实行城乡统筹，把农业发展放在国民经济循环中，农村进步放在全社会进步中，农民增收放在国民收入分配和再分配的统筹考虑中。农业是整个社会经济大系统中的基础系统，没有农业现代化就不可能有农村现代化，同样，农业现代化也不可能脱离

整个经济现代化单独冒进。因此，我们必须把农业现代化战略纳入整个社会经济现代化战略之中，把农业现代化纳入农村现代化战略之中。从我国国情出发，只有实行城乡统筹，工农互促，农业现代化与农村工业化、城市化同步推进，才能有效地改善农业现代化建设的外部环境条件，加速传统农业向现代农业转变的进程，加快现代农业的成长。从我国人口近80%在农村的国情来看，既难以完全依靠城市工业积累为农业现代化提供足量的资金，也不可能完全指望靠城市二、三产业发展来吸纳农业现代化过程中从农业转移出来的大量农业剩余劳动力。1978年开始的农村改革，使农村二、三产业迅速崛起，不仅为农业现代化提供了较多的启动资金和广阔的农产品消费市场，而且还吸纳了农村大量劳动力，使农村劳动力得到转移。这个事实给我们最大的启示是，只有农村自身的工业化，才是解决农村剩余劳动力和农业现代化建设资金不足的根本出路。但也应清醒认识到，由于农村工业化未能与农村城镇化同步发展，使得农村工业化对农业现代化的推动力大大弱化。主要表现在：农村工业布局分散，占用过多的农田，环境污染十分严重，“离土不离乡”的政策，限制了农村工业向集镇聚集，造成了“转移”了的农业人口“两栖化”和“兼业化”，既影响了农业的发展，又不利于农村工业规模效益和组织结构水平的提高。因此，逐步实现城乡统筹，使农村工业化必须与城市化结合进行，尽快拆除实际存在的城乡壁垒，实行城乡统筹，工农互促，以城带乡，一体发展。要让乡镇企业逐步向工业园区集中，让务工经商的离农的农业人口既离土又离乡，引导土地合理流转相对集中，实行适度规模经营，促进农业的产业化、专业化和社会化。

五、实现农业产业化与农民合作组织建设同步推进的战略

农业产业化经营和农民合作组织建设在推动传统农业向现代农业转变进程中有着特殊的重要作用，是推动农业逐步走向现代化的有效途径之一。

农业产业化经营有利于推动农村经济中的组织创新，构建适应市场经济体制要求的微观基础。农业产业化经营不动摇家庭承包经营基本制度，不侵犯农民的财产权益。在这种组织形态下农民是相对独立的经营主体，在充分尊重农民的经营自主权的条件下，有利于调动广大农民的积极性，充分发挥农民的创造力。

在各地发展农业产业化经营的实践中，以农民为主体自发形成的新型农民

专业合作经济组织，是农民创造力的真正体现。农民专业合作经济组织的产生与发展，成为我国农村经济重要的微观组织形态，改变了单家独户在市场竞争中的配角地位，在一定程度上具备了社团优势，能参与市场竞争，成为连接农户与企业、农户与市场的桥梁与纽带，并成为农民集体资产保值增值的有效组织形式。在2006年，我国有比较规范的农民专业合作经济组织约14万个。这些组织与农业产业化经营有效结合，既提高了中介组织的经济功能，又改善了现有的农村组织构架，从而把广大农民的积极性充分调动了起来。

建设我国现代农业，要实行农业产业化经营与农民合作组织建设同步推进战略，首先在指导思想上要确立农业产业化经营和农民合作经济组织建设的地位，树立为农民发展现代农业和共同富裕服务的新观念。合作经济的形式决定于农民发展现代农业的要求，在什么环节合作，采取什么形式的合作，都决定于现代农业生产的实际需要。其次，要把合作的重点转到为农民发展较大规模的现代农业生产提供产前、产中、产后的社会化服务上来，致力于解决农民家庭小规模经营与千变万化的大市场难以衔接的矛盾；解决单家独户势单力薄，难以形成新的农业生产力的矛盾；解决家庭经营向农业生产转化与社会化服务体系不相适应的矛盾；解决农业再生产诸环节在利益分配上的矛盾。第三，通过实施农业产业化经营与农民合作组织建设同步推进战略，使产业化的龙头企业通过农民合作经济组织与农户进行有效对接。通过对接，使我国农业家庭经营逐步纳入商品化、社会化大生产的轨道。

六、实行绿色农业与农业标准化建设同步推进战略

“绿色农业”正在全球兴起，这是一场新的农业科技革命。绿色农业虽然是以轮作、施有机肥等农作物为基本环节，然而并非回到古代传统的轮作农业，而是知识领域更广、技术难度更大、科技含量更高的一种既保护环境又满足人类自身发展需要的新型清洁农业。绿色农业是以应用现代农业工程技术、生物工程技术、品种改良以及现代科学种植、养殖方法为前提的现代农业。

农业标准化是发展现代农业的有效途径。通过实施农业标准化，提高农产品的品质，提高农产品的市场竞争力，提高农产品的市场占有率。同时，农业标准化是提高农产品质量的保证。通过建立和完善以产品为龙头，以分等分级为重点，以国际标准为目标的标准体系，并严格按照标准进行生产、加工、包装贮运和质量管理，就可以保证农产品质量和效益，促使我国农业更快地实现

高产、优质和高效。

加强现代农业建设，最大限度地开发利用和保护农业资源，减少生态破坏，维护生态平衡，把有机食品、绿色食品和无公害食品产业与农业标准化建设紧密结合起来。

一是要树立农业可持续发展的观念，积极开发有机食品、绿色食品和无公害食品，将绿色农业与农业标准化建设结合起来，加快我国农业标准化体系的建设，全面推动我国有机食品、绿色食品和无公害食品等绿色产业的发展。

二是进一步完善有机食品、绿色食品和无公害食品开发的支撑和保障体系。首先，要对农业生产环境的大气、水质、土壤评价、种苗选育、环境整理与清洁、田园管理、种植制度、采收加工、产品感官指标、产品卫生指标及试验方法、包装、标签及贮运要求等作出详细严格的规定，制订明确的监测标准。其次，根据市场准入要求，继续完善有机食品、绿色食品和无公害食品标准体系，积极推广应用先进的绿色有机栽培模式，统一使用精心选育的国内外良种，统一使用通过专用肥认证的环境保护型的新肥料，统一使用广谱高效的生物农药、无公害农药，加强技术指导，产品进入市场前由质检中心进行统一检测。

三是加强相关的绿色农业配套技术研究，强化科技服务。加强与有机食品、绿色食品和无公害食品开发相关的现代农业高新技术的研究和攻关，如综合配方精确施肥技术、高效生物肥生产和使用技术、生物农药生产和使用技术、可降解地膜覆膜技术等，因地制宜，建立起相关科学研究和技术推广网络，提供市场信息咨询和技术支撑服务，使有机食品、绿色食品和无公害食品产业真正依托于科学技术进步基础之上。

七、实行从生产到消费的产业链发展战略

按照高新技术改造传统农业的理论，利用现代科技改造传统农业，就是使现代科技向传统农业的产前、产中、产后渗透。在传统农业的产前引入更多的农业科技新成果和新技术，向传统农业的产前提供生物肥料、种子、农药、农膜等商品，带动农业产前的“第一级关联产业”的发展，也就是种子种苗、种畜种禽产业、复合肥料产业、农药产业的发展。在传统农业的生产过程中，利用现代科技对传统农业的产中渗透，将先进集约化和种养殖技术、模式化栽培饲养、培肥改土、精量施肥、节水灌溉、植保兽医、农业机械等技术与传统的

种养殖技术结合，在播种、中耕、施肥、植保、收获等各个生产环节，以及畜禽卫生防疫和集约化养殖各个环节中采用组装配套的农业高新技术，发展有机农业、基因农业、精细农业、设施农业、节水农业、优质农业。利用现代科技向传统农业的产后收购、冷藏、运输、加工、销售等部门渗透，使现代科技与传统农业的产后环节相结合，带动农业产后的关联产业发展，即带动农产品冷藏业、加工业、配送业和销售业的发展，形成较为完整、配套和协调的现代农业的产业链。

八、推行品牌农业的发展战略

树立名牌观念，增强创名牌意识是发展现代农业的重要条件。创立农业品牌是建设现代农业的必由之路。农业品牌应该是：知名度＋信誉度＋市场占有率＋高质量＋高科技，它是一个综合的多元的概念，是质量和效益的集中体现。创立名牌是建设我国现代农业发展的需要，是市场经济条件下增强农产品竞争力的需要。只有创立名牌，才能有效利用国内外两个市场、两种资源，提高市场竞争力；只有创立名牌，才能获得农产品相对高价优势；只有创立名牌，才能提高农产品市场渗透能力。

在建设现代农业，创立我国品牌农业的过程中，应该看到我国幅员辽阔，地域差异较大，因此，我们应当有计划、有重点地进行，切忌一哄而起，搞形式主义。要突出重点，抓好优势农产品生产，特别要重视原产地农产品生产，本着扶持一个、发展一个、成功一个的原则来创立农业品牌。为保证农业品牌战略的顺利实施，政府、企业和农户要共同努力，充分协调好三者在创名牌过程中所产生的各种关系；政府要及时、准确地向企业和农户传递有关的市场、政策信息、疏通各种信息沟通渠道，为企业和农户创品牌农业提供服务，由此带动我国品牌农业的发展。

九、推行以农业工程化建设方式推进现代农业产业体系建设的战略

把对传统农业的系统改造，作为建设现代农业的系统工程，借鉴现代工业运用现代科技和投资的工程建设方式促进农业产业建设，综合运用现代农业发展的政策措施、科技措施、投入措施、工程措施，来建设现代农业产业体系。也就是说，要把农业工程化建设贯穿于农业产前、产中、产后各个环节，并把

现代农业的建设工程分解为多层次的众多的子工程，分项制定规划，组织实施。近几年来国家农业综合开发、农业投资项目和一些发达地区农业现代化建设的实践经验表明，采用农业工程化建设的方式，是一条投资省、见效快、产出高、效益好的建设现代农业的有效途径。从我国实际出发，农业工程化建设重点要放在粮食单产科技工程、现代农业示范园工程、农业综合开发工程、农业技术开发工程、传统农业产业改造工程、现代农业基础设施工程和新的农业资源综合开发工程上。为使农业工程建设更符合开放型、高投入、高产出、精细化现代农业的要求，还必须注意工程项目之间和工程措施之间的相互协调和配套。如现代农业示范园开发工程一定要同水、电、路工程与水土保持绿化工程配套，农业机械化工程与农业基础设施工程和生物技术工程配套，产中设施工程与产前产后加工保鲜仓储工程配套等，通过配套的农业工程建设，加快现代农业产业体系建设。

第二节　建立十大体系，推动我国现代农业的建设

一、推进农业行政管理体制改革，建立适应市场经济条件下的农业宏观管理体制

近些年来，我国农业管理体制虽经几次改革，管理职能逐渐加强，但由于受多方面的制约，适应现代农业发展要求和世贸组织规则的新型农业管理体制仍未形成，至今基本上仍保持了20世纪50年代高度集中的计划经济时期的管理框架。农业部门还是只管农业生产环节，农业产前、产后的宏观管理和调控仍与生产部门相分隔。农业宏观调控手段仍旧十分欠缺，还是以行政调控为主，对于运用经济手段，以指导性计划实行间接调控仍缺乏经验。这种部门分割的直接计划调控的管理体制在农业向市场化转变的过程中，造成农业产前、产中、产后管理严重脱节，严重地影响我国农业和农村经济发展。因此，农业生产经营体制改革必须与农业宏观管理体制改革相接轨，进一步改革农业宏观管理体制。改革的核心是要突破按照计划产品经济要求建立起来的农业产前、产中、产后环节部门分割的农业行政管理体制。根据现代农业发展要求，把农业计划、农业资源开发、农产品流通、农产品进出口、农产品价格、储备等管理调控的职能集中到政府的农业行政管理部门统一管理，避免农业再生产环节

的不协调。在具体操作上，从以下几个方面进行改革：一是为应对世贸组织，在农业生产、投资、动植物检疫、农产品质量安全、农产品加工、农业贸易谈判等与之相关的职能交叉领域，综合管理；二是切实改革计划经济体制下设置的部门分散管理模式，整合农业部门与科教、水利、经贸、质检、林业、海洋、环保等部门交叉、重叠职能，实行集中统一管理；三是建设上下贯通、垂直管理的公共服务支持保护体系，对渔政、兽医、农（兽）药、农产品质量安全的执法工作，实行农业部门派出机构和省以下垂直管理相结合的体制。建设和完善由国家级检测、省级检测以及在主产（销）区检测站和企业自检构成的检测体系，建设无公害农产品、绿色食品的认证体系，切实保证农业法律法规的有效实施；四是改革完善财政支农资金管理体制，国家财政支农资金总的分配、管理由国家财政部门负责，具体执行和管理统一由国家农业行政主管部门负责，增加直接对农民的收入支持和补贴。同时要建立计划间接调控和市场导向相结合的农业经济调控机制，使农业宏观管理和调控体系适应现代农业的发展要求。

二、进一步改革农业投资机制，建立起国家、集体、农户、企业、外资“五位一体”的农业投资体系

从现代农业是适度投入、高产出农业的实际出发，要加快现代农业建设，必须改革过去单纯依靠国家资助和农民自我投入的农业投资机制，建立有适应现代农业投入要求的，能多渠道筹集现代农业建设资金的投资新机制。从当前我国不同地区实际出发，应该致力于探索建立计划与市场机制相结合的国家、集体、农户、企业、外资“五位一体”的农业投资新体制。也就是说，既要运用国家计划机制，又要运用市场机制来增加农业投入，使国家、集体、农户和社会上各种企业组织与外资都成为农业投资资金的来源。具体地说，就是要运用法律手段确保国家对农业投入，运用集体积累和以工补农机制扩大集体对农业投入，运用计划诱导和市场机制引导农户增加农业投入，运用开放搞活政策吸引国内外企业投资农业，尽量争取招商引资，鼓励外商投资现代农业。同时还要形成各种投资主体合理分工、相互配套、优势互补的投资运筹机制，以及投资者利益保障机制。

要充分利用我国对外开放搞活的新的经济政策和社会环境条件，多渠道吸引社会上各种经济实体、企业投资农业开发性项目，建立现代农业生产基地和

现代农业示范园，以比工业更优惠的政策吸引外资、外商投资农业。要尽可能地争取世界银行和亚洲银行农业开发贷款和各国政府和团体企业的贷款，来加快农业开发。通过中外合资和贸工农一体化，产供销一条龙等形式，使外资与内资，社会资金投入与农民投入有机地结合起来，从根本上改变过去单纯依靠农民自筹投资小生产经营状况，以企业化、股份制的现代投资建设形式来发展现代农业。通过多渠道、多形式的筹资、融资，形成具有高投入高产出机制的现代农业投资机制。

三、加大农村经济体制改革的力度，建立农业经济经营管理新体系

我国现代农业建设要加大农村经济体制改革的力度，为现代农业建设提供制度保障。

一是加快农村土地制度创新。在稳定家庭承包经营的基础上，按照适度规模经营的要求，通过有偿转让、反租倒包等形式，促进土地使用权的合理流转。

二是深化农业科技体制改革。鼓励科技人员深入农业生产第一线开展技术承包与技术示范推广，要把农业科技人员的利益与建设现代农业的经济效益紧密联系在一起。

三是改革农村金融体制。通过小额贷款等方式解决农民在建设现代农业项目过程中资金不足问题。农业银行要对从事优质农产品生产、加工、储藏、保鲜、运销的农业企业和农民合作经济组织加大支持力度，选择一批管理水平高、市场开拓能力强、经济效益好、能带动农户增加收入的农业产业化企业和饲料生产企业，予以重点支持。

四是改革城乡户籍制度。使农业现代化与小城镇建设有效结合，把农村小城镇发展成为区域农业和农村经济的增长极，允许创办和经营农业产业化企业的农民在小城镇安家落户。

四、继续实施科教兴农战略，加快农业科技创新体系建设

第一，大力实施科技兴农战略。进一步健全各级农业技术推广服务体系，重点开发和推广优良作物和畜禽品种以及相应的栽培和饲养技术、设施农业技术、无公害农业生产技术、集约化高效水产养殖技术、农产品加工技术。

第二，加强农业科技园和农业科技示范场的建设。适应农业高新技术的发展趋势，引进国内外最新技术成果，充分发挥农业科技园区和农业科技示范场的作用，加快农业科技成果的转化和推广应用。

第三，提高农业科技创新能力，为农业和农村经济发展提供强大科技支撑。加强农业应用基础研究和重大应用技术研究，为农业科技创新提供理论和技术储备，大幅度提高我国农业科技的总体水平和自主创新能力，尽快缩短与世界发达国家的差距。在“十一五”期间，以实施“中国农作物基因资源与基因改良重大科学工程”、“农作物空间技术育种工程”和国家“973”计划为重点，再启动一批国家农作物改良中心、分中心，建设一批国家和部级重点实验室，力争在种质资源创新、杂交优势利用、动植物重大病虫害灾变规律、动植物基因组学研究等方面取得重大突破；在动植物新品种选育，资源高效利用、集约化种养模式、农产品储运保鲜和加工等技术领域取得重大成果和显著效益。继续实施“引进国外智力计划”，做好国外智力和技术引进、消化、吸收、创新工作。

第四，发展农业高新技术产业化，带动农业产业结构优化升级。要以市场为导向，大力推进我国农业科技产业化，特别是高新技术产业化，使企业逐步成为农业技术创新的主体，以农业高新技术产业化带动农业产业结构的优化升级。要结合农业科技体制改革，积极推进有条件的农业科研机构转制为企业或进入企业。有重点地扶持和发展一批农业高新技术企业，在生物技术、信息技术等领域形成新的科技产业群。在涉及农业发展方向和起主导作用的农业科技领域，鼓励组建以科技为先导、具有自主知识产权和国际竞争力的一体化现代企业集团。加强和完善农业知识产权保护工作。

五、进一步加快农业产业创新体系的建设

建设我国现代农业要在产业运作机制上进行创新，形成符合社会主义市场经济体制要求的现代农业的运作机制。

第一，大力扶持龙头企业。在现代农业建设过程中，要选择一批市场前景好、科技含量高、产业链条长、带动能力强的龙头企业给予重点扶持，促进和带动整个农业产业化经营的发展。龙头企业可以有多种形式，可以是加工带动型的，也可以是流通带动型的，可以打破所有制界限。龙头企业的建设要立足现有企业的技术改造和资产存量的优化重组，防止重复建设。应打破部门隶属

关系及行政区划界限，提倡和鼓励通过股份制、股份合作制等形式对现有企业进行改制、兼并，通过资产重组以及组建企业集团来增强龙头企业的活力和辐射能力。

第二，大力发展农业关联产业。加快发展农产品加工业，提高农产品的加工度，加强农业与产前、产后产业之间的联系，大力发展市场营销、信息咨询及相关农村第三产业，使农村一、二、三产业形成相互促进的有机整体。

第三，进一步发展市场中介组织和农业产业化经营体系。实现农产品加工、销售与商品基地与农户的稳定联系，建立“风险共担、利益分享”的结构调整规避风险机制，以产业化运作促进结构调整。

第四，鼓励发展农民合作经济组织。鼓励和支持农民组织起来进入流通领域，发展农民专业技术协会、产销服务队伍等多种形式的农民专业合作经济组织，逐步建立以农民及其合作经济组织为主体的农业社会化服务体系。

六、进一步加快农地水利工程建设和绿化造林工程建设，建立稳产高产的农地保障体系

完备的农地水利设施和良好的生态环境是建设我国现代农业必不可少的保障体系。这既是从目前我国大多数地区水旱等自然灾害频繁，水土流失严重，农业环境条件恶化的现实提出来的严峻课题，也是建设稳产高产的现代农业的根本要求。在“十一五”期间，我国要制定农田水利建设十年建设规划和年度实施计划，在13个省的粮食主产区，重点要围绕着“粮食单产科技工程和优质粮食产业工程”，来建设高标准的蓄水、排涝、灌溉配套的农田水利工程系统。在沿海地区，结合海涂的开发利用，建设标准化的坚固的防潮海堤工程。在丘陵山区，要围绕着农业资源开发和农产品商品基地建设，实施生态农业开发工程。做到统一规划，成片开发，山、水、田、林、路配套，农林牧综合经营，种养加立体发展。同时加快荒山造林，封山育林，实现20年绿化我国西部地区的目标，建立起保障农业高产稳产的改善生态环境的绿色屏障。

七、要建立以间接管理和市场导向相结合的农产品流通新体系，发展现代农业物流

从我国不同地区的实际出发，要加快农业市场化进程，更要把重点放在培

育和建设发达的农产品市场体系上来。要从培育市场主体和建设市场体系两方面入手，建立起既能充分发挥市场流通和调节作用，又有国家宏观计划间接调控的多层次的发达的农产品市场体系。

从培育市场主体来说：一方面要加快推进农村和供销社的改革，把供销社真正推向市场，在市场经营中发挥农产品销售渠道作用。尤其是在放开经营的农产品领域，发挥国有商业销售渠道的主导作用，是摆在国有商业面前的一项新任务。国有商业要充分发挥自己经营实力雄厚、设施齐全、人员素质好等优势，积极参与农产品多渠道竞争，在市场竞争中发挥主渠道的主导作用。另一方面，要坚持引导农民组织起来进入农产品流通的政策长期不变，凡是放开经营的农产品，农民集体、联合体、个体都可以经营。要打破地区封锁，搬掉滥设的关卡，保证货畅其流。要从政策上鼓励农民按照自愿互利的原则，组织产供销合作服务，增强参与市场经营的能力。总之，要使农产品市场繁荣起来，就要培育多样化的市场主体，让国营商业、民营企业、供销社、农民合作经济、联合体、个体都成为市场主体成员，各自发挥优势，形成一支庞大的农产品流通队伍。

建设市场体系要与培育市场主体同步推进，才能形成发达繁荣的农产品市场。针对目前我国一些地区农产品市场建设滞后的现状，各级政府都应该把市场建设作为振兴农业、搞活流通、繁荣经济的一项基础工作来抓，要把市场建设列入国民经济发展和城镇建设规划。要根据“统筹规划、合理布局、发挥优势、讲求实效”的原则，综合考虑当地交通条件、产业特点、商品流向等因素，制定市场建设的具体规划。市场建设要坚持“谁投资，谁受益”的政策，鼓励多方兴办，多渠道筹资，对新建市场在税收资金等方面给予必要的优惠。同时要制定农产品市场交易的规范条例，加强市场管理，真正做到“管而有法，活而有序”。争取在“十一五”期间，使我国率先形成以集中的农产品批发交易市场为中心，农产品初级交易市场为基础，以国家期货交易市场为龙头的多层次的齐备的农产品市场体系，为加速我国农业向专业化、区域化、商品化方向转化创造良好的环境条件。

现代农业物流是指从农业生产资料的采购、农业生产的组织到农产品加工、储运、分销等，从生产地到消费地、生产者到消费者过程中所形成的物质产品流动。现代农业物流管理是对农业产业产前、产中、产后即上游、中游、下游三段过程的科学管理。上游，即产前，是处在供应（采购）阶段的物流形式，叫农业供应物流；中游，即产中，是处在生产阶段的物流形式，叫农业生产物流；下游，即产后，是处在销售（加工）阶段的物流形式，叫农业销售物流。发展现代农业物流，加强对农业物流的管理就是要提高农业商品生产的市场反应速度，节约交易成本，降低库存数量，缩短生产周期，提高服务水平，增加产品销售利润，最大限度满足客户要求和社会需要。

在“十一五”期间，应整合市场主体，多元化发展农产品流通渠道。通过体制创新，培育、扶持农业企业和农民合作经济组织成为从事现代农业物流主体，使其在现代农业物流中发挥重要作用，加快原有农产品流通企业资产重组改造，改变目前规模小、服务单调和封闭运行的现状，按照农产品流通产业化的发展方向，重点加大对农产品批发市场、农产品运销企业、进出口企业、物流配送企业和大型食品连锁超市的扶持力度，以市场为依托，组织农产品运销协会，鼓励“生产基地＋农户”、“加工企业＋农户”、“运销企业＋农户”、“配送中心＋农户”等模式的发展，逐步建立现代企业制度，向专业化、规模化和综合化方向迈进。

八、要重点投资建设适应农业机械化和化学化要求的农用工业保障体系

现代生产工具和工业性生产资料的广泛应用是现代农业的重要标志。我们要加快现代农业建设，就必须超前地发展农业所必需的农用工业，这也是国家工业化支持农业现代化的最重要的内容之一。同时，我们应当探索一条适应我国国情和各地条件的农业机械化道路。农机制造部门和农业科学研究部门，要从近十年农民对农业机械需求出发，设计研制和推广适应我国不同地区农村需要的中小型农机具和相应的技术设施。我们要集中研制和生产适应高科技、高产出、精细化生态农业要求的适用农业机械，如进一步改进和研制育秧、机插、收割、整地、开沟等农业机械，以适应高复种指数、高产出要求，大幅度提高春耕、双夏、冬种等农忙季节的劳动效率，使种植业的主要生产环节普遍实现机械化。

要加强化肥、农药、地膜等农用化学工业建设，重点发展高效、低污染、低残留的农用化学工业品。对农田水利和“菜篮子”工程建设所需的农业机械装备，以及农产品加工机械设备，也要重视研制、生产和推广。还要加强农业

生产、农技推广、农用工业生产、农资经销企业同农业科研、教育部门相互间的密切联系和协作，使现代农业建设有坚强的农资工业作为可行的后盾。对农资工业给予必要的优惠和保护政策，在资金、能源、原材料等方面，给以适当照顾和扶持。政府应该建立专项的农用工业发展基金，农业银行应恢复专项中长期低息农机贷款制度，扶持我国农用工业的发展。

九、建立培养新型农业生产者和高素质农业科技人才的农村教育体系

今后我国农业职业教育重点应转向培养具有现代农业技能的农业劳动者，这是建设现代农业的必然趋势。采取的措施首先是要使农业中等专业学校培养对象率先转向以培养直接的农业劳动者为主，同时通过普及初等文化教育，进行实用技术培训和职业教育，大力发展农村成人技术教育，达到从根本上提高农民的科学文化素质，培养造就一代有文化、懂技术、善经营、会管理的新型农民。农业高等学校的发展要从数量型转向质量型，重点培养优秀的高科技农业人才。

为了有效整合农业科技教育资源，利用农业广播电视学校体系或农业科技教育培训机构，建立并完善以中央农业广播学校为龙头，以各级农业科技教育培训中心为骨干，以高中等农业院校科研院所和农业技术推广机构为依托，以企业与民间科技服务组织为补充，以县、乡、村农业技术推广服务体系和各类培训机构为基础的，从中央到省、地、县、乡相互衔接，上下贯通的农民科技教育培训体系，为实施农民科技培训工程提供保障。重点加强县、乡农民科技教育培训基地的建设，选择农民科技教育培训工作基础较好的 600 个县、3 000 个乡（镇）进行示范，以此来带动我国农民科技教育培训有一个新的发展。

十、建立我国农业保险体系

建立我国农业保险体系，是支持保护农业的有效形式，可以有效地化解农业生产的自然和市场风险，应积极探索，大胆实验。一是鼓励现有商业保险公司开展农业保险业务，扩大农业保险经营范围，各级财政设立专项资金，对农业保险业务给予适当补贴。二是支持农民和农业经营组织建立为农民生产服务的互助保险合作组织，通过减免营业税、所得税等优惠办法，扶

持其发展壮大。三是创立全国性的政策性农业保险机构，并在粮食、棉花、油料等大宗农产品主产区及畜禽、蔬菜、水果等主要出口农产品主产区，按照经济合理原则，设立二级分支机构，由基层政府部门暂行代理其与农户直接相关的政策性农业保险业务。四是积极吸引国外保险公司在我国粮食主产区设立农业保险机构，在粮食主产区扶持农户发展粮食生产，提高农户生产粮食的经济效益。

第九章　我国建设现代农业的主要模式及案例分析

模式是对事物的类型和原型的描述或是对典型体制和体系的描述，任何模式都来源于实践，它是群众创造性思想的具体体现。把模式引入农业经济学研究领域，主要指农业经济实践的理论概括和经济理论假设系列，称之为农业经济运行模式。运行模式是农业经济模式中的一种，它是指从具有典型代表性的农业经济现象中概括抽象出的经济运行的原则规定和类型。它是对某种农业经济实践和农业经济理论进行抽象的结果，它只能反映在农业经济发展运行过程中最本质的特征，最独特的发展优势以及深刻的理论内涵，而不是对农业经济发展过程的全面概括。它是在一定农业经济发展阶段，代表某一产业发展方向的典型经验，能在同类型条件下推广。概括农业经济现象的运行模式的目的是为了更好地指导实践，使农业经济发展符合经济运行规律的内在要求。

近些年来，各地在现代农业建设过程中，根据本地实际，结合自身区域发展，进行了大量探索，找出许多适合自身区域经济发展的途径和模式。从理论分析和实践经验的总结角度出发，对各地在现代农业建设中产生的各种模式进行归纳和总结，对于进一步推动各地农业经济发展和社会主义新农村建设，都具有重要的现实指导意义。对现代农业建设模式，从不同的角度可分为不同的类型，按照各地带动现代农业建设的主要动力因素的角度出发，将其分为以下10种模式：龙头企业带动型、创汇农业带动型、“猪—沼—果”生态农业型、农业科技园区带动型、农业高新技术走廊带动型、都市农业带动型、农户公司带动型、“公司＋协会＋农户”带动型、国有大型龙头企业集团带动型、校地合作带动型，并结合典型案例分别进行分析。

第一节 龙头企业带动型

所谓龙头企业带动型的模式，是指由龙头企业作为现代农业开发和经营主体，本着“自愿、有偿、规范、有序”的原则，采用“公司＋基地＋农户”的产业化组织形式，向农民租赁土地使用权，将大量分散在千家万户农民的土地纳入到企业的经营开发活动中。这种由龙头企业建立生产基地，在基地进行农业科技成果推广和产业化开发的运行模式，称为龙头企业带动型的现代农业开发模式。我们以福建超大现代农业集团（以下简称超大）作为案例来分析。

一、案例概述（福建超大现代农业集团）

（一）基本情况

超大现代农业集团是国家级农业产业化重点龙头企业、全国绿色加工线示范单位、福建省高新技术企业、国际有机农业运动联盟（IFOAM）会员。该公司以“走绿色道路，创生态文明”为经营理念，全面致力于绿色生产资料开发、绿色生产基地建设、绿色农业科技研发、绿色经营网络拓展。经过十年的努力，成功地构建起一条从种子、有机肥料、生物农药供应到农产品生产加工基地到社区连锁专卖、单位配送、批发网络、出口创汇的独一无二、自成品牌的“绿色生态产业链”。同时，超大集团本着“自愿、有偿、规范、有序”的原则，采用“公司＋基地＋农户”的产业化组织形式，向农民租赁土地使用权，租赁期一般与农民承包期相一致。当地农民除了定期向“超大”收取租金外，还当起了超大农业的“产业工人”。这样，一方面保证了企业规模生产对土地与产业工人的大量需求，另一方面也为农民带来了可观的经济收益。参与基地建设的农民不仅不再为资金、技术和产品销路担忧，农民的收入水平也明显提高。

据超大集团2006年的统计，超大集团已在全国13个省市建立了30多个果蔬生产基地，其中仅集团自营基地便吸纳农村剩余劳动力3万多人，带动农户达2万多户，带动的农户年均增收2 500～3 000元以上。实践证明，做强一个龙头企业，创出一个品牌，就可以带动一个产业，致富一方农民。

（二）主要做法

1. 走绿色发展道路。1997年超大成立时，就明确提出了“走绿色道路，创生态文明”的先进经营理念，决心用绿色生产资料、绿色栽培模式和绿色营销网络，创造绿色文明。以“走向国际市场，参与国际竞争”为经营目标，提出了“把握绿色生命，享受健康食品”的全新消费口号，致力于有机食品的开发和生产，逐步建立了独具特色的生产资料—生产基地—产品加工—上市销售全程一体化控制的有机食品生态产业链。2000 年 8 月，超大集团被国际有机农业运动联盟（IFOAM）吸收为正式成员，成为我国为数不多以从事规模有机果蔬种植与经营为特色的 IFOAM 正式成员企业。此外，超大还建立了广泛的绿色生产基地。超大的生产体系主要由自有基地和协作基地组成，核心主体是自有基地。集团在北京、辽宁、山东、江苏、上海、浙江、福建、广东、广西、海南、陕西等地建立了 20 多个果蔬生产基地，自有基地面积 1.33 万公顷，超大现代农业集团的漳州芦荟基地、北峰柑橘基地及汤川蔬菜基地已获得国家环保局有机食品发展中心颁发的有机食品生产证书。已经开发出符合国际出口标准的水果、蔬菜、大米、芦荟等名优农产品 100 多种，年产量 30 多万吨，产品出口到中国香港和日本、韩国、欧美等许多地区和国家，年产值达 3 亿多元，已经实现对市场的周年化均衡供应。

2. 制订行业标准，建立完善的质量监控体系。作为国际有机农业运动联盟（IFOAM）的成员，超大十分注重产品质量体系的标准化建设，率先制订出与国际接轨的《超大绿色无公害果蔬》企业标准。该标准包含无公害类、绿色无公害类、亚有机类和有机类果蔬等四大类，明确规定各个级别绿色有机果蔬产品的质量指标。2005 年还制订了甘薯、水稻等粮油作物的行业标准，为“超大”牌系列农产品走向国际市场，提供了技术标准保证。

超大现代农业集团经过不断创新的探索与科学严谨的论证，创造出在中国农业生产企业中独具“超大”特色的全程质量监控体系，概括为“12345”模式，即：一个与国际接轨的企业标准：中国大陆第一家制定与国际有机食品接轨的《超大绿色有机蔬果》企业标准；二大权威机构认证：超大有机蔬果已获得国家环保总局有机食品发展中心和中国绿色食品发展中心两大权威机构的认证；三大保障系统支持：有机生产资料开发保障系统，可持续发展科技支持系统，远离污染、遍布全国各地的农产品生产供应系统；四大分销网络体系；五个统一模式：按照超大独创的绿色有机栽培模式，实施“五个统一”，即统一使用超大精心选育的蔬果良种，统一使用通过国际有机联盟有机食品专用肥认证的超大生物有机系列肥，统一使用广谱、高效的生物农药，统一由超大现代农业科技研究所的技术专家进行技术指导，统一产品进入市场前的质量检测。同时，各个基地都建立了完整的生产档案，严格监控所有品种；每一批产品的来龙去脉都一目了然，实现“从田间到餐桌”的全程质量控制。严格的质量管理，使“超大”农产品具有明显的竞争优势。除生物有机肥获得双重有机认证外，白菜、甜椒、菜心、蒜苗、荷兰豆、花菜、上海青、水稻、脐橙和芦荟等10多种农产品，相继获得国家环保局有机食品发展中心、国家绿色食品发展中心等的“有机食品”、“绿色食品”认证，从而获得了通往国内外市场的“绿色通行证”。

3. 建立新型的公司＋基地＋农民的运行模式。按照基地公司化的要求，超大生产基地建设所需土地，由地方政府作为中介向农民租赁，租赁期一般与农民承包期相一致。通过土地有偿租赁的形式把农民的耕地经营权租赁给公司。当地农民除了定期向“超大”收取租金外，还当起了超大农业的“产业工人”，而不必承担自然灾害风险，有效地解决了农业结构调整中缺资金、缺技术、缺信息的困难。同时，避免了自然灾害的风险、自主经营的市场风险及生产上的技术风险。这种完全公司化运作的基地，各种技术措施全部能到位，质量控制有保障，生产的农产品标准化程度高，由公司组织产品计划调拨和营销，基地不直接面对市场。据调查，2006 年超大南京公司在六合县横梁乡的1 000亩基地土地年租金为含税价 400～450 元/亩；在六合雄洲租赁的 1 800 亩土地价格为 450～500 元/亩；田间正常管理用工按每 3 亩左右配 1 名工人，集中采收期需大量用工实行临时招募，按绩计酬。一般女工可得 750 元/月，男工可得 800～900 元/月，从而走上了一条独具特色的带动农民增收致富之路。

4. 构建现代化的绿色生态产业链。凭借现代的经营理念、绿色生产资料、绿色生产基地、绿色农业科技、绿色营销网络、绿色品牌建设、国际资本运营诸多方面的领先优势，超大集团以中国最大的绿色优质农产品智能化交易管理中心为核心，构建出一条完美的绿色生态产业链。

连锁专卖网络。在沿海大中城市的社区中，开设“超大绿色无公害果蔬专卖店”30 多家，直接为社区居民服务。到 2003 年，又投资 2 亿多元，参与福州“农改超”计划，拟进入 15 个大中型超市，使 100 个中小型无公害生鲜食品进入超市。

单位配送网络。先后与全国各地许多政府机关、学校、部队、医院、企业、宾馆、酒店等签订了15年以上的果蔬配送合同，配送单位达上千家，年配送量达上百万吨。同时，“超大”系列化果蔬产品还进入了各超市专柜，如福州的“新华都”、“沃尔玛”、“好又多”和“华榕”等大型连锁超市。

市场批发网络。在沿海各大中城市的一级、二级农贸批发市场均设有摊点。既可大规模批发果蔬，又可适时掌握国内主要城市批发市场的销售信息。据此，超大可调配各基地产品，满足各地市场需要，同时可获得更高利润。

出口外销网络。通过自主经营和委托出口代理等，将近100个品种的产品销往10多个国家和地区，年出口创汇3 000多万美元。

5. 依靠科技力量，增强发展后劲。超大通过广纳贤才，研发高新技术，实现成果的产业化开发，从而增强企业的可持续发展能力。到2006年底为止，超大设有经福建省科技厅批准的“福建超大现代农业科技研究所”和“福建超大现代农业战略研究所”。研究所现有研究人员80多人，其中博士6人、硕士16人、高级职称人员11人。下设生物技术、植物营养与施肥、作物信息调控、畜牧业、良种五个研究中心。另外，超大设立的“现代农业专家智囊团”，不仅囊括了福建省最高层次的农业专家，还包括一个“海外军团”。其中有中国科学院院士1人，教授级高级专家26人。他们不断为超大的发展壮大献计献策，使超大能够以智取胜。此外，超大还同中国农科院、中国农业大学、福建农业大学、福建农科院、华南农业大学和德国波恩大学等国内外著名农业科研机构进行密切合作。

6. 拥有独具特色的多层次技术服务队伍。按照实际、实用、实效的原则，建立起独具特色的多层次技术服务队伍。超大的技术服务体系有其独特之处：从实际需要出发，讲究实用、实效，它既有高级人才组成的专家组、智囊团，又有第一线的专业技术指导人员，同时还聘请了一部分具有丰富种植经验的菜农。三个层次各有分工，参与其技术管理的不同层面，可谓土洋结合、高中低兼顾，使其技术服务体系结构相当合理，符合实际需要，具有相当的实用性。超大的专家组、智囊团主要负责项目的规划、论证和面上的技术指导。专业技术人员和有经验的菜农主要负责日常的技术操作、田间正常管理。超大对专业技术人员的培训也是独具一格的。他们主要采取的是一年期的完全封闭、全程参与生产的方式，使专业技术人员在一年的时间里直接参与各类品种从种到收全过程动手操作，能够保证他们一年后都能成为“能说会道”的农业专家，对客户实行全方位“零距离”服务。

(三) 取得的成效

福建的超大现代农业集团，作为一家农业高新技术民营企业，集团以其全新的经营理念，准确的市场定位，严格的企业标准，科学的管理手段，开创了一条以无公害、有机果蔬产品为主营产品的产业化经营成功之路，形成了独具特色的“超大模式”；实现了农业产业化、农产品标准化和品质优质化，带动了农业结构调整和农民增收；成为全球200家最佳小型企业之一，成为中国大陆第一家在国际资本市场（香港联合交易所）上市的农业类股份制民营企业。截至2007年底，超大集团在福建、广东、广西、海南、江苏、山东、辽宁等14个省市区，建立现代农业的生产基地20多个，其中自有基地1.4万公顷，合作基地2.8万公顷；建有生物有机肥厂、生物农药厂、植物生长剂厂、食品加工厂等20多家，生产的绿色农产品畅销海内外。仅超大集团自营基地便吸纳农村剩余劳动力4万多人，带动农户达3万多户。据统计，2007年超大集团固定资产达近40亿元，销售总额5.7亿元，出口创汇5 700多万美元，实现利税1.2亿元，带动农户年均增收在2 500元左右。

二、提供的启示

(一) 科技与创新是超大可持续性发展的根本动力

没有农业科技开发和应用的现代农业是注定没有生命力的。福建超大现代农业集团的经验表明，科技进步具有提升产业竞争能力的巨大能量，不仅能够不断拓展新的产业空间，而且可以为传统产业注入强劲的活力。作为我国迄今为止唯一以从事规模有机果蔬种植与经营为特色的国际有机农业运动联盟（IFOAM）正式企业成员，超大现代农业一开始就瞄准国际市场，顺应全球经济一体化、绿色化趋势，发展现代高新绿色有机农业。依托超大生物有机肥、生物农药和果蔬良种等国际一流的绿色农业生产资料，遵循与国际有机食品接轨的《超大绿色有机果蔬》企业标准，建设绿色有机果蔬基地，并全面推行“绿色有机栽培模式”，实施“从土地到餐桌”全程无污染监控，以稳定、一流的产品突破“绿色壁垒”。2006年，超大现代农业集团已有许多产品通过有机食品、绿色食品认证，取得了进入国际市场的“绿色通行证”。

(二) 发展农业产业化必须充分重视保护农民利益

超大作为年收入过亿元的龙头企业，从一开始就十分注重规模、市场、品牌和标准建设，采用“公司＋基地＋农户”产业化组织形式，解决了农民在资金、技术和销售上的后顾之忧，提高了企业集约化发展程度，增加了农民收入，仅超大集团公司总部自营基地便吸纳了当地农村剩余劳动力4万多人，带动农户达3万多户，联结农户年均增收1 500～3 000元以上。实践证明，超大作为一个龙头企业，创出了名牌，带动了产业，致富了农民。特别是超大与农户之间崭新的组织关系和明晰的利益关系，解决了当前农村小规模、大群体的分散经营与现代农业产业化之间矛盾，实现了由分散型的家庭农业向规模型的集约农业的转变；实现了农业生产由低产出、低效益、低劳动生产率向高产出、高效益、高劳动生产率的转变。

（三）发挥品牌效应，开拓国际市场

我国小农经济之所以受到国外农业的强烈冲击，没有品牌是其中因素之一。超大现代农业对农业进行品牌经营，可以说是我国农业产业化发展历程中的一个创举。近年来，超大现代农业着力推行市场理念浓烈、个性色彩鲜明的品牌战略，开创性提出“把握绿色生命，享受健康食品”的消费新概念，将超大牌系列农产品与健康、绿色联系在一起，凸现营养价值、保健功能及安全健康等众多优势，引发自然而长期的市场购买认同，形成市场差别化品牌优势，从而为超大赢得了市场、赢得了声誉、赢得了形象，成为超大提升企业成长能力的信心资源和形象资源。同时，以连锁专卖网络、单位配送网络、出口网络、批发网络四位一体的营销体系，为“超大品牌”的形成与推广提供了良好的载体，有很强的市场竞争力和扩张力。

（四）坚定不移地走生态农业道路

当代世界农业正在逐步进入绿色有机农业时代，以注重农业生产活动过程中生态效益与经济效益实现协调和统一的生态农业，正在成为主流性的农业生产方式。超大集团以超前的眼光鲜明地提出了“走绿色道路创生态文明”的经营理念，并以此为指导，从农业生产资料的选择、到基地的布局和规划，到与国际接轨的《超大果蔬企业标准》，到统一、规范的有机绿色种植模式，到作为主要生产要素的科技研发，最终到惠及千家万户的终端消费市场，全线贯穿成一条自成品牌、独一无二的绿色生态产业链，形成了以绿色为基本特征、富有创新精神的“超大模式”，企业取得了显著的经济和生态双重效益。

第二节　创汇农业带动型

所谓创汇农业带动型的运行模式，是指在建设现代农业过程中，加快农业结构调整步伐，统筹城乡经济社会发展，发挥区位优势，以支柱产业和主导产业为基础，以加工企业为龙头，以商品生产基地为依托，以科技推动为手段，大力发展有比较优势的园艺、畜牧、水产养殖等产业，扩大蔬菜、水果、畜牧和水产品出口，带动区域经济发展和农民增收。这种以外向型农业为突破口的现代农业发展模式，称之为创汇型农业带动型的模式。这一模式比较有代表性的是辽宁省大连市。

一、案例概述（大连市）

（一）基本情况

大连市三面环海，是一个集港口、工贸、旅游为一体的综合性城市。辖六区三市一县，125 个乡镇，1 485 个村，全市人口 531.5 万，耕地面积 361.6 千公顷，农村土地在全市面积中占 80%以上，农业人口占全市总数的一半。因此，农业、农村、农民问题是事关大连市农业现代化建设进程的基本问题。大连市委、市政府坚持以农业增效、农民增收和农村繁荣为根本目的，立足本地资源优势，大力发展创汇带动型农业。以市场为导向，突出发展畜牧、水产、蔬菜、水果、花卉五大优势产业，建设了一批优质特色、出口创汇农业生产基地，全面推进农产品专业化生产、规模化经营。从 2001—2006 年，六年投入“三农”资金总量 70.4 亿元。2006 年财政支农资金实际支出达到 19.6 亿元，强有力的支农惠农措施极大地激发了农村广大干部群众的积极性，也有力地吸引了城市资金、国外资金和民营资金的跟进投入。近六年来，涉农区市县全社会固定资产投入每年以 35.1%的速度递增，2006 年达到了 777 亿元，比 2000 年增长 6.1 倍，为农村经济社会快速发展打下了坚实的基础。经过六年多的实践，各项工作进展顺利，形成了自己独具特色的创汇带动型现代农业模式，取得了较好的经济效益和社会效益。

（二）主要做法

1. 加大农业产业结构调整，明确农业发展的主攻方向。大连市在建设现代农业过程中，立足当地资源优势，突出大连特色，大力调整、优化农业结构和布局，确定了进一步做大水产、畜牧、水果、蔬菜、花卉这五大优势产业。各区县积极发挥各自资源优势。坚持生态型、外向型、优质高效的发展方向，大规模推进农业结构战略性调整，培育壮大优势产业，实现了历史性突破，使大连的水产、蔬菜、水果、花卉业均有较大发展，建成了一批规模化经营的经济作物区，有力地促进了农业区域化布局、专业化生产和规模化经营。如“红果牌”大米、“咯咯哒牌”鸡蛋、“棒槌岛牌”海参等产品畅销国内市场。“海上大连”建设取得新进展，海洋渔业发展在全国处于领先水平，产值已占据全市农业总产值的“半壁江山”。2006 年，渔业“六个百万工程”（陆地工厂化养殖面积 100 万平方米、海参底播增殖和港池养殖面积 100 万亩、虾夷扇贝底播增殖面积 100 万亩、滩涂贝类增养殖面积 100 万亩、魁蚶底播增殖面积 100 万亩、水产品精深加工产量 100 万吨）已全面完成。2007 年，大连市政府公开挂牌督办的第一个项目就是加快发展现代农业，具体目标是新植优质果树 1.33 万公顷（20 万亩），发展精品果园 100 个，新建畜牧标准饲养小区 100 个，完成 0.67 万公顷（10 万亩）蔬菜保护地建设。

2. 积极开拓国内外市场，招商引资，带动农产品出口创汇。大连市引导干部群众用市场观念推进现代农业建设，把开拓市场放在首位，以国内外市场为导向，从培育优势产品入手，促进水产、畜牧、水果、蔬菜、花卉等优势产业不断壮大，进一步调整优化农业结构。在国内，重点开拓东北地区的蔬菜、水果、水产、花卉市场，开拓南方地区的畜牧、水果、水产和花卉市场。在国外，在扩大日韩农产品市场的同时，开拓俄罗斯市场，把分散无序的对俄农产品贸易组织起来，形成规模，扩大出口；进一步开拓欧洲、北美、中东等国际市场。

大连市充分利用区位优势和开放优势，加大农业招商引资力度。2006 年该市农业新批准设立外商投资企业 130 多家，利用外资 2.1 亿美元，农业外资企业累计达到 1 400 多家，利用外资 10 亿多美元。外商投资领域也由单一的水产品加工扩展到种植、养殖、饲养、农产品加工和农产品贸易等领域；外资投向由农产品的粗加工向精深加工发展。主动顺应国际市场的消费潮流，进一步扩大对日本、韩国的水产品、蔬菜、肉鸡等传统农产品出口，积极开拓俄罗斯及欧洲市场，拓宽水果、蔬菜的销售渠道。大连市已面向世界 110 多个国家和地区出口蔬菜、水果、花卉、水产等农产品，农产品出口创汇已由 2002 年的年均增长 8.3%，发展到 2005 年的年均增长 25%，2006 年出口创汇 14.7

亿美元。年出口创汇额占全市出口商品创汇总额的10%左右。

3. 建设现代农业示范园区，扶持农业龙头企业，推进农业产业化经营。大连市把农业产业化作为实现农业现代化的有效途径，积极推广“公司+基地+农户”的经营模式。在水产、水果、蔬菜、肉类等产品加工、储藏和流通方面，重点抓好38家龙头企业建设，建立相当数量的基地群、加工群、储藏群和市场群，拉长产业链条，形成产业带。近年来，大连市政府已确定每年投入3 000万元用于扶持农业产业化龙头企业发展，2005年大连市安排1 750万元给予38家重点龙头企业贷款贴息。组织金融部门与龙头企业对接，落实贷款2.6亿元。“华农”、“础明”、“韩伟”等龙头企业在国内的影响力越来越大，“大成”、“华都”等几大肉鸡加工企业年产量达1亿只，“海升”果汁已被可口可乐等国际大公司采用。2006年，大连市29个固定资产在3 000万元以上的重点“龙头”企业已带动22万农户从事产业化经营，提高了农民生产经营的组织化程度。

精心打造现代农业示范园区，构筑农业现代化示范工程。为使农业现代化建设由点到面、有序铺开，从2004年开始实施了以现代农业示范园区建设为内容的“121”工程，即全市规划兴建1处2万亩园区；每个涉农区市县兴建2处万亩以上园区；每个乡镇兴建1处5 000亩以上园区。三级园区总计136个，规划总面积100万亩，占全市耕地的1/4。其中，市级园区重点发展蔬菜、水果、畜牧三大主导产业，建成后将形成集科研、繁育、生产、加工、贸易于一体的经营体系。在推进园区建设过程中，注重机制创新。在融资方面，按照政府协调、企业经营、市场运作的模式，大量吸收国内外资金投入园区建设。现已投入资金14亿元，其中外资3 000万美元。对市级园区给予优惠政策，在征地、收费、社会服务等方面进行扶持。为提高农业经营的规模化、集约化水平，坚持“自愿、有偿、规范、有序”的原则，稳步推进集体土地使用权流转制度改革。金州区响应现代农业示范园区，率先探索了以龙头企业领办，农民以土地使用权入股为主要形式的土地股份制，集中连片发展订单农业，取得了较好的效果。农民不仅可以通过保底分配得到基本利益补偿，而且还可以参与年终盈余分红和优先到园区打工，拓宽了农民增收渠道。

4. 发挥城市的辐射作用，坚持以城带乡、整体推进。通过城乡联动、以城带乡和以工促农，整体推进大连现代农业建设。一是加快发展相对落后的北三市（普兰店市、庄河市、瓦房店市）。政府专门出台了关于扶持北三市发展的优惠政策。2001年投入6.5亿元，对北三市招商引资、建设农业产业化项目、吸引技术和人才起到有力推动作用。2002年市财政又安排资金6亿多元，启动了各类基础设施、农业产业化、乡镇企业、农业示范园区等100多个大项目，并带动了金融、外资的大量投入，使北三市市区和一些中心城镇建设水平不断提高，各产业发展势头较好。二是提高卫星城和小城镇建设水平。强化中心城区的辐射作用，加快瓦房店、普兰店和庄河三个卫星城和中心城镇建设，2006年，大连市县域城镇化率达到35%。庄河市坚持以城市建设牵动经济发展，通过推进港口和道路网建设，构建新的城市发展框架；瓦房店市、普兰店市城市建设也初具规模。大连市重新制定了小城镇建设发展规划，沿沈大高速公路、黄海大道和旅顺北路确定一批中心镇，重点发展，使其成为推动全市农业现代化进程的重要力量。

5. 强化农民基础教育和新技术引进，加快科技兴农步伐。按照中共大连市委提出的建设"学习型城市"的要求，抓紧"学习型村组"和"学习型农户"建设，提高农民的学习力、创新力和竞争能力。从农村干部抓起，带动农民科技文化教育的普及。认真贯彻党中央、国务院关于搞好农村综合教育的指示精神，促进农科教的结合。进一步完善绿色证书培训和农民业余文化普及制度，充分利用县、乡中心学校、乡村职校以及农民职业培训中心等教学阵地，全力抓好农村义务教育和农民科技文化培训。进一步完善市、县、乡、村四级农业科技推广网络，更广泛地向农户推广新品种、新技术。

（三）取得的成效

现代农业的快速发展促进了大连市农业和农村经济的快速发展，2007年，7个涉农区市县国民生产总值达到1 565亿元，比2006年增长30.5%，占全市经济总量的半壁江山；地方财政一般性预算收入达到74.7亿元，增长38.4%；农林牧渔及服务业总产值达到463.6亿元，增长18.7%（其中第一产业增加值达到247.6亿元，占全市地区生产总值的7.9%）；农民人均纯收入达到8 369元，比2006年净增1 385元，增长19.8%。城市居民人均可支配收入与农民人均纯收入之比，由2002年的1.98∶1缩小到1.8∶1。大连市现代农业建设，带动大连市农业产业结构调整，推动农业产业升级，增加农业效益，也使农民获得了更多的经济收入。

二、提供的启示

（一）利用资源优势，发展创汇带动型农业

从大连市发展创汇带动型农业实践可以看出，因地制宜，立足本地资源优势，发展适合本地的农业主导产业，是建设现代农业的重点和关键。大连市三面靠海，与日本和韩国距离较近，发展蔬菜、水果、花卉、水产等外向型农业，有得天独厚的条件。大连市充分利用区位优势和资源优势，招商引资，大力扶持农业产业化龙头企业，引导龙头企业发展蔬菜、水果、花卉、畜牧、水产等五大产业，积极开拓国内外市场，真正实现了“企业增利、农业增效、农民增收”三赢的效果。创汇带动型农业还带动了一批新兴产业，促进了农业资源的开发，增加了农民的收入。2006 年，该市农业收入中，创汇带动型农业所占比例已达 20%，部分地区、乡（镇）高达 40%。创汇带动型农业成为一些地区和乡（镇）财政收入的主要来源，带动了区域经济的发展。

（二）推进农业科技进步，为发展创汇带动型农业提供科技支撑

在推进现代农业的发展过程中，大连市把推进农业科技进步放在重要位置。从 2002 年开始，大连市以“引进中国乃至世界上最先进的农产品品种”为目标，启动了农业的“聚宝工程”，把引进推广农产品新品种、新技术作为加快农业产业结构调整，加速农业现代化进程的催化剂，大力扶持农业新品种、新技术的引进和推广。自 2003 年起，大连每年都投入 2 000 万元资金用于引进国内外农业新品种、新技术的补贴。从 2005 年，大连每年又安排 2 000 万元，用于种子磁化、测土配方施肥、地膜覆盖两茬生产等十大农业增产增效技术的推广普及，各县区也拿出大笔配套资金和各种优惠政策，激发广大农民学习应用新品种、新技术的积极性，加速农业科技成果转化，为农民发展创汇带动型农业提供科技支撑，使农民通过新技术和新品种应用，提高农产品的产量和品质，获取更多的经济收入。大连市在推进农业技术进步、启动农业“聚宝”工程的做法值得提倡和借鉴。

（三）全力扶持农业龙头企业，推进农业产业化经营

大连市在建设现代农业过程中，把加快产业化进程作为利用市场机制提高农民组织化和减少农民经营市场风险的关键措施，又对龙头企业采取“择优、扶大、扶强”的原则，在资金扶持、贷款贴息、申报项目、土地使用、税收优惠等方面，采取优惠的政策和措施帮扶大连市农业龙头企业。从 2003 年起，

对建设规模以上农产品加工龙头企业，市级给予固定资产投资10%的补贴，五年补贴总额达到30 308万元，有力地带动了社会资本投入农业产业化经营。2007年，全市规模以上农业产业化龙头企业达到532家，农产品加工能力达到650万吨，储藏能力75.5万吨，分别占农产品总产量的75%和9%，实现产值450亿元。其中，固定资产1 000万元以上的农产品加工龙头企业达到223家，年销售收入超亿元的农产品加工龙头企业达到90家，拥有国家级龙头企业10家，省级以上龙头企业54家。农民专业合作组织发展到682家，农民经纪人大户1 090人，带动70多万农户进入农业产业化链条，农民人均纯收入中有三分之一以上来自农业产业化经营，有效地实现了家庭经营与大市场的对接，从根本上解决了农民“卖难”问题。

（四）实行城乡统筹，推进扶贫开发

大连市在现代农业建设中实行城乡统筹，以城带乡的战略，把城乡统筹，城乡互动贯穿在现代农业建设中，从而破解城乡“二元”经济结构，解决在现代农业建设过程中的制度性、体制性的障碍，尤其是实施全市北三市大开发战略。市政府每年拨出5亿元以上资金，重点扶持北三市城镇建设、电力、交通等基础设施建设和开发农业项目，促进北三市经济总量全部进入全国百强县行列。大力开展扶贫开发工作，市政府每年拨出600万元扶持贫困村搞开发加工项目，组织334个城市企事业单位对口帮扶贫困村、户，全市共有274个贫困村、8.8万贫困人口实现脱贫，对北三市的贫困农民脱贫致富起到了较好的带动作用。这种做法值得肯定和推广。

（五）培养新型农民是加快发展现代农业的根本

农民是现代农业建设的主体，现代农业建设需要促进农民分工分业。在大连，由于经济发展带来了大量的非农就业机会，加之政府适时推动制度创新，促进农民分工分业，使农民逐步成为一种职业选择，而不是一种身份象征。该市大部分农民都已转移到二、三产业，农业从业者也分化为专门的农业企业家、技术人员和农业工人。由于现代农业较之传统农业要求从业人员具备更高的技术水平和管理能力，因此，大连市坚持把对农民的培训放在加快现代农业建设的突出位置，大力培养知识型农民、技能型农民、管理型农民。该市资助农村劳动力参加各种职业技能培训，不断加大农民转移就业服务力度。同时，大力举办农业科技知识培训讲座，开展农业科技进村入户活动，提高农民群众科技文化素质，加快农业新技术、新成果的推广应用。

第三节 “猪—沼—果”生态农业型

所谓“猪—沼—果”生态农业型的模式，是指在建设现代农业过程中，以生猪养殖业为龙头，以沼气建设为纽带，带动粮食、林果、蔬菜、渔业等产业，把畜禽养殖和林果、粮食蔬菜种植等结合起来，形成农业的生态良性循环，既能较好地处理畜禽养殖环境污染问题，又能提高水果等作物的产出率和优质品率，较好地解决沼气原料的问题，带动畜牧业、果蔬业和农业的共同发展。

“猪—沼—果”生态农业型的模式，具体地说，就是户建一口沼气池、人均出栏两头猪、人均种好一亩果，被称为“121”工程。利用人畜粪便下池产生的沼气做燃料和照明，利用沼渣、沼液种果、养鱼、喂猪、种菜，从而多层次利用和开发自然资源，提高了经济效益，改善了生态环境，增加了农民收入。这一模式比较有代表性的是江西省赣州市，简称为赣南模式。

一、案例简述（江西省赣州市）

（一）基本情况

赣州市位于江西省南部，简称赣南，是江西省最大的一个市，东临福建，南接广东，西靠湖南，处于四省交界之外，地理位置优越。赣南地处中热带南缘，气候适宜，是全国发展橙类生产最适宜的地区。赣州市下辖18个县（市、区），国土面积3.94万平方千米，全市有耕地面积29.33万公顷，农业人口676万人，人均耕地0.6亩，地少人多，是一个欠发达的农业大市。由于过去多年的对自然资源实行掠夺式经营，致使生态环境急剧恶化，水旱灾害频繁。为了扭转这一局面，赣州市积极探索，把生态循环农业作为现代农业的建设方向致力于农业发展和农村生态相协调，走资源节约和循环利用、农村生态保护和农产品质量提高互相促进的路子，创造了以山林、农田、水面、庭院为依托，以沼气为纽带的“猪—沼—果”工程模式，被农业部誉为生态循环农业的“赣州模式”，被列为全国两大生态农业类型和“十五”重点推广的农业技术之一。到2006年底，全市累计建成户用沼气池51.33万个，占全市总农户数的34.75%。探索出了“山上戴帽、山腰种果、山下养猪、山塘养鱼”的山地立体开发模式，建立示范户42万户、示范乡镇107个、重点示范村400个，

“猪—沼—果”工程示范服务基地1 000余个。2006年实现农业总产值212.83亿元，农民人均纯收入达到3 000元。农村生态和小区域气候得到明显改善，森林覆盖率达到74.3%，区域内生态环境得到有效保护。赣州市也一举成为国家生态农业示范市。

（二）主要做法

1. 发动农民群众，积极参加“猪—沼—果”生态农业建设。农民群众是“猪—沼—果”生态农业的具体实施者，也是“猪—沼—果”生态农业实施后的直接受益者。为了让更多的农民群众了解“猪—沼—果”生态农业的建设内容，赣州市的各级农业管理部门采取有力措施，在具体工作中，除采取科技下乡、会议动员、现场参观外，还应用典型示范、广播电视、报刊等宣传阵地和工具，把“猪—沼—果”模式标准化宣传到农村千家万户和田间地头，从而营造了全社会普遍关注和支持的氛围，为项目的实施争取了广泛的群众基础，使“猪—沼—果”模式得到广泛推广。据赣州市农业局统计，2006年全市建成户用沼气池48.16万个，占总农户数的31.27%。结合主导产业，赣州市每年应用沼肥种植花卉、水稻、烟叶、脐橙等农作物的面积达37.33万公顷，建立“猪—沼—果（菜、渔、蔗）”等生态农业示范户41.33万户、示范乡镇107个、示范村1 053个。

2. 加大农业投入，确保生态农业建设顺利实施。为了保证生态农业建设的顺利实施，赣州市采取个人、国家、集体三结合，多层次、多渠道筹集资金，增加农业投入，市财政每年安排农业环保、农业综合开发、水土保持和沼气专项建设资金1 500多万元，各县（市、区）、乡镇财政也安排了相应的资金，各级金融机构每年安排了近5 000万元的生态农业专项贷款。同时，在生态环境建设、农业综合开发、农田水利建设、以工代赈、国际农业基金等项目资金中切出一块统筹安排，用于生态农业建设，形成了以财政为引导，以农民为主体，以信贷为支柱，以社会资金和外资为补充的生态农业建设资金投入体系。

3. 精心组织建设了一批示范工程。为了加大“猪—沼—果”生态农业的推广力度，赣州市精心组织建设了一批示范工程，迅速制定了具体的实施方案，在各县市区分别落实1～2个示范村，以点带面搞好试点示范，大力开展生态循环农业基地建设。按照“四化一园”（良种化、规模化、标准化、产业化和生态园）的要求建设生态畜牧小区193个，建成了定南、信丰、南康等县市为主的300万头无公害外销和供港生猪基地。创建“精品果、无害菜、放心肉、绿色米、特种鱼、名贵花、有机茶”等标准化生产示范基地800多个，占地面积达6.67万公顷，涉及商品蔬菜、生猪、绿色大米等20多个种养种类。在果业产业创建了1个全国无公害水果生产示范基地县、1个全国无公害水果出口示范基地县和4个全国绿色食品原料（脐橙）标准化生产基地县。

此外，赣州市“猪—沼—果”模式涌现出来的示范典型还有：生态农业第一乡——会昌县小密乡；小流域沼气综合开发治理乡——信丰县长岗乡；“猪—沼—果”模式的小康村——兴国幽雅塘村；赣州市最大的生态农业示范园——朱德能生态农庄，纵横3千米、开发脐橙80公顷、鱼塘10公顷、养猪200头、建沼气池12个。

4. 积极开展生态农业试验研究和新标准的制订工作。在“猪—沼—果”生态农业建设实践中，赣州市建立了“猪—沼—果（菜、猪、鱼、桑）”等生态模式。但由于“猪—沼—果”模式是一项系统工程，涵盖了农林牧渔等多项内容，并与各地的土壤、水源、气候和产业有密切关系，单项技术标准还难于适应全面发展的要求。为此，赣州市组织有关科技人员，结合各地的主导产业，开展了沼液沼渣在蔬菜、水产、花卉、生猪、甘蔗等产业上用作肥料和添加剂的技术研究，获得了大量技术数据。衍生模式及技术要点有：“猪—沼—稻”模式，“猪—沼—菜”模式，“猪—沼—花生”模式，“猪—沼—瓜”模式，“猪—沼—蔗”模式，“猪—沼—花卉”模式，“猪—沼—烟”模式，“猪—沼—鱼”模式，“猪—沼—茶”模式，加快了地方技术规范的制订步伐，对推进“猪—沼—果”模式标准化建设发挥了重要作用。

5. 扎实有效地开展了技术培训工作。在赣州市各地推广“猪—沼—果”生态农业模式的过程中，赣州市农业部门狠抓技术培训，扎实有效地开展了以下技术培训工作：一是通过培训班、经验交流会、外出参观考察等方式，加强了农村能源技术人员的培训。二是加强对技工的培训，使新建沼气池的工艺规范符合标准，并通过沼气技工的培训作用，把“三沼”综合利用标准化技术传播到各家各户。三是对农户进行培训。项目实施以来，赣州市结合“绿证工程”、“农科教百千万工程”和“跨世纪青年农民培训工程”，重点加强了农民素质教育，增强了他们学用科技的兴趣和能力。据赣州市农业局统计，2006年全市举办各层次的“猪—沼—果”生态农业技术培训班87期，培训农民3 780人次，发放各类科普资料1.2余万册。目前，全市农户基本上都能自觉地遵守标准化原则管理和经营“猪—沼—果”模式，从而有力促进了赣州市“猪—沼—果”生态农业向健康持续方向发展。

（三）取得的成效

通过开展“猪—沼—果”建设，赣州市的生态农业建设取得了显著成效。十年来，赣州市“猪—沼—果”工程每年以新增5万个沼气池的速度推进。到2005年底，赣州市累计建成户用沼气池51.6万个，已建沼气池农户占赣州市总农户数的33.75%。有16个县市建设成为万个沼气池县，其中宁都、于都、会昌、大余等地的建池入户率达40%以上。在畜禽养殖场、果园建设20～500立方米的大中型沼气池353处，每年运用沼肥种植蔬菜、花卉、水稻、烟叶、脐橙等农作物的面积达40多万公顷。建立了生态农业示范户42万户、示范乡镇107个、重点示范村400个，示范服务基地1 000余个。目前，赣州市“京九”铁路和105、323、319、206国道沿线5条“猪—沼—果”生态农业走廊初具雏形，基本形成了以“猪—沼—果”、“猪—沼—稻”、“猪—沼—菜”三大模式为主导，“猪—沼—渔（蔗、花卉、白莲、经济林）”等模式共同发展的生态农业格局，逐步走上推进循环经济、服务新农村的发展轨道。

2006年，“猪—沼—果”生态农业模式，已经在南方得到广泛应用。仅在江西赣南地区，就有这一模式的示范户24.48万户、示范村1 053个、示范乡107个，全区已累计建成户用沼气池35.43万户，占全区总农户的24.1%，开发荒山荒坡，种植以橙类果品为主的果业面积16.06万公顷，年出栏生猪400万头。通过开展“猪—沼—果”生态农业模式建设，使江西省赣南地区取得了显著的经济、生态和社会效益。

二、提供的启示

江西赣州市建设现代农业的实践给了我们许多有益的启示，主要体现在以下几个方面：

（一）加大政府的组织和领导

“猪—沼—果”生态农业的模式推广是在赣州市政府组织下进行的。赣州市政府各级农业管理部门在推广这个模式中发挥了重要作用，各个部门之间相互协作和配合，为这个模式推广创造了必要的条件。所以，在经济欠发达地区，实施农业建设项目，一般采用政府主导型的决策模式。在推广“猪—沼—果”生态农业模式中，赣州市政府不仅积极组织，而且直接发挥各个管理部门的职能作用，如政府为实施生态农业示范项目和农业技术培训提供大量的物力和财力的支持。借鉴赣州市的经验，加强政府对现代农业建设和农业技术推广的支持力度，具有重要作用。

（二）坚持因地制宜，科学选定项目，是加快发展现代农业的重要前提

发展现代农业首先要选好项目，“猪—沼—果”生态农业模式是一个已得到赣州农业认可的高效富民项目，有较好的市场前景和发展潜力。“猪—沼—果”系统开发工程是以生态学和生态经济学为原理，以沼气建设为纽带进行技术组合、装备和创新建立的一种集资源、环境、效益兼顾的综合性农业生产经营模式。由猪到气、由气到果，循环往复，形成了一条产业、效益的黄金链条。按照“猪—沼—果”模式，一户农户建一个池，养 10 头猪、栽 5 亩果，每年可增加养猪、果业等经济效益 4 000 多元，节约用柴、用电、肥料、农药饲料等支出 3 000 多元。实践证明，以沼气为纽带的“猪—沼—果”生产模式，是一条实现农业内部物质和能量的多层次利用增值和良性循环的农业生产致富之路。而且这一生态模式的推广，也有力地促进了农村生产方式的变革，促进了水土保持和封山育林，改善了生态环境。

（三）在生态农业建设过程中，实施重视科技进步和技术培训

赣南地区在生态农业建设中，依靠科技进步不放松，坚持实施科技导入工程。面对全市科技水平落后，技术力量薄弱的新干部，赣州市干部群众在实践中创造了多种有效的生态农业建设的方式。他们把推广“三大一篓”生态果园建设、作物病虫害防治、“5＋1”种草养殖模式等新技术与丰收计划等有机结合起来，提高了生态农业建设的科技含量和经济效益。同时，结合“绿色证书”工程、农科教“百千万”工程和跨世纪青年农民培训工程，培训农民 80 余万人次，使生态农业技术推广到千家万户、田间地头，形成了现实的生产力。

（四）发挥典型示范作用

政府推进现代农业建设，典型示范是最有效的方法。如在推广“猪—沼—果”生态农业模式具体实施过程中，赣州市根据因地制宜、突出优势的原则，以“猪—沼—果”生态农业模式为主导模式，以标准化为手段，广泛示范，结合生态富民、环境治理、以工代赈、老建扶贫、红壤二期水土治理等涉农项目，重点在京九铁路和 105、323、319、206 四条国道沿线乡镇和涉农项目区实施“猪—沼—果”生态农业标准化建设。在项目实施的 7 年时间里，有近

3 000万元的资金投入到与“猪—沼—果”生态农业相配套的各个项目中，涉及到全市几乎所有的乡镇，取得较好的成效。

2006年，赣州市“京九”铁路和105、323、319、206国道沿线5条“猪—沼—果”生态农业走廊初具雏形，基本形成了以“猪—沼—果”、“猪—沼—稻”、“猪—沼—菜”三大模式为主导，“猪—沼—渔（蔗、花卉、白莲、经济林）”等模式共同发展的生态农业格局，逐步走上推进循环经济、服务新农村的发展轨道。

所以，在推动现代农业技术过程中，地方政府必须立足本地实际，按照“面上打基础，点上求突破”的原则，正确处理典型示范与推动面上工作的关系，积极抓好典型示范工程，培育各类现代农业建设典型，以点带面，有力有效推动现代农业建设。赣州市的“猪—沼—果”生态农业标准示范过程就是很好的例子。

第四节　科技园区带动型

所谓科技园区带动型模式是指在条件适宜的农村建立高效农业科技园区，在园区内以农业结构调整为突破口，以科技进步为依托，以市场为导向，以效益为中心，运用现代农业科学技术和经营管理方式，政府引导、企业运作、中介参与，引进龙头企业，与农民专业合作组织对接，大力发展优势产业和产业化经营，从而提高农业的综合效益，促进农民增收。这种通过园区的示范引路，促进农业科技进步，带动区域产业结构升级，促进区域现代农业的发展模式称之为科技园区带动型模式。这一模式的典型代表是四川省乐山市。

一、案例概述（乐山市）

（一）基本情况

乐山境内以山地、丘陵为主，森林覆盖率高，常年平均气温17.8℃，平均降雨量1 062毫米，发展种养业条件得天独厚。从1997开始，乐山市政府就将发展的着眼点放在培育壮大林竹、畜牧、茶叶、蔬菜、中药材五大产业上，进行农业和农村经济结构调整。2003年以来，乐山市以五大产业为主导，按照“抓龙头、建基地、创特色、打品牌”的发展思路，打破行政区域界限，重点整合林竹、畜牧、茶叶资源优势，在做大做强龙头企业，做宽做长产业链条，做优做响农业品牌上下功夫。

四川省乐山国家农业科技园区是首批国家农业科技园区试点单位，始建于2001年，乐山园区定位于四川丘陵山区的农业现代化示范区，按照核心区、示范区、辐射区的布局进行规划建设。核心区突出技术的集成、组装和创新；示范区突出特色和产业优势；辐射区突出示范和带动作用。园区采取“一区多园”的建设格局，根据丘陵山区农业的特点，按照乐山农业产业区划的要求和优势产业，相对集中有利于带动千家万户的原则，在400平方千米的范围内，建设不同特色的六个专业（林竹、茶叶、畜牧、花木、中药材、优质粮油）科技园。通过农业科技园区的建设与发展，力求一个科技园带动一个产业，全面带动区域农村经济的发展。

通过几年的建设，园区已形成以茶叶、兔业、畜牧等具有竞争力的主导产业。茶叶科技园整合茶业资源，推进产业化，实施标准化，提高组织化，加大示范区和辐射区建设力度。2006年已建成示范区15个，面积达到1.09万公顷；辐射区面积达1.67万公顷。乐山市发展良种茶面积1.16万公顷，茶叶总产量达1.55万吨，总产值达3亿元。其中：以竹叶青为龙头的名优茶1 433吨（竹叶青产量达573吨），产值1.5亿元，占全市总产值的50%。2005年全市签订出口订单6 720吨，出口值162万美元。全市公司＋基地＋农户的订单茶叶，占总面积和总产量的60%；已与周边10多个市县区的百余个乡镇发展2万公顷茶园，基地茶园1 867公顷，辐射带动乐山及川西南茶区6万多户茶农，并在雅安、宜宾等地建立了示范基地。

（二）主要做法

1. 推进农业产业化，从产业链条上培育提升园区企业。园区按照“政府引导、中介参与、业主开发、农民受益”的机制，围绕林竹业、茶叶、畜牧、花木、中药材、优质粮油主导产业，培育和发展种植型、生产加工型企业，构建起主导产业的企业集群，促进了乐山市农业优势产业竞争力的不断提高和产业的快速发展。作为乐山优势产业茶叶，近3万公顷的无公害茶叶基地，孕育和催生了竹叶青、仙芝竹尖等茶叶龙头加工企业，实现了产业的快速发展。禹伽茶业，就是利用茶树修剪的大量枝叶提取茶多酚，开发“天然咖啡”、“速溶茶系列产品”等，实现了茶叶的深度开发。每年利用丢弃资源3 000吨，为茶农增收贡献576万元。2007年企业年产茶多酚217吨，生产EGCG高纯度茶多酚87千克，在市场比较低迷的情况下，实现销售收入1 217万元。

2. 建设农业专家大院，增强农业科技服务能力。2003年以来，乐山国家农业科技园区开展了农业专家大院建设工作。制定完成了《乐山国家农业科技园区专家大院实施意见》和《园区专家大院管理办法》，建立了猪、兔、林业、茶叶、中药材、花木、蔬菜、水果8个专家大院。主要采取三种形式：一是依托林业、茶叶、猪业、中药材四大产业，以龙头企业为主体，建立了"创新转化中心"（同时挂龙头企业技术创新中心、专家大院牌子）；二是依托重点产业建立了"兔业研究所"、"蓝雁猪业研究所"；三是依托特色产业建立了花木、蔬菜、水果特色专家大院。农业专家大院成为农业新技术、新成果推广与转化的平台，在引进农业新技术和新品种，增强农业科技服务方面发挥有效的作用。

3. 农民专业协会与农户进行技术对接。在园区以龙头企业为经营主体，通过龙头企业的带动，建立各种类型的农民专业协会，相继组建了林竹、养猪、茶叶三大行业协会，健全和完善了与园区主导产业相关联的360个专业协会、合作社，会员总数达11.45万人，成为建设园区和农业产业化经营的主力军。农民专业协会在生产中帮助农民解决各种问题，为农民提供产前、产中和产后技术服务，起到了龙头企业与农民进行对接的中介传递作用，解决了龙头企业与农民进行技术对接较难的问题。依托龙头企业，园区企业和农民专业协会、农民专业合作组织等外销的农产品已占全市同类农产品总量的70%，带动农户率达36%；2006年从业农民人均获得纯收入1 428元，比2005年的1 043.48元增长36.85%，形成了一个专业园，带动一个产业的发展，全面推进农业产业化发展的局面。

4. 推动示范辐射区建设，进一步彰显带动作用。在努力完成核心区建设的同时，推进示范区、辐射区同步建设，把园区建设的"政府指导，企业运作，中介参与，农民受益"十六字方针，落到了实处。在园区的整体推动下，形成了以专业园核心区为主体的，示范区、辐射区带动林竹、畜牧、茶叶、花木、中药材五大主导产业发展并步入产业化经营的良性循环。畜牧科技园在建立生猪基地乡镇20个，基地村150个，适度规模养猪户3 500户的基础上，依托蓝雁公司外向型生猪产业化生产的"龙头"优势，对规模化养殖场实行"受控"管理，引进出口原料生产基地体系管理模式，研究并形成一系列健康养殖清洁生产集成技术体系，实现生猪养殖的安全、优质、高效、生态、无公害健康生产，为企业提供符合出口要求的优质、无公害的猪源。哈哥公司在井研县大力实施“1234”助农工程（一个目标：带动农民增收，二个依托：依托科研院所、依托龙头企业；三个服务：技术服务、信息服务、融资服务；四个统一：统一标准、统一引种、统一防疫、统一收购），建立绿色食品种植基地80公顷；优质兔养殖基地76个，2006年新增养兔专业户2 000户，养兔基地年可提供商品兔500万只以上。

5. 做强龙头企业，助推农民增产增收。乐山园区以一个专业园支撑一个主导产业，一个主导产业培育多个企业，带动一方农户的模式，做强做大龙头企业，带动农户增产增收，抵挡市场风险。哈哥兔业公司以坚持“立业三农为大，举步富民为先”的宗旨，立足于“搞好一个产业、致富一方百姓”的追求目标，全力完善“合作经营机制、无偿服务机制、担保融资机制、联利联心机制”四大机制，促进了公司、专合社、养殖户三者利益的紧密结合，实现了公司和农户“双赢”目的，成功探索了一条“公司＋专合社＋农户”的农业产业化发展模式，实现了“小兔子大产业”。2007年公司加工肉兔450万只，实现销售收入2亿元，比上年增长91.6%，实现利税1 810万元，比去年增长61.5%。其产品已进入全国21个省、市、区4 000多个超市、商场网点，被川航、西航作为头等舱赠品，建立180多个配送中心，直接带动农户83 600户，2007年人均增收300元。蓝雁公司面对国内外生猪肉类食品市场波动大等诸多不利的因素，充分发挥了国家农业产业化重点龙头企业生产经营优势和出口肉类食品的市场优势，建立外向型生猪产业化生产经营的产业联盟，充分利用国家“三农”政策，坚持实行订单生产、保护价收购，在保护养猪农民利益的同时，调动了农民的养猪积极性，使乐山市生猪产业呈现出旺盛的发展势头，保证了生猪养殖户在变化多端的市场面前，实现了2007年人均增收200元。

6. 抓好农民技术培训，示范推广科技成果。各专业园结合园区企业吸收、转化和开发新技术成果，引进先进设备，提升产业化经营水平和产品竞争力等活动，重点抓好农民技术培训，把相关技术和成果通过示范展示和技术培训等方式，向农户推介，使一批新技术及科技成果在园区得到扩散和转化。2007年园区共实施引进开发项目11个，引进新技术、新品种23项（个），推广应用22项（个）新技术、新品种。各园区共举办培训班141期，培训达5万余人（次），形成了基本完善的专家大院——专家和科技特派员——培训中心——协会、企业——农户完整的技术传播网络。

（三）取得的成效

乐山园区创立的“一区多园”建设模式，经过近六年的建设努力，六大专业园核心区已经形成，示范区、辐射区得到长足发展，示范带动作明显增强。园区引进、示范、孵化农业科技成果的科研开发能力进一步增强，产业素质进一步提升，一个专业园带动一个产业的发展格局已经形成，园区不断显现现代农业发展的引领和示范作用。

截至 2007 年 12 月底，2007 年新增投入建设资金 21 553.3 万元，其中，各专业园业主投入 12 638.2 万元，银行信贷投入 8 690 万元，政府用项目支持投入资金 225 万元。园区当年实现总产值 242 727 万元，比上年增长 47%；实现利税 22 137 万元，比上年增长 36%；实现净利润 16 531 万元，比上年增长 12.7%；实现缴税 5 605.3 万元，比上年增长 2.6 倍；实现出口创汇 1 743 万美元。23 户园区企业实现工业生产总产值 21.9 亿元，比上年增长 34%；实现销售收入 22.7 亿元，比上年增长 37%；实现利税总额 2.08 亿元，比上年增长 40%。示范辐射带动农户 27 万户，园区农民人均纯收入达到 4 360 元，比乐山市农民人均纯收入 4 058 元高 302 元。

二、提供的启示

（一）依托农业科技园区是值得借鉴的模式

农业科技园区通过对人才、技术、信息和资金的组装集成，成为农业科技成果转化和现代农业生产的示范载体，它以体制创新和机制创新为动力，以大力发展产业化经营为基本手段，以提高农业综合效益和农民增收为目标，是我国新阶段实现传统农业向现代农业跨越的有效途径。乐山市采取“一区多园”的建设格局，根据丘陵山区农业的特点，围绕着发展具有乐山特色的林竹业、茶叶、畜牧业、花木、中药材、优质粮油等主导产业，建设六个不同特色的农业科技园区。农业科技园区的建设与发展，力求一个科技园带动一个产业，致富一方农民，全面带动区域农业经济的发展，其经验值得其他地区特别是西南地区学习和借鉴。

（二）做大做强龙头企业，完善与农户的利益联结机制

农业龙头企业是农业科技园区中的运作主体，是实现农业产业化经营和带动农民增收的实体。要理顺企业内部的产权关系，用现代企业制度来武装龙头企业，用现代管理手段管理企业，提高产品质量和科技含量，形成品牌

优势，这样才能使龙头企业做大做强。乐山市政府各级职能管理部门把像竹叶青集团公司等有市场开拓能力和技术创新能力的龙头企业作为扶持重点，在发展项目、生产基地、市场建设等方面优先给以扶持，对做大做强龙头企业起到一定的扶持作用。另外，在龙头企业与农户的利益联结机制方面，乐山市农业管理部门，重视保护农民利益，通过发展农民专业合作组织来维护农民在生产经营中的合法权益。与竹叶青公司、井研集团公司等龙头企业进行有效对接，解决了龙头企业与农户的利益分配问题，实现了企业盈利、农民增收的“双赢”。因此，在完善龙头企业与农户利益的联结机制，不能搞一刀切，要从自然条件、经济发展水平、主导产业的特点和市场竞争的态势上把握。但不论何种模式，都应成“龙型”载体结构，实现龙头企业或组织与农户的联利、联心、一体化经营，提高抗击风险能力和带动农民增收的能力。

（三）进一步完善科技创新机制，提高科技进步对农业的贡献率

乐山市积极探索农业科技创新的新思路，与科技人员的劳动报酬紧密相连，增强了科技创新能力，提高了服务效益，其经验值得借鉴。可在此基础上进一步探讨农业科技创新的机制，支持和鼓励科研院所、大专院校选准农业科技成果转化的重点项目，与农业科技园区建立利益共享、风险同担的紧密型合作机制。要进一步研究和探讨科研人员和技术推广人员与农户的技术对接机制和利益联结机制，完善奖惩制度，充分调动科技人员的积极性，提高农业科技进步的贡献率。

（四）重视对农民进行技术培训，带动农民增加收入

乐山国家农业科技园区加强了农业科技服务体系的建设，通过建设农业专家大院，推动对农民进行技术培训。农业专家大院不仅是一个农业技术创新的平台，又成为农民技术培训的场所。根据乐山市科技局统计，2005 年乐山国家农业科技园专家大院成为农民技术培训的场所。2005 年专家大院（创新转化中心、研究所、博士工作站）采取专家授课、现场指导、举办培训班、组织参观学习等多种方式，共培训农民 23 480 人，其中培养农民技术员 25 人，农民技师 12 人，花木经纪人、营销人员 35 人，带动农民加入农业产业化经营大军队伍。畜牧园示范带动农民 8 万多户，农民人均畜牧养殖收入达 1 500 元。茶叶园示范带动 4 万多户，茶农人均增收 1 480 元。花木科技园直接带动6 952 户农民，花木种植户平均增加收入 4 800 元以上。

(五) 加强农业科技服务体系建设，促进农业标准化和信息化

农业标准化是现代农业的基石，是提升农产品质量安全水平、增强农产品市场竞争力的重要保证。农业信息化是推进农业市场化的基本手段，是传播新技术的有效途径。乐山市建立农业专家大院、进行优质农产品及其生产基地认证、加强农产品质量监测、大力整合农业信息资源、建立乐山农业科技园区网络中心，链接各示范户、养殖大户、养殖场的信息管理网络等实践都值得研究和借鉴。今后一段时期，要建立农产品市场准入制度，促进入市农产品质量等级化、包装规格化，拉大与普通农产品的价差，引导群众市场需求，解决农产品优质不优价问题。在信息化建设方面，要整合信息资源，搞好信息的收集、发布工作，加强农产品生产、市场需求潜力的研究和预测，为企业、农民提供及时准确的信息和服务，避免生产经营的盲目性。

第五节　农业高新技术走廊带动型

所谓农业高新技术走廊带动型运行模式是指在特定的地域内由不同投资主体建设的、相互联结的多个农业高新技术园区群体，这些群体的各个园区的功能基本相同，或者相互补充，园区的生产围绕某种类型产业进行，园区之间在产业链的连接上相互补充，从而使整个走廊形成一个集农产品生产、加工、销售于一体的产业群体。这个产业群体是一个农业高新技术产业带，在这个产业带中，采用集约化、专业化和规模化生产，并通过提高农业科技含量和规模化生产水平来降低农业生产成本，使之在国际、国内农产品市场的竞争中处于有利地位，从而带动该地区经济的发展和农业产业的升级换代。这一模式比较有代表性的是山东省潍坊市。

一、案例概述（山东省潍坊市）

(一) 基本情况

潍坊市是山东半岛经济开发区和“世界风筝都”，总面积 1.58 万平方千米，耕地面积 68.1 万公顷，辖 4 区、6 市、2 县，总人口 850.7 万人，其中农业人口 602.8 万人。潍坊是一个农业大市，是山东省农副产品集中产区之一，也是全国农业产业化发展的较早地区之一。近 10 年来，他们深化农村改革，以市场为导向，以农民增收为主要目标，运用高新技术改造传统农业，大力调

整农业产业结构，发展现代农业，闯出了一条规模化种植、标准化生产、产业化经营、现代化加工的成功之路。其经验和做法值得研究和借鉴。

（二）主要做法

潍坊市是在全国率先提出并实施农业产业化的。近年来，面对产业升级和入世的挑战，又不失时机地提出并实施农业经济国际化战略，推动农业"引进来"、"走出去"，参与国际分工，融入世界经济，加快了现代化进程。

1. 突出特色，发展农业高新技术产业。近十年来，潍坊市各地大力引进农业高新技术，运用高新技术改造传统农业，已开发出一批文明全国的优势产业和特色产品。潍坊市从 1999 年开始建设潍坊至寿光、青州、诸城、昌邑四条"农业高新技术走廊"战略工程，营建中国的"农业硅谷"。这四条农业高新技术走廊总长达 250 千米，集中了 272 处农业科技示范园区，12 万公顷农业综合开发、节水灌溉等各类项目区和示范区。四条走廊的建设状况，从潍坊至寿光长达 50 千米的公路两侧即可看见，长廊集中了 6 大主导产业，以商业示范农场、生物工程中心和进口及国产现代温室为代表的 40 多个高标准农业科技示范项目、1 000 多个农作物高新品种，组成了一个"农业硅谷"的雏形。走廊内作物种苗的生产已初具规模，如占地 667 公顷的寿光市蔬菜高科技示范园，每年仅七彩辣椒苗的生产量即达到 3 000 万株。以种苗生产为中心，带动了种植业的规模化、集约化经营，也使农业高新技术的应用和普及速度大大加快。

2. 多种类型园区相互配合、共同发展。农业高新技术走廊内除以优质蔬菜、高档花卉和瓜果等精品农产品为主的生产性园区外，还涵盖了农产品加工、作物种苗生产等园区及农业生产资料服务、农产品专业化销售等各类公司，各种园区之间在产业上相互配合，既延长了产业链，又大幅度提高了各园区的专业化生产水平，其经济效益也大幅度提高。如潍禾示范农场，是以种苗生产为主的园区，其自动化育苗工厂的 10 000 平方米育苗温室，每年可向农民提供 3 000 万株优质蔬菜、花卉、林果种苗，极大地促进了农业高新技术的应用和专业化生产水平的提高。龙头企业的迅速壮大，使 70%以上的耕地成为配套型基地，带动大批农民进入市场，使农村经济总量大幅度提高，农民收入明显增加。

3. "设施农业＋企业化运作"型模式，带动农业增效和农民增收。山东省寿光国家农业科技园区始建于 1999 年 6 月，是一个以经营蔬菜产业为主的科技园区。该园区实行企业化运作，由寿光市蔬菜产业集团、寿光市建筑公司、寿光市国有资产运行公司共同注册组建了山东寿光欧亚特菜有限公司作为园区的经营主体，下设生物工程种苗公司、特菜生产基地公司、会展信息公司、蔬菜加工销售公司等 4 个分公司和 7 个以村为单位的半紧密型的蔬菜生产合作经营组织。形成园区自己的发展模式——公司带基地，基地带农户。园区以名优特新蔬菜品种的引进试验和种植推广生产；各类蔬菜、花卉的工厂化育苗和组培苗繁育生产；蔬菜保鲜加工、开发速成汁、蔬菜酱等深加工产品为主导产业。园区“设施农业＋企业化运作”的发展模式极大地带动了寿光市蔬菜产业的发展，并逐步走向国际化。经过近九年的实践和探索，寿光市走出了一条标准化生产、产业化经营、外向型销售的高效、高科技的蔬菜发展之路。寿光市推广国内外高新技术成果 430 多项，有蔬菜大棚 5 万公顷，其中无公害蔬菜 3 万公顷，年产蔬菜超过 30 亿千克，带动农户达 4 万多户，农户通过种植的设施蔬菜平均增收都在 8 000～10 000 元。通过寿光国家农业科技园带动农民生产的蔬菜产品销往 30 多个国家、地区和全国 200 多个城市，成为“中国一号菜篮子”。

4. 积极利用外资。潍坊市善于利用国际资本市场，加强与跨国公司、国际大商社的合作，推进农业投融资的国际化。潍坊农业高新技术走廊，以优越的投资环境，吸引了大批外资台资港资的投入。寿光诺华种子有限公司，是世界 500 强瑞士诺华集团在中国直接投资的第一家中外合作企业，短短一年半时间，他们就从全球诺华公司的种子资源中成功筛选出 100 多个优质蔬菜品种在潍坊推广，成为全市一个种源亮点。台商投资 680 万美元的万方花卉合作项目，香港财团投资 1 000 万元的蔬菜加工项目，澳大利亚外商对落成农业示范园的参股项目都在此地开花，农业高新技术走廊成为潍坊农业经济国际化的闪光带。

5. 开拓市场，农产品流通呈现网络化。潍坊按照大流通大市场要求，充分发挥沿海优势，通过政策扶持，内引外联，重点扩建和新建了一批设施齐全、功能完善、辐射带动能力强的大型农副产品专业批发市场，建立了多层次、多形式的农产品流通市场网络，促进了农产品区域化、规模化、专业化生产。寿光市围绕搞活第三产业，促进农村经济发展，建立完善了以市区蔬菜批发市场、生产资料市场、种子市场为主，重点乡镇蔬菜、果品、食用菌等 12 个专业市场为补充的农产品流通体系。寿光市农贸批发市场发展到 26 处，集贸市场186处，建设农产品超市、连锁店100多家，发展蔬菜经营公司400多家，蔬菜运销专业户、经纪公司等中介组织1.7万个。其中，寿光蔬菜专业批发市场占地43公顷，年交易量30多亿千克，交易额达29亿元，是全国10大农副产品批发市场之一，成为重要的蔬菜集散中心、价格形成中心和信息交流中心。国内已经有60多个大中城市的200多家批发市场、超市和高端餐饮消费机构到潍坊挂牌，建立了农产品直供直销关系，形成了买全国卖全国的局面，产品还远销日本、韩国、新加坡、美国、欧盟等10多个国家和地区。

（三）取得的成效

据山东省潍坊市统计局提供的资料，潍坊市从1998年来财政收入每年增加2亿元，农民每年人均增收400元。全市每年引进和推广农作物新品种200余个，先进栽培饲养和加工技术100余项，作物、畜禽良种率达90%以上，创造的经济效益估计在50亿元以上。

到2006年12月底为止，潍坊市已建成出口创汇超过100万美元的龙头企业308家，其中国家级7家，省级重点44家，年销售收入过亿元的118家，年加工各种农产品800多万吨。82%以上的农户通过龙头企业和合作经济组织的联结进入了国际市场，参与国际分工，年出口创汇达4.13亿美元。这些龙头企业延伸了产业链条，促进了农民分工分业和专业化经营，82%的农户参与到产业化经营的各个环节，40余万农村劳动力转移到农产品加工企业。潍坊市拥有国家名牌产品12个，山东省名牌产品100个；中国驰名商标6件，山东省著名商标108件，国家免检产品16个。2005年潍坊市国内生产总值1 471.2亿元，人均17 279元，其中农业增加值达到201.4亿元，农民人均纯收入增加到5 017元，比山东省农民平均收入多出了1 087元，自1992年以来年均递增13%以上。农产品出口创汇7.5亿美元，蔬菜、禽肉出口分别占全国的1/5和1/3。三次产业结构比为13.38∶56.86∶29.76，产业结构进一步得到优化。

二、提供的启示

（一）现代农业建设要培育有比较优势的主导产业

从潍坊的实践可以看出，建设现代农业首先要构建扎实的产业支撑，开拓农民增收的新途径，提高农业专业化和技术水平，夯实现代农业建设的产业基础。没有农村产业的发展，没有农民生活的改善，现代农业建设就成了无源之水、无本之木。要做到生产发展，就要立足于本地实际自然资源、传统种养技术等比较优势，确立本地区的主导产业；要遵循市场需求导向原则、产业关联度最大化原则；要积极发展农业产业化经营，拉长产业链条，完善龙头企业与农民的利益联结机制，积极探索新的农业产业化发展模式，做大做强龙头企业。但也要按群众的意愿办事，避免因攀比心理、追求政绩而盲目上项目，给当地经济和农民生活发展造成危害。潍坊市立足实际，大力发展设施蔬菜、优质种苗、农产品加工等主要产业，带动当地农业经济发展，取得较好的经济效益和社会效益。

（二）坚持重点突破，整体推进，形成整体优势参与国际竞争

潍坊市在做大做强农业经济国际化道路上进行了积极的探索。一是靠市场牵动，将农业生产经营纳入国际市场为导向的发展轨道。按照国际需求以销定产是推进农业经济国际化的基础工作。为此，潍坊发动各县市区、各企业、广大农民走出国门，穿梭于世界的各个国家和地区，成功地举办了一年一度的潍坊国际风筝会、农副产品展销会、洽谈会和中国寿光蔬菜博览会等经贸活动，全方位开拓国际市场，为农业发展赢得了更广阔的空间。二是靠龙头企业带动，使更多的农副产品打入国际市场。三是靠基地驱动，为扩大农副产品出口提供可靠保障。四是靠科技促动，以高品质、高科技含量的农副产品取胜。围绕提高农产品的科技含量，增强农产品的竞争能力，扩大出口份额，潍坊既注重高新技术的开发与引进，又注重传统技术的改造与升级，逐步建立起了多层次、多样化的复合型农业技术创新体系。五是靠政府推动，各级党委、政府着力在规划、协调、指导、服务上加大工作力度，相继出台了一系列政策措施，并实施了改善软环境部门责任制，鼓励吸引外资和扩大出口，收到了很好的效果。

（三）只有不断创新，才能占领市场的制高点

敢创敢试的创新精神，是潍坊农业打通国内外市场的一把利器。从潍坊发展现代农业的实践来看，大到潍坊市的农业结构调整的工作思路、农业产业化组织形式，小到一棵种苗的培育技术，随处都能找到潍坊人的创新点。通过不断创新，潍坊人把农业高新技术不断地向产前、产中、产后等环节渗透，提高了产品的科技含量；通过不断创新，潍坊人创造出了新品牌，保持了市场竞争优势；通过不断创新，潍坊人把农产品打入了国内和国际市场。因此，我们可以看出，建设现代农业的核心在于创新，不仅要在技术上创新，更重要的是在

管理体系、经营机制、营销方式等方面都要进行创新。

（四）以发展设施农业为突破口，带动现代农业的建设

潍坊市在发展现代农业的过程中，选择发展设施农业（设施蔬菜）作为现代农业建设与发展的突破口，着力解决好制约区域主导产业发展的关键问题。通过寿光国家科技园的示范和带动，解决潍坊市发展现代农业中急需解决的难题。由于寿光国家农业科技园区承担国家和地方高科技攻关项目，致力于产业科技创新与开发。围绕着区域产业化经营、标准化生产、市场化与国际化对接的目标，积极引进和推广新技术、新良种，综合组装运用国内外农业高新技术；围绕着区域主导产品和主导产业进行产前、产中、产后技术示范，积极进行现代农业开发模式、现代化管理信息系统的试验与示范；围绕着高科技开展一系列的示范、推广与服务活动，使当地的产业化、科技化水平得到明显提高。

（五）营造适宜环境，招聘国内外高科技人员入园创业谋发展

科技发展要以人才作保证，特别是农业高科技产业的发展，更要以高科技人才做后盾。寿光国家农业科技园区在建设发展中，十分重视高科技人才的招聘与引进，把它作为园区工作的一项重要内容来抓。在全国聘请高级专家为园区科技顾问，进行技术指导；制订优惠的土地、投资、财税政策吸引各方人才进园创业；设立科技研发中心，博士创业园，成立博士后流动站引进各种人才进行高科技项目的研究、开发、示范、推广与经营；同时，园区还与有关科研院所、大专院校建立长期的科技合作关系，成为这些单位的科技示范基地。通过各种途径与办法，缓解园区高级人才，特别是高科技人才不足的矛盾，为园区的顺利发展注入了活力。这种做法为全国农业科技园的建设与发展提供了可借鉴的经验。

（六）加快农业标准化，提高农产品质量安全水平

随着我国加入 WTO，我国农产品的质量面临着检验和挑战，只有加大农业标准化步伐，提高农产品质量安全水平，才能在国际竞争中保持不败之地，同时满足广大群众的健康消费需要。正是来自国际和国内市场的挑战，促使潍坊开始下大力气抓农产品质量问题。潍坊市建立农产品质量标准体系，对农产品生产、加工、保鲜、储藏、运销等进行全方位监控，对农产品实行市场准入制度，发挥龙头企业在实现标准化生产中的作用的做法，取得了明显成效，从而保住了潍坊品牌，树立了潍坊形象，巩固了市场地位，拓展了发展空间。这些做法值得研究和借鉴。

第六节　都市现代农业带动型

所谓都市现代农业带动型的运行模式，是指分布在大中城市内部及其周围地区或者大中城市经济圈内，与大都市功能定位相契合，紧密依据大中城市，为大中城市提供鲜活农副产品、优良生态、休闲观光服务的特殊形式的农业。都市现代农业是以生态农业、绿色农业、设施农业、创汇农业、加工农业、休闲观光农业为标志，以市场需求为导向，以科学发展观为指导，以现代物质装备和科学技术为支撑，以园艺化、设施化、工厂化生产为手段，以现代产业体系和经营形式为载体，以培养现代新型农民为主体，融生产、生活和生态于一体，目标是形成优良生态、优美景观、优势产业、优质产品的现代农业。这一模式的典型代表是北京市，我们以首都北京作为案例来分析。

一、案例概述（北京市）

（一）基本情况

北京市位于北纬 39°28′，东经 115°25′，地势西北高，东南低，海拔 100 米以上的丘陵、山地占 62%，海拔 100 米以下的平原占 38%。地域结构条件、气候、植被、土壤呈有规律的分布，适合多种经济作物生长。2006 年北京郊区土地总面积为 1.58 万平方千米，占全市总面积的 94%，其中山区面积 1.04 万平方千米，郊区农用土地面积 109.3 万公顷，非农用土地面积 48.7 万公顷。近几年来，北京郊区抓住我国申奥成功和发展都市现代型农业的有利时机，进一步深化改革，扩大开放，全力推进农业产业化经营，使农业结构和区域布局更加合理，高效农业结构调整取得了显著的成效，生态环境建设和农业生产格局实现了从数量型向效益型转变。2006 年，北京郊区农业总产值达到 269.6 亿元，比上年增长 9.7%。粮食产量达到 109.2 万吨，蔬菜产量达到 394.2 万吨。北京的农业已由过去的种植业为主转为现在的种养结合为主，种植业内部也在向优质、高效化的方向快速发展。经济作物和饲草的比例和面积大幅度增加，粮经饲的比例已由 1990 年的 73∶25∶2 变为 2006 年末的 31∶54∶15。首都蔬菜是北京市农业中的传统产业，在农村经济中占有重要地位，在北京推进都市现代化农业型的进程中，利用高新技术改造传统农业，大力发展设施蔬菜产业，使北京蔬菜产业发展呈现出面积逐渐增加、生产布局相对集中，蔬菜品种日益增多、蔬菜产业初具规模的特点。2006 年，东郊推广并辐射蔬菜品种达 2.67 万公顷以上（北京菜园面积的 5.33 万公顷），使东郊蔬菜品种更新率达 50%，优良品种率达 90%以上。

北京市农产品加工业发展迅速，2006 年共有市级龙头企业 50 家，其中国家级龙头企业达 16 家。大兴区榆垡镇被农业部认定为全国农产品加工示范基地。北京市还发展了一批农产品物流中心，全市有 235 家绿色、安全农产品物流配送中心。新建 120 家标准化生产基地，累计达到 800 家，通过安全食品认证达标的生产单位超过 60%。

北京农业休闲观光产业从 20 世纪 80 年代后期开始起步，随着京郊农业结构调整步伐的加快，北京市农业观光休闲产业建设取得了很大的进展。主要类型有观光果园（如海淀区的“桃花节”和樱桃园，昌平区的中日友好观光果园等）、垂钓乐园（京郊有 400 多个养鱼场开辟了垂钓区）、森林公园（全市有 5 个国家级森林公园，2 个市级森林公园，还有多处森林旅游风景区，总面积达到 2.84 万公顷）、观光牧场、租赁农园、民俗观光村等。另外，设施农业（房山韩村河）、生态农业（大兴留民营）、出口创汇农业（朝阳东坝乡）也有很大发展。2005 年首次评定出 30 个市级观光农业示范园，观光农业项目近 2 000 项。休闲观光产业对北京都市型现代农业的发展起到了较大的推动作用。

（二）主要做法

1. 加强领导，提出了都市型现代农业产业布局。北京市政府非常重视发展都市型现代农业，为了进一步确定北京市农业产业的发展方向，2006 年 8 月北京市农委和农业局组成了农业产业布局小组，在充分应用“221 行动计划”调研成果的基础上，通过生产适应性评价、产品市场需求分析、区县功能定位分析，同时结合生产现状，经过一年的研究，形成了北京市农业产业布局研究成果，出版了《都市型现代农业产业布局》。随后北京市就提出了《北京市农业产业布局的指导意见》，该《意见》对京郊各区县深刻领会产业布局的实质和内涵，科学规划本区域农业产业在数量、结构和空间上的合理布局，提出了规范化的要求。

2. 增加对农业投入，设立农村产业促进基金。为了推动都市型现代农业的发展，2005 年以来，北京市逐年增加对农业投入。从 2007 年起，北京市财政在保证新农村建设专项资金 10 亿元不变的基础上，设立农村产业促进资金，探索和建立通过农民专业合作社实施支农政策的长效机制，加快农村金融体制改革，招聘 3 000 名大学生任村党支部书记和村委会主任助理等多项惠民政策。该资金主要用于发展都市型现代农业建设，繁荣发展农村经济；启动京承高速公路等主干道现代农业走廊建设，围绕奥运需求，依托强有力的科技支撑，大力发展生态农业、籽种农业、休闲农业、科技农业、循环农业；促进一产向二、三产延伸，深化农产品包装设计和乡村旅游商品开发，提升乡村休闲观光产业，扶持发展 1 000 家农村商业服务网点。

3. 大力发展设施农业，使设施农业成为北京现代农业主要产业形态。近几年来，北京市非常重视发展设施农业，采用各种有力措施扶持设施农业的发展，在发展设施农业过程中，北京市注重农业科技进步，使农业生产品种不断更新，设施农业生产由以往的设施蔬菜生产为主不断向园艺花卉、果品等生产领域扩展。2006 年设施农业用于蔬菜、食用菌生产的比重占总设施的 84.5%，瓜果生产占 12.6%，花卉苗木占 2.9%。且设施农业的主导产业设施蔬菜的主要生产品种也由原来传统的 30 多个品种拓展到现在的 200 多个。

在发展方式上，区域化布局、专业化生产、特色化种植已成为北京市设施农业的重要特色。据北京市农业局统计，北京市设施农业分布在 14 个区县的 174 个乡镇的 4 587 个地块中。其中大兴、顺义、通州、房山和平谷五区设施农业总面积占全市设施农业总面积的 87.3%，大兴区 4 600 公顷的设施农业面积为全市最大，占到全市设施总面积的 42.5%。这说明北京市设施农业发展规模化区域逐渐形成。

通过几年的努力，设施蔬菜、花卉、果树已作为北京市设施农业生产的主体，其生产效益已开始凸显。2006 年，北京市温室大棚总面积为 0.97 万公顷，比 1995 年的 0.37 万公顷增加了 0.6 万公顷。据北京市农业局统计，设施花卉苗效益可达 4.2 万元，设施果品苗效益可达 0.97 万元，温室蔬菜苗效益可达 0.95 万元，大棚蔬菜苗效益可达 0.55 万元。

4. 大力发展籽种产业，推动北京现代农业的发展。北京市利用具有科技资源丰富及生物技术研发基础发达的优势，大力发展附加值高、科技含量高、污染低的籽种产业。如顺义区政府聘请园区内外各农业专家，围绕种猪、种羊产业化工程，瓜菜、果树种苗，培育主导产业、新技术运用等重点工作的关键技术环节进行攻关。顺义区还实施了种羊产业化工程，先后培育出了北京兴绿原农牧发展有限公司、北京高特牧业发展有限公司和英特羊业有限公司几个种羊繁育中心，建设完成了8个种羊扩繁场和8个人工授精服务站，全区种羊存栏增加到6 000只，2006年销售种羊2 000只，实现销售收入1 000万元。该区的绿化苗木、果树苗木生产也得到快速发展，苗木面积已达到4 000公顷，形成了5 000万株苗木的出圃能力。另外，瓜菜、花卉种苗远销全国各地，蝴蝶兰首次出口美国。通过实施10万头种猪产业化和成功举办首届种猪拍卖会，顺义区2005年销往全国20多个省市的优质种猪达到13万头，实现销售收入2.6亿元以上。据顺义区农委统计，2006年全区籽种产业实现销售收入6.31亿元，占农业总收入的12.6%。

5. 推进农业科技园建设，进行发展现代农业的示范。农业科技园区是农业技术组装集成、科技成果转化及现代农业生产的示范载体，它以技术密集、资金密集、集约经营等为主要特征，以科技开发与应用示范为依托，以促进区域农业结构调整和产业升级为目标。从20世纪90年代以来，北京市先后列项支持创办25个各具特色的农业科技园区，遍布京郊各区县，其中小汤山现代农业科技示范园为首批被批准的国家级农业科技园区。另有锦绣大地农业技术园、顺义三高农业示范区等7个园区被北京市科委挂牌为重点园区。在这些园区的辐射带动下，全市陆续创办起480多个以市场为导向，科技为依托，质量效益为中心的高效农业园，这些高效农业示范园在引进新技术、新品种、新设施，进而对发展现代农业的技术示范发挥了重要的作用。据北京市科委统计，2001—2006年间，仅25个北京市高效农业示范园区就共引进各类科技项目253个，引进农业新技术324项、新品种1 253个，新设施266套。6年来，北京市高效农业示范园区共组织各类科普培训近2.4万次，参加人数近100万人次。通过建设，园区已逐渐成为农业新技术组装集成、转化及现代农业生产示范的重要基地。

6. 开发山区资源，发展特色农业。“没有山区的现代化就没有全市的现代化”。北京市政府在决策科技发展中总是把有关山区建设科研、科技推广等摆到应有位置进行部署，给予支持。1986年开始实施“星火计划”时，就同时结合当时的山区扶贫开展了“科技扶贫计划”，后来改为“科技致富计划”。项目具体内容是围绕着山区现代化建设，选择当地的特色资源进行科技研发攻关和重大的产业化开发。仅2000年以来的六年中就开展了干果良种资源的选育与开发，冷水性鱼类引进与冷水资源的开发利用，山区反季节果蔬与冷凉气象资源的开发利用，人工防雹与人工降雨，燕山板栗储藏加工，山区果树苗木快速繁殖与产业化，山区集雨工程，山区小流域治理与水土保持，山区农业资源可持续利用优化模式，湿地环境生物多样性保护，山区雨洪控制，延庆、密云、平谷绿色蔬菜基地建设，延庆可持续发展防沙治沙示范区建设，京白梨选优，核桃深加工等科研攻关与成果转化。这些项目的研究与开发，不仅有效地改善了京郊的生态环境、生产条件，提高了资源的利用率和农业生产力水平，也保护了资源，提高农业的可持续发展的后劲。

7. 创新培养新型农民的模式，大力培养七种新型农民。北京市针对解决提升农民素质，充分发挥农民主体作用这个在都市型现代农业建设中的难点，积极进行探索。经过几年的时间，北京市大胆创新培养新型农民的模式，在新型农民培养中始终坚持因地制宜、分类培养，探索出不少行之有效的培养模式。在技能型农民培养方面，2006 年完成农村劳动力转移培训 13 万余人，7.5 万人实现向二三产业转移就业；在专业型农民培养方面，通过农业科技入户、农民田间学校、乡土专家培养、科技协调员培养等模式，直接培训农民 2.4 万人，辐射带动 10 万人；在创业型农民培养方面，2006 年培养 2 400 余人，每人都经过 6 个月的创业知识培训、创业项目指导，已有 900 人实现了自主创业，带动就业 4 000 人；在带动型农民培养方面，采取专家与农民“一对一”对接帮培模式在郊区继续扩大试点，共签订对接帮培协议 5 400 余份，通过培养，一批乡土专家、种养能手、经营能手、科技骨干已成为农村实用人才；在管理经营型农民培养方面，大力开展农村两委干部、农村经纪人、农民专业合作组织负责人、民俗旅游专业户、乡镇企业经营者等类别的农民培训，全年培训 3.5 万余人；在储备型农民培养方面，以“京郊青年现代化素质培训工程”等重点工程为载体，培训青年农民 5 000 余人；在公益服务型农民培养方面，开展公益岗位就业农民职业道德、职业技能提升培训，2006 年培训 4.1 万余人。

（三）取得的成效

经过十年来的探索和努力，围绕着农民增收和农业增效，北京市积极推进都市现代农业的建设，使北京市的农业产业水平得到大幅度提高。如 2006 年北京蔬菜种植面积达到 9 万公顷，年蔬菜产量为 45 亿千克，蔬菜产业已成为东郊农民增收致富的主要途径之一。北京设施农业发展迅速，2006 年设施农业的面积达到 1.58 万公顷，如籽种农业发展迅速，实施良种工程后，北京市生产农作物种子、种苗 80％以上供应全国市场的需求，其中良种奶牛冷冻精液占全国市场的52%，良种蛋鸡占全国市场的25%，蔬菜良种占全国市场30%以上等，北京的种业已成为本市农业吸引外资的一个亮点。北京市实施绿色食品科技行动后，农业标准化覆盖率超过50%，市级农业标准化示范基地超过230家，经过安全食品认证达标单位已占60%以上，建立了与绿色食品生产相配套的新型肥料与生物防治技术，推广了一批绿色食品生产关键技术。支持开发速测设备，加强了监督检测的体系建设，市、县、乡三级监测网初步形成，全市有100多家批发市场、菜市场、生产基地配备农残速测仪器。在8个高效农业园区建立总面积为267公顷的绿色食品生产中心示范，辐射带动面积2.67万公顷。绿色食品科技行动正在为北京食品安全保驾护航，无公害生产技术覆盖率已达70%。

农业多功能带动了农民就业增收。在市场拉动、供给推动、政策引导的合力作用下，京郊乡村旅游和观光农业发展迅速。2006年，北京市郊区有各类农业观光园1 230家，从业人员5.3万人，年收入20亿元。同时，乡村旅游业80%以上的从业人员来自所在乡镇，促进了农民就业增收。农业加工带动能力也在不断提高，随着对农业产业化政策的不断完善，北京市农产品加工总体实力进一步增强。到2006年底，企业总数达到614家，销售收入223.4亿元，其中市级农业产业化重点龙头企业74家，国家级17家。在这些企业中，规模企业的主要经济指标高速增长，使农产品加工企业对北京的“三农”的带动力显著提高。

二、提供的启示

（一）坚持正确的理论指导和科学发展观

都市农业是以大中城市为中心的现代农业，应以农业区位理论、城乡一体化理论、高新技术改造传统农业理论、农业可持续发展理论、都市第三空间理论等为指导，开发农业的多功能，建立生产、生活、生态三位一体的农业生产体系，集约、高效利用农业资源，积极保护农业生态环境，重点发展无污染、安全、健康、高效益农业，最大限度地满足城市市民物质和精神产品需求以及绿化、净化、美化城市环境的要求，以人为本，以农民致富为目标，以农业结构调整为重点，开拓创新，协调发展。北京市积极培育以都市型现代农业为基础的新产业，强化新农村建设的产业支撑。一是推进都市型现代农业区域化、规模化，发展设施农业、籽种农业、加工农业、休闲观光农业等，形成产业集群。二是加强农业综合生产力和农业科技服务体系的建设。三是按照区县功能定位，大力发展农产品加工业、特色农业、创意农业和生产型服务产业，带动农民致富增收。北京市发展都市型现代农业做法值得借鉴。

（二）因地制宜，发展有比较优势的现代农业产业

北京市发展都市型现代农业，立足生产成本的比较优势理论，因地制宜，从北京实际出发，在选择发展北京的种植业产品生产时，放弃生产成本高、比较优势低的粮食生产，因为粮食生产耗水费地，而北京市水、耕地和劳动力成本高，决定了北京不适合发展粮食种植，而应重点发展有比较优势、附加值较高的设施农业、籽种农业、健康养殖农业、加工农业、休闲观光农业等；削减生产不具备优势的初级农产品，发展为首都人口提供定量的安全、优质、鲜活、绿色农产品和优良籽种；提高农产品附加值和产品档次，同时满足消费者的多样化需求。这是符合社会经济发展规律，也是符合北京市农业发展要求的。因此，因地制宜，发展有比较优势的现代农业产业是推进北京有特色现代农业建设的选择。

（三）发展都市现代农业应走城乡统筹、典型示范的道路

在建设都市现代农业的过程中，北京市把都市现代农业建设与北京大城市发展规划相结合，进行统筹布局，将都市现代农业作为首都发展的一个部分来看待，把都市现代农业布局和北京城市整体发展融为一体，通过都市农业的实施与合理布局，消除城乡差距，拓展首都发展空间，实现城乡一体化协调发展。

为了加快北京市都市现代农业发展，北京提出了建设京承高速公路、大兴区刘礼路、通州区张凤路、房山107国道、平谷区新平蓟路、延庆县110国道等六条现代农业走廊。这六条走廊将展示北京现代农业的生产功能、生活功能、生态功能和示范功能。实现在现有现代农业走廊用地上和现有农业产业化成果的基础上，“点”、“片”结合；“条”、“线”结合；“圈”、“网”结合，统筹规划布局好现代农业产业功能区、现代农业经济功能区和保障型现代农业生产区的分布，统筹规划好不同产业区域的现代化内容、表现形态和产业链节点分布，使现代都市农业真正体现与城市总体发展需要合拍、与国际大都市农业发展趋势合拍、与现代产业经营理念和实际合拍的特色。

（四）高效农业示范园区是都市型现代农业的重要载体，也是城市带动农村的重要途径

高效农业示范园区在实现技术创新的同时，应当实现功能、机制、规划等方面的创新。就功能创新来看，在农业生产功能和园区建设初期的示范功能的基础上，应逐步向二三产业延伸，向种植、养殖、加工、营销、科研、推广、旅游、教育等多链条结合发展，使园区逐步发展成为贸易、信息、科研、示范、推广中心。着重完善向农业生产单位特别是农户推广高新技术和名特优新品种的功能，向市民特别是青少年提供了解和体验农业的功能，开发旅游休闲，构造农业景观、实现农游一体化的功能，带动农产品加工、销售、创汇和提高经济效益的功能。北京市在建设农业科技园进行许多有益的探索，涌现出一批像小汤山国家农业科技园区、顺义三高农业科技园区、北京市蟹岛生态农业科技园等成功的案例，对全国各地农业科技园建设有很好的借鉴作用。

（五）都市型现代农业是代表农业生产方式发展基本方向的先进农业形态

从都市型现代农业发展的内在需要以及现代科技成长的客观规律来看，都市型现代农业应当走在我国农业科技的前沿，采用高新技术和现代管理科学，因地制宜地把科技创新与推广应用结合起来。北京在都市型现代农业的实践中，把现代工业的工程化组织方式、园区化空间形式、工厂化作业方式、产业化经营方式结合起来，以实施籽种工程、设施工程、无公害工程、信息化工程、素质工程等方式实现技术创新与推广，带动都市型现代农业的发展，为北京市农民增收提供了有力的产业支撑。这些做法值得借鉴。

第七节　农户公司带动型

所谓农户公司带动型的运行模式，是指一种以农户家庭经营为主体，以独户联户、合作经营为基础，以增加农民收入为目标，以多种经营为手段，依法注册登记，有固定经营场所的经济主体（称之为农户公司），通过农户公司将分散经营的农户联合起来，利用本地资源，吸收农业劳动力就业，带动农民从事手工制作、特色加工、产业开发、产品经营、中介服务、市场销售等生产经营活动，拓宽农民的就业渠道，推进农业发展、促进农民致富和产业发展的现代农业发展模式。这是山西省长子县在建设现代农业的过程中创造的一种新型的发展模式。

一、案例概述（山西省长子县）

（一）基本情况

长子县地处山西省东南部，上党盆地西侧，东与长治县搭界，西与沁水、安泽为邻，南接高平，北毗屯留。全县共有12个乡镇，2个办事处，399个行政村，34.6万人口，8万多农户，农村人口30万，占全县总人口的86.7%。全县国土总面积1 029平方千米，耕地4.52万公顷，人均耕地1.9亩，水浇地面积1.09万公顷，人均水地0.5亩。

近些年来，长子县从本地实际出发，立足长子县财力不足、基础落后、区位优势不明显、发展大企业难度大的实际，以推动农村经济发展为出发点，从增强农民市场意识，提高农民进入市场的组织化程度，培育农民市场主体地位着手，采取农民自办、在外务工人员回乡领办、聘请能人帮办、整合资源合办等多种形式，积极鼓励扶持农民创办各类经济实体，发展园场经济，组织动员广大农民探索市场，走向市场。截至2007年12月底，全县各类企业、公司、园场、组团、协会达到500余家，具有一定规模的公司达133个，从业人员总数达到17 000多人，固定资产总值达12.7亿元。长子县农民创办的农户公司在拓宽农民就业渠道，增加农民收入，发展县域经济方面发挥了重要作用。

（二）主要做法

1. 加强领导，提高干部对发展农户公司的认识。为了加快农户公司的发展，长子县委、县政府专门成立农户公司发展领导组，召开全县推进农户公司发展动员大会，在北京、太原成立长子籍在外工作人员共谋家乡发展促进会，向全县在外务工经商人员致《鼓励回乡创业发展、兴办农户公司》的一封公开信，广泛进行发动。县委还多次召开会议进行专题讨论研究，统一思想，形成共识，使全县干部都认识到农户公司在培育农民市场主体地位，加快农村经济发展，推进农村工业化、城镇化进程中都具有重要的现实意义和积极的作用。它是农民初探市场，走向市场的良好开端和起步，是资金技术等企业资源向农村集中，实现就地优化配置的重要载体，更是提升农民经商、务商理念，加快角色转变，培养新型农民的重要途径。

2. 制定优惠政策，扶持农户公司创业。长子县委、县政府专门制定出台了《关于鼓励扶持农户公司发展的若干意见》，各有关部门从农户公司的立项登记、工商注册、土地使用、税收优惠、社会服务等方面提出具体的配套措施。县领导在包新农村建设的同时又分包农户公司发展，并作为考核乡镇工作的一项重要指标。县直各有关部门积极为农户公司提供中介服务、员工培训服务、科技创新服务、市场开拓和市场信息等服务。长子县农业、发改、工商、质监等部门在项目审批、证照换发等方面提供指导和帮助。城建、土地、税务等部门实行税费减免。纪检监察部门加强对发展环境的监管，专门设立举报电话，严厉查处干扰、破坏农户公司发展的人和事。长子县政法部门积极为农户公司发展保驾护航，提供法律服务，为农户公司的发展营造了一个良好的氛围，调动了广大农民发展农户公司的积极性。截至2007年底，全县农户公司已发展到500多个，涉及种植、养殖、农产品加工、贮藏、中介服务、产品销售、加工制造、商品流通、建筑建材、交通运输、文化演艺等10多个行业。

3. 给予农户金融支持，鼓励农户积累资金。为了鼓励长子县农民创办农户公司，解决资金不足的问题，长子县政府出台了有关文件，鼓励农户进行资本的聚集和积累，同时放宽农民创办农户公司的注册资金登记数。县委、县政府从政策上、资金上给予农户公司大力扶持与帮助。县财政专门拿出200万元专项资金用于鼓励扶持农户公司发展，并从科技三项费中拿出30%的资金用于鼓励农户公司进行新产品开发和小发明小创造，对做出突出贡献的农户公司实行奖励；建立农户公司贷款风险补偿专项资金，给农户公司特定贷款项目贴息；让农户公司同等享受现有的技改资金、科技三项费用资金、农业产业化资金、结构调整贴息入股资金以及财政贴息、财政资助和低息贷款等优惠政策。

在农村，绝大多数农民的资金有限，农户公司规模较小，所需起步资金不大，三五户或为数不多的农户单办或参股合办就能完成，同时农户又可根据自己的意愿选定投资方向，具有参与投资的主动性和积极性，能够广泛吸纳民间资本和社会资本，将农村大量的闲置资金、技术、劳力等资源有效集中起来，完成资本的原始积累，加快农村经济发展。据不完全统计，长子县农民在农户公司的固定资产投资达到12.7亿元。

4. 开发特色产业和品牌。农户公司经营灵活，涉及广泛，适应性强，能够渗透到农村生产经营的各行各业、各个领域，有利于挖掘发现地方特色产品，加快特色产业发展。长子县的移动大棚，2004年由其发明人李生贵牵头，成立了“长子生贵大棚技术推广有限公司”，申请了专利，注册了商标，经过三年多时间发展，“生贵大棚”不但遍布长治市13个县区和山西省大部分地市，而且已推广到河北邯郸、河南济源、北京通县、大兴及江苏盐城、辽宁丹东、四川酒泉、贵州凯里等地，成为长子县向外推广简易设施农业技术的亮点。具有丰富文化积淀的南漳镇西南呈村，充分发掘文化资源优势和人才优势，先后组建了威风铜乐器公司、丹朱鼓乐器公司、申长根演艺公司、兰花百人女子锣鼓乐团、八音艺术团等十多个文化经济组织。2007 年，铜乐器产品已打入太原、北京等十多个省市，部分还出口国外市场。威风锣鼓更是多次到太原、北京、广州、港澳等地演出并获奖。2003 年该村被文化部授予了“中国民间艺术之乡”。这些具有区域优势的特色产品，经过农户公司的开发、打造、包装，诞生出一大批地方品牌，逐步发展为产业优势、经济优势。

5. 吸引了人才回农村创业。长子县政府积极引导各地人才回长子兴办农户公司，鼓励在外务工经商的农民回长子创业。在外务工经商的农民在城市打工经商的过程中，增长了见识，学到了先进的技术和经营理念，这些农民返乡回村创办农户公司，不仅带回资金、技术和市场信息，还带回了都市文明和现代消费、思维方式与生活方式。如宋村四星蔬菜公司的郭河根、南漳镇东王内村脱水蔬菜加工公司的韩梅花等都是外出务工经商返乡创业的典型，他们过去外出打工“输出一人，致富一家”，现在回乡创业“一人创业，致富一方”。2007 年，全县回乡创办农户公司的外出务工经商人员达 100 多人，成为长子县农户公司发展的一支重要力量。

6. 通过创办农户公司，推进了新农村建设。长子县通过创办农户公司，给农村剩余劳动力提供了充分的就业空间，推动了长子县的社会主义新农村建设。如南漳镇酒村全村 540 户中，从事面粉加工、野菜加工、汽钉制造、装潢板业、建筑工程、刺绣等各种农户公司有 38 户，安置农村剩余劳动力 600 余个，年销售收入 500 多万元。南漳镇西南呈村是长子县有名的文化产业村，全村 1 151 户，4 400 多人，从事文化产品生产、销售、演艺有上千人，仅铜乐器生产农户公司就有 19 家。西南呈村有上百人的威风锣鼓队、八音会、女子秧歌队 4 支，还有一批专门从事文化产品的销售公司，西南呈村通过创办农户公司，形成了“一户一品”、“一村一业”的发展格局，不仅使农民走上了富裕之路，而且还成为远近闻名的社会主义新农村示范村。

（三）取得的成效

据长子县统计局初步统计，到 2007 年 12 月底为止，长子县农户公司已发展到 500 多个，涉及种植、养殖、农产品加工贮藏、中介服务、产品销售、工业加工制造、商业流通、建筑建材、交通运输、文化演艺等 10 多个行业，拥有固定资产2.7亿元。2007年，该县此类经济组织销售收入达到6亿多元，占到农村经济总收入的35%，农民从中得到的收入占到长子县农民人均纯收入的29%。以农户为主体创办的公司，不仅为农民增加了家庭收入，积累了原始资本，也为广大农民增收拓宽了就业渠道和就业门路。农户公司已成为长子县农民增收的亮点，成为长子县县域经济的一大特色。

二、提供的启示

（一）因地制宜、实事求是地选择现代农业发展模式

长子县是一个农业大县、工业弱县；人口大县、财政穷县；资源大县、开发小县，是一个经济欠发达的县区。但是也有自己独特的优势：一是长子县农民商品意识强；二是劳动力资源充足；三是外出务工经商人员多，人力资源潜能大；四是交通便利，运输业发达。境内长临路、屯龙路通达东西南北。紧靠长晋高速，太焦铁路途经长子县，农村公路网络四通八达，物流、信息流流转较快。长子县从本地实际出发，克服财力不足、招商难度大、引进大企业难的不足，因地制宜，以推进县域经济发展为出发点，积极推动农民创业，创办农户公司，使长子青椒、古德曼营养蛋、李生贵大棚、西南呈铜乐器、长子曲艺等一大批有地方特色和市场优势的企业、产业不断涌现，有力地推动了长子县现代农业的发展，取得了较好的经济效益和社会效益。

（二）农民创业是建设现代农业的有效形式

长子县发展农民创业的实践告诉我们，建设现代农业，应帮助农民破除“等、靠、要”等落后观念束缚，树立与社会主义市场经济相适应的发展意识、创业意识、市场意识和竞争意识，脚踏实地地推进现代农业建设。农户公司作为市场经济的一种重要组织形式，有着显著的特点和优势：一是涵盖范围广，涉及地域行业广泛。二是带动能力强。农户公司既可以单户为组织形式，又可多户联合闯市场。由于农户公司数量大，群体优势明显，众多的农户公司又吸纳了最广泛的农村劳动者，它带领着本村、邻村及更多的农民不断进入市场，在促进农民增收致富方面发挥着巨大的带动作用。三是经营机制活。农户公司一般规模不大，结构单一，在生产经营和竞争上虽然不能与大集团、大企业相抗衡，但经营机制灵活，形式多样，具有“船小好掉头”和便于各类产品开发的优势。从长子县的实践来看，正是由于近年来农户公司的不断发展，使得一大批具有地方特色和市场优势的企业或产品不断涌现，有力地推动了长子县农

村经济的快速发展。

（三）建设现代农业的主体是农民

长子县农民创办农户公司的实践说明，我国建设现代农业的主体是农民，所以，必须培养有文化、懂技术、会经营的新型农民。长子县农户公司的发展，增强了农民的经营主体意识和市场意识，农民在参与市场经济中开阔了视野，增长了见识，得到了锻炼，大大地解放了农民的思想，更新了农民的生产经营理念，使大批农民冲破了传统的小农经济和小商品意识的桎梏，树立了以市场价值为取向的观念，促进了农民经营观念和生产方式的转变，培养了农民的自主意识、主人翁精神和创业本领，使农民成为有文化、懂技术、会经营的新型农民。

（四）农户公司有利于农民的充分就业和共同富裕

农户公司与大企业、大集团相比，在吸纳农村剩余劳力就业方面有着极大的优越性。农户公司大都是劳动密集型企业，少则安置几人、十几人，多者几十人、上百人，容量大、门槛低、技术要求不高、离家近、门路宽，是农民最理想的就业渠道。同时，农户公司也为在外务工人员搭建了很好的返乡创业平台，充分发挥了长子人口大县、劳务输出大县的优势，给农村大量剩余劳力提供了充分的就业空间，带动了千家万户农民致富增收，加快了农民共同富裕的步伐。如 2007 年长子县在农户公司从业人员达 1.2 万余人，单是南漳镇酒村，全村 580 户，创办的农户公司有 98 个，安置农村劳力 600 多人，年总收入 500 余万元，全村农民人均 2 200 余元。

（五）大力促进现代农业建设中新生事物的发展

长子县农户公司是现代农业建设中的新生事物，还处于起步发展阶段，农户公司的经营规模小，各方面的能力还比较脆弱。在市场出现波动时，存在着难以适应市场的变化、抗御市场风险能力弱等问题，所有这些都需要我们认真加以研究来解决。今后，在促进长子县农户公司发展的过程中，长子县政府应积极制定各种有效扶持政策和措施，推动长子县农户公司的发展。一是强化教育培训，培养一批懂技术、会经营、善管理的农民企业家；二是实施品牌战略，通过品牌拉动，增强农户公司生产产品的竞争力，提升产业发展能力；三是建立创业基金，建立和完善农户公司的担保机制，简化审批程序和手续，切实解决农户公司担保难、贷款难等问题；四是创优发展环境，从土地使用、税收优惠、信贷支持、销售服务等方面改善服务质量，提高办事效率，为农户公司的发展解决一些实际困难，引导农户公司朝着稳定、健康的方向发展。

第八节 “公司＋协会＋农户”带动型

所谓“公司＋协会＋农户”带动型的运行模式，是指在公司（龙头企业）牵头和主导下，成立绿色产业协会，建立绿色产业基地，带动农户从事种植和养殖业生产，协会为广大农户提供产前、产中的技术服务和产后的农产品收购、销售服务；提高了农民的组织化程度，实现了小农户与大市场的有效对接；带动农户调整产业结构，发展高效的种养业生产，增加农民收入。这一模式的典型代表是内蒙古准格尔旗，下面以准格尔旗兴农绿色产业协会作为案例说明。

一、案例概述（内蒙古准格尔旗）

（一）基本情况

准格尔旗位于内蒙古南部，是典型的黄土高原丘陵、沟壕山区，全旗总面积7 692平方千米，总人口27.6万人，其中耕地约6.67万公顷，农村人口11.5万人，人均耕地面积8.7亩。与我国其他地区相比，准格尔旗人均耕地面积较大，并且农户周围还有不少山地也可以利用，但发展农牧业生产存在很多制约因素，如水土流失、风蚀沙化、土壤瘠薄、草地退化、干旱缺水、低温霜冻和大风冰雹等。最突出的是，境内农户分散生产、分散居住，以一家一户小而全的方式发展种养殖业、林草业，并且地处丘陵山区，山路高低起伏、崎岖不平，公路等交通条件较差，农产品市场交易成本较高，很难实现小农户与大市场的有效对接。

自2003年以来，准格尔旗兴农绿色产业开发有限责任公司克服发展现代农业的种种制约因素，立足当地自然资源和经济社会实际状况，以生产、加工小杂粮产业为基础，开始引领农民走向致富增收和发展现代农业之路，在公司的牵头和主导下，成立了准格尔旗兴农绿色产业协会（2006年8月发展为“内蒙古兴农绿色产业协会”），提高了分散农民的组织化程度和市场意识，实现了小农户与大市场的有效对接。近年来，通过这种“公司＋协会＋农户”模式的运作，在带动农民调整农业产业结构，增加农民收入方面取得了明显的经济效益和社会效益。这种发展现代农业的运行模式，对探索我国西部黄土高原地区发展现代农业具有重要意义。

（二）主要做法

1. 建立“公司＋协会＋农户”运行机制，带动农民发展现代农业。“公司＋协会＋农户”的主要结构和运行机制如图9－1所示。具体说明如下。

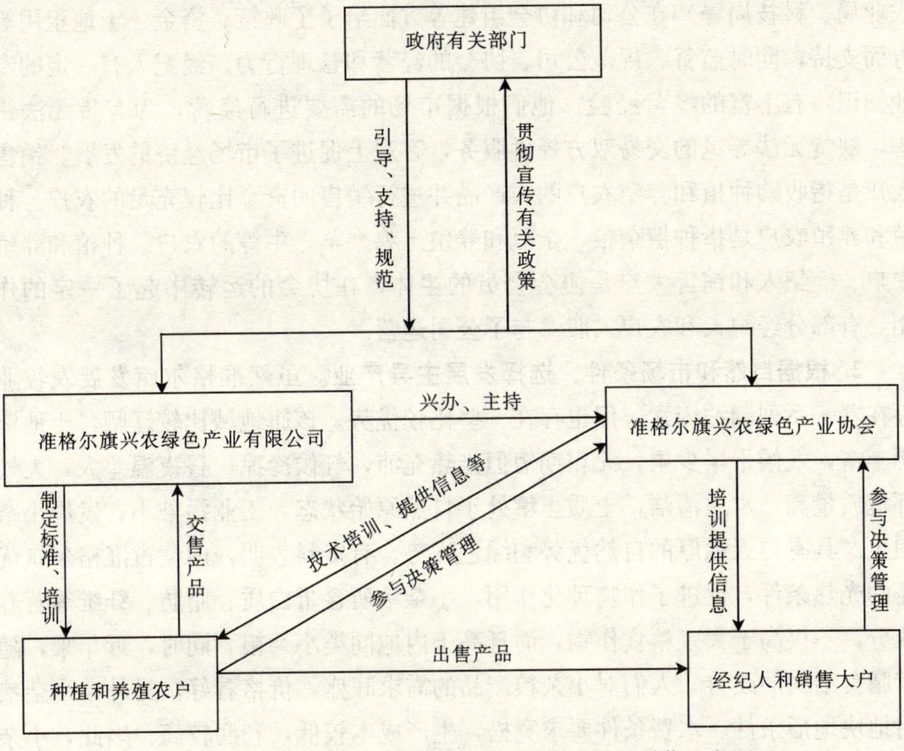

图9－1　准格尔旗兴农绿色产业公司带动农民增收示意图

准格尔旗兴农绿色产业开发有限责任公司。该公司是一家集生产、加工、销售等为一体的市级农牧业产业化龙头企业，它立足准格尔旗实际，重点开发小杂粮绿色产品，同时也开发养殖、瓜、果、蔬菜、食用菌等绿色产品。公司通过建立绿色产业基地，发展绿色产业项目，与农户紧密结合起来，为基地广大农户提供产前、产中的产业技术信息服务和产后农产品的收购、销售服务，带动农民发展现代农业。

准格尔旗兴农绿色产业协会。该协会主要是在公司牵头下，以公司为载体，吸收从事小杂粮产业、食用菌产业、瓜果蔬菜产业、生态养殖产业等的农牧民及科技人员，及从事农牧产品加工、销售的个体工商户、农民经纪人等组成的群众性社团组织。目前协会主要事务是靠公司投资和运作的。协会主要业务是宣传国家的有关政策、规范生产经营行为、对广大种植和养殖农户、经纪人、销售大户等经济技术培训指导、交流市场信息等。

政府有关部门、经纪人和销售大户、种植和养殖农户。政府有关部门（如农业局、科技局等）在公司和协会组建等方面给予了政策、资金、土地租用等方面支持，同时监督、规范公司、协会的经营和管理行为。经纪人有一定的专业知识，有丰富的经营经验，他们根据市场的需要进行经营，为有货无法销售，缺货无法寻觅的交易双方提供服务，客观上促进了市场经济的发展。销售大户是指收购种植和养殖农户的农产品并进行销售的资金比较充足的农户。种植和养殖农户是指种植杂粮、杂豆和养殖土鸡、羊、牛等的农户。种植和养殖农户、经纪人和销售大户是协会会员的主体，在协会的运转中起了一定的作用，有部分经纪人和农户入股参与了公司运营。

2. 根据自然和市场条件，选择发展主导产业。虽然准格尔旗发展农牧业存在着一系列制约因素，但也存在一些比较优势。该旗地域比较辽阔，土地资源丰富，气候干旱少雨，无霜期短但光热充沛，气候冷凉，昼夜温差大，大气环境质量高，水质清洁，土质土壤处于自然原始状态，工业污染小，发展小杂粮生产具有得天独厚的自然优势和绿色优势。有资料表明，内蒙古准格尔旗优越的光热条件，促进了作物理化作用，小杂粮所含蛋白质、脂肪、纤维等营养成分，不仅高于大宗粮食作物，而且高于内地同类小杂粮。同时，近年来，随着膳食结构的改善，人们对小杂粮产品的需求旺盛，价格看好，另外，小杂粮对地块地形条件、水费条件要求宽松，生产成本较低，利润较高。因此，小杂粮在准格尔旗具有种植面积大，分布范围广，种类齐全，品种多样等特点，主要种类有谷子、高粱、荞麦、糜黍、燕麦、杂豆、绿豆、芸豆、红小豆、蚕豆、豌豆等，是内蒙古准格尔旗种植业结构的重要产业。同时，由于上述特殊的气候、地形、土壤条件，加上农民使用化肥、农药量较少，准旗生产的蔬菜、瓜果等养分较高，品质优良。另外，农民养鸡、羊、牛等都采用散养方式，食物主要是杂草、小虫、粮食等，很少使用添加剂，符合天然绿色标准。

因此，准格尔旗兴农绿色产业开发有限公司选择包装、加工、经营小杂粮产品作为主要业务，同时加工经营蔬菜、瓜果、土鸡及鸡蛋、肉类等农畜产品，并与农牧民进行了产前、产中、产后的技术、利益的有效对接，起到了带动农民增收致富作用。

3. 建立生产基地，加强公司与农户的联系。准格尔旗兴农公司在准格尔旗农牧业产业办的大力支持下，协调社会各方面力量，累计投入资金 1 500 万元，实施农业部“一村一品基地建设工程”。在薛家湾、龙口、沙圪堵、那日松等乡镇所辖 60 个丘陵山区旱作农业村内，建设 6 667 公顷绿色精品小杂粮产业基地，基地内年生产杂粮 2 万吨，直接受益农户达 1.5 万户；在薛家湾镇辖区的原十里长滩，建成了 500 孔窑洞蘑菇产业基地，直接带动 300 户农民脱贫致富；在薛家湾城郊区域内已建成 20 公顷蔬菜、瓜果产业基地，年生产蔬菜、西瓜、桃等特色农产品 10 万吨，直接带动农户 350 户；在暖水镇和沙圪堵镇的刘家渠、榆树塔村，薛家湾镇的西黑岱、白大路村大力扶持农户发展散养鸡项目，建成了年产本地土杂鸡 5 万只、本地鸡蛋 15 万千克的散养鸡基地，带动农户达 500 多户；在长滩、黑岱沟、魏家峁、马栅等地区发展白绒山羊养殖户 220 户，发展生猪养殖户 560 户，年生产猪、牛、羊等畜产品 20 万头（只）；在原黑岱沟乡城坡村、长滩乡庙耗村、布尔陶亥乡华尖村发展养鱼户 18 户，养殖面积 27 公顷，在薛家湾镇创办“十里长香水产店”2 个，帮助养鱼户销售水产养殖产品。通过建立生产基地，加强了公司与基地农户的联系，同时也降低了市场交易成本和交易风险。

4. 注册“十里长香”商标，实施品牌带动战略。公司投资 10 万元，将准格尔山区的全部特色农产品注册了“十里长香”商标，获得了国家商标管理总局颁发的商标使用证书。为了打响“十里长香”绿色农产品品牌，公司向上与大中专院校和科研院所的专业教授、专业技术人员取得联系，向下与千家农户对接，因地制宜地按照绿色有机食品的质量要求，制定基地内农产品的生产标准，对基地内农户统一培训，统一技术指导，推行标准化农业生产技术。同时也制定了加工标准和销售标准，严把质量关，并创办“十里长香”农家店，实行连锁经营，以“十里长香”品牌引领市场。

2006 年 7 月，“十里长香”品牌经自治区农牧业厅推荐，入选农业部“优秀农产品品牌档案”。2006 年 8 月，“十里长香”品牌经农业部推荐，参加了国家商务部举办的“全国优秀农产品品牌质量万里行宣传活动”。2006 年 12 月，“十里长香”品牌被全国农产品质量认证协会评为“2006 年最受消费者信赖的优秀农产品品牌”。

5. 不断扩大经营规模，健全市场销售网络。为增强公司的发展后劲，准旗兴农公司适时进行投资，扩大企业经营规模。2006 年公司投资 350 万元，征用薛家湾镇土地 2 万平方米，着手建设绿色产业示范园区，在园区内建立公司绿色产业办公大楼和全旗农产品和副食品加工基地，实行生产、加工、销售一条龙服务和园区式管理。同时，公司吸收股东资金 50 万元，在薛家湾建成小型杂粮加工厂 1 个，发展杂粮加工点 5 个，油料加工点 2 个，建立 30 个生态养殖示范小区，基本满足了当地市场供应。

为了建立销售网络，公司在薛家湾建成“十里长香”农资配送中心 1 个、农产品配送中心 1 个；在产业基地内和各有关乡、村建成“十里长香农家店”30 个，为基地内农户提供农资、农技服务和农产品收购服务；在薛家湾、东胜、包头、呼和浩特等地区建成“十里长香”农家店 8 个，形成了全区范围内的“十里长香”市场营销和基地管理服务网络体系。其中“十里长香”杂粮产品远销东胜、包头、呼市、北京、厦门等地，2006 年与日本完成了 120 吨荞麦出口销售任务。

6. 创办“绿色网校”，推广绿色网站，对全体会员和每个产业项目实施信息化管理。在公司的支持下，准旗兴农绿色产业协会投资 20 万元，购置电脑，租赁场地，建设信息网站，聘请网络管理技术人员和讲师，创办“绿色网校”。由原任准旗教育局局长张宏继任校长，对全体会员实行网上远程教育培训。同时推广“绿色网站”，对公司各产业项目实行信息化管理，为公司建设“绿色金桥”网站 1 个，为协会建设“兴农绿色产业”网站 1 个，为公司员工建设网站 18 个，为协会会员建设网站 60 个，三年累计完成经纪人培训 180 人次，农牧民产业科技培训 1 500 人次，协会会员培训 560 人次。另外，协会还创办绿色产业培训学校，三年内公司累计投资 16 万元，租赁培训场地，购置培训设备，聘请培训教师，巡回各产业基地，在有关乡、镇、村社，举办“产业基地建设培训班”和“经纪人培训班”，三年来，共举办培训班 60 期，完成培训任务 1 800 人次，有力地推动了产业基地建设和基地内会员的发展，增强了农民的致富创业能力。

（三）取得的成效

这种“公司＋协会＋农户”模式，促进了准格尔旗小杂粮产业的发展和农业结构的调整，取得了明显的经济效益和社会效益。2006 年，准格尔旗兴农公司实有资金由 2003 年 66 万增长到 150 万元，销售额由 2003 年 80 万元增长到 3 200 万元，直接带动 6 500 户，间接带动 3 万多户，仅养殖这一项，公司为农户创收 400 万元以上。这种模式得到了政府部门的肯定，2006 年 3 月，该公司被鄂尔多斯市人民政府评为市级农牧业产业化经营重点龙头企业。2007年1月，“准格尔旗兴农绿色产业协会”被评为内蒙古自治区农牧业产业化经营服务先进行业协会。

二、提供的启示

（一）“公司＋协会＋农户”模式在我国黄土高原地区是值得推广的现代农业发展模式

我国西部黄土高原地区，交通不便，交易成本更高，农民更不易同市场对接，因此，生活在这些地区的农民更需要靠龙头企业和农民专业合作组织带动，降低交易成本和市场风险，实现小农户与大市场的对接，引领农民致富增收并走向现代农业发展之路。准格尔旗发展绿色产业协会，因地制宜，从准格尔旗的实际出发，带动农民调整产业结构，着重发展具有特色的小杂粮产业和生态种养业，使农民生产的产品顺利进入市场销售，从而有效增加农民收入。因此，这种“公司＋协会＋农户”的运行模式，是值得我国黄土高原地区发展现代农业借鉴和推广的一种模式。

（二）建设现代农业，要培育有比较优势的主导产业

内蒙古准格尔旗兴农绿色产业协会立足当地的实际，发挥资源优势，带动当地农民发展有竞争优势、生产成本低的绿色小杂粮产业和生态种养业，符合市场的需求，具有广阔的市场前景，起到了通过发展优势主导产业，带动农民增收致富的作用。因此，今后我国西部黄土高原地区都要立足于本地实际自然资源、传统种养习惯、技术等比较优势确立本地区的主导产业，遵循市场需求导向原则、产业关联度最大化原则；要大力发展产业化经营，拉长产业链条，完善龙头企业与农民的利益联结机制，积极探索新的农业产业化发展模式。

（三）建设现代农业，要发展规范的农民专业合作经济组织

农民专业合作组织是建设现代农业的重要组织形式，是联结农户小生产与产业大市场的桥梁。准格尔旗围绕优质小杂粮、蔬菜、饲养牛羊等主导产业发展农民专业合作组织，充分发挥其桥梁纽带作用；解决一家一户分散生产经营所难以解决的诸多问题，促进小生产与大市场的连接，以达到扩大商品生产规模，提高产品质量和商品转化率，增加农民收入，实现农民生产利益的最大化。因此，今后我国西部黄土高原地区发展农民专业合作经济组织，要做到依托本地主导产业、依托龙头企业、依托大专院校和科研院所等自然和组织资

源。要坚持民办、民管、民受益的原则，切忌行政包办干预和强迫命令。要坚持从实际出发，在具体形式和发展进度、规模方面，要充分尊重农民意愿，由农民自主决定，这样建立的农民专业合作组织才具有生命力，才不至于无法运转甚至自生自灭。

（四）发展农民专业合作组织，增强农户的参与意识

近几年来，我国各地农民专业合作经济组织发展速度较快，就其依托的主体不同，可分为大户牵头型、农技部门牵头型、龙头企业牵头型、基层组织牵头型等。其中，借助这些市场开拓能力强、生产加工水平高的龙头企业，农村专业合作经济组织可以解决生产、销售等环节的一系列难题，农产品有了比较稳定的销售市场。但在这种状态下，应当尽量避免农村专业合作经济组织成为龙头企业的附庸，避免农民同公司的交易中处于弱势地位。要加强广大农民的参与意识，农民专业合作组织领导机构应由农民自行确立，农民专业合作组织的领导人员应由农民自行选举确定，农民专业合作组织的章程应由农民自行确定，重大事情由会员代表大会共同决定，使农民专业合作组织真正成为农民的组织。

（五）建立市场销售网络体系，带动农民增加收入

为了建立市场销售网络体系，兴农公司在准格尔旗建立农资配送中心和农产品配送中心；在产业基地内和各有关乡、村都建成“十里长香农家连锁店”，通过这些连锁店，为基地内农户提供农资、农技服务和农产品收购服务。除此之外，公司还在薛家湾、东胜、包头、呼和浩特等地区建成若干个“十里长香”农家店，形成了内蒙古全区范围内的“十里长香”市场营销网络体系。公司先后多次在广州、深圳、南京、济南、香港等地举办的农副产品展销会上展出“十里长香”系列产品，小杂粮产品在展销会上供不应求，各地的商家纷纷要求订货。2007年，经过精选包装的十里长香小米、红豆、绿豆、荞面等几个产品已打入国内外的一些大型超市和连锁店。450克一袋的“十里长香”小米可卖到8～10元，使准格尔旗农民生产的小杂粮已成为内蒙古出口创汇的重要农产品，成为带动准格尔旗农民增加收入的大宗农产品，其市场开发潜力巨大。

第九节　“国有大型龙头企业集团”带动型

所谓“国有大型龙头企业集团”带动型的模式，是指在原国有农垦系统经

济组织基础上，经过集团化、股份化和产业化改革，形成的土地国有、管理垂直、产业多元化的大型农业企业集团。这类农业企业具有区域性、综合性和社会性的特点，不仅在国家大型商品粮基地建设、农业产业化经营、现代农业建设方面发挥着引领作用，而且在保障粮食及其他重要农产品供给、促进区域经济社会发展和新农村建设方面发挥着重要的示范带动作用。这类农业企业在经营管理上一般采取“统分结合”模式，但更突出“统”的作用；在技术上突出自主创新、便捷推广；在发展战略上兼顾经济效益与国家利益，是我国农业规模经营效益突出、示范带动广、机械化水平高、粮食商品率高、企业承担社会责任大的农业产业集团。这一模式的典型代表是黑龙江农垦集团。

一、案例简述（黑龙江农垦集团）

（一）基本情况

黑龙江农垦地处三江平原、松嫩平原和小兴安岭南麓，幅员5.43万平方千米，其中耕地212.4万公顷，为黑龙江省耕地面积的21.5%。黑龙江农垦辖104个农牧场，分布于12个市的56个县（市），有70余家国有及国有控股企业和442家非国有企业，人口157.9万人，全部从业人员73.1万人，劳均耕地可达10公顷以上。

黑龙江农垦集团具有丰富的自然资源、雄厚的物质技术基础和改革开放以来积累的丰富经验，为实现农业现代化奠定了基础，是国家重要的商品粮基地、粮食战略后备基地和农产品加工基地。目前黑龙江农垦的国有农场群已成为我国耕地面积最大、机械化水平最高、综合生产能力最强的国家重要商品粮基地。2006年，黑龙江农垦粮食生产能力达到220多亿千克，商品率达到90%，高于全国平均水平40多个百分点，相当于一个中等省份的粮食调出量，可供京、津、沪三个直辖市和陆海空三军全年口粮。同时黑龙江农垦还提供了大量的肉、乳、蛋、糖等副食品和工业原料及产成品，巩固了国家商品粮生产基地战略地位，成为国内农业现代化水平最高的生产基地，也是国家粮食安全战略后备基地。2006年黑龙江垦区的农业主要指标体系中的大部分已达到或接近美、法、荷等国20世纪80年代水平，大大领先于全国平均水平，许多指标领先于国内发达地区农村，是黑龙江垦区可持续发展和率先实现农业现代化的物质基础。

（二）主要做法

改革开放以来，黑龙江农垦集团在农业现代化建设道路上不断探索，逐步摆脱计划经济的束缚，通过实施以下措施，做强做大黑龙江的农垦经济。

1. 坚持创新经营体制，不断增强农业发展的活力。从20世纪90年代中期以来，黑龙江农垦的国有农场按照构建社会主义市场经济体制的方向，加快了各项改革进程，土地经营制度实现了重大转变。在全国农垦系统率先开展了土地经营制度改革，创造了以“四到户、两自理”（土地、机械、盈亏、核算到户，生产费、生活费自理）为基本特征的大农场套小农场、统分结合的双层经营体制，为黑龙江农垦国有农场的长远发展奠定了坚实的基础。同时，大力推进国有企业产权制度改革，按照抓大放小原则，加快国有存量资产和增量资产向主导产业、优势企业和名牌产品聚集。从2000年以来，通过兼并、重组、股份制改造，黑龙江农垦国有农场龙头企业进一步发展壮大，拥有九三油脂、完达山乳业等14家集团化企业资产总额已达130多亿元。2006年，黑龙江农垦集团经济总量达到308.5亿元。

2. 坚持调整农业生产结构，推动产业结构优化升级。大力调整种植业结构。在稳定提高粮食生产能力基础上，坚持扩大优质作物品种，使优良品种覆盖率达到90%以上；坚持“打绿色牌，走特色路”，使有机和绿色食品生产面积扩大到25.33万公顷；坚持扩大经济作物和饲料种植，经济作物和饲料种植面积达到总耕地面积20%以上。积极推进“主辅换位”，大力培育和发展兼业型和专业化的家庭牧场，使畜牧业迅速发展，使近几年畜牧业占农业增加值的比重年均提高3个百分点。坚持高起点、大手笔抓产业化经营，把发展以农为主的加工业作为提升黑龙江农垦的国有农场经营层次、提高农垦企业核心竞争力的主攻方向，用高新技术和现代装备改扩建了一批科技含量较高的农副产品加工龙头企业，全力推进油脂、乳业、麦芽、肉业等重点企业发展，扩大了加工业经济规模，延伸了产业链条，有效地改变了长期以来黑龙江农垦国有农场单一农业的经济结构，迅速增强了黑龙江农垦国有农场的整体经济实力。

3. 坚持依靠科技进步，推进经济增长方式转变。黑龙江农垦国有农场坚持把加速农业现代化纳入依靠科技进步的轨道，加快经济增长方式由粗放型向集约型转变。不断加强科技创新与应用推广体系建设，加大科技投入力度，狠抓基础建设，形成了以黑龙江农垦科学院和黑龙江八一农业大学为龙头的院、校、所、站配套的科研开发体系；科研、教学、生产相结合的技术推广体系；农机、农艺、生产资料供应于一体的科技服务体系。2006年黑龙江农垦国有农场科技人员队伍已达到7万人以上。不断创新科技成果转化机制。黑龙江农垦国有农场通过深化改革，大胆实践，探索出了科技与经济相结合、科研机构与企业相结合、科研人员与项目相结合，促进科技成果转化的路子。通过科技成果产业化与商品化等多种途径，使黑龙江农垦国有农场科技成果转化率达到82%。不断开发农副产品精深加工新产品新工艺。为把经济增长方式切实转变到依靠科技进步上来，黑龙江农垦国有农场各大龙头企业设立了18家研发机构，实行引进、消化、创新相结合，不断开发新工艺、新产品。2006年黑龙江农垦国有农场已经拥有国内领先的大豆异黄酮、维生素E、乳珍、冻干粉针药品等新产品、新工艺20多项，在农产品加工的多个领域占领了制高点。

4. 坚持开放开发，不断拓宽黑龙江农垦国有农场经济的发展领域。开展引进合作，促进生产力水平跨越式提升。累计引进国外先进技术和科研成果40项，与美国、加拿大、法国、日本等国家和地区50多位专家学者进行技术项目合作，取得成果29项。通过引进，黑龙江农垦国有农场先进种植技术和优良品种推广面积达到133万公顷，农业机械化迅速达到发达国家水平，建成了一批科技含量较高的乳业、油脂、麦芽、药业、畜禽屠宰加工企业。到2007年12月为止，黑龙江农垦国有农场招商引资总额超过10亿元，兴办合资企业44家，总投资9 832万美元，年进出口总额近3亿美元。黑龙江农垦国有农场加快与地方政府的合作，走出黑龙江农垦国有农场的地域谋求发展。在以稻治涝中引进大批农村劳动力，到农场开发水田；充分发挥农场先进农业机械的潜力，为农民代种代耕土地。与此同时，完达山乳业、九三油脂等龙头企业集团相继走出农场，在哈尔滨、天津、大连等地建立生产基地，兼并了一批地方企业。九三、建三江、宝泉岭分局的部分农场走出国门，在俄罗斯承租土地6.67万公顷，已开发3万公顷。

5. 坚持农业产业化道路，带动现代农业的发展。黑龙江农垦国有农场坚持实施产业化经营、大项目牵动战略，从2000年以来，共投资42.8亿元，开发建设了43个重点项目。目前拥有5家国家级、4家省级龙头企业集团，各类龙头企业达70余家，龙头企业加工、开拓市场和带动基地的能力迅速提升，2006年农畜产品加工能力达到1 300万吨。在龙头企业拉动下，黑龙江农垦国有农场农产品加工业经济快速发展，年实现销售收入近200亿元、工业增加值近40亿元。北大荒米业集团年加工水稻能力达240万吨，带动水稻基地47.73万公顷，占黑龙江农垦国有农场水稻面积的70%。居全国第五位的完达山乳业集团拥有7家控股子公司、43家加工厂，在56个农牧场和27个县市带动30万头奶源基地。九三油脂集团拥有6家分公司、8家加工厂，其中在天津和大连建了2家企业，形成年加工大豆550万吨能力，成为全国最大的油脂加工企业，能够调控黑龙江全省的大豆产销。黑龙江农垦国有农场还在宝泉岭和望奎县各建了一处可屠宰加工200万头生猪的加工企业，每年创税收5 000万元。

（三）取得成效

经过30多年的努力，黑龙江农垦不仅成为粮食生产领域名副其实的“国家队”，而且在推动黑龙江区域经济社会协调发展、引领区域现代农业和社会主义新农村建设等方面取得巨大成效。截至2006年，黑龙江农垦粮食种植面积达到208.4万公顷，综合单产达到5 434吨/公顷，远远高于全国水平。从2003—2006年，粮食产量年均增长10%，2006年产量占黑龙江全省粮食总产量的29.9%，增加量占全省粮食增加量的58.6%，为国家提供商品粮1 009万吨。黑龙江垦区绿色食品加工企业年生产绿色食品106.8万吨，带动农户14.6万户，实现增加值7.7亿元。农业机械化采收率达到93.3%，已接近法国、美国95%的水平；拥有30架农用飞机组成的世界规模最大的农业航空化作业机群；代表世界先进水平的数字遥感、卫星定位和自动导航、智能化的大型拖拉机、联合整地机已装备了53个机械化示范区，在全国粮食生产上率先大面积实施精准农业和测土配方施肥。现代化的生产作业方式和组织方式大幅度提高了劳动生产率和土地产出率，家庭农场经营规模不断扩大。2006年黑龙江农垦国有农场从事种植业的17万个家庭农场中，经营旱田和水田面积最大的分别为677公顷和100公顷，平均经营土地13公顷，相当于荷兰水平；农场职工人均产粮6.5万千克，略高于德国、美国和意大利劳均产粮5万千克的水平；黑龙江农垦人均产粮5 728千克，为全国最高水平；农业科技成果转化率达82%，农业科技进步在农业经济增长中的贡献率达63%，均高于全国平均水平20个百分点，基本达到了发达国家20世纪90年代的水平。黑龙江农垦农业龙头企业不断发展壮大，其中北大荒农垦集团，已经进入国家120个大型企业集团试点，在中国500强企业中列第91位。

二、提供的启示

黑龙江农垦国有农场在推进改革开放和发展社会主义市场经济中，积极探索适合黑龙江农垦国有农场经济社会发展和现代农业建设的规律，为我国建设现代农业创造了可供借鉴的经验。

（一）坚持改革创新，探索和完善农业现代企业制度

现代农业企业集团必须深化企业改革，完善现代企业制度，建立规范的法人治理结构，健全决策、执行、监督相互独立、有效制衡的运行机制和高效的经营管理运行机制，构建以资产为纽带的母子公司体制。龙头企业需要进一步理顺产权关系，实行投资主体多元化，优化股权结构，逐步解决国有股“一股独大”问题。必须规范对经营者的激励和约束机制，强化资本运营，支持有条件的企业上市融资。必须深化土地经营制度改革，巩固和完善统分结合的双层经营体制。在有条件的地方鼓励兴办股份制或股份合作制农场。进一步探索和建立土地流转机制，实行大型农业机械与土地资源合理配置，推进家庭农场扩大规模经营，提高土地产出率和劳动生产率。

（二）加快产业结构调整，提高大型农业现代企业集团经济发展综合实力

坚持用现代科技武装农业，用现代管理方式经营农业，推进农业区域化布局、专业化生产和产业化经营。扩大高产优质粮食种植面积。大力发展绿色、特色、有机农作物生产。扩大高效经济作物和饲料作物种植，构筑粮、经、饲三元结构。加强农业基础设施建设，发展节水农业、设施农业。提高现代农机装备水平，实施保护性耕作制度。大力发展畜牧业，进一步加强农业生态建设，构筑耕作保护体系和大农业生态体系，建设区域性甚至国家级的农业生态示范区。发挥比较优势，突出发展农产品加工业，大力开发精深加工产品，下大力气打造名牌企业和名牌产品。发展有特色的第三产业，全面发展为农业生产和农民生活提供良好环境的服务业，凭借农产品及加工品总量规模大的优势，大力发展现代物流业。发展特许经营、连锁经营、电子商务、期货贸易等新型农业服务业态和流通方式。利用自然资源优势和区位优势，发展农业观光游、自然生态游，大力发展金融、保险、中介和社区服务业。

（三）形成高效的“研发—推广”联合体，推进农业科技进步

充分利用组织优势，整合科教资源，强化“产学研”联合体和便捷推广体系建设，使科技成果迅速转化为生产力。加强职业教育与职工技术培训工作，

建设学习型农业企业。努力提高科技研发原创能力与水平，尤其是在农牧产品品种培育、改良以及农牧产品品质（包括营养品质、加工品质）提升等方面，提高自主创新能力。加大以农产品加工业为主体的工业生产的高新技术研发与引进消化力度，并积极建设高科技园区，孵化高科技产业项目。努力营造尊重人才、吸引人才、留住人才的环境和氛围，加大人才引进力度，特别是引进科技研发拔尖人才，引进高级管理人才和资本运作的专业人才，形成高水平的科技、管理、营销、金融、法律人才队伍。

（四）推进全方位、高层次的对外开放，大力发展外向型经济

加速国内外资金、技术、项目引进，积极扩大与国内外优势企业的联合与合作，着力引入战略投资者，上关键性项目，上大项目。在农副产品加工、农机工业、农用生产资料工业上与国际上有实力的企业实现合资合作，推动产业升级和企业做强。抓住当前国际国内资本流动加快和政策环境有利的机遇，加快跨区域、跨国发展农业，实施农业“走出去”战略，积极而稳妥地到境外建设外向型企业群体。努力扩大农产品及加工品的出口，提高农业创汇能力。

（五）进一步发挥示范带动作用，带动周边地区现代农业的发展

随着国有现代大型农业企业集团市场扩张能力和资源整合能力不断提高，对我国农村经济和发展的影响力正在日益增强。因此，充分发挥其龙头带动作用，既是现代大型农业企业集团自身发展的需要，更是全国农业经济大发展、加速实现新农村建设目标的战略选择。应着重在以下三个方面发挥好龙头带动作用：①在全国农业机械化上发挥带动作用。利用农机装备精良、农机农艺配套的优势，通过代耕、承租等方式，促进农村耕作制度改革。推进大马力农机跨区作业，帮助农场在农村建立“三库一场”；支持农场与地方联合投资组建农机服务组织；搞好农村土地资源整合，为实现大规模机械化作业、航空作业提供必要条件。②在农业科技上发挥示范作用。应在继续加强和完善农业社会化服务体系的基础上，进一步提高科技辐射和带动能力，把多年来创造和完善起来的科学化、模式化的先进栽培技术、植保技术和农机农艺相结合的标准化作业技术，推广到农村，全面提高农村耕作水平，改善土壤条件，提高土地产出力和综合生产能力。③在农业产业化上发挥龙头牵动作用。依托龙头企业优势，带动周边农村农产品加工业水平全面提高。应通过合作、兼并、重组等方式到地方办企业，带动地方农副产品加工业提档次、上水平。应充分发挥市场开拓功能、生产组织功能、技术扩散功能和利益调节功能，全面提高周边区域农产品生产基地的建设水平。

第十节　校地合作带动型

所谓校地合作带动型的模式，它是指地方政府与当地的高校进行技术经济合作，地方政府凭借自身优势资源，依靠科技进步发展现代农业，高等院校发挥科技人才优势，主动投入建设现代农业的主战场，双方紧密合作，以市场为导向，充分发挥农业龙头企业和专业合作组织作用，调整和优化农业产业结构，通过建立农业科技综合示范基地，转变经济增长方式，促进县域经济、社会、文化全面发展，同时为高等院校的教学科研搭建平台，使农业科技成果得以有效转化，实现了县、校、企业和农民多方共赢，以促进当地现代农业发展。

重庆市石柱县于2003年与西南大学签署合作协议建设“石柱农业科技综合示范基地”以来，西南大学发挥自身的科技人才的优势，将西南大学的科技研发与石柱县农业生产实际相结合、科技成果转化与农业产业发展相结合，充分利用石柱县生态资源优势，依托西南大学科技力量，在产业规划与项目策划、产学研对接、农业支柱产业的培育与产品开发、引资立项与业主引进等方面取得了可喜的成绩，被《光明日报》誉为现代农业发展的“石柱模式”。双方合作在石柱县生产实践中建设有石柱黄连开发研究中心、养蜂研究所等科技平台，建设有高效生态蚕业、优质粮油制种基地、食用菌科研示范基地、中药材种植加工、辣椒深加工、农村庭院养蜂产业、优质牛羊肉生产加工、中兽药试验推广等8个农业科技产业或项目，有效地促进了石柱县农业增效、农民增收；同时，西南大学师范生顶岗实习支教工程已在石柱县实施，双方合作打造以中国黄连之乡的石柱黄连为载体的“苦文化”教育、旅游系统工程正在启动，多层面宽领域地促进石柱县域经济、社会、文化的全面发展。

一、案例简述（石柱土家族自治县）

（一）基本情况

1. 石柱土家族自治县。石柱土家族自治县位于重庆市东部、长江南岸、三峡库区腹心地带，地处东经107°59′～108°34′，北纬29°39′～30°32′之间，是三峡库区唯一的少数民族自治县。东接湖北省利川市，南邻彭水县，西南靠丰都县，西北连忠县，北与万州区接壤。全县幅员面积 3 012.51 平方千米，其中耕地面积 3 万公顷，森林面积 11.53 万公顷，总人口 52 万，80%以上是农业人口。

石柱县是一个少数民族自治县、三峡库区移民县、国家扶贫开发重点县、武陵山区县，是一个农业弱县、工业小县、财政穷县。由于受历史、区位、基础设施等因素的影响，县域资源优势还未能转化为明显的经济优势，经济的发展还相对滞后。全县生产力水平总体上十分低下，二元经济结构特征十分明显，工业化、城镇化、信息化水平低，经济运行的质量和效益相对不高，经济发展的科技含量和外向依存度低，全县经济缺乏大项目、大产业的强力支撑和拉动，在全国和全市都处于落后的较低层次。

要实现经济社会文化的全面进步，地方政府要在依靠科技进步上狠下功夫，要通过推广新技术、新品种、新方法，促使农民增产增收；要充分发挥资源优势，实施产业链发展模式，建立新型工业体系，实现可持续发展，兼顾经济效益、生态效益和社会效益，逐步走上良性循环的道路，带领全县人民致富奔小康。

2. 西南大学。西南大学位于重庆市北碚区，是国家教育部直属重点综合大学，是国家“211 工程”重点建设学校，由原西南师范大学与西南农业大学于 2005 年 7 月合并而成，在农业教育和师范教育上具有独特的优势。

学校依山傍水，风景如画，占地总面积约 641.93 公顷，校舍面积 157.94 万平方米，在校学生 5 万余人。学科门类齐全，综合性强，特色明显，涵盖了哲、经、法、文、史、教、理、工、农、医、管等 11 个学科门类。分设 30 个学院，拥有 3 个国家级重点学科、36 个省部（市）级重点学科、11 个博士后科研流动站、66 个博士点、159 个硕士学位授权点、95 个本科专业。现有专任教师 2 652 人，教授、副教授 932 人，研究员、副研究员 177 人，博士生导师 151 人。建有北碚国家大学科技园，拥有 1 个教育部人文社会科学重点研究基地，5 个教育部、农业部重点实验室，1 个教育部工程研究中心，西南大学的人才济济，科研实力雄厚。

多年来，学校在大力培养人才、开展科学研究的同时，注重强化学校服务职能，使学校的科技成果与地方的社会、经济发展紧密结合，不断摸索高等学校解决“三农”问题的新思路，服务社会主义新农村建设的新途径，不断探索农业技术创新与农业产业发展相结合、农业科研与科技成果推广转化相结合、农业教育与服务地方社会相结合的新路子。学校按照“立足西南、辐射全国、面向世界”的工作思路，以服务为宗旨，在贡献中求发展，不断强化服务地方社会经济发展的意识，涌现出了“全国十大扶贫状元”等优秀群体，形成了服务地方经济建设的校地合作带动型的“石柱模式”，产生很好的经济效益和社会效益。

（二）主要做法

石柱土家族自治县与西南大学都基于合作双赢、共同发展的思路，于2003年10月以技术合同形式构建了战略合作关系之后，县校双方领导高度重视，西南大学各学院和管理部门，石柱县各有关镇（乡）、部门积极参与，紧密合作，近五年来开展了大量的工作。

1. 编制规划，为政府提供科学决策参考。2004年，县校双方合作编制了《石柱土家族自治县绿色生态重点产业发展规划》，为石柱确立“菜（以辣椒、莼菜为主的特色蔬菜）、药（以黄连为主的中药材）、畜（以长毛兔为主的草食牲畜）”三大农村经济特色产业理清了思路；编制了《石柱县黄连产业链策划》，为石柱县中药特色产业——黄连产业发展提供了蓝图；编制的《“十一五”县校合作规划纲要》成为今后一段时期县校合作的指南；合作期间，还编制了《西沱镇重点产业发展规划》、《下路镇猪鬃产业发展规划》、《辣椒科技示范园区规划》、《冷水莼菜生态园区规划》等，科学规划成为地方产业发展的决策依据，为产业发展指明了方向。

2. 依托企业，转化农业科技成果。几年来，通过企业引进和培育，加强县校企合作，不断将科技成果向生产转化应用，取得了良好的成效：①西南大学药用化学研究所专家教授利用石柱黄连资源，依托县中药材公司成功开发出黄连花茶，并获得国家专利，2006年已经开始投产面市。②通过与重庆东田药业公司的合作，开展了对石柱黄连的有效成分分离提取，成功地从黄连中获取了黄连总生物碱，并以此作为中间体为黄连的深度开发提供了良好的基础材料。成功研制出治疗糖尿病新药增效剂，增加了治疗糖尿病的疗效。③与重庆东田药业合作开展了“黄连副产物开发利用关键技术研究”、“黄连总生物碱提取关键技术研究”、“高活性降血脂黄连素衍生物研究”等系列研究。在《Planta Medica》等国际国内刊物发表文章8篇，获得技术发明专利4项，推广应用成果技术1项，为以黄连为主的系列新药开发奠定了基础。④引进重庆瑞洋生物集团落户西沱，建成种牛繁育场，成功转化生物富集钙专利成果，开发出富集钙产品，市场试销反应良好。⑤依托石柱中药材资源，与县长毛兔良种繁育场，重庆合力饲料有限公司合作，成功研制出治疗长毛兔抗热应激中兽药，经过三年的试验示范，效果显著，在全县大力推广。⑥依托重庆怡留香辣椒科技有限公司，开发出“石柱红”辣椒系列调料。⑦引进重庆千野蜂业公司，发展石柱农村庭院养蜂产业，开发蜂产品9个。2007年正着手开展与重庆小天鹅万福食品有限公司、重庆金田淀粉有限公司开展校企合作，拟在辣椒、马铃薯系列产品研发等方面开展深入合作。

3. 选择重点，解决生产难关和技术难题。县校合作致力于解决制约产业发展的技术瓶颈问题，推动重点产业发展。几年来初步攻克了如长毛兔、辣椒、烤烟、蚕桑、花椒等6项重大技术难题。如西南大学畜牧专家冯昌荣研制的中兽药制剂，解决了石柱县长毛兔产业夏季仔兔死亡率高、秋季母兔受孕率低、冬季成年兔体弱三大难题，其中夏季仔兔死亡由45%降到3%、秋季母兔受孕率由30%提高到90%。

4. 突出特色，围绕重点产业开展科技研发。结合地方需求，以特色产业为主线，开展特色产业新产品研发，以增强发展后劲。①开展莼菜分子生物学研究，着力打造“石柱莼菜”地方品牌，提高石柱莼菜市场竞争能力。②启动石柱长毛兔品系选育工作，培育地方长毛兔新品系。依托荣昌校区科技优势，力争用5年的时间，通过选育培育出适应性好、抗病能力强、产毛量高、毛质优良、繁殖力好、饲料转化率高、遗传性稳定的石柱中型粗毛型长毛兔新品系，巩固“石柱长毛兔全国第一大县”地位。③县校企携手合作，共同打造石柱黄连产业。已成功提炼出黄连总生物碱，现正进行“黄连总生物碱提取工艺技术中试”。正在实验室开展以黄连为主药的现代中药制剂“黄连血脂灵”和“黄连降糖灵”等市场潜力巨大的产品研发。④充分依靠西南大学服装纺织学院，在原土家民族服饰设计制作展示基础上，研发土家民族服饰系列产品，将科技成果在文化领域上进行转化推广。⑤围绕石柱黄连，启动石柱“苦文化”系统工程项目建设，依靠文化来推动石柱旅游产业的发展。

5. 加强培训，提高科技意识和应用水平。县校合作近5年来，西南大学共派出科技工作者3 000人次，依托“晚霞”专家组和在职专家举办农业技术培训班50多期，培训乡镇、村组干部、技术骨干5 000多人次，直接和间接培训农民8万人次，增强了广大干部和群众的科技意识和市场经济意识，提高了农民实用技术水平。

6. 依托基地，促进学校教学和科研发展。依托石柱县产业研究和基地建设，培养、引进了一批农业产业化龙头企业参与综合示范基地建设。在西南大学积极推动下，重庆德庄餐饮集团公司和重庆瑞洋生物科技有限责任公司等5家企业落户石柱，培育当地龙头企业和专业大户40多个。西南大学成功申请到国家、省市级课题30余项，支撑了药学院、特种养殖专业、食品科学院等一批学科的建设和发展，西南大学在石柱县建立了产业科研机构，如养蜂研究所、蜂产品实验室、石柱黄连研发中心，中药材研究室。石柱县为硕士、博士研究生500多人次提供了教学科研实践基地。

7. 积极参与社会扶贫，积极参与整村推进示范村建设。西南大学作为重庆市农工委扶贫集团成员单位，积极参与整村推进示范村建设工作，为示范村建设提供科技支撑，极大地推动了农村产业发展。同时县校合作加强对石柱县青少年儿童的扶智工作，开展了四年的希望工程“1+1帮困助学”活动。发动西南大学教职工共向石柱县贫困学生捐赠助学金近40万元，同时还捐赠了书包、衣物、电脑、电视、音响等4 000余件，支援石柱救灾粮食5 000千克，捐赠各种实用技术书籍、定距播种无盘抛秧器等价值上100万元。

（三）取得成效

县校合作近5年来，成效显现。一是解决了一批影响农业生产的重大技术难题，提升了产业级次，改变了经济增长方式。如推广复方兽药防治兔病，解决了夏季仔兔高死亡率问题，农民增收约1 200万元；以科技为支撑，在石柱探索出了高效、生态、立体的蚕业模式，建立了经济生态社会有机统一、良性循环的新型农业综合系统，构建了库区生态屏障，促进了库区的可持续发展。2007年石柱栽种桑树1 333公顷，一年能养蚕18 000张，蚕农总收入500多万元，蚕农收入650万元。二是形成了新的特色产业，如辣椒产业的崛起，从当年的200多公顷发展到现在的1万公顷，辣椒种植户5万余户，种植辣椒每亩比种粮食增收400余元，农民增收6 000多万元；庭院养蜂业的兴起，农民运用西南大学的养蜂技术，家养一桶蜂的收入是传统技术的10倍，形象地说就是“养一桶蜂的收入相当于养一头肥猪的收入”，而养蜂的成本低得多，家养五桶蜂，收入5 000元。

石柱县农村经济发展呈现高速增长态势，农民人均纯收入连年增长，农民人均纯收入由2003年1 686元增加到2007年的3 002元。2004—2007年农民人均纯收入增幅依次为18.7%、14.7%、7.01%、22.2%（见表9-1），分别高出全市同期平均水平 4.3、2.8、4.7、11.4 个百分点。

表 9-1 重庆市石柱县农民人均纯收入

年 份	农民人均纯收入（元）	比上年增减（%）	比重庆市平均水平（%）
2003	1 686	—	—
2004	2 002	+18.74	4.3
2005	2 296	+14.69	2.8
2006	2 457	+7.01	4.7
2007	3 002	+22.18	11.4

资料来源：石柱县统计局。

二、启示

校地合作带动型的现代农业发展实践，引起了重庆市以及教育部的重视，受到全社会的关注。它给了我们许多的启示，主要体现在以下几个方面：

（一）共同愿望，是县校紧密合作的内在动因

石柱县有独特的资源优势，但人才、技术等问题严重制约农村经济发展，急需以科研院所为依托，转变农村经济增长方式；西南大学有丰硕的农业科技成果、有庞大的科技队伍，但急需一块广阔、"肥沃"农业科技的"试验田"。县校双方一直在寻觅合作伙伴，希望建立校地紧密合作的关系，以建设农业科技综合示范基地（县）为平台，以出人才、出成果、出效益、出经验为目标，实现产学研对接，县校互补共赢。正是由于双方这种迫切的愿望和优势的互补性，从而使县校合作变为现实。

（二）创新机制，为县校规范合作提供指南

县校制定了《县校合作建设农业科技综合示范基地暂行办法》，明确了合作的指导思想、总体目标、主要内容、机构设置、保障措施，确保县校合作紧密、规范运行，形成了以下机制：

1. 工作机制。成立由县校双方党政负责人为组长的县校合作领导小组；校方成立以校长为组长的专家组，在石柱县设立基地办事处；县方成立了县校合作办公室，作为县常设的局级机构，双方抽调人员办公，负责县校合作的协调和运行；县校双方建立合作规则，每年共落实 100 万元资金作为建设石柱农业科技综合示范基地专项经费（学校自 2006 年开始每年增拨 30 万元设立石柱

农业科技综合示范基地专项基金，针对石柱产业发展需要，开展专项研究，迄今为止已立题22项，为石柱产业发展提供持续的科技支撑）；县校双方联合行文确定每年的工作重点，明确目标，落实责任；每年召开一次协商会议，加强对合作的统筹、协调、指导。

2. 运行机制。一是县校合作创造性地开展了“一院一镇一部门”产学研互动，即西南大学的一个学院与石柱县一个乡（镇）、政府一个部门实施产业对接。二是依托业主开展成果转化，主要采取“引进一批企业、转化一批成果、壮大一批产业”的模式，形成“高校＋企业（或大户）＋基地”的成果转化机制，使县、校、企、户紧密联结，实现产业化经营。2007年已引进重庆瑞洋生物集团、重庆德庄辣椒科技有限公司、重庆千野蜂业有限公司、重庆利农一把手农业有限公司、重庆农业经济有限公司等5家县域外企业，培育本地龙头企业和大户40多个。三是建立科技下乡长效机制，成立了西南大学石柱基地“晚霞”专家组，与在职专家相结合，通过院坝培训、田间指导、专题讲座、科技赶场、大学生社会实践等多种形式抓好农村实用技术培训与指导，提高农民实用科技水平。

3. 激励机制。对在石柱县开展的研究课题按市级科研项目对待，以调动科研人员的积极性；对有利于石柱产业发展的课题，县校双方共同向国家、市级争取资金，抓好项目的前期调研立项和后续研究工作。对于从事县校合作的工作人员及科技人员享受晋职晋级同等待遇；双方还将县校合作纳入有关学院、县级部门、乡镇的年度目标考核内容，以此确保合作工作的有序进行。并且，每两年县校双方联合总结表彰合作中涌现的先进集体和个人，以此调动县校双方各级各部门和广大师生、干部群众的积极性。设立科技合作奖，对贡献特别突出的专家教授授予“石柱县荣誉市民”并参评石柱县十大突出贡献奖。

（三）实现双赢，使县校合作深入开展得以巩固

追求“双赢”是校地合作得以长期、深入、持续推进的不竭动力，实现“双赢”是校地合作的目标。校方围绕基地重点支柱产业开展农业科技研发、科普教育、农业科技成果转化，推动石柱县现代农业产业发展，不仅为石柱县政府科学决策提供依据，更解决了一批影响农业生产的重大技术难题；不仅针对产业发展需要开展了一批实用技术和产品开发研究，还形成新的特色产业；不仅培养、引进了一批农业产业化龙头企业参与建设现代农业，还大力开展农

业科技培训和人才培训，提高农村科技水平和农民的素质，促进农村生产力的提高。石柱县为校方提供平台、基地和服务，西南大学依托石柱县产业研究和基地建设，成功申请到国家、省市级课题 30 余项，促进了多个学科的建设和发展，提高了学校整体科研教学水平。

第十章　推进建设我国现代农业的保障措施

目前，我国建设现代农业正处于起步阶段，必须注重分类研究、理性思考、科学谋划、扎实推进，坚决防止出偏差、走弯路。我国现代农业建设要针对不同区域进行分类指导，根据我国建设现代农业的目标，针对建设的难点和存在的问题，创新思路，必须在以下方面做出努力。

第一节　加强领导，做好规划，搞好现代农业示范

党的十六大提出建设现代农业，发展农村经济，增加农民收入的战略目标。开展现代农业建设是一项庞大的系统工程，牵涉面广，工作量大，需要投入大量人力、物力和财力，才能达到预期的目的，因此，按照市场规律建设现代农业的同时，必须进一步加强农业宏观管理，按照科学发展观进行现代农业建设的统筹规划，切实加强对建设现代农业的领导，根据不同地区的农业经济发展情况，制定和落实好各项政策措施。

一、加强组织领导，健全工作机制

建设我国现代农业是一项艰巨的任务，各级政府必须健全完善组织领导体系，建立促进现代农业建设深入持久推进的工作机制。

1. 建立强有力的组织协调机构。各级政府应切实加强对现代农业建设工作的领导，把现代农业建设摆上工作重要议事日程，纳入各地农业经济发展和社会经济发展工作的总体规划。强化领导责任，各地党委和政府主要负责同志要亲自抓，层层抓落实。

2. 落实目标责任，强化监督管理。把现代农业建设纳入对各级党政领导班子和领导干部工作业绩考核体系，作为检验各级领导班子和领导干部执政能

力和领导水平的重要内容，作为对班子考核和干部奖惩使用的重要依据。强力推进现代农业建设各项关键措施的落实，确保社会主义新农村建设顺利推进。

3. 重视对建设现代农业的监测管理。要在规划和试点的基础上，有计划、有步骤地积极推进我国现代农业建设。为了确保规划目标的实现，有效地推动现代农业建设的进程，政府应制订严密、可行的现代农业建设监测制度和体系，实施对建设进程的有效监控和调节，保证现代农业建设朝着正确的方向，沿着健康的轨道不断发展，同时为中央和地方政府制订和调整农业政策提供科学的依据。

二、科学规划，符合实际

为避免走弯路、造成浪费，必须有一个科学合理的规划。规划应体现科学性、可行性、可操作性和权威性。一要坚持因地制宜的原则，切实发挥各地的比较优势。我国各地之间有着不同的资源、区位条件和经济优势，发展也是不平衡的。要认真考虑如何发挥各自的优势，扬长避短，积极稳妥，扎实推进。二要坚持全面发展的原则，做到点面结合，带动我国农业总体水平的提高。建设现代农业不仅要抓好试点，更重要的是注重面上的突破，要以点带面，点面结合，推动我国现代农业建设总体水平的提高。在建设现代农业的过程中，要始终坚持以市场为导向，尊重群众意愿，充分发动广大群众和社会的力量进行现代农业建设，切忌不顾实际情况，利用行政手段强行推开，把好事办成坏事。三要坚持实事求是的原则。设置现代农业建设的指标体系，要有科学性、指导性和可行性，防止求大、求洋、求全，指标设置要简单明确，便于操作，要让群众看得懂，干部用得上；在实际工作中，要防止“瞎指挥”、“下指标”等现象发生，使我国建设现代农业的工作健康平稳地开展。

三、因地制宜，循序渐进

由于我国不同区域的社会经济发展不平衡，东部地区发展快一些，中西部地区发展慢一些。因此，推进现代农业建设不可能齐步走，一起上，而是因地制宜，根据不同区域的社会经济发展和生产力发展水平，分类指导、量力而行，分层次、有重点地推进现代农业的建设，有计划、分步骤地逐步实现现代农业建设的目标。

在东部地区推进现代农业建设过程中，由于区域之间同样面临着经济发展的不平衡性，在推进过程中也应在地区的选择与规划、推进时间与步骤、内容安排等方面认真加以考虑，同样也应因地制宜、循序渐进。在经济发达、农村工业化和城镇化水平高的地区，可以考虑选择在相对较短的时间内率先基本实现农业现代化。同时，在现代农业的内容安排上，可以考虑同农村工业化与城镇化有机结合，按照高起点规划、高标准建设推进该地区在率先基本实现农业现代化之后进入农业、农民和农村等全面现代化阶段。在经济比较发达、农村工业化和城镇化水平较高的地区，可以考虑选择在较长的时间内基本实现现代化。在内容安排上，重点是着眼于现代农业的建设，并逐步将农村工业化和农村城镇化等内容纳入其中，积极稳妥地推进该地区的农业现代化。在经济次发达或不发达的中西部地区，应重点推进农业产业化经营，不断改善农业生产的基础设施和生态环境，为推进农业现代化创造积极条件。

四、建立现代农业示范区，积极推进现代农业建设

加大建设现代农业试点示范工作的力度。建设现代农业是一项长期性工作，也是一个新的课题，因此，各级要认真搞好试点，探索经验，树立样板，才能取得工作主动权，找到一条具有地方特色的现代农业建设的路子。为此，各级政府要通过调查研究，选好和搞好试点和示范，从试点和示范入手开展工作。试点和示范以市或县为单位，从农业基础条件较好，集体经济实力较雄厚，领导班子较强又有积极性的市或县选择，在试点市、县内选择若干个镇作为先行点，也可以同各级领导建立的农业示范园结合起来。试点和示范要由领导亲自挂帅，通过建立现代农业示范区，探索发展现代农业的过程，总结经验，发挥现代农业示范区的示范和带动作用，并派出必要的工作人员与试点镇、村干部一起开展工作，并不断总结经验，以点带面。

在现代农业示范区建设中，应该突出现代农业产业建设、农业经营模式、农业科技服务体系、小型农田水利设施、良种供应设施、产地环境、农业投入品的选用和准入、生产过程控制、产品市场准入、现代农业科技企业孵化等方面进行综合示范。在综合示范的基础上实现优势农产品标准化生产和全程质量监控。同时，加强示范区的科技人才、信息培训交流基地的建设，使示范区成为培养现代农业管理者、现代化农业生产者的教育培训基地，加速农民知识化的进程。通过汇集、加工、传播农业科技信息和市场信息，推动农业和农村信息化进程。

从全国几年来的实践看，搞好试点和示范工作，对于总结成功经验，推动我国现代农业建设具有重要作用。因此，建议在“十一五”期末，在全国建立50个试点国家级现代农业示范区，其中东部沿海发达地区20个，中部地区15个，西部地区15个。通过试点和示范，总结经验，探索路子，带动全国其他地区的工作。

第二节　推进农村经营管理体制和机制创新

通过30年的农村改革，使我国农村经济体制和运行机制发生了深刻的变化，初步形成一个适合我国农村生产力发展水平的农村基本经营制度和农村经营管理体制。我国农村的发展，很大程度上得益于这个制度改革和体制创新，在建设现代农业过程中，需要与建设现代农业的制度和机制相配套，更需要推进农村经营管理体制和机制的创新。因此，通过进一步深化农村改革，围绕如何完善农村经营管理体制和机制，进行体制和机制的集成创新。

一、深化政府行政管理体制改革，强化公共管理服务力度

顺应现代农业发展的要求，围绕建设服务型政府的目标，深化农业行政管理体制改革，优化公共资源配置。

一是转变政府职能，为建设现代农业搞好服务。按照“引导、支持、保护、调控”的职能体系的要求，转变政府职能。树立服务观念，尽力做农户、农业企业和市场做不了和做不好的事，利用市场和经济手段来推动现代农业建设。其中的关键是抓好“六大服务体系”建设，即农业信息体系、农业市场体系、农业质量标准化体系、农业科技创新体系、农业政策法规体系和农村金融体系等建设。这些方面是当前我国农业建设必须加强和完善的薄弱环节，需要投入精力把它做好。

二是围绕现代农业生产经营的全过程，积极开展公共管理和服务。跳出就生产抓农业的传统管理和服务模式，促进农业管理服务向科技应用、市场营销、质量监管等领域的延伸。

三是加快农业支持保护制度法制化进程，推进农业依法行政。完善相关法律法规制度，形成相对完备的农业法律体系；加强农业执法，保护农民合法

权益。

二、建立稳定的农业投入机制

农业自我积累能力差，政府必须加大对农业的投入力度。一是加快农业立法。尽快制定《农业投入法》，确保农业投入有稳定的来源渠道，进一步合理界定农业投入的范畴，明确相关主体对增加农业投入的责任，建立农业投入的使用和监督机制。鉴于国家已具备提高支农比例的实力，建议中央财政对农业的投入比例调整到不低于15%的水平上。二是设立农业发展基金和风险调节基金。参照目前水利、交通、铁路等行业设立专项建设基金的做法，通过开展征收粮食消费税、从土地出让金中提取一定比例等途径，筹划设立农业建设基金，探索基金滚动使用、良性循环的运作机制。建立农业风险调节基金，完善农业风险分担和补偿机制，切实提高各种灾害救助和补偿标准，增强农业抗御灾害的能力，降低农业生产者的经济损失。三是支持粮食主产区发展县域经济。实行鼓励政策，在项目安排、资金投入等方面，优先扶持粮食主产区改善农业基础设施，提高生产能力；帮助主产区大力发展粮食加工业，促进转化增值，把粮食生产优势转变为经济优势。同时，适当调整财政税费政策，建立中央税收一定比例的返还机制，并明确返还的中央税收须有一定的比例用于发展粮食生产。四是加大政策性金融支农力度，解决农民和农业企业“贷款难”的问题。设立专项资金支持各地发展多种形式的农业信贷担保服务和贷款贴息。一是要建立农民自主创业担保基金制度，为农民提供贷款担保，解决农民自主创业所需的资金投入问题。二是要支持和鼓励农业企业建立互助性贷款担保组织或信贷担保机构，政府通过出资参股或者给予资金补助的方式，鼓励社会资本进入农业信贷担保领域。三是要对符合条件的农民、农民专业合作社、涉农企业贷款给予贴息扶持。四是要建立农业贷款补偿制度，对银行新增农业贷款给予适当风险补偿，激励其增加对龙头企业、农民专业合作社和农户的贷款力度。

研究制定农业保险法规，规范农业保险市场和体制。加快建立政策性农业保险制度，扩大保险试点的品种和实施区域范围，有条件的地方可对参加种养业保险的农户给予一定的保费补贴。积极开展依托龙头企业资助农户进行农业保险试点，鼓励商业性保险机构开展农业保险业务，加快发展多种形式、多种渠道的农业保险。

三、改革和创新农村金融体制，加强对农户和农业企业的金融支持

改革和创新农村金融体制，健全和完善农村金融体系，改善农村金融服务既是统筹城乡发展，又是推进现代农业发展的重要内容。目前，我国农村金融服务主体较少，能力较弱，难以满足农户和农村中小企业对信贷的需求，已成为制约建设现代农业的一个"瓶颈"。因此，建设现代农业就从农村实际和农民需要出发，按照有利于增加农户和企业贷款，有利于改善农村金融服务的要求，改革和创新农村金融体制，切实解决农户和农村中小企业贷款难的问题。要努力增加农村信贷资金总量，通过明确县域内金融机构为"三农"服务的义务，完善邮政储蓄政策等措施，逐步完善政策性金融的功能。深化农村信用社改革，完善治理结构和运行机制，强化约束机制，把支农效果作为最重要的考核标准。大力培育由自然人、企业法人或社团法人发起的小额贷款组织，扩大农户小额信用贷款和农户联保贷款。发挥政策性银行的支农保障作用，探索农村社区资金互助的有效形式。鼓励政府、企业和社会资金合作建立针对农户和农村中小企业的多种抵押贷款担保组织和基金。

鼓励有条件的地方，在严格监管、有效防范金融风险的前提下通过吸引社会资本和外资，兴办直接为"三农"服务的多种所有制金融组织。采取多种形式解决农户和农村中小企业贷款担保难的问题，鼓励各类信用担保机构积极拓展符合农村特点的担保业务，在有条件的地方，可设立担保机构，为农户和农业企业申请贷款提供担保。

四、调整财政支农政策目标，确定财政支农的重点

财政支农要立足于农业经济发展的新背景，着眼于建设现代农业，及时更新观念，调整财政支农政策目标和配套措施，确定财政支农的重点。一是支持农业基础设施建设，改善生产条件和投资环境。二是应当适时调整财政支持农业科技创新和技术推广的政策取向，农业科技创新要逐步从科技增产向科技增效转变，财政支持的重点逐步转移到以提高质量和效益为目的的增效科技和增收模式上来，为农技创新和推广创造环境和条件。三是要重点支持农业技术推广服务体系的建设。按照建立公共财政框架的要求调整支出结构，保证农业科技推广经费正常增长。四是支持完善农业社会服务体系，提高农民组织化程

度。通过资金和政策扶持，培植运销大户、加工大户、农业经纪人以及中介、合作组织，支持围绕生产经营的各个环节建立多元化、多层次的服务主体，按照市场机制推进服务组织的实体化，增强服务功能。通过完善服务体系，形成不同形式的利益共同体，提高农民的组织化程度。五是农村人力资本开发。财政要研究制定政策措施，创造条件，支持开展以农民为对象的技术服务活动，实施青年农民培训计划，形成新型农民群体；要研究支持农村剩余劳动力转移的财政政策和措施，支持区域内转移消化、流动性转移和跨区转移，制定优惠政策鼓励外出人员携带资金、信息、技术回流，成为农村致富带头人。

五、完善财政支农补贴体系

总结近年来的国内外农业补贴经验，借鉴国外的办法，逐步建立适应国情、符合实际、遵守 WTO 规则的综合补贴与专项补贴相结合的财政支农补贴体系。

一是综合补贴。在不断增加粮食直补的基础上，完善农业生产资料价格补偿机制，把农业综合直补纳入规范化、制度化的补贴政策范围。实施良种补贴、农机购置补贴、测土配方施肥以及生产资料综合直补等各项补贴政策，增加补贴种类，扩大补贴资金规模和地域范围，提高补贴标准。新增特色口粮良种补贴，用于非粮食主产区，特别是少数民族地区的青稞、马铃薯等特色农作物良种补贴。积极探索建立中央财政对种粮农民收益综合补贴制度。

二是技术补贴。完善强化良种补贴、农机具购置补贴和测土配方施肥补贴等项目，不断扩大技术补贴资金规模、实施范围和补贴品种，大力推广高产、优质、节本、增效技术，促进良种良法配套，提高农业生产的科技水平。

三是建立农村防疫员补贴制度。安排专项资金，对农村防疫员务工和培训给予补贴。提高口蹄疫扑杀补助标准，将布病、结核、狂犬等病纳入扑杀补助范围。

四是设立农产品品牌创建奖励补助制度。加大对培育、整合和保护农产品名牌、品牌的支持力度，对各类优势农产品品牌参加国内外的展览展示和评选活动实行补助与奖励，加大宣传力度，营造良好的品牌发展氛围。

五是贴息补贴。建立农业生产和农产品加工贷款贴息制度，鼓励和支持优势农产品的标准化、区域化、规模化、产业化生产，逐步形成符合我国农村特点的信贷下乡制度。加快发展农产品加工业，提高农业的整体效益。

六是农业保险补贴。把农业保险纳入财政支农的政策框架，在总结农业保险试点经验的基础上，扩大农业保险覆盖面，着力构建农业风险防范机制。

七是灾害补贴。扩大农业生产救灾和重大动植物疫病扑杀补助资金规模；提高灾害救助和补偿标准，确保灾后农业生产尽快恢复，保障人民健康安全。

六、制定优惠政策和配套措施，扶持农民和农业企业建设现代农业

运用先进技术从事开发性的现代农业生产，投入高、风险大，且受多变的市场因素的影响与制约，与一般的农业生产相比，要求农民和农业企业付出更艰辛的劳动，投入更多的资金和技术，同时又承受更多更大的经济风险。因此，需要有更多政策的鼓励和利益的驱动，这就需要打破常规的政策框架，采取一系列配套政策和制度措施。

第一，提高现代农业开发项目的透明度，把可行的现代农业开发项目交给农民，并吸引社会投资，动员和组织一切个人、集体和国家企业事业单位，从事农业高新技术开发。开办农产品加工业，工商部门可适当放宽领照条件，简化审批手续。重点扶持一批龙头农业企业和农产品加工业，明确责任和义务，使这些企业上联市场，下联基地，保证这些龙头企业立足，称雄市场，以此来推动我国现代农业生产。

第二，在价格、税收、信贷和农业生产资料供应上采取倾斜的政策。一是要在保护价的农产品价格中规定一定比例的科技附加价，即达到规定的科技进步额，可享受保护价政策，实行优质优价，鼓励农产品生产企业和农户采用新技术，调动他们的生产积极性。二是要在税收政策上给予一定优惠，即对产值增值中科技进步份额达到50%以上的现代农业的生产项目和生产单位，在一定时期内实行减免或缓征税收制度。三是要在金融信贷和生产资料供应上优先安排贷款，支持农民和农业企业从事开发性的现代农业生产。

第三，进一步扩大我国农业对外开放的领域。在维护生态平衡，保护水利、森林、水产、资源的前提下，除国家明令禁止的项目外，均放开外商投资现代农业领域，允许不同经济成分的组织和单位，以不同形式引进国外资金、技术、良种、良法，开发现代农业项目，放开外资农业企业内销比例，农产品内外销比例由外商根据国内外市场销售情况自主决定。积极地放开为现代农业服务的第三产业，允许外商在自行解决配额和销售的前提下，组织农产品出

口，鼓励外商举办农业技术和生产资料推广，农业信息咨询等项目，鼓励外商兴办农产品加工企业，进口农产品再加工出口的可申请保税和退税。

第四，外商在兴办科技先导型农业综合开发区和农业科技园，应享受和经济开发区同等优惠政策。中外合资或外商独资经营的“三高”农业项目，其引进的高新技术属填补国内空白并在中西部地区发挥辐射作用的，可享受“星火”项目的优惠政策，经批准认定的农业高新技术企业可享受有关优惠政策，允许外商独资或中外合资农业项目或涉农项目登记立项，在我国各个地区生产经营。

七、大力发展农民专业合作经济组织

贯彻落实《农民专业合作社法》，加大政策扶持力度，探索发展壮大农村新型集体经济的有效途径。对农民专业合作经济组织从事农业生产、加工、流通、服务和其他涉农经济活动给予相应的税收优惠政策，建立有利于农民专业合作经济组织发展的信贷、财税和登记制度。国家支持发展农业和农村经济的建设项目，可以委托和安排有条件的农民专业合作经济组织实施。支持龙头企业、农业科技人员和农村能人以及各类社会化服务组织，创办或领办多形式、多层次的中介服务组织，提高农业组织化程度。

八、加快土地流转制度的创新

农村土地使用权流转，首先必须明晰产权。现行农村土地产权包括所有权、承包权、使用权、受益权、处置权等多项权利，推进农村土地使用权流转，必须改革和完善现有的土地产权制度。

一是要健全激励机制。应制定和落实农村土地规模经营政策，在技术、资金、物资、信息等方面给予支持和服务；提高受让农村土地使用权的经营户的积极性，提高其规模经营的能力。

二是要健全约束机制。应建立农村土地使用权流转登记管理制度，完善农村土地使用权流转手续，加强农村土地流转的登记管理；建立农村土地用途登记管理制度，严格界定农用地与非农用地，防止农村土地在流转中变更用途，难以复耕而影响农民长期利益。

三是要建立市场化的土地流转制度，把土地由实物形态转变为货币形态，为农业的规模经营创造条件。按照“明确所有权，稳定承包权，搞活使用权”

的原则，对土地进行合理估价，形成实物和货币两种形态，允许土地使用权转让、租赁、入股和抵押，在划定基本农田保护区外，其余土地根据农业产业发展的需求，集中建设商品生产基地，农户按土地的货币形态成为永久性股东，对生产经营各个环节实行监督，形成利益共同体，为跨区域的产业重组、规模化产业带的建设创造条件。

四是要健全保障机制。应以立法的手段，界定农村土地所有权、承包权、使用权主体及其相应的权利、义务，理顺国家、集体、个人分配关系。同时，应加快建立健全农村社会保障体系，使农村土地流转后的农村居民有基本生活保障，解除失地农民的后顾之忧，促使农民从土地上“跳出来”，促进农村土地的合法自愿有偿流转。

九、调整区域布局，扩大农业经营规模

调整区域布局，按专业分工形成区域生产和批量规模，提高产品的市场占有率。充分发挥家庭承包经营的优越性，发展家庭大户承包、家庭农场、联办农场等经营形式，引导农户生产走向专业化、社会化。大力发展专业镇、村、户，走一户带多户、多户带全村、一村连几村、多村成基地的发展路子，不断扩大农业产业化的覆盖面。鼓励农民组建农业合作经济社，扩大合作经济规模，进行跨地区、大规模的农业商品生产和经营。

第三节　扶持农业产业化的龙头企业

经过十几年的不断探索、改革和创新，我国农业产业化经营取得明显的成效。在建设现代农业、转变农业增长方式、调整农业结构、培养新型农民、增加农民就业、实现农民增收等方面都发挥了重要作用，龙头企业已成为农业和农村经济中最具活力和带动力的市场主体。因此，在建设现代农业的过程中，各级政府应加大对农业龙头企业的扶持力度，应从薄弱之处入手。

一、重点培育龙头企业的核心竞争力

培育和增强农业产业化龙头企业的核心竞争力，最重要的途径：一是龙头企业能有效地运用企业内部管理型战略，强化管理，创新体制和机制。积极吸收境内外法人资本和自然人资本，实现投资主体多元化，优化企业股本结构。

健全企业决策机构、监督机构和经营管理者之间的制衡机制，构建与市场经济相适应的现代企业制度。鼓励优势企业进一步整合资源，以资本为纽带，采取重组、联合、并购等多种形式做大做强，培育一批具有较大影响力，跨行业、跨产业、跨地区、跨所有制的大型龙头企业。完善利益联结机制，主要通过股份制、契约、法律等形式，构建更加紧密的利益联结机制，促进产业化经营健康、有序、快速发展。二是注重品牌培育。龙头企业把品牌培育作为提高企业竞争力、增强农民带动力、扩大企业影响力的一项战略措施来做。

二、加大扶持农业科技创新力度

各级政府应在科技创新方面加大对龙头企业的扶持，使龙头企业在技术创新方面有较大的突破，逐步建立龙头企业的科技创新和知识产权保护机制，创建多元化的龙头企业的科研投融资体系。同时，应组织有关专家对制约农业产业化发展的重大关键技术进行筛选，组织有关科研单位进行联合攻关，或者引进国外技术，解决农业产业化发展过程中的技术制约瓶颈。当前的重点是提高农产品加工技术水平和装备水平，切实转变加工方式，加快实现初级加工向精深加工转变，由传统加工工艺向现代高新技术转变，提高加工农产品的质量、档次和附加值，突出抓好农产品精深加工，大力发展科技含量高、加工程度深、产业链条长、增值水平高、出口能力强、符合综合利用和循环经济要求的农产品加工业。支持大型农产品加工企业建立技术研发中心，增强企业自主研发能力。

三、扶持龙头企业完善利益联结机制

建立稳定的企业与农民利益联结机制，既是推进现代农业建设的重点，也是完善农业产业化经营组织体系的核心。龙头企业参加现代农业建设，要紧紧围绕企业增效、农民增收这两个基本要求来进行，关键是建立两个机制：一个是建立和完善龙头企业与农户的利益联结机制，使农民通过农业产业化经营，找到稳定的市场销路。龙头企业通过与农民合作，找到稳定的原料供应，形成稳定的购销关系。龙头企业与农民可以实行合同联结，确定最低收购保护价；可以实行服务联结，通过定向投入、定向服务、定向收购，为农民提供种养技术、市场信息、生产资料和产品销路等各种服务；也可以实行股份合作联结，引导农户以土地、劳动力等生产要素入股。龙头企业应运用多种方式让农民得到实惠，才能实现共同发展。另外一个就是探索建立农业的风险保障机制。政府应鼓励和提倡龙头企业建立风险保障基金，通过帮助农民规避风险，严格履行订单合同，积极探索龙头企业为农户进行保险。因此，通过龙头企业设立风险基金、保护价收购，按农户出售产品数量返还利润等方式与农户建立更紧密的利益联结关系，使龙头企业和农民实行双赢，实现共同发展。

四、制定扶持龙头企业的优惠政策

1. 鼓励有条件的重点龙头企业通过兼并、收购、合资等方式进行资本扩张和资产重组，鼓励他们参与现代农业园区建设。对于跨地区的兼并重组，各地区、各部门对被兼并、重组企业原有的扶持政策不变；鼓励重点龙头企业通过多种形式加强与国际大公司的合资与合作，对重点龙头企业利用外资项目进行园区建设，有关部门要积极帮助其向国家申报，并由各级政府及有关部门负责协助解决项目实施过程中的环境问题；鼓励重点龙头企业加速技术改造，发展农产品精深加工业，发展高新技术产品。

2. 积极支持具备进出口资格的重点龙头企业申办进出口经营权，并简化行政审批手续。鼓励中外合资农产品流通企业利用其销售网络，推动农产品进入国外的销售网点和分销中心。对重点龙头企业扩大再生产用地，审批时优先考虑。

3. 对龙头企业，各级主管部门要积极会同金融部门制定扶持办法，作为信贷重点，在资金安排上给予倾斜。要根据龙头企业的有效生产需要，合理确定贷款期限，并执行中国人民银行规定利率。对以农产品为原料的大型精深加工企业，其产品有市场、有效益的，可以根据企业带动农户生产销售经营情况，对信用信誉状况较好的龙头企业，核定合理授信额度，给予信贷支持。支持龙头企业在资本市场上融资，对符合条件的企业，优先申报债券发行。符合条件的龙头企业，实行规范的公司制度，可申请发行股票和上市。已经上市的重点龙头企业，要利用好农业类上市公司在配股方面的倾斜政策，加快发展步伐。

第四节　加强农业科技创新能力建设

科技进步是推动农业发展的根本力量。建设现代农业，必须把农业科技创新和科技进步摆在更加突出的位置。要采取有效政策和措施，整合农业科技资源，动员全国农业科技力量，合理配置农业科研资源，配备好基础研究、应用基础研究和应用研究的比例和力量，形成农业科技创新与应用推广的大协作，加快推进农业科技进步和现代农业建设。

一、农业科技创新要面向农业和农民，针对农业企业和农民需求进行研究

农业科学技术研究的立项要为农业和农民服务，努力使农业科学技术研究面向农村、提升农业、致富农民。各种农业科研项目要紧密联系实际，与农业企业和农民的技术需求相结合，与农业生产相结合，与农业生产中的重点和难题相结合，与农业企业的市场需求相结合，要把“把科研放到需要上、把论文写在田野里、把科技送到农民手里、把成果留在农民家中”，使农业科技创新的成果真正为农业企业和农民所用，与实际的生产相结合，产生巨大的经济效益和社会效益。

二、加快构建新型农业科技创新体系

按照科学布局、优化资源、完善机制、提升能力的总体思路，深化农业科研体制改革，加快建设国家农业科技创新基地和区域性农业科研中心。要提高自主创新能力，加大对农业关键、实用技术创新力度的支持。增加农业科研投入，逐步建立以政府为主导，社会力量广泛参与的多元化农业科研投入体制。要明确基础研究、应用基础研究和应用研究的主体，基础性研究、应用基础研究主体以公益型研究机构为主，这些研究机构要抓好基础研究与基础性工作，为农业科技发展奠定良好基础，特别要抓好基因工程、光合作用机理、杂交优势机理和生物固氮等方面的工作。对应用性等实用技术研究，要逐步转移以企业为创新主体，促使其与农业科研机构相结合，努力解决严重制约农业持续发展的关键性、战略性技术难题。大力开发适合我国国情的农业关键技术。加大农业节水技术、耕地保护与节约利用技术、设施农业与农业机械化技术、动植物重大病虫害控制技术、农产品保鲜技术、精深加工技术、污染减排技术、循环农业技术和农业生态环境保护技术的研发力度。同时，政府要在资金等方面给予与重点支持，鼓励企业建立农业科技研发中心，形成布局合理、功能完善、运转高效、支撑有力的农业科研创新体系和精干高效的成果转化应用体系。改善农业技术创新的投资环境，加强科研基础条件建设，引进培养高层次农业科技人才，形成联合攻关和产学研相结合的有效机制。

三、加强农业重大技术攻关和科研成果转化

加大对农业科研的支持力度，开展农区地力培养、节水高效农业、高产高效栽培、畜禽健康养殖、重大动物疫病防控、农产品质量安全、资源无害化处理、农产品加工等重大关键技术攻关，尽快取得一批具有自主知识产权的重大农业科研成果。加强主导品种和主推技术集成创新，加快产业核心技术中试、熟化和转化。加快超级稻研究示范推广，加快转基因农作物种子、畜禽、水产养殖、疫病诊断技术及基因工程疫苗、农业生物制剂等农业高新技术的产业化进程。

四、加大农业科技推广力度

加快我国农业技术推广体系改革和建设，建立多元化的农业技术推广体系。积极探索公益性职能与经营性服务实行分类管理的办法，完善农技推广的社会化服务机制。鼓励各类农科教机构和社会力量参与多元化的农技推广服务，充分发挥各级农业专业技术推广机构的作用。大力发展农民和企业的技术推广服务组织，建立科教人员、农民、企业家等广泛参与的多元化农技推广队伍。深入实施农业科技入户工程，扩大重大农业技术推广项目专项补贴规模。以科技入户为中心，加快先进实用技术的推广应用。加大投入，围绕当地主导产业，推介发布主导品种和主推技术，开展主体培训，选聘基层科技人员作为技术指导员，进村入户为农民开展面对面、手把手的技术服务，完善科技人员直接到户、良种良法直接到田、技术要领直接到人的推广机制。扩大科技入户工程实施范围和带动农户的数量，主要围绕施肥施药、种养管理、土地养护、农业机械、节能减排等领域，加大良种良法推广力度，重点推广深耕深松、保护性耕作、精量播种、秸秆还田（养畜）、标准化育秧、机插播、奶牛及生猪人工授精、水产养殖、水质调控等重大增产增收技术。大力发展农业机械化，提高重要农时、重点作物、关键生产环节和粮食主产区的机械化作业水平。普及常规技术和操作方法，为农业增产增效和农民增收提供有力的技术支撑。

第五节　以农户为基础，构建完善的现代农业经营生产体系

改革开放以来，我国逐步实行了家庭承包经营为基础、统分结合的双层经

营机制，保证广大农民的土地使用权，激发了农民的生产自主性，使中国的农业生产和农民生产水平有了很大提高。在当前和未来很长时间内，这种生产经营机制适应我国农业状况，是我国农业基本的生产经营制度。维系农户家庭存在的，不限于经济利益，还有血缘、感情、心理、伦理等一些超经济的因素，农户的家庭成员具有对利益目标的共同认同感，使得农户家庭经营的管理成本最小。另外农户家庭成员在性别、年龄、体质、技能上的差别有利于分工和劳动力的充分应用，因此以家庭为单位的农户是我国农业生产、经营的基本单元和主要微观经济组织形式，也是现代农业建设的出发点和落脚点。正因为如此，现代农业生产经营体系的构建必须以农户为基础。

一、引导农民发展生产，构建现代农业的生产体系

积极引导农民发展粮食生产，推广优质高效粮食品种和栽培新技术，提高水稻、小麦和玉米等粮食作物的产量，同时，大力发展高效经济作物和园艺产业、健康养殖业，提高品质，确保农产品有效供给。粮食生产要坚持立足国内基本自给的方针，同时抓好优质专用小麦、优质水稻、专用玉米、高油高蛋白大豆等的生产。要根据各地自然和市场条件，引导农民优化农作物生产的区域布局，大力发展经济作物和园艺产业。大力推进畜牧业增长方式转变，稳定生猪、奶业和禽蛋生产，加快发展肉牛、肉羊和肉禽生产。

二、引导农户进行产业结构调整，形成有比较优势的产业布局和品牌

在粮食主产区，要在农户自愿的基础上，给以优惠政策，增强种粮农民的积极性，同时大力发展大宗作物农产品加工业。要加快发展畜牧业，牧区农户要加快推行围栏放牧、轮牧休牧等生产方式，搞好饲草料地建设，改良牲畜品种；农区发展畜牧业要充分发挥作物秸秆和劳动力资源丰富的优势，积极发展节粮型畜牧业，引导有条件的农户发展养殖小区。各地要引导农户大力进行产业结构调整，结合当地的资源、技术、市场等优势，大力发展优势产业，培育特色品牌，形成规模优势，提高农业经济效益。

三、引导农户大力发展循环经济和节约型农业

在我国大部分地区存在着人均资源占有量不足、循环利用率较低、农业生

产技术体系相对滞后、农业立体污染严重、农产品质量偏低、农产品质量和农民健康风险增加等诸多问题。因此要大力开发节约资源和保护环境的农业技术，鼓励农户积极发展节地、节水、节肥、节药、节种的节约型农业，鼓励生产和使用节电、节油农业机械和农产品加工设备，努力提高农业投入品的利用效率。在北寒温带和高寒地区以外的平原、丘陵和山区，以农户为基本生产单元，通过粮食和饲草种植、畜禽养殖、沼气工程、堆肥或沼肥生产环节的合理链接，构建粮饲—猪—沼—肥型生产体系。在北方地区，通过户用沼气、大棚蔬菜、日光温室养猪及厕所相结合，构建“四位一体”型生产体系；在南方地区，利用山地、农田、水面、庭院等资源，构建“猪—沼—果”型生产体系。

四、引导农民进行标准化生产，提高农产品质量安全水平

现代农业，要求从田头到餐桌各个环节的标准化，标准的内容延伸到农产品生产、加工、包装、储运等各个环节，但要做到农业标准化，首先要求从农户的生产源头抓起，这就要求从广大农户和生产基地抓起，使农户在农产品品种选用、病虫草害防治、化肥的使用等环节都注意采用无公害的技术，同时在加工、包装、储运、销售等环节也采用标准化技术。

五、引导农户与龙头企业协作，走产业化经营之路

发展农户小规模、集成大群体式的专业化、区域化农业生产基地，并在农产品生产基地附近，培育一个或几个具有较强经济实力和带动能力的龙头企业，使之成为连接基地农户和市场之间的桥梁和纽带，从而形成“公司＋农户”或“公司＋基地＋农户”的模式。龙头企业和基地农户之间要建立起稳定的利益联结机制，形成利益共享、风险共担的利益共同体，构建农工商或农商型产业链，这样可大幅度降低生产经营风险，稳定和提高农民的收入水平。

六、引导农民发展生物质产业与休闲观光农业，增加农民收入

加快发展生物质产业与休闲观光农业。生物质产业和休闲观光农业，是拓展农业功能、促进资源高效利用的朝阳产业，是现代农业新的增长点。要按照科学规划、合理布局、综合利用、保护生态的原则，加快开发以农作物秸秆等为主要原料的生物质能源和生物质产品。要利用农业资源环境、田园景观、农业经营、农业文化和农家生活，满足人民不断增长的回归自然、休闲娱乐和体

验农耕文化需求，促进观光休闲农业的发展。

七、加快发展农业服务产业，为农户提供产前、产中、产后的服务

加快发展农业服务业。大力发展良种服务、农资连锁经营、农产品现代流通、新型农技服务、农机跨区作业、农村劳动力转移培训和中介服务、现代农业信息等农业服务业，为农业各产业提供优质完善的产前、产中、产后服务，更多地吸纳农业劳动力就业，增加收入。

第六节　增加公共产品供给，改善农村公共服务

尽快改变农村公共事业滞后的状况，是广大农民群众的迫切要求，是推进社会主义新农村建设的重要任务。各级财政要按照公共服务均等化原则，扩大公共财政覆盖农村的范围，提高公共服务水平，力争经过几年的努力，明显改善农村生产生活条件和整体面貌。当前，除了要尽快建立和完善农村义务教育和社会保障制度、加强农村文化建设以外，还要在以下几方面加大力度。

一、积极支持农村基础设施建设，改善生态环境

加强农业基础设施建设，是建设现代农业的重要内容。与发达国家相比较，我国农业生产力水平较低，尤其是土地产出率和劳动生产率远低于发达国家，其很大原因是由于我国农业基础设施落后造成的。因此，要发展现代农业，就要加强基础设施建设，提高农业物质技术装备水平，改善农业生产条件与生态环境，增强农业稳定发展的保障能力。

（一）加强土地管理，依靠农民保护好耕地

严格按照全国土地使用分类标准使用土地，坚决贯彻“十分珍惜、合理利用土地和严格保护耕地”的基本国策，实行最严格的土地管理政策。落实土地承包制度，依靠农民保护好耕地，依法赋予农民保护耕地的权力，非经农民同意，农村集体土地不得被征收征用，确保基本农田数量不减少、质量不下降、用途不改变。在严格控制土地征用规模的同时，提高征占用土地的成本，用经济办法遏制占用土地的利益驱动。对经批准征用的土地由征地方与农民协商确定土地价格，让征地价格反映土地的稀缺程度，压缩土地征用的利润空间，同时，让农民从土地征地费中得到实惠。另外，加强对耕地后备资源的保护和有

序开垦、开发。

（二）加强标准农田建设，鼓励农民培肥地力，加强耕地质量建设和标准农田建设

中央和省级财政要较大幅度增加耕地质量建设的投入，土地出让金的30%用于农业基本建设，新增资金主要安排在粮食主产区集中用于中低产田改造。加大土壤肥力调查和监测力度，建立全国耕地质量动态监测和预警系统，为农民科学种田提供指导和服务。鼓励和扶持农民开展农田整理、培肥地力，争取通过开展耕地质量建设，使2亿亩中低产田的基础地力到2010年提高一个等级，为稳定提高农业综合生产能力奠定坚实基础。

（三）加强以水利为重点的农业基础设施建设，加强以节水改造为中心的农田水利建设

重点支持粮食主产区中低产田改造和中型灌区节水改造，切实抓好以小型灌区节水改造、雨水集蓄利用为主的小型农田水利工程建设和管理，切实改善农业生产条件，建成一批高产稳产、旱涝保收的基本农田。国家水利建设投资向农田水利等小型基础设施倾斜，保证基本农田灌得进、排得出。加快大型灌区续建配套步伐，完善灌排体系；开展田间排灌、小型灌区和非灌区抗旱水源，丘陵地区和其他干旱缺水地区雨水集蓄利用等田间水利工程项目建设。加大中央和省级小型农田水利建设资金支持规模，调动各方面投资兴建水利工程的积极性，促使农田水利建设走上自我发展、良性循环的轨道。引导农民在民主决策和科学管理的前提下，按自愿互利、注重实效、控制标准、严格规范的原则，对直接受益的小型农田水利设施建设投工投劳。

（四）加强以植树造林为重点的生态环境建设

植树造林建设方面，主要的任务是集中力量抓好绿化造林四大工程的建设，即封山育林、平原高标准绿化、山区绿色走廊和“三沿一环”（沿海、沿河、沿路、环城）四大防护林带。要认真总结和大力推广水利、林业建设投资和管理体制改革的成功经验，进一步理顺产权关系，放活经营体制。对小型水利设施、林业用地、“四旁”林木等，在搞好统一规划的基础上，通过拍卖、承包、租赁等多种形式，放手让广大农民和社会各方面参与投资开发和经营管理，实行谁投资、谁管理、谁受益。与此同时，还要加快农村道路、通讯、电力、渔港等基础设施建设，要积极支持“六小工程”等基础设施建设，要重点解决农村能源问题，建设将目前的“六小工程”扩展为“十小工程”，把小水利、信息化村、农产品检测、产地市场流通设施建设纳入农业基础设施建设的范围。同时，按照“谁投资、谁受益、谁所有”的原则，进行小型农田水利设施产权制度改革，明确所有权，落实管护责任和收益权，政府通过民办公助、以奖代补、先建后补等多种形式，引导农业、企业和其他社会资金参与农业基础设施建设，建立农田水利设施建设新机制。搞好作物秸秆等资源化利用，推广沼气、秸秆气化等清洁能源，加快普及户用沼气；积极支持农村信息化建设；按照建设环境友好型社会的要求，继续积极支持生态建设和水土保持，改善农民生产生活条件，改变农村落后面貌。

二、积极支持村庄建设和村容整治

创造整洁、舒适、文明的生活环境是建设社会主义新农村和现代农业的重要任务，各级财政要以切实改善农民生活条件，切实提高农民生活质量为突破口；支持村庄建设和村容整治，并逐步整体推进。要积极扶持发展设施农业，推进畜禽养殖小区建设，推广规模化、标准化、产业化的畜禽安全生产方式，改善防疫条件和养殖环境；积极支持农村改水改厕工作，妥善处理生活垃圾和污水，解决农村环境“脏、乱、差”问题，创建环境优美乡镇、文明生态村。在支持村庄整治的过程中，要注意合理划分政府与农民的责任，要按照公益性和非公益性区别对待的原则，给予不同的支持。当前，要特别支持搞好新农村建设的规划。

三、做好财政扶贫工作，减少农村贫困人口

促进农村反贫困，是建设社会主义新农村和现代农业的基本要求，要逐年加大扶贫投入，改革资金分配方式，完善扶贫开发机制，积极推进扶贫贷款财政贴息方式的改革和到户扶贫贷款“奖补资金”试点工作。要进一步明确财政扶贫资金支持的重点，大力支持开展贫困劳动力培训、贫困地区基础设施建设、易地移民搬迁、贫困地区农业产业化发展等。建立健全财政扶贫资金管理监测信息系统，提高扶贫资金管理水平，推动实现国家“十一五”扶贫规划提出的扶贫目标。

四、国家要对欠发达地区新农村建设给予必要支持

与历史上曾多次提倡过的新农村建设相比较，这次的新农村建设之所以

新，除了建设内容新外，一个重要特征应当是国家有投入。韩国在开展“新村运动”的初期，也曾向农民无偿提供水泥、钢筋等物资，帮助农民改善生活条件和生活环境。建议“十一五”期间，由国家新增一笔专项资金，通过政府采购的方式，把过剩的水泥、钢材等物资用于农村道路、饮水工程、农田水利、生活用能等基础设施建设，并重点向中西部欠发达地区倾斜。这可收“一石多鸟”之效：有利于改善农业生产条件，提高农业综合生产能力；有利于改变农村面貌，缩小城乡差距和地区差距；有利于开拓农村市场，缓解部分行业产能过剩问题，促进国民经济平稳较快发展。另外，江西省赣州市的实践也表明，围绕新农村建设整合现有的各种支农资金，按一个规划统筹使用，可以有效解决资金分散、形不成合力等突出问题。

第七节　城乡统筹，工农互动

从新阶段的实际出发，建设我国现代农业的路径选择，应当走一条政府主导，城乡统筹、以工补农、以城带乡、城乡互动的路子。政府主导怎么主导？要用“看得见的手”和“看不见的手”两手导。一是运用行政调控手段，二是发挥市场机制作用。用这两手促进资源在城乡之间合理配置。要确立城乡统筹的新观念，把农村发展放到整个国民经济乃至世界经济的大格局中，把农村进步放到构建社会主义和谐社会的进程中，把农民收入放到国民收入分配和再分配中，统筹政策设计和制度安排。坚持“多予、少取、放活”的方针，在制定国民经济和社会发展规划、确定国民收入分配格局、制定重大经济政策时，把解决农业、农村、农民问题放在优先位置，统筹城乡经济社会发展、统筹城乡资源配置、统筹城乡基础设施及产业布局、统筹城乡就业和社会保障、统筹城乡投入。经过努力，逐步形成有利于城乡要素合理流动的运行机制，创造有利于城乡发展的平等机会和公平环境，形成有利于城乡统筹发展的推进机制。实现城乡要素优化配置、资源共享、优势互补，从根本上赋予农业与工业平等的发展条件，赋予农村与城市平等的发展机会，赋予农民与市民平等的国民待遇。

一、建立促进农业和农村经济发展的投入机制

顺应经济社会发展阶段变化和建设我国现代农业的要求，坚持“多予少取

放活”的方针，调整国民收入分配格局，调整国家财政支出、预算内固定资产投资和信贷投放结构，按照存量适度调整、增量重点倾斜的原则，不断增加对农业和农村的投入。

一是提高国家财政用于农业支出的比重，改善财政用于农业支出的结构，扩大对农村公益事业和农业基础设施的投入。建立国家对农民收入的补贴机制，促进农民收入稳定增长。

二是调整预算内固定资产投资结构，把国家对基础设施建设投入的重点转向农村，加大对土地产出和资源综合利用、农业科技创新和应用、农业物质装备、农民自我发展、农产品加工转化和市场开拓、农业综合支持和服务等建设的支持力度。

三是调整信贷资金投放结构，加大对农业金融支持力度。继续深化农村信用社改革，进一步发挥其农村金融的主力军作用。抓紧制定县域内各金融机构承担支持“三农”义务的政策措施，明确金融机构在县及县以下机构、网点新增存款用于支持当地农业和农村经济发展的比例。采取有效办法，引导县及县以下吸收的邮政储蓄资金回流农村。加大政策性金融支农力度，增加支持农业和农村发展的中长期贷款。抓紧制定农村新办多种所有制金融机构的准入条件和监管办法。加快落实对农户和农村中小企业实行多种抵押担保形式的有关规定。扩大农业政策性保险的试点范围，鼓励商业性保险机构开展农业保险业务。

二、建立城乡平等就业制度

赋予农民平等的就业权、教育权和发展权，促进农民全面发展。建立健全城乡就业公共服务网络，为外出务工农民免费提供政策法律咨询、就业信息、就业指导和职业介绍。进一步清理和取消针对农民进城就业的歧视性规定和不合理收费，简化农民跨地区就业和农民进城务工的各种手续。加快大中城市户籍制度改革，放宽农民进城就业和定居的条件，消除农村劳动力转移就业的制度障碍，统一城乡劳动力市场，建立城乡劳动者平等就业制度。严格执行最低工资制度，建立工资保障金等制度，切实解决务工农民工资偏低和拖欠问题。完善劳动合同制度，加强务工农民的职业安全卫生保护。逐步建立务工农民社会保障制度，依法将务工农民全部纳入工伤保险范围，探索适合务工农民特点的大病医疗保障和养老保险办法。认真解决务工农民子女的上学问题。

三、全面深化农村改革

积极稳妥地推进乡镇机构改革，切实转变乡镇政府职能，整合乡镇事业站所，精简机构和人员，强化公共服务，严格依法办事，提高行政效率。稳定和完善以家庭承包经营为基础、统分结合的双层经营体制，健全在依法、自愿、有偿基础上的土地承包经营权流转机制，有条件的地方可发展多种形式的适度规模经营。完善粮食流通体制，深化国有粮食企业改革，建立产销区稳定的购销关系，加强国家对粮食市场的宏观调控。加快征地制度改革步伐，按照缩小征地范围、完善补偿办法、拓展安置途径、规范征地程序的要求，进一步探索改革经验，完善对被征地农民的合理补偿机制。加强对被征地农民的就业培训，拓宽就业安置渠道，健全对被征地农民的社会保障。建立全国统一的要素和产品市场，逐步形成有利于消除城乡二元结构的体制机制，打破地域界限，消除城乡壁垒，促进产品和要素在城乡间、地区间自由流动、平等竞争。鼓励和发展各类专业合作经济组织，提高农业组织化程度。

第八节　健全农业法律法规体系，确立农业和农村经济发展的制度规范

农业法律法规体系建设是社会主义法制建设十分重要的组成部分，我国的基本国情和农业的基础地位决定了农业法制建设的重要性。党中央、国务院历来高度重视“三农”问题，制定一系列政策和法律、行政法规，使我国农业法制建设不断取得重大成就，农业与农村经济的重要领域基本实现了有法可依。各级农业部门认真履行法律法规赋予的职责，规范了生产经营行为，维护了生产经营秩序，保护了农民的合法权益，促进了农业农村经济发展。但也要清醒地看到，我国农业法制建设，同农业与农村发展的客观要求相比，同推进现代农业的目标相比，还有不小差距，还需要下大力气，完善和促进农业法律法规体系，确定农业和农村经济发展的制度规范。

一、加快健全农业法律法规体系

建立和完善适应我国现代农业建设要求的农业法律制度，形成以农业法为基础的农业法律法规体系。着力推进农民权益保护法的立法进程。积极推动农

民权益保护、动植物疫病防治、农村土地承包和转让纠纷仲裁、农业生产资料管理、农业支持保护、农产品贸易、农业资源保护等方面的立法工作，加强配套规章制度建设，提高农业立法质量。建立健全农业行政执法体系，加快我国农业行政执法体制改革，全面推进农业行政综合执法，建设一支政治合格、业务精通、素质较高、反应快速的专职农业执法队伍。建立权责明确、行为规范、监督有效、保障有力的农业行政执法体制，为社会主义新农村建设保驾护航。建立农业执法信息网络，实现农业执法信息共享，加强对农业执法人员培训，提高农业执法人员的素质。积极探索建立农业执法人员激励与保障机制，确保农业执法队伍的稳定。

二、加快农业综合执法体系的建设

农业综合执法体系是农业部门依法履行政府职能的载体和组织保证，它关系到农业部门依法行政的能力和水平，关系到农民的合法权益能否得到保护。因此，各级政府及有关部门，应站在服务农村、建设法制政府、全面推进依法行政的高度，采取有力措施，加强农业综合执法体系的建设。一是各级领导应提高认识，切实加强农业法制工作的领导，把农业执法体系建设作为农业管理方式的重要措施，抓紧抓好并落实到位。二是做好农业综合执法的调研，总结各地农业综合执法的做法和成功的经验，尽快制定出台全国农业综合执法体系建设的标准，就全国各级农业综合执法机构和职能、性质、编制人员、经费保障、执法着装、标志等作出统一规定，争取在全国自上而下建立健全农业综合执法体系。三是落实经费，增设农业执法预算科目，尽快将执法经费纳入各级财政预算，从根本上解决无钱执法、无钱实施依法治农的问题。四是加强管理，按照《国家公务员暂行条例》健全执法人员录用、考核、晋升、奖惩等制度。建立起经常性的农业执法人员培训机制，实施自上而下的逐级培训制度，不断提高农业执法人员的政治水平和业务素质。研究解决农业综合执法人员的待遇和职称问题，为他们创造必要的工作和生活条件，逐步解决农业综合执法人员的后顾之忧。

三、在全国各地深入开展农业普法宣传教育

采取群众通俗易懂的方式，扎实有效地开展丰富多样的普法宣传教育活动。拓宽农业普法宣传教育的范围和内容，在继续做好对各级农业干部普法教

育的基础上，积极探索对农民开展普法教育的有效方法和方式。突出宣传与农民群众生产和生活密切相关的法律，提高农民群众遵守法律和正确运用法律手段维护自身权利的能力。将农业普法教育与农民的各种培训计划和培训内容结合起来，保障农业普法工作的顺利实施。实现农业系统干部依法行政，农业经营者守法经营，农民群众用法维权的目标，为促进我国现代农业建设打下扎实的法律基础。

第九节　培育新一代农民

要发展现代农业，加快农业结构调整，转变农业增长的方式，迫切需要造就规模宏大的新型农民队伍。应当采取教育、培训、培养等多种途径着力提高农民的总体素质，培育出具备现代化素质的新型农民。

一、建立农民教育培训的保障体系

为了培养和造就大量的高素质的新型农民，为我国现代农业建设提供强有力的智力支持，应当建立农民教育培训的保障体系。建立该体系应做好如下方面的工作：

一是建立农民教育培训的组织保障体系。各级党委和政府应重视农民教育培训工作，建立考核制度，完善考核办法，做好规划、总结考核和评比工作，要把培训任务的责任落实到单位，落实到领导，明确到干部。

二是建立农民教育培训的法律保障体系。建议国家制定《农民职业教育法》，逐步建立起严格的农业就业制度，为今后农民教育培训打下扎实的法律基础。同时，建立起对农民教育培训的政策扶持机制。引导各级政府制定相应的扶持政策，对专门实施农民教育培训机构给予扶持，促进农民教育培训事业的发展。

三是建立农民教育培训的资金保障体系。政府要加大对农民教育培训的投入，每年按照一定的增量比例，安排农民教育培训的专项经费。除此之外，要设立农民教育培训专项基金。主要通过设立基金，动员社会的力量，向全社会募集培训经费，支持农民教育培训工作的开展。

四是建立农民教育培训的师资保障体系。逐步建立农民教育培训的师资队伍，不断充实农民教育培训的师资力量。同时还应建立专兼职教师责任制度，根据农民教育培训的需要，广泛吸纳农业专家、农业技术人员为兼职教师，利用高等院校和科研机构的人才，不断充实农民教育培训的师资库。

五是建立农民教育培训的教材保障体系。为了提高农民教育培训的效果，真正让农民学有所用，各级政府要结合本地区的产业特点和农民需求，聘请农业专家编写一些通俗易懂、针对性强的培训教材，供农民培训时使用。

六是建立农民教育培训的场地保障体系。首先是完善以各级农民素质教育机构或农业广播电视学校为骨干，以农业高等院校、科研机构和各类农业技术推广机构为补充的农业科技教育体系。其次是利用现有的农村中学，建立健全以农村初高中学校为依托的新增劳动力培训体系。三是利用电视远程教学，综合利用广播、电视、互联网、农业科技入户直通车、农民科技书屋等载体，建立起农业实用技术的培训体系。

二、创新思路，实现农民教育培训的新跨越

根据实际情况，多渠道、多方式投入资源，多形式、多层次满足需求，创新培训形式、培训机制、管理机制和培训模式。根据农民需要，通过双向选择平台，打破传统单一授课方式，为农民提供个性化的服务。比如像“百姓课堂”和“田间学校”，坚持组织引导和自愿参加相结合，教育内容和农民需求相结合，专题讲座和现场指导相结合，转变作风与解决问题相结合，宣传政策与推动工作相结合，变传统的灌输式为互动式，变农民“要我学”为“我要学”，用农民较容易接受的方式、最朴实的语言传授各种知识，使农民“一学就会、一做就灵”。农民教育培训要采取长短结合、远近结合，做到培训进村、科技入户。既要采取广播、电视、互联网、卫星网等快捷便利覆盖面大的形式，又要采取传统的面授、辅导、指导的形式。农业科技人员和农业广播电视学校办学人员要深入田间地头，手把手、面对面、心连心地开展教育培训和技术指导，形成科技推广、培训、示范应用一体化的有机整体。

加强农业教育培训资源整合，完善农民教育培训体系。创新有效的农民教育培训的思路，打破地方、部门和行业的界线，逐步建立起政府主导、面向市场、多元化办学、开放式运行的农民教育培训体系。要紧密结合农业科技重大项目开展农民技术培训。加强与教育、劳动等部门的密切合作，构建农民远程教育公共服务平台，实现农民教育培训发展的新跨越。

三、培训创业农民，推进现代农业建设

在推进现代农业建设过程中，发展现代农业的一个关键问题就是要大量培训新型农民。这些新型农民就是创业农民，是农民中的领军人物，他们掌握一定的农业知识和技能，又有一定的经营规模和经营经验。他们还有一定的创新精神，他们将是中国现代农业建设的主体力量。发挥他们的示范带头作用，一方面能够树立起其他农民发展农业的信心；另一方面通过他们将信息和技术向其他农民扩散，同时通过各种形式的合作还能在农资购买、产品销售、技术服务等各方面为其他农民提供便利，从而带动更多的农民发展农业生产，不断成长。因此，在今后的农民教育培训中要引入创业农民培训的理念，将现在各种农民教育培训逐步转变为以农民创业能力提升为主的创业培植。新型农民培训的重点也应以创业型农民培植为主要内容。各地农民教育培训应重视创业农民，要把农民教育培训的着力点放到培养各种类型的创业农民上来，要确定“培植一个农民创业大户，就等于帮助和带动一方农民致富”的理念，采取各种培训手段，吸收创业农民来培训机构学习各种农业技能，从技能培训、市场信息、专家咨询等多方面进行全方位的扶持和培训，为产业农民来培训机构学习提供各种服务，使他们能留在培训机构学习技能、安心创业，掌握各种技能，为今后回家乡创业和发展打下良好基础。各地农民教育培训中心应从当地的农业发展需要出发，制定出切实可行的培训计划，通过聘请专家对他们进行技术培训、技术指导等形式，让他们在培训机构获取新的技能和知识，提高他们的技术水平和经营管理能力，使他们的素质由体力型向智能型转变，使我国创业农民的队伍更加壮大。

四、采取多种形式培训农民工，提高农民工的就业能力

农民工就业培训是提高工作能力的重要途径，是增强农民工就业竞争力的重要手段。要结合各地农民工的实际情况，采取灵活多样的培训形式。一是要开展基本权益保护、法律法规、工业安全生产知识、城市居住生活常识和应职应聘等方面的培训。二是要根据国家职业标准和不同行业、不同工种、不同岗位对从业人员基本技能和技术操作规程的要求开展培训，适应农业、农村发展的多样化需求，适应培训对象的实际要求。三是课程内容要突出新的科学知识、技术知识、管理方法、技术手段，使农民工开阔眼界、思路，增长知识，

满足其实际工作需要。四是要充分发挥远程职业培训量大、面广、成本低的优势，多渠道、多层次、多形式地开展培训，扩大培训覆盖面。五是培训内容和方法要充分考虑到农民工的文化背景，因人而异。应以技术型、操作型为主，教学形式要直观和生动，增强培训的针对性、适应性和实效性。六是创新培训方法。要做到培训方式与特点相结合，技能培训与转移就业相结合，理论培训与操作训练相结合，使农民工逐步实现由“体能型”向“技能型”的转变。七是要建立培训机制，采取处方培训、合作培训、委托培训等方式，逐步建立培训结业证书和职业资格证书相结合的持证上岗和就业准入制度。

参 考 文 献

[1] [美] 西奥多·W·舒尔茨. 改造传统农业，北京：商务印书馆，1987

[2] [美] 布莱克著，景跃进，张静译. 现代化的动力. 成都：四川人民出版社，1988

[3] 周志祥. 农村发展经济学. 北京：中国人民大学出版社，1988

[4] 陶文达. 发展经济学. 成都：四川人民出版社，1992

[5] 郭书田. 变革中的农村与农业. 北京：中国财政经济出版社，1993

[6] [日] 速水佑次郎等. 日本农业保护政策. 北京：中国物价出版社，1993

[7] 林毅夫. 制度、技术与中国农业发展. 上海：三联书店，1994

[8] 卢良恕. 中国农业发展与科技进步. 济南：山东科技出版社，1994

[9] 邹德秀. 世界农业科学技术史. 北京：中国农业出版社，1995

[10] 郭熙保. 农业发展论. 武汉：武汉大学出版社，1995

[11] 卢良恕. 中国农业现代化建设理论、道路与模式. 济南：山东科技出版社，1996

[12] 朱希刚. 我国农业科技进步贡献率测算方法. 北京：中国农业出版社，1997

[13] 蒋和平. 高新技术改造传统农业论. 北京：中国农业出版社，1997

[14] 权昌今. 美国农业立法. 北京：经济科学出版社，1997

[15] 程序等. 可持续农业导论. 北京：中国农业出版社，1997

[16] [美] 约翰·梅尔. 农业经济发展学. 北京：农村读物出版社，1998

[17] 章政. 现代日本农协. 北京：中国农业出版社，1998

[18] 聂闯. 美国农业. 北京：中国农业出版社，1998

[19] 宣杏云等. 西方国家农业现代化透视. 上海：上海远东出版社，1998

[20] 朱颂华. 农业现代化理论与实践. 上海：上海财政大学出版社，1998

[21] 顾焕章. 中国农业现代化研究. 北京：中国农业科技出版社，1998

[22] 王思明. 中美农业发展比较研究. 北京：中国农业科技出版社，1999

[23] 何传启. 第二次现代化——人类文明进程的启示. 北京：高等教育出版社，1999

[24] [日] 速水佑次郎等. 农业发展的国际分析. 北京：中国社会科学出版社，2000

[25] 林毅夫. 再论制度、技术与中国农业发展. 上海：上海人民出版社，2000

[26] 刘江. 21世纪初中国农业发展战略. 北京：中国农业出版社，2000

[27] 牛若峰等. 农业产业化经营的组织方式和运营机制. 北京：北京大学出版社，2000

[28] 陈宗胜. 发展经济学. 上海：复旦大学出版社，2000

[29] 温铁军. 中国农村基本制度研究. 北京：中国经济出版社，2000
[30] 谭崇台. 发展经济学概论. 武汉：武汉大学出版社，2001
[31] 朱道华. 农业经济学. 北京：中国农业大学出版社，2001
[32] 刘坚等. 探索有中国特色农业现代化道路. 北京：中国农业出版社，2001
[33] 农业部软科学办公室. 农业现代化与可持续发展. 北京：中国农业出版社，2001
[34] 杨万江等. 农业现代化测评. 北京：社会科学文献出版社，2001
[35] 蒋和平. 当代农业新技术革命与中国农业科技发展. 南昌：江西人民出版社，2002
[36] 农业部发展计划司. 新世纪初中国农业展望. 北京：中国农业出版社，2002
[37] 张忠等. 中日韩现代农业比较研究. 北京：中国农业出版社，2002
[38] 张宝宇. 巴西现代农业研究. 北京：人民出版社，2002
[39] 黄祖辉等. 农业现代化：理论、进程与途径. 北京：中国农业出版社，2003
[40] 刘志杨. 美国农业新经济. 青岛：青岛出版社，2003
[41] 秦富等. 国外农业支持政策. 北京：中国农业出版社，2003
[42] 厉为民. 荷兰农业的奇迹. 北京：中国农业科技出版社，2003
[43] L. 道欧等著. 厉为民译. 荷兰农业的勃兴. 北京：中国农业科技出版社，2003
[44] 杜青林. 中国农业和农村经济结构战略性调整. 北京：中国农业出版社，2003
[45] 杨戈. 走向现代化农业——农业现代化与创新. 北京：中国经济出版社，2003
[46] 李秉龙等. 农业经济学. 北京：中国农业大学出版社，2003
[47] 雷海章. 现代农业经济学. 北京：中国农业出版社，2003
[48] 中国现代化战略课题组. 中国现代化报告 2003. 北京：北京大学出版，2004
[49] 何传启等. 中国现代化报告 2004——地区现代化之路. 北京：北京大学出版社，2004
[50] 李向民. 外国政府如何管理农业. 南昌：江西人民出版社，2004
[51] 岗部守等. 日本农业概论. 北京：中国农业出版社，2004
[52] 陈锡文. 中国农村公共财政制度、理论、实证研究. 北京：中国发展出版社，2005
[53] 农业部发展计划司. 优势农产品区域布局规划汇编. 北京：中国农业出版社，2005
[54] 科技部专题研究组. 国外支持农业科技创新的典型做法与经验借鉴. 北京：科技文献出版社，2006
[55] 李秉龙等. WTO 规划下中外农业政策比较研究. 北京：中国农业出版社，2006
[56] 史美兰. 农业现代化：发展的国际比较. 北京：民族出版社，2006
[57] 王学真等. 农业现代化和农业现代化的互动发展道路. 北京：人民出版社，2007
[58] 徐更生. 美国农业政策. 北京：经济管理出版社，2007
[59] 中国统计年鉴编写组. 中国统计年鉴. 1990—2007. 北京：中国统计出版社
[60] 朱道华. 市场经济与农业现代化的国际经验及其对我国的启迪. 农业现代化研究，1995 (3)

[61] 刘翼浩. 论中国农业现代化与持续化. 农业现代化研究，1998 (5)
[62] 卢良恕. 世纪之交的我国农业，农村经济与科技，1998 (1)
[63] 梅方权. 中国农业现代化的发展阶段和战略选择. 调研世界，1999
[64] 万忠等. 2010 年珠江三角洲基本实现农业现代化评价指标体系. 南方农村，1999 (2)
[65] 杜鹰. 日本农业政策改革及其启示. 中国农村经济，2000 (12)
[66] 关锐捷. 推进中国农业现代化建设的思考. 农业经济学，2001 (8)
[67] 周逸先等. 农村劳动力受教育与就业及家庭收入相关分析. 中国农业经济，2001 (4)
[68] 张红宇. 世界主要国家农业政策及其发展趋势. 农村经济文稿，2001 (5)
[69] 包宗顺等. 农业现代化进程评估与推进战略. 江海学刊，2002 (3)
[70] 周洁红等. 农业现代化评论综述——内涵、标准与特性. 农业经济，2002 (11)
[71] 国家统计局统计科学研究所. 中国农业现代化评价指标体系建设与实证分析. 2003
[72] 刘晓越. 中国农业现代化进程研究与实证分析. 统计研究，2004 (2)
[73] 李益湘. 现代农业与生态农业相结合——我省农业发展的适宜模式. 决策咨询，2002 (1)
[74] 李凤瑞. 加快现代农业建设的步伐. 经济论坛，2004 (1)
[75] 卢良恕. 新时期中国农业与现代农业建设. 食品工业科技，2004 (10)
[76] 超市农业现代农业新模式. 中国供销商情，2005 (11)
[77] 信军. 落实科学发展观　加快现代农业建设. 中国科技奖励，2005 (5)
[78] 郭海英. 加快苏南地区现代农业建设的思考——以江苏省常州市武进区为例. 山东省农业管理干部学院学报，2005 (2)
[79] 胡久生，邱波. 推进现代农业建设的基本思路. 学习月刊，2006 (12)
[80] 程海波. 发展现代农业　大力推进湖南现代农业发展. 中国农业信息，2006 (6)
[81] 海虞. 现代农业　再造优势. 江苏农村经济，2006 (5)
[82] 陶承光. 发展现代农业　繁荣县域经济. 决策咨询通讯，2006 (4)
[83] 朱向阳. 从传统农业与现代农业的差距看我国农业发展的方向. 中国农村小康科技，2006 (9)
[84] 易安. 以加大投入促现代农业发展. 中国科技投资，2006 (6)
[85] 刘志澄. 新农村建设的首要任务是为加快现代农业建设. 农业经济问题，2007 (2)
[86] 柯炳生. 关于加快推进现代农业建设的若干思考. 农业经济问题，2007 (2)
[87] 万宝瑞. 把发展现代农业贯穿新农村建设始终. 2007 年 1 月
[88] 李炳坤. 加快构筑现代农业的产业体系. 2007 年 12 月
[89] 蒋和平. 中国现代农业建设特征与模式. 中国发展观察，2007 (2)
[90] 周琳琅. 关于现代农业发展的几个问题. 经济问题探索，2007 (5)
[91] Hayami, Y. and V. W. Ruttan, Agricultural Development: An International Per-

spective. Baltimore: The Johns Hopkins University Press, 1985

[92] Wong, lung-fai. Agricultural Productivity in the Socialist Counties. Westview Press, 1986

[93] Ray, D. Development Economics. Princeton University Press, 1988

[94] Stevens, Robert D. And Cathy L. Jabara. Agricultural Development Principles Economic Theory and Empirical Evidence. The Johns Hopkims University Press, 1988

[95] Jones, Charles I. Introduction to Economic Growth. W. W. Norton, 1988

[96] Copeland, T. E and J. Fred Weston. Financial Theory and Corporate Policy. Addison-Wesley Publishing Company, 1988

[97] Romer, P. Capital Accumulation in the Theory of Long-run Growth. Ch. 2 in Barro, R. (ed) Modern Business Cycle Theory. Harvard University Press, 1989

[98] Ward, W. A., B. R. Deren and E. H. D. Silva. The Economics of Project Analysis: a Practitioner's Guide. The World Bank, 1991

[99] Grossman, Gene M and Elhanan Helpman, Innovation and Growth in the Global Economy, MIT Press, 1991

[100] Benjamin, Dwayne. Household Composition, Labor Markets and Labor Demand: testing for Separation in Agricultural Household Models. Econometrica, 1992

[101] Mankiw, N. G., Romer, D. and Weil, D. N. A Contribution to the Empirics of Economic Growth. Quarterly Journal of Economics, 1992 (2)

[102] Binsswanger, H., S. Khandker and M. Rosenzweig. How Infrastructure and Financial Institutions Affect Agricultural Output and Investment in India. Journal of Development Economics, 1993 (41)

[103] Putnam, Robert. Making Democracy Work: Civic Traditions in Modern Italy. Princeton, NJ: Princeton University Press, 1993

[104] Ellis, Frank, Peasant Economics: Farm Households and Agrarian Development, Cambridge University Press, 1993

[105] Barro, Robert and Xavier Sala-i-Martin. Economic Growth, McGraw-Hill, 1995

[106] Aghion, Phillipe and Peter Howitt. Endogenous Growth Theory. MIT Press, 1998

[107] Fan, S. P. Hazell and S. Thorat. Goverment Spending, Agricultural Growth and Poverty: An analysis of Interlinkages in Rural India, Research Report 110. Washington, D. C. : International Food Policy Research Institute, 1999

[108] Larson, D. F., R. Butzer, Y. Mundlak and A. Crego. A Cross-Country Database for Sector Investment and Capital. World bank Economic Review, 2000

[109] Mundlak, Y. Agricultural and Economic Growth: Theory and Measurement. Cam-

bridge. Harvard University Press, 2000

[110] Solow, Robert M. Growth Theory: an Exposition. 2nd ed. Oxford University Press, 2000

[111] Caprio& Honohan, Finance for Growth. The World Bank, 2001

[112] Onofri, A. and L. fulginiti. Public Inputs and Endogenous Growth in the Agricultural Sector: A Dynamic Dual Approach. Paper prepared for American Agricultural Economics Association Annual Meeting, August 2001

[113] Ruttan., V. Technology, Growth and Development. Oxford University Press, 2001

[114] Cater, M. Rand Yang Yao, 1999 (3) Local Versus Global Separability in Agricultural Household Moldels: the Factor Price Equalization Effect of Land Transfer Rights. American Journal of Agricultural Economics, 2002 (3)

[115] Grootaert, Christiaan and Thierry Van Bastelaer (eds), The Role of Social Capital in Development: an Empirical Assessment, Cambridge University Press, 2002

[116] Kuiper, Marijke H. Endogenous Transaction Costs and Tradability in a Micro Economy-wide Model. a Stylized application With Nonseparable Households. Paper Prepared for the AAEA-WAEA Annual Meeting, Long Beach, Callifornia, 2002

[117] Mundlak, Y., D. F. Larson and R. Butzer. The Determinants of Agricultural Production: A Gross-Country Analysis. Working paper, 2002

附件　我国现代农业发展水平评价指标体系的构建和测算研究报告

党中央、国务院从加快我国社会主义现代化建设全局出发，针对我国农业发展面临的新形式、新任务，提出了“积极发展现代农业，扎实推进社会主义新农村建设”的战略决策。为了科学的制定实现这一战略的具体方案，需要对我国农业的发展水平有一个总体把握。为此，应当从现代农业的本质特征出发，对我国现代农业发展水平进行全面的综合评价。

构建科学、全面、客观的现代农业发展水平评价指标体系，并对全国和不同地区发展水平进行测算和评价，是正确掌握我国现代农业的发展的总体水平、我国现代农业发展区域布局的基础。对现代农业水平的综合评价，应当把握现代农业的内涵和基本特征。从现代农业包含的内容和实现的途径看，其基本特征有如下六点：

（1）科技支撑化。现代农业要求以现代科学技术和现代化的装备设施使我国农业实现创新，并以具有科学管理理论与方法的人员来从事农业生产经营与管理。

（2）集约化。现代农业注重集约投入生产要素，提高生产要素的配置效率。它主要是通过增加资本投入、应用现代科技和装备、适度扩大土地规模和强化组织管理来提高农业效益和农民收入。

（3）市场化。现代农业坚持以市场需求为导向，合理调整农业结构和生产布局，健全农产品现代流通体系。

（4）产业经营一体化。现代农业以一体化的经营方式进行资源配置和利益分配，农业产前、产中、产后紧密衔接，产加销、农工贸环环相扣。

（5）标准化。农业标准化融技术、经营、管理于一体，把农业科学技术推广应用科学化、规范化、系统化、程序化，已成为商品生产和农业科技推广的一种有效形式。

（6）农业发展可持续化。现代农业是以生产、生态、生息为目标的可持续发展产业，在发展农业经济以实现经济增长的同时，要切实注意保护自然资源和生态环境，做到农业可持续发展，使经济增长与环境质量改善实现协调发展。

一、现代农业发展水平评价指标体系编制的方法

（一）现代农业发展水平评价的指标选择

为了全面、科学、合理地反映现代农业水平综合发展的情况，采用系统的原理来确定指标的构成。如果将现代农业视为一个系统，那么可以将现代农业的综合水平分解为最基本的四个子系统和多项具体指标。根据系统性原理的要求，体现系统不同层次性特点所选择的具体指标应有准确的定位。这样，既便于建立完整现代农业发展综合，又不至于出现混乱和重复。

在建立现代农业发展综合评价标体系中，需要遵循以下规则：①指标的系统性，即指标设定，必须全面考虑现代农业所涉及的各个方面及其内在联系，使得指标之间既具有一定的相关性又具有一定的独立性，通过指标的综合，全面体现现代农业的发展现状；②指标的综合性，即指标设定既要考虑农业现代化发展的典型指标，也要兼顾农业现代化发展的关联性指标，尽可能多考虑一些涉及现代农业发展的主要因素；③指标的重点性。重点体现现代农业发展水平；④指标的代表性，即从众多的指标中，选取能够反映各地农业现代化发展水平的内容；⑤可比性原则。指标设置既要符合各地的实际，又有一定的可比性。

根据以上原则，我们认为应选择的评价指标主要包括：

(1) 反映现代农业投入水平方面的指标组。在该指标子系统中主要表现为土地、资金、动力、化肥、科技以及劳动力等农业生产资源的投入水平。

(2) 反映现代农业产出水平方面的指标组。在该指标系统中主要表现为劳动生产率、土地生产率、农民人均纯收入、农产品商品率、农产品加工率等产出水平的指标。

(3) 反映现代农业农村社会发展水平的指标组。在该指标子系统中主要表现为城镇化水平、农村劳动力就业率和每万人拥有专业协会数三个发展水平指标。

(4) 反映现代农业可持续发展水平的指标组。在该指标子系统中主要表现为森林覆盖率和农业成灾率两个指标。

从上述认识出发，我们检索查阅了大量统计指标，通过层层筛选，得到反映现代农业综合水平的主体指标和18个个体指标。

（二）现代农业发展水平评价指标体系的构建

作为指标体系，首先要分层确定现代农业发展水平的目标系统（综合水平）、子系统（主体指标组）和个体指标，其次还需要将之纳入一个统一的体系之中，以便进行统一性考察。为此，我们结合统计学与数量经济学方法，构建了“发展水平分层加权指标体系”用于评估现代农业的发展水平。同时，我们还根据不同层次的要求，在多次模拟和广泛征求意见的基础上确定了各个层次和个体指标的权重。下面是我们建立的中国现代农业发展水平综合评价指标体系（见图1）。

（三）现代农业发展水平评价指标体系说明

1. 劳均农业投入水平。充足稳定的资金投入是现代农业发展的前提和基础。该指标主要反映政府和各个生产者对农业投入资金的状况。其指标的计算公式为：

劳均农业投入＝（政府投资＋生产者投资）/一产从业人员人数

其中，政府投资包括农业基本建设投资和农林牧副渔新增投资。

2. 农业科技投入水平。科学技术的支撑是现代农业发展的动力，该指标主要反映科技投入对发展现代农业的促进作用。其指标的计算公式为：

农业科技投入占农业总产值的比重＝农业科技投入/农业总产值×100%

3. 劳动力受教育水平。劳动者的知识结构和知识的高低水平直接关系到现代农业的持续发展，该指标主要反映初中以上文化程度的劳动者在乡村劳动力中的比重。其指标的计算公式为：

农村劳动力初中以上文化程度比重＝农村劳动力初中以上文化程度/乡村劳动力数×100%

4. 劳均耕地面积。耕地是农业生产的限制性要素。人均耕地占有量往往对农业生产规模有重大的影响和作用。因此，这是一项不可或缺的资源条件指标。其计算公式为：

人均耕地面积（公顷/人）＝耕地总面积（万公顷）/农业人口总数（万人）

5. 农机总动力。现代农业要求用现代工业设备装备农业，提高农业化水平，降低农民劳动强度，提高农业劳动效率。每公顷农机动力集中反映农业生产经营中采用机械的强度，可反映出现代农业的特征。其计算公式为：

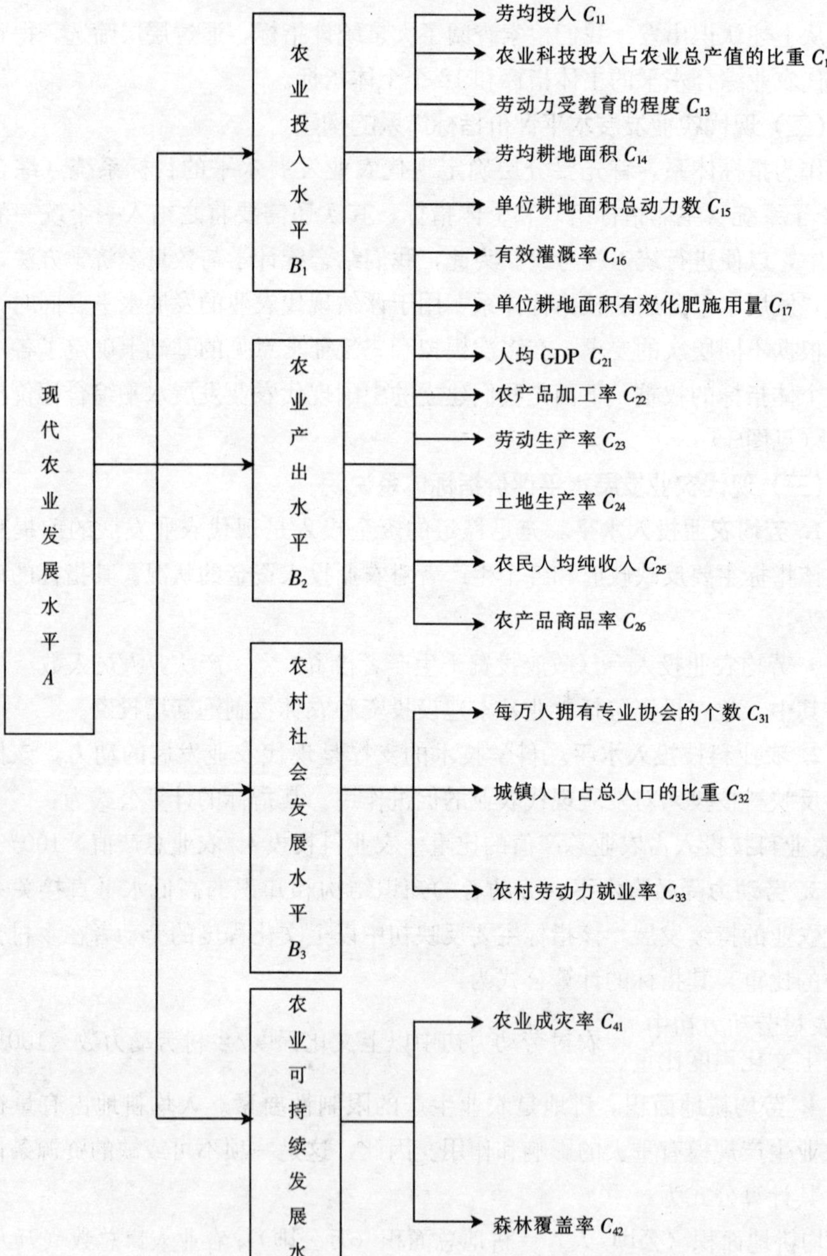

图 1　现代农业发展水平评价指标体系

每公顷农机动力（千瓦时/千公顷）＝农业机械总动力/播种总面积

6. 有效灌溉率。这是一项反映农田水利化水平和水资源有效利用水平的指标，它对种植业生产水平的稳步发展有重要作用。其计算公式为：

有效灌溉面积比率＝有效灌溉面积/耕地总面积×100％

7. 单位耕地面积有效化肥施用量。这是一项反映现代农业生产要素利用水平的指标，它对农业的产出有重要的影响作用。其指标的计算公式为：

单位耕地面积有效化肥施用量（公顷/千克）＝化肥有效成分总量/一产从业人员数

8. 农业人均 GDP。人均 GDP 主要反映一产从业人员所生产的农业 GDP 的情况，其指标的计算公式为：

人均 GDP（元/人）＝农业 GDP/一产从业人员的人数

9. 劳动生产率。高水平的劳动生产率是现代农业的最重要的特征，该指标主要反映现代农业的生产水平。其指标的计算公式为：

劳动生产率＝农业总产值/一产从业人员的人数

10. 土地生产率。高水平的土地生产率是现代农业追求的目标，该指标反映现代农业的综合生产水平。其指标的计算公式为：

土地生产率（亿元/公顷）＝农业总产值/耕地面积

11. 农民人均纯收入。现代农业的主要特征之一是农民生活富裕，有较强的扩大再生产能力。农民人均年收入是指农民全年总收入扣除相应的各项费用性支出后，最终归农民所有的可支配性收入。这是一项较具综合性的指标，通过它可以观察农民扩大再生产和改善生活的能力。其计算公式为：

农民人均纯收入（元/人）＝农民纯收入总额/农业人口总数

（纯收入＝总收入－家庭经营性支出－生产性固定资产折旧－农业税－杂费－承包费－集体提留与摊派费用）

12. 农产品加工率。产品加工率的高低直接反映现代农业的发达程度，该指标主要反映农产品加工业的产值在农业总产值中的比重。其指标的计算公式为：

农产品加工率＝食品加工业的产值/农业总产值×100％

13. 农产品商品率。现代农业是市场化、商品化的农业，该指标主要反映农产品的商品化程度。其指标的计算公式为：

农产品商品率＝农林牧渔业出售产品的收入/农林牧渔总产值×100％

14. 城镇人口比重。城镇人口比重反映现代农村发展水平的综合程度，其指标的计算公式为：

城镇人口占总人口比重（％）＝（全国人口－乡村人口）/乡村人口（单位：亿）

15. 农村劳动力就业率。农村劳动力就业率越低说明有更多的劳动力转移到非农产业。其指标的计算公式为：

农村劳动力就业率＝乡村劳动力/社会就业人数（单位：万人）

16. 万人拥有专业协会的个数。高度的组织化是现代农业的重要特征，该指标主要反映农民进行农业生产的组织化程度。其指标的计算公式为：

每万人拥有专业协会的个数＝专业协会的总数（个）/一产从业人员的人数（万人）

17. 成灾率。该指标主要反映现代农业的可持续发展水平，自然灾害成灾率表明灾害发生的频率和防灾、抗灾及减灾的能力，对现代农业的生产有直接的影响作用。其指标的计算公式为：

农业成灾率＝农业成灾的面积（万公顷）/农业受灾总面积（万公顷）

18. 森林覆盖率。该指标反映现代农业可持续发展的生态环境，森林覆盖率越高越有利于水土保持和环境改善。其指标计算公式为：

森林覆盖率＝森林面积（公顷）/ 国土资源总面积（公顷）×100％

二、现代农业发展水平的评价方法及评价模型

（一）现代农业发展水平的评价方法

现代农业综合水平评价的客观性与公平性在很大程度上取决于评价方法的科学性。因此，选取科学、客观的评价方法至关重要。在本课题中采用了下述两种方法：

1. 专家评价法。请专家根据经验确定各级指标的权重和各基础指标的标准值，以及优化方向，然后进行归一化处理，加权累加，从而计算出各级指标的量化值。这种方法虽然难免会有一定的主观随意性，但是，若能收集到大多数专家的意见，经过正确的统计处理，就会降低主观随意性的干扰。所以，它是目前社会科学研究常用的评价方法之一。

2. 层次分析法。层次分析法（即 AHP 法）是把复杂问题分为若干有序的层次，然后根据对一定客观现实的判断，就每一层次各元素的相对重要性给出定量数值，构造判断矩阵，通过求解判断矩阵的最大特征根所对应的标准化特征向量，计算出每一层次元素相对重要性的权重值，进而利用加权算术平均法算出最终结果。这种方法将归纳法和演绎法结合成一个完整的逻辑体系，克服了专家评价法的主观随意性，是比较先进并广泛运用的一种方法。

（二）现代农业发展水平的评价模型

在已设计出的现代农业综合水平评价指标体系和对各项指标进行层次分析的基础上，我们构建了现代农业综合水平评价模型组。该评价模型组合包括现代农业综合水平测评总模型（AT）及其分模型（含一级子系统模型和各项个体指标）。属于一级子系统模型的有农业投入子系统模型 B_1、农业产出子系统模型 B_2、农村社会发展子系统模型 B_3 和农业可持续发展水平子系统 B_4。现代化农业综合水平评估模型组的构成和数学表达式如下：

1. 现代农业综合水平组评价总模型（AT）**。**考虑到现代农业的系统结构，我们构建的总模型包括四个一级子系统模型，其数学表达式为：

$$AT_t = W_1B_1 + W_2B_2 + W_3B_3 + W_4B_4 = \sum_{i=1}^{n} W_iB_i$$

式中，B_i 为一级子系统指数，W_i 为各级子系统权重，T_t 为评价区域，t 为时期。

2. 农业投入一级子系统测评模型（B_1）**。**现代农业的投入对生产力水平和经济效益水平有相当大的作用和影响，是现代农业进行生产的基础和前提。在这一级投入的子系统中主要从资金、技术、土地、智力、机械设备以及农业水资源的供应 7 个方面来反映。农业投入子系统测评模型可表示为：

$$B_1 = W_{11}C_{11} + W_{12}C_{12} + W_{13}C_{13} + W_{14}C_{14} + W_{15}C_{15} + W_{16}C_{16} + W_{17}C_{17} = \sum_{i=1}^{n} W_{1i}C_{1i}$$

3. 农业产出一级子系统测评模型（B_2）**。**现代农业的产出主要通过人均 GDP、劳动生产率、土地生产率、农民人均收入、农产品加工率和农产品商品率六个方面来反映，所以农业产出子系统的测评可用下式表示：

$$B_2 = W_{21}C_{21} + W_{22}C_{22} + W_{23}C_{23} + W_{24}C_{24} + W_{25}C_{25} + W_{26}C_{26} = \sum_{i=1}^{n} W_{2i}C_{2i}$$

4. 农村社会发展一级子系统测评模型（B_3）**。**现代农业的发展不仅表现在高的农业产出，同时也会导致农村城镇化程度、农村非农劳动力就业率和农民组织化程度的不断提高，因此，农村社会发展一级系统测评模型可表示如下：

$$B_3 = W_{31}C_{31} + W_{32}C_{32} + W_{33}C_{33} = \sum_{i=1}^{n} W_{3i}C_{3i}$$

5. 农业可持续发展一级子系统测评模型（B_4）。现代农业的发展是建立在生态环境不断改善的基础上。农业可持续发展水平包括农业成灾率和森林覆盖率两个方面，因此，农业可持续发展一级子系统测评模型可表示如下：

$$B_4 = W_{41}C_{41} + W_{42}C_{42} = \sum_{i=1}^{n} W_{4i}C_{4i}$$

三、现代农业发展水平的衡量标准及阶段划分

正确划分现代农业发展的阶段需要根据一定的衡量标准作为依据。针对目前理论研究和实证研究中都没有出现对现代农业发展阶段衡量标准的划分，在借鉴农业现代化评价标准研究方法的基础上，以世界粮农组织研究报告为参考，以我国东部发达省份农业的现状为实际参考依据，确定了以下衡量标准，如表1所示。

表1 现代农业发展水平综合评价指标体系系列标准

	指标名称	权重	单位	现代农业起步阶段	现代农业发展阶段	现代农业成熟阶段
投入水平	劳均农业资金投入（基本建设、国家、集体、个人固定投资）	5.73	元/人	<5 000	5 000～7 500	>7 500
	农业科技投入占农业总产值的比重	6.91	%	<0.8%	0.8%～1.2%	1.4%～2.4%
	农业劳动力受教育水平（初中以上）	4.69	%	<30%	30%～50%	50%～80%
	劳均耕地面积	3.31	公顷/人		0.33	
	单位耕地面积总动力数	3.94	千瓦/公顷	<9	9～18	18～36
	有效灌溉率	2.93	%	<69%	69%～85%	>85%
	单位耕地面积有效化肥施用量	1.57	吨/公顷	<0.5	0.5～0.75	>0.75

（续）

	指标名称	权重	单位	现代农业起步阶段	现代农业发展阶段	现代农业成熟阶段
产出水平	1 人均 GDP	7.88	万元/人	＜12 000	12 000～25 000	＞25 000
	2 劳动生产率	10.03	元/人	＜9 100	9 100～13 500	＞13 500
	3 土地生产率	9.04	元/公顷	＜37 500	37 500～52 500	＞52 500
	4 农民人均纯收入	9.57	元/人	＜4 800	4 800～9 600	＞9 600
	5 农产品加工率	6	%	＜60%	40%～60%	＞60%
	6 农产品综合商品率	5	%	＜40%	40%～60%	＞60%
农村社会发展水平	1 城镇人口占总人口比重	6.34	%	＜44%	44%～80%	＞80%
	2 农村劳动力就业率	6.23	%	＞45%	45%～20%	＜20%
	万人专业协会的个数	4		＜25	25～35	＞35
农业可持续发展	1 农业成灾率	3.2	%	＞30%	30%～20%	＜20%
	2 森林覆盖率	3.63	%	＜35%	35%～50%	＞50%

根据以上标准，现代农业的发展可以分为起步、发展和成熟三个阶段。

现代农业起步阶段：$AT<20$；

现代农业发展阶段：$20\leqslant AT<50$；

现代农业成熟阶段：$AT>50$；

在现代农业的起步阶段根据发展程度的不同，把起步阶段又划分为三个阶段：

现代农业起步第一阶段：$AT<10$；

现代农业起步第二阶段：$10\leqslant AT<15$；

现代农业起步第三阶段：$15\leqslant AT<20$

四、对我国现阶段现代农业发展水平的评价和分析

（一）数据来源

为了正确分析与评价中国现代农业的发展水平，我们利用《中国统计年鉴》（1990—2006 年）、《中国农村统计年鉴》（1990—2006 年）、《中国食品工业年鉴》（1990—2006）、《中国国土资源年鉴》（1990—2006 年）、《全国农村统计资料》（1990—2005 年）的统计数据作为评价的基础数据。

（二）评价结果

1. 现代农业的综合发展指数。

（1）全国现代农业的发展水平整体上处于上升趋势。从表 2 和图 2 可以看出，1990—2005 年全国现代农业综合发展指数变化的趋势整体是上升的，2005 年全国指数达到 11.29，比 1990 年的 7.55 上升了 49.5%。但是总体上升速度不快，不同年份的综合指数都小于 20，说明当前我国现代农业从整体上看仍处于起步时期的第二个阶段。

表 2　1990—2005 年中国现代农业发展水平指数

年份	1990	1991	1992	1993	1994	1995	1996	1997	1998	1999	2000	2001	2002	2003	2004	2005
指数	7.55	8.33	7.68	7.76	7.08	8.6	9.93	9.94	10.47	10.25	9.98	9.36	8.42	9.28	10.7	11.29

图 2　1990—2005 年我国现代农业发展水平综合指数变化

（2）东中西部地区现代农业发展水平的差距明显。按照国家统一分区和 1990 年以来现代农业发展状况，将我国省份分为东部、中部和西部三个区域。

东部地区包括了北京、天津、河北、辽宁、上海、江苏、山东、浙江、福建、广东和海南11个省市，中部地区包括吉林、黑龙江、山西、安徽、江西、湖北、湖南、河南等8个省份，西部地区包括内蒙古、广西、重庆、四川、陕西、宁夏、新疆、贵州、云南、西藏、青海、甘肃等12个省份。

表3　我国不同年份东中西部现代农业发展水平综合指数

年份	1990	1991	1992	1993	1994	1995	1996	1997	1998	1999	2000	2001	2002	2003	2004	2005
东部	14.14	15.25	14.67	14.17	15.35	15.56	17.24	16.62	17.65	17.21	16.99	16.79	16.09	17.75	21.64	18.72
中部	7.45	8.57	8.22	7.62	7.96	8.72	10.83	10.52	11.73	10.67	9.85	9.58	9.01	10.48	10.56	11.02
西部	5.10	5.52	5.08	4.59	5.00	5.13	5.98	6.88	7.91	7.05	6.54	6.26	5.94	7.13	7.39	8.08
全国	7.55	8.33	7.68	7.76	7.08	8.60	9.93	9.94	10.47	10.25	9.98	9.36	8.42	9.28	10.70	11.29

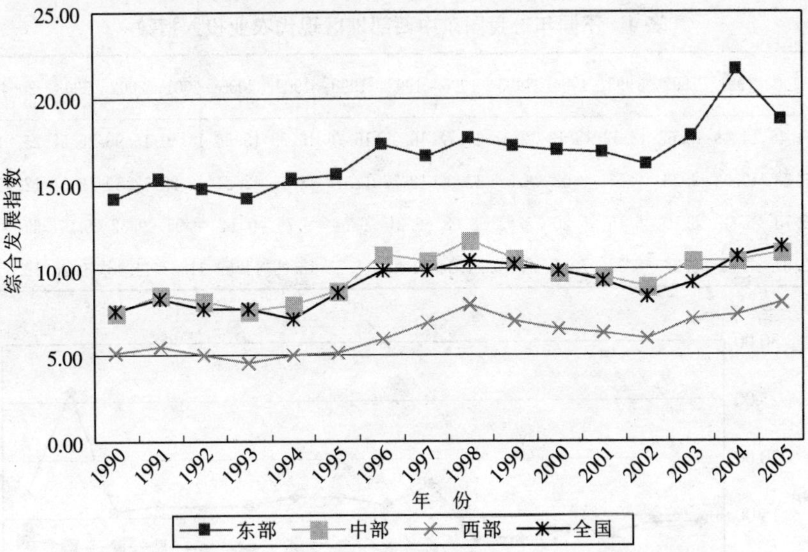

图3　不同年份我国东中西部现代农业发展水平综合指数变化

从表3和图3看出，现代农业发展水平东部地区高于中部地区，而中部地区高于西部地区，总体上都呈上升趋势，但增长速度不快。2005年东部地区现代农业发展水平综合平均指数已达到17.02，处于现代农业发展的第三阶段，而中部和西部分别只有14.1和11.25，处于现代农业发展的第二阶段。东部地区在1990—1995年间现代农业的发展处于起步阶段的第二个阶段，从1996年开始进入现代农业起步的第三个阶段，而其中一些省份如北京、上海等省份近几年已进入发展阶段。中部地区在 1990—1995 年间现代农业发展进入起步阶段的第一个阶段，1996 年以后稳步在第二阶段。西部地区从 1990—2004 年的 15 年间，现代农业发展综合指数一直处于起步阶段的第一阶段。2005 年西部省份综合指数总体达到 11.25，刚刚进入第二阶段。

2. 现代农业投入水平指数。从表 4 和图 4 可以看出：现代农业投入水平东部地区高于中部地区，而中部地区高于西部地区，并且差异明显。2005 年东部地区农业投入水平指数为 17.02，比中部地区的 14.10 高 2.08，比西部地区的 11.25 高 5.77。主要原因是劳均农业投入水平、农业科技投入水、单位耕地面积总动力数等存在明显差异。如 2005 年，东部地区平均劳均投入水平为 1.641 4，是中部地区平均水平 0.250 3 的约 6.6 倍，是西部地区平均水平 0.147 1 的约 11.2 倍。又如单位耕地面积总动力数指标，东部地区平均水平为

表 4　不同年份我国东中西部地区现代农业投入指数

年份	1990	1991	1992	1993	1994	1995	1996	1997	1998	1999	2000	2001	2002	2003	2004	2005
东部	14.46	14.48	13.62	13.72	13.13	13.31	17.72	16.05	16.76	16.75	15.96	15.80	15.96	15.51	25.81	17.02
中部	9.58	10.02	9.33	9.16	8.08	8.58	12.00	12.27	12.47	13.15	12.21	12.29	12.50	12.51	12.43	14.1
西部	6.75	6.68	6.10	6.16	5.20	5.83	8.08	9.21	9.58	9.79	9.14	8.95	9.32	9.07	8.77	11.25
全国	8.87	7.86	8.24	8.32	7.44	7.70	11.04	11.48	11.73	12.09	11.69	11.22	11.45	10.26	12.55	13.2

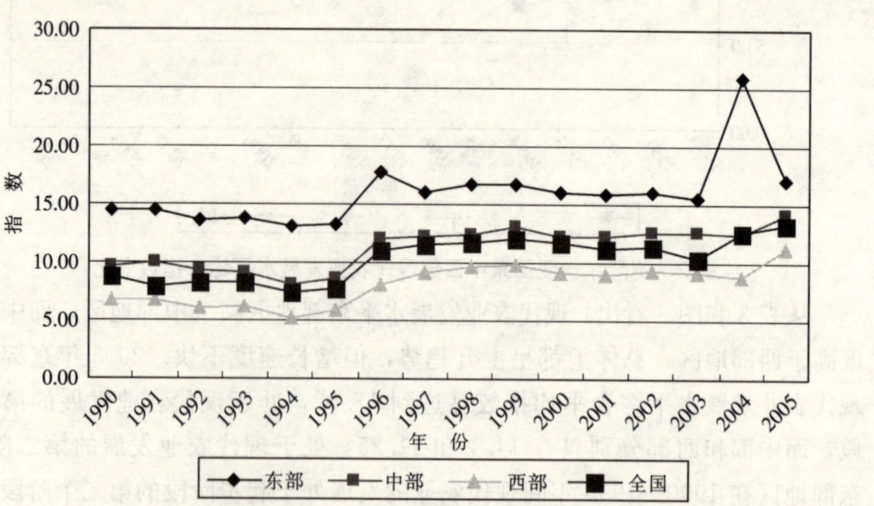

图 4　不同年份我国东中西部现代农业投入水平指数变化

7.86千瓦时/公顷，比中部地区平均水平5.52千瓦时/公顷多42.4%，是西部地区平均水平3.38千瓦时/公顷的2.32倍。不同地区总体投入水平指数都呈上升趋势，但上升趋势不明显，部分阶段还呈下降特征，主要原因是有关子指标如劳动力受教育水平、单位面积有效化肥施用量、劳均耕地面积等上升速度不快，部分指标年份还有下降趋势。

3. 现代农业产出水平指数。从现代农业产出指数的变化趋势来看，全国及东中西部地区1990—2005年整体是呈上升的趋势，但是增长的幅度不大。从整体上看，各个年份东部省份远高于中部和西部地区，如2005年，东部地区平均产出水平指数达到26.4，是中部地区11.8的2.23倍，是西部地区7.25的3.64倍。从各个子指标来看，主要是农民人均纯收入、土地产出率、

表5　不同年份我国东中西部地区现代农业产出水平指数变化

年份	1990	1991	1992	1993	1994	1995	1996	1997	1998	1999	2000	2001	2002	2003	2004	2005
东部	18.43	20.83	20.23	18.91	21.85	22.10	22.55	22.57	23.41	23.28	23.31	23.16	21.61	25.39	26.6	26.4
中部	7.80	9.79	9.63	8.11	9.93	11.00	13.03	12.50	13.28	11.92	10.98	10.49	9.12	12.11	11.7	11.8
西部	4.77	6.14	5.70	4.28	6.06	5.71	5.89	7.14	7.45	6.99	6.37	5.92	5.28	7.92	7.51	7.25
全国	8.45	10.52	9.61	9.37	8.75	11.74	12.06	11.97	11.49	11.92	11.70	10.83	8.79	11.59	12.4	13.1

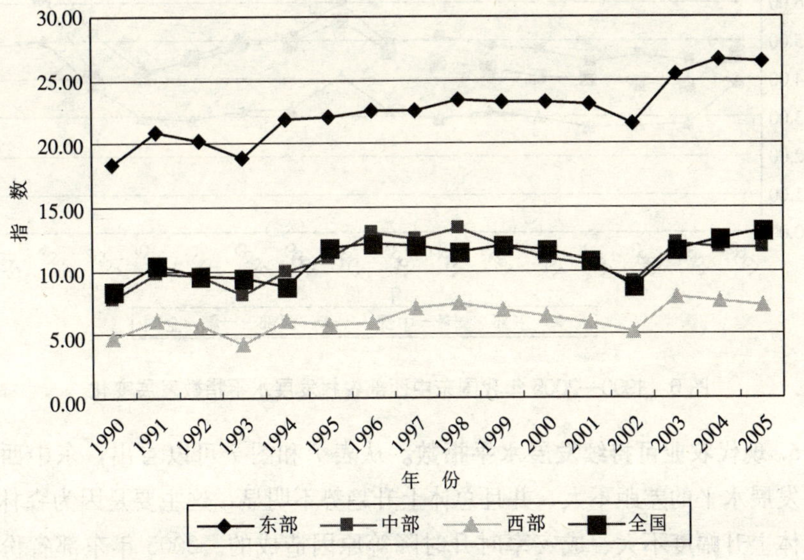

图5　不同年份我国东中西部现代农业产出水平指数变化

农产品商品率等指标存在较大差异，如 2005 年东部地区平均人均纯收入 5 123.41元，是中部地区平均人均纯收入水平 3 029.18 元的 1.69 倍，是西部地区平均人均纯收入水平 2 355.63 元的 2.17 倍。

4. 农村社会发展水平指数。从表 6 和图 6 来看，全国及东中西部地区农村社会发展水平总体上是逐步上升的，主要原因是各项子指标都呈逐步上升趋势。2005 年东部地区农村社会发展水平指数达到 8.41，是中部地区 1.21 倍，是西部地区的 1.73 倍。

表 6　1990—2005 年我国东中西部农村社会发展水平指数

年份	1990	1991	1992	1993	1994	1995	1996	1997	1998	1999	2000	2001	2002	2003	2004	2005
东部	6.46	6.75	6.69	6.69	7.51	7.55	7.40	7.53	7.80	7.41	7.77	7.54	7.24	8.12	7.44	8.41
中部	3.84	4.49	4.61	4.45	4.74	4.87	5.11	4.89	6.00	5.08	4.82	4.46	4.20	5.19	7.05	7.2
西部	3.92	2.81	2.80	2.75	2.96	3.18	2.90	3.13	4.07	3.20	3.15	2.94	2.98	3.80	4.99	4.87
全国	4.63	3.80	3.85	4.00	4.06	4.30	4.42	4.70	5.52	4.93	5.05	4.58	4.03	4.10	6.18	6.8

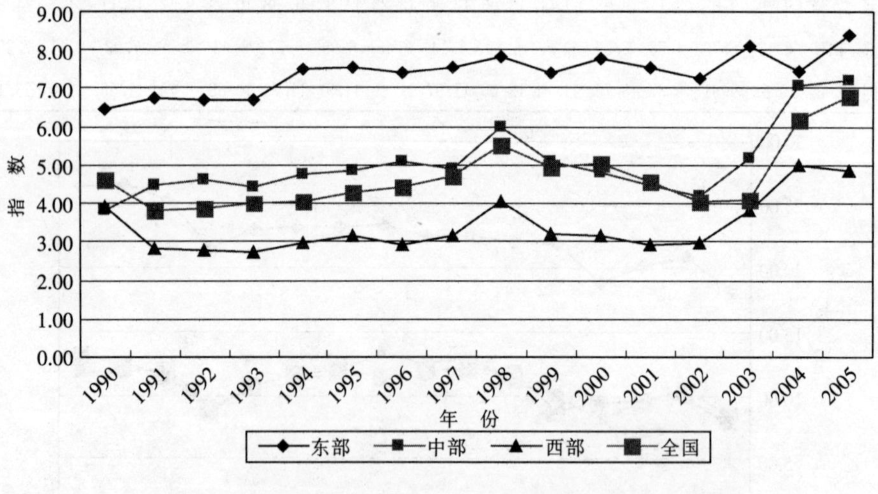

图 6　1990—2005 年我国东中西部农村发展水平指数发展变化

5. 现代农业可持续发展水平指数。从表 7 和图 7 可以看出，东中西部可持续发展水平的差距不大，并且总体上升趋势不明显，这主要是因为森林覆盖率总体上升幅度不大、成灾率时升时降等原因造成的。2005 年东部省份可持续发展水平指数为 2.84，中部地区为 2.51，西部地区为 1.53。这说明我国在发展现代农业的过程中，农业可持续发展水平是比较低的，不利于现代农业的持续发展，应该加强对生态环境的保护和自然灾害的防御能力建设。

表 7 1990—2005 年我国东中西部可持续发展水平指数

年份	1990	1991	1992	1993	1994	1995	1996	1997	1998	1999	2000	2001	2002	2003	2004	2005
东部	3.35	3.47	2.92	3.74	3.42	3.74	4.07	3.10	3.35	3.77	3.54	3.01	2.73	2.88	3.06	2.84
中部	3.22	3.21	2.57	4.21	2.60	3.77	4.23	2.65	2.80	3.57	2.98	2.61	2.59	2.72	2.95	2.51
西部	2.35	2.19	1.59	2.99	2.10	2.56	3.15	2.44	1.99	2.92	2.75	2.81	0.95	0.94	2.01	1.53
全国	2.56	2.46	1.75	3.38	2.05	3.00	3.56	2.05	2.08	3.11	2.45	2.31	1.82	1.96	2.18	1.78

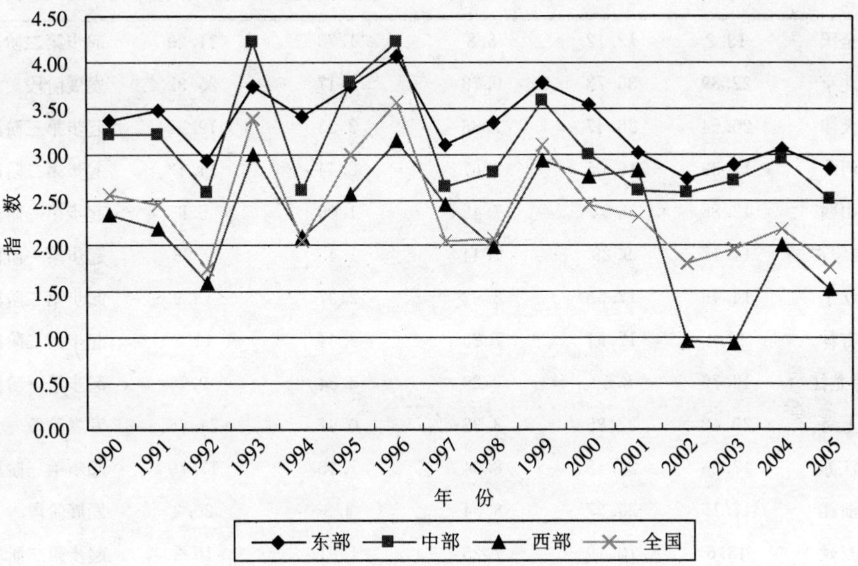

图 7 1990—2005 年我国东中西部农业可持续发展指数发展变化

6. 全国各省现代农业发展所处的阶段及重新分类。近几年我国现代农业发展较快，从表 8 中可以看出，2005 年北京、上海综合发展水平指数最高，已分别达到 25.32、24.76，并且投入指数、产出指数、农村发展指数等也处于全国前列，福建、浙江发展也较快，以上四个省市已经处于现代农业发展阶段。处于起步第三阶段的有：天津、江苏、广东、山东等，其中天津市综合指数达到 19.82，投入指数 20.54，产出指数 26.47，接近发展阶段。其余省份发展较慢，分别处在现代农业起步时期的第二和第一阶段。

根据2005年现代农业综合发展指数，将我国省份划为三类：Ⅰ类地区综合发展指数≥15，依次为北京、上海、福建、浙江、天津、广东、江苏、山东8个省份；Ⅱ类地区综合发展指数在10～15之间，依次为海南、河北、辽宁、湖南、湖北、河南、江西、吉林、广西、新疆、安徽等11个省份；Ⅲ类地区综合发展指数≤10，依次为内蒙古、黑龙江、四川、重庆、山西、宁夏、陕西、云南、青海、甘肃、贵州、西藏12个省份。这与以前所做测算基本一致。

表8　2005年全国各省（市）现代农业综合发展水平指数

指数	投入指数	产出指数	社会发展指数	可持续发展指数	现代农业发展指数	现代农业发展阶段
全国	13.2	13.12	6.8	1.78	11.29	起步第二阶段
北京	22.39	36.78	9.78	3.17	25.32	发展阶段
天津	20.54	26.47	7.86	2.33	19.82	起步第三阶段
河北	17.39	16.05	9.67	2.44	14.43	起步第二阶段
山西	13.86	6.92	7.42	1.09	8.8	起步第一阶段
内蒙古	14.17	9.29	7.44	1.45	9.98	起步第一阶段
辽宁	14.48	17.58	8.02	2.37	13.9	起步第二阶段
吉林	13.4	12.51	7.25	2.44	11.2	起步第二阶段
黑龙江	13.76	8.59	7.29	3.54	9.7	起步第一阶段
上海	20.48	37.85	8.32	0.97	24.76	发展阶段
江苏	17.26	24.48	8.04	1.46	17.79	起步第三阶段
浙江	17.15	29.37	8.34	4.3	20.2	发展阶段
安徽	13.6	10.19	7.25	1.91	10.2	起步第二阶段
福建	14.52	31.87	7.27	4.78	20.31	发展阶段
江西	13.29	13.18	7.12	4.46	11.62	起步第二阶段
山东	17.4	21.81	8.65	2.02	16.8	起步第三阶段
河南	15.07	12.83	6.39	1.62	11.72	起步第二阶段
湖北	13.07	14.41	7	2.14	11.87	起步第二阶段
湖南	13.87	16.08	7.87	2.87	13.06	起步第二阶段
广东	13.53	26.9	8.59	3.82	17.89	起步第三阶段
广西	12.28	11.78	7.07	3.01	10.53	起步第二阶段
海南	12.03	21.09	7.92	3.63	14.72	起步第二阶段

（续）

指数	投入指数	产出指数	社会发展指数	可持续发展指数	现代农业发展指数	现代农业发展阶段
重庆	10.58	10.17	8.12	1.63	9.28	起步第一阶段
四川	11.02	10.41	7.44	3.02	9.56	起步第一阶段
贵州	9.28	4.38	6.75	2.56	6.19	起步第一阶段
云南	9.89	6.22	6.41	2.96	7.19	起步第一阶段
西藏	4.94	3.48	5.32	3.71	4.24	起步第一阶段
陕西	12.2	5.23	8.78	2.68	7.82	起步第一阶段
甘肃	11.18	3.88	6.92	0.48	6.44	起步第一阶段
青海	11.35	4.7	6.49	1.93	6.93	起步第一阶段
宁夏	13.06	6.63	6.77	0.19	8.24	起步第一阶段
新疆	15.01	10.88	4.88	0.06	10.5	起步第二阶段

五、基于对我国现代农业发展水平测算和评价的对策和建议

（一）增加对现代农业的投入

1. 加大对现代农业基础设施的投入力度。持续不断的农业投入是现代农业发展的保障，也是现代农业增加产出的前提。当前要加强对农业基础设施和和农村社会事业的投资力度，尤其是Ⅲ类地区和Ⅱ类地区的投资力度，提高现代农业的设施装备水平。一是政府和各级部门应该进一步加大对农业基础设施建设的资金支持力度，保证现代农业的发展有稳定的环境支撑，要继续加强对大江大河的治理，改善农业生产的环境条件；二是要加强对农业专项建设资金使用的监督、审查，保证资金做到专款专用；三是要开辟新的农业投入渠道，逐步形成农民积极筹资投劳、政府持续加大投入、社会力量广泛参与的多元化投入机制。

2. 加大对农业科技的投入。科技进步是突破资源和市场对我国农业双重制约的根本出路。必须着眼于增强农业科技自主创新能力，加快农业科技成果转化应用，提高科技对农业增长的贡献率，促进农业集约生产、清洁生产、安全生产和可持续发展。一是要继续贯彻中央关于科技兴农的方针，加快国家农

业科技创新体系的建设。大幅度增加农业科研投入，加强国家基地、区域性农业科研中心创新能力建设。要充分发挥大专院校在农业科技研究中的作用，引导涉农企业开展技术创新活动，企业与科研单位进行农业技术合作、向基地农户推广农业新品种新技术所发生的有关费用，享受企业所得税的相关优惠政策。二是创新农业科技投入的方式。改变过去主要依靠政府投入为主的传统科技投入模式，引入市场竞争机制，按照“谁投资谁收益”的原则，积极鼓励企业、民间组织、海外投资者以及研究机构和高等院校增加对农业的投入。三是创新农业科技成果转化的机制，大力发展有利于现代农业的各种中介服务体系。除传统的农业科技推广体系需要改革完善之外，要积极发展以专业协会、各类技术服务中心、农业园区和龙头企业等形式出现的新兴服务体系的建设。

3. 加大对农村教育的投入。建设现代农业，最终要靠有文化、懂技术、会经营的新型农民。必须发挥农村的人力资源优势，大幅度增加人力资源开发投入，全面提高农村劳动者素质，为推进新农村建设提供强大的人才智力支持。一是培育现代农业经营主体。普遍开展农业生产技能培训，扩大新型农民科技培训工程和科普惠农兴村计划规模，组织实施新农村实用人才培训工程，努力把广大农户培养成有较强市场意识、有较高生产技能、有一定管理能力的现代农业经营者。积极发展种养专业大户、农民专业合作组织、龙头企业和集体经济组织等各类适应现代农业发展要求的经营主体。二是加快发展农村社会事业。这是增强农民综合素质的必然要求，也是构建社会主义和谐社会的重要内容。继续改善农村办学条件，促进城乡义务教育均衡发展。增加农村文化事业投入，加强农村公共文化服务体系建设，加快广播电视“村村通”和农村文化信息资源共享工程建设步伐。三是提高农村公共服务人员能力。建立农村基层干部、农村教师、乡村医生、计划生育工作者、基层农技推广人员及其他与农民生产生活相关服务人员的培训制度，加强在岗培训，提高服务能力。四是推进农业科技进村入户。积极探索农业科技成果进村入户的有效机制和办法，形成以技术指导员为纽带，以示范户为核心，连接周边农户的技术传播网络。

（二）不断提高现代农业的产出水平

1. 提高土地生产率。土地生产率的提高对我国发展现代农业具有重要的意义。土地生产率的提高不仅是单位土地面积上实物产量的提高，更重要的是品质、市场竞争力的提高。因此，提高土地生产率：一是要加快新技术、新品种的大面积推广普及，及时淘汰市场不欢迎的传统品种。二是要加快对农产品质量安全体系检测标准的建设、绿色无公害农产品生产标准的推广。三是加快对农民产前、产中和产后的系列化服务体系的建设。

2. 提高农产品加工率。实现农产品二次增值是提高农民收入的主要途径，也是提升农产品竞争力的有效手段。发展现代农业，提高农产品加工率有巨大的发展空间。一是国家应该进一步制定和完善农产品加工企业行业标准，尽快建立与国际市场相一致的农产品加工标准体系的建设；二是各级政府部门应该制定相应的优惠的政策，从税收、信贷等方面给予优惠的政策，促进本地区农产品加工业的发展；三是现有的农产品加工企业要不断创新管理体制，改进加工工艺，提高加工水平，尽快成为上规模、上档次的具有市场竞争力的加工企业。

3. 提高农民的商品化组织程度。现代农业的发展是与现代发达的组织化程度相适应的。农民组织化程度的高低直接关系到现代农业参与市场竞争的强弱。提高农民组织化程度，一是要继续不断发展和完善农业产业化经营。农业产业化经营是我国在提高农民组织化程度上的一个制度创新。实践证明，走农业产业化经营的道路是适合我国在家庭承包基本制度的框架下不断提高农业规模化经营和集约化经营的发展方向，而这正是现代农业的所要求的。在农业产业化的经营中，一方面应该加大对龙头企业的支持力度，鼓励更多的工商企业投资农业；另一方面龙头企业自身要进一步解决好与农民和中介组织之间的利益关系，建立良性互动的利益联结机制。二是要大力发展各种类型的中介组织，包括各类专业技术协会、技术服务中心、农业科技园区和龙头企业等形式出现的新兴的服务体系，以及进入我国的国外农业企业和行业协会；三是促进原有的传统的农业技术推广服务体系的改革，促进各农业研究机构、农业院校把先进、实用的农业科学技术尽快转化到农业生产实践中，不断提高农业生产力的水平。

（三）促进农村社会的发展

1. 加快农村小城镇的建设，提高农村城镇化的水平。党的十六大提出五个“统筹”，即统筹城乡发展、统筹区域发展、统筹经济社会发展、统筹人与自然和谐发展和统筹国内外发展和对外开放。在这五个统筹中，中央对农业的发展站在了更高的视野上来进行规划和战略的调整，这也是现代农业发展的必然选择。统筹城乡发展之一就是要加快农村小城镇的建设，以小城镇建设来推进农民物质文化生活的不断提高，居住环境的不断改善；通过建设小城镇来转移农村部分剩余劳动力，逐步缩小城乡差距，通过小城镇建设促进农村社会发展水平的提高。

2. 转移农村剩余劳动力，提高农村劳动力的就业率。转移农村剩余劳动力一直是理论界和实践工作者不断探索和努力解决的问题。农村剩余劳动力的转移是一个长期的过程，不可能在短时间内解决。因此，目前最重要的是做好以下工作：一是减低农民进城打工的门槛，建立保护农民利益的各种政策法规，切实让农民享有和城市人口同等的待遇；二是在农村鼓励农民从事农业产前、产后的服务，这一方面可以让农民留在自己熟悉的行业中发挥优势，另一方面有利于让农民从一体化服务中提高就业率。

（四）走农业可持续发展的道路

农业可持续发展是世界发达国家农业发展的方向，也是我国现代农业稳定发展的现实选择。走现代农业的可持续发展，一是要继续推进退耕还林还草工程的建设，巩固现有的退耕还林工程的建设成果；二是要加强农业自然灾害预防体系和预警机制的建设，尽量把自然灾害的发生控制在最低的限度；三是加强对工商企业排污的监督和控制，促进和保障农业生态环境的恢复和发展；四是积极发展农业保险，按照政府引导、政策支持、市场运作、农民自愿的原则，建立完善农业保险体系；扩大农业政策性保险试点范围，各级财政对农户参加农业保险给予保费补贴；完善农业巨灾风险转移分摊机制，探索建立中央、地方财政支持的农业再保险体系；鼓励龙头企业、中介组织帮助农户参加农业保险。

参 考 文 献

[1] 蒋和平，王克军. 我国现代农业发展水平评价指标体系的构建与测算. 2002

[2] 中国现代化报告课题组. 中国现代化报告. 北京：北京大学出版社，2001

[3] 中国科学院可持续发展研究组. 中国可持续发展战略报告. 北京：科学出版社，2001

[4] 2003 年中国农村经济统计年鉴. 北京. 中国统计出版社，2003

[5] 杨万江等. 农业现代化测评. 北京：社会科学文献出版社，2001

[6] 张忠根等. 农业可持续发展评估：理论、方法与应用. 北京：中国农业出版社，2003

[7] 林善浪，张国. 中国农业发展问题报告. 北京：中国发展出版社，2003

[8] 李秉龙，薛兴利. 农业经济学. 北京：中国农业大学出版社，2003

[9] 郑业鲁. 现代化农业项目建设规划与评价. 北京：中国农业科技出版社，2002

后　记

建设现代农业，是解决“三农”问题和实现国家农业现代化的必由之路。农业是国民经济的基础，农业现代化是整个国家现代化的基础，没有农业的现代化，也就不可能实现真正的现代化。农业现代化将制约整个国家现代化的进程。现代农业建设是我国农业现代化进程中的重大历史任务，是推动我国“三农”工作的一项战略措施。近几年来，中国农科院农业经济与发展研究所区域经济与现代农业研究中心科研人员，一直关注着我国现代农业建设的发展趋势，针对我国现代农业建设的热点、重点和难点问题，并结合承担国家社会科学基金重点项目、农业部软科学课题、中央级公益性科研院所基本科研业务费专项课题、世界银行第四期技术合作贷款项目的研究，专门对建设我国现代农业的理论问题、指导思想、发展思路、区域布局、发展战略、总体目标、战略重点和发展模式开展系统研究，今天奉献给读者的这本著作，就是近五年来，中国农科院农经所区域经济与现代农业研究中心科研创新团队，对建设中国现代农业的思路与实践的系统研究成果。

本书以中国农科院农业经济与发展研究所为组织单位，由中国农科院农经所区域经济与现代农业研究中心主任蒋和平教授牵头和统稿，参加本书撰写的科研人员主要有蒋和平教授、辛岭博士、朱晓峰研究员、黄德林副研究员、谢新南助理研究员等；参加本书撰写的博士后主要有尤飞、张春敏、黄颂文；参加本书撰写的博士研究生主要有孟俊杰、何忠伟、刘战平、郝利、杨敬华、卢江勇等，本书编写历时1年，反复进行论证、研究和六次修改形成。

全书的编写分工如下：第一章由蒋和平、辛岭、黄德林撰写；第二章由蒋和平撰写；第三章由张春敏、何忠伟、郝利、刘战平撰写；第四章由蒋和平、辛岭、朱晓峰撰写；第五章由蒋和平、辛岭撰写；第六章由蒋和平、辛岭、杨敬华撰写；第七章由蒋和平、辛岭撰写；第八章由蒋和平撰写；第九章由蒋和平、辛岭、尤飞、孟俊杰、黄颂文、谢新南撰写；第九章的第十节（校地合作带动型的内容）由西南大学刘双全、程远康、黄斌、聂素华等四位老师撰写；第十章由蒋和平撰写。附件一：我国现代农业发展水平评价指标体系研究报告由孟俊杰、李冬梅（四川农业大学经济管理学院）、卢江勇撰写。谢新南、吴桢培、崔凯和张珂垒完成了本书的校对、编辑、排版和打印工作。作为中国农科院农经所区域经济与现代农业研究中心科研人员和博士后、博士生和硕士生，以及西南大学的四位老师和四川农业大学经济管理学院的蒋远胜教授、李冬梅副教授，他们为课题调研、文献整理、数据处理和全书编写付出了辛勤的劳动。对此，作者表示衷心感谢。

在课题调研过程中，始终得到了农业部办公厅、发展计划司、产业政策与法规司，科技教育司、科技部农村司、科技部中国农村技术开发中心、全国农业技术推广中心等单位的帮助，尤其是北京市政府、大连市政府、江西赣州市政府、潍坊市政府、山西长子县政府、内蒙古准格尔旗政府、四川乐山市政府、四川乐山国家农业科技园管委会、山东寿光国家农业科技园区管委会、福建超大农业集团、内蒙古兴农绿色产业协会等单位领导及有关管理人员对课题调研人员给予热情的接待，他们为课题调研提供了大量的数据和资料。中国农科院农业经济与发展研究所领导对区域经济与现代农业研究中心科研人员开展有关现代农业研究的多项课题给予了积极支持，尤其是农业部办公厅谢子平处长、产业政策与法规司杨春华处长、发展计划司张辉处长、中国农业科学院农经所所长秦富教授、党委书记任爱荣副研究员、副所长王东阳研究员和马飞副研究员，以及李宁辉研究员、李先德研究员、朱立志研究员、刘小和研究员、詹玲博士对本书的编写提出了许多宝贵意见，从而使得课题研究和本书编写工作得以顺利进行。对此，我对上述单位和人员致以诚挚的感谢！

本书的出版得到了中央级公益性科研院所基本科研业务费专项基金（中国农业科学院农业经济与发展研究所）的资助。承蒙中国农业技术研究会理事长朱希刚研究员为本书作序。对此，作者深表感谢。

在本书即将出版之机，我对所有关心我国现代农业建设，为本书写作和课题研究提供各种资料，以及给予各种帮助和支持的各位专家同仁再次表示感谢。

蒋和平

2008 年 12 月

图书在版编目（CIP）数据

建设中国现代农业的思路与实践／蒋和平，辛岭著. 北京：中国农业出版社，2009.1
ISBN 978-7-109-13315-0

Ⅰ.建… Ⅱ.①蒋…②辛… Ⅲ.农业经济-经济建设-研究-中国 Ⅳ.F323

中国版本图书馆 CIP 数据核字（2008）第 206520 号

中国农业出版社出版
（北京市朝阳区农展馆北路 2 号）
（邮政编码 100125）
责任编辑 赵 刚

中国农业出版社印刷厂印刷 新华书店北京发行所发行
2009 年 1 月第 1 版 2010 年 11 月北京第 2 次印刷

开本：720mm×960mm 1/16 印张：21.75
字数：350 千字 印数：4 001～6 000 册
定价：36.00 元